전시하의 대중문화

통제 · 확장 · 동아시아

일본대중문화총서 09

전시하의 대중문화

통제·확장·동아시아

류지엔후이·이시카와 하지메 엮음

유재진·남유민 옮김

보고사
BOGOSA

역자 서문

　요즘 아시아뿐 아니라 전 세계에서 일반적인 문화, 젊은이 문화, 시대의 문화, 유행 문화라고 한다면 대중문화(pop culture)로 통용된다. 미디어 환경의 변화 탓/덕분이 크다고 할 수 있는데, 그만큼 문화라는 것이 시간적인 세로축보다 공간적인 가로축을 중심으로 공유를 전제로 하는 성격을 띠게 된 것을 의미한다. 또 이는 글로벌화의 현황이자 동시에 코로나19가 가속시킨 측면임을 부정할 수 없다.

　본 시리즈는 소비되고 망각되기 바쁜 뉴 미디어를 기반으로 순식간에 전 세계에서 맹위를 떨치는 소비 중심의 대중문화를, 일본이라는 창을 통해 문화사, 재난, 신체, 캐릭터, 전쟁이라는 다섯 테마로 나누어 학술적으로 정리한 것이다. 원서는 인문학 기반 일본 관련 최대 연구 기관인 국제일본문화연구센터(이하, 일문연)가 2016년부터 2021년까지 5년 동안 착수한 대중문화연구 프로젝트의 성과이다. 일본 문화를 국제적이자 통시적으로 고찰하여 대중문화의 큰 흐름을 주도하는 일본의 새로운 상과 문화적 특징을 파악하기 위한 목적에서 기획되어 KADOKAWA가 간행한 다섯 권의 연구서이다. 이를 고려대학교 글로벌일본연구원(이하, 본 연구원)이 팀을 구성하여 번역하였으며 일본대중문화 총서 5~9권으로 간행하게 되었다.

　2020년과 2021년, 즉 코로나19가 세계를 강타했던 그 시기에 잇따라 결실을 본 이 시리즈가, 2023년 본 연구팀의 번역 과정을 거쳐

2024년 초두에 한국에 소개된 데에는 몇 가지 중요한 과정이 있었다. 우선, 최근 한 세기 동안 세계에 유래가 없었던 팬데믹을 경유하는 동안 각종 매스 미디어와 소셜 미디어, OTT 등의 발달과 더불어 전 세계가 공유하게 된 대중문화의 유동성을 고려하면, 학술적 성과라고 할지라도 신속한 해석과 소개가 필요하다고 판단했다.

이후 본 연구팀의 번역 문의에 일문연이 전폭적으로 부응하였고, 번역의 가장 큰 난관인 도합 47명에 이르는 각 권의 편저자들 및 대형 출판사 KADOKAWA와의 교섭에 나서 주었다. 그 과정에서 일문연의 교직원들로부터 수고로운 연락과 공지, 번역 및 자료 게재 허가 등 일일이 열거하기 어려운 다대한 행정적 지원을 받게 되었다. 돌이켜 보면 일본의 대중문화를 일본 내에서 해명하려는 이 시리즈가 바다를 건너 현재 대중문화의 큰 물결, 그야말로 K-wave를 활발히 만들고 있는 한국에서 한일 연구자들의 관심, 신뢰, 협력을 통해 완역되어 간행된 것이라 하겠다.

일본 대중문화의 폭과 저변이 상당히 넓다는 것은 주지의 사실인데, 본 시리즈는 이를 다섯 테마로 나누어 그 연원을 추적하고 일본적인 문화의 특성을 탐색하고 있다. 일문연 대중문화연구 프로젝트로 기획된 시리즈 다섯 권의 개요는 다음과 같다.

먼저 『일본대중문화사』는 만화 원작자로도 유명한 일문연의 오쓰카 에이지 교수가 대중문화연구 프로젝트를 발안하여 착수한 첫 번째 서적으로, 본 연구원의 엄인경 교수와 일본 대중문화를 전공하는 고려대 박사과정 하성호 씨가 공역하였다. 고대로부터 현대에 이르기까지 대중 또한 작자로서 문화를 만들어 왔다는 것이 이 연구의 근간이 되는 입장인데, 이 책은 다종다양한 문화가 지금까지 어떻게 만들어지고 계승되며 갱신되어 왔는지 천착한다. 각 시대마다 존재했던 '장(場)' 혹은 '미디어'와의 연결에 착목하여 장르를 횡단하면서 이를 통사로 읽어 나가는 의욕적인 작업이라 하겠다. 지금까지의 문화사를 쇄신하여 다가올 사회와 문화의 양태를 고찰하는 연구 프로젝트로서, 시간과 영역을 넘나드는 '2차 창작'이라는 행위의 성쇠를 흥미진진하게 그리고 있다.

두 번째 『재난의 대중문화—자연재해·역병·괴이』는 일문연 전 소장인 고마쓰 가즈히코 명예교수의 편저로, 고려대 류정훈 연구교수와 가천대 이가현 연구교수가 공역하였다. 고대부터 현대에 이르기까지 대중 또한 창작의 주체였음에 초점을 맞추어 지진, 화재, 역병 등 다양한 집단적 경험을 통해 공포와 슬픔을 극복하기 위해 사람들이 만들어 낸 것을 탐색한다. 이처럼 재앙과 구원의 상상력을 힌트로 민중의 심성에 접근하는 본서는 아마비에, 메기 그림 등 사람들은 무엇을 그렸고, 무엇을 바랐는지, 일본의 역사를 되돌아보며 자연재해가 가져온 재앙과 재난에 대해 사람들이 어떻게 대응해 왔는지 살펴본다.

세 번째 『신체의 대중문화—그리다·입다·노래하다』에서는 '신체(몸)'가 중심 주제로, 일문연 야스이 마나미 교수와 에르난데스 알바로 연구원이 대표 편저하였고, 본 연구원 정병호 원장과 충남대 이상혁 연구교수가 공역하였다. 신체는 단순히 우리의 몸이라는 의미를 넘어 그 자체가 세계와의 관계 방식이자 욕망이 기입되는 장소이기도 하다. 대중문화라는 미디어에 나타나는 성(性), 두려움, 소망과 욕망을 통해 이 장소로서의 신체를 살펴봄으로써 우리의 몸에 기입되는 세계와의 관계 방식 및 욕망이 어떻게 구성되고 있는지 엿볼 수 있다.

네 번째 『캐릭터의 대중문화—전승·예능·세계』는 일문연의 아라키 히로시 교수와 교토예술대학의 마에카와 시오리 교수, 교토첨단 과학대학의 기바 다카토시 교수가 편저하였고, 본 연구원 김효순 교수와 엄인경 교수가 공역하였다. 본서는 고대부터 현대에 이르는 다양한 문화 사상(事象)을 '캐릭터'와 '세계'라는 키워드를 중심으로 고찰한 것으로, 대중문화에 있어 '캐릭터'란 무엇인지를 규정하고, 그것이 미인, 전승세계, 회화 및 예능 분야에서 어떤 양상을 보여 왔는지, 그리고 그것이 현대 대중문화에 어떻게 투영되었는지를 분석하고 있다.

마지막 다섯 번째 『전시하의 대중문화-통제·확장·동아시아』는 일문연 류지엔후이 교수와 이시카와 하지메 연구원이 편저하고, 고려대 일어일문학과 유재진 교수와 남유민 연구교수가 공역하였다. 본서는 전시하 '일본 제국' 일대 지역의 대중문화를 다루는데, 문학, 광고, 건축, 만화, 영화, 패션, 스포츠 등의 장르가 일본을 넘어 '외지'에서 전개된 양상을 통해 제국주의 지배의 실태와 의미를 밝히고 있다. 이를 일본 식민지 대중문화 연구 영역으로 편입하려는 이 책의 시도는 일본 역사와 문화 총체를 파악하여 보다 나은 미래로 나아가기 위한 것이다.

번역 과정에서는 일본 문학과 문화를 전공으로 한 번역팀 입장에서 내용의 재미와 각성을 크게 얻을 수 있었던 것과는 전혀 별개로 두 가지 거대한 난관이 있었다. 먼저 내용적으로는 일본 특유의 전통적 대중문화의 흐름을 다루는 관계상 전근대의 다양한 문화 현상과 인물, 작품이 현대의 수많은 대중문화의 캐릭터 및 작품, 현상 속에서 끝도 없이 등장하는 것을 어떻게 처리해야 할지 고민이 많았다. 하지만 학술적으로 철저히 추적한다는 원서의 취지를 살려, 가독성에는 다소 방해가 되지만 역자들의 각주가 많을 수밖에 없었던 것을 미리 말해둔다. 거듭 이야기하지만 이와 별도로 그야말로 종횡무진 자유자재로 신화에서부터 대중문화적 요소를 다루고 연결하는 일본 연구자들 각 저자들에게는 일일이 고개 숙여 경의를 표하고 싶은 만큼 감탄하며 흥미롭게 공부할 수 있는 번역 작업이었다.

아울러 형식적 측면에서도 난관이 있었는데, 대중문화라는 분야의 특성상 원서에는 독자의 이해를 돕는 이미지가 상당히 많았다는 면이다. 이는 300장이 넘는 방대한 양의 이미지들을 각 이미지 소장처로부터 일일이 사용 허가를 받아야 하는 것을 의미했고, 상당히 지난한 과정이었다. 다행히 일문연이 소장한 그림들에 대해서는 일괄 허가를 받아 수월하게 진행할 수 있었으며, 대부분 개별 저자들로부터 세세한 이미지 사용 허가의 안내를 받을 수 있어서 생각보다는 많은 이미지들을 수록할 수 있었다. 이를 정리하고 도와준 일문연의 사카지히로 연구원과 학술적 사용임을 감안하여 무료 사용을 허락해 준 수십 곳의 일본 소장처에 깊이 감사한다.

마지막으로 역자 서문의 자리를 빌려 이 책이 번역 간행되는 데 도움을 주신 분들께 감사의 말씀을 드리는 바이다. 우선 집필자들에게 한국어 번역의 취지를 전달하고 이를 진행할 수 있도록 도움을 주신 일문연의 대표 편자들 고마쓰 가즈히코 전 소장, 야스이 마나미 교수, 아라키 히로시 교수, 류지엔후이 교수, 오쓰카 에이지 교수께 감사드린다. 또한 저작권 과정에서 문제가 없도록 계약서와 법률관계 등을 꼼꼼히 살피고 조정해 준 일문연의 국제연구추진계와 다키이 가즈히로 교수, 출판사 KADOKAWA, 무엇보다 일문연과 본 연구원의 기관 대 기관의 연구 교류 작업으로 본 번역 작업을 추진할 수 있도록 각종 의결 과정에서 큰 힘을 실어주신 이노우에 쇼이치 소장님, 마쓰다 도시히코 부소장님께도 심심한 감사 인사를 드린다.

또한 무엇보다 이 총서의 번역 과정을 함께 해 주시면서 방향 제언과 행정적으로 전폭적 지원을 해 주신 본 연구원의 정병호 원장님, 번역 워크숍 진행과 제반 연락에 동분서주했던 이상혁 선생을 비롯한 번역팀 연구자 동료들에게 박수를 보낸다. 그리고 오랫동안 본 연구원과 호흡을 맞추어 총서 작업을 함께 해 준 보고사의 사장님, 편집장님을 비롯한 편집부 모든 담당자들의 수고에 진심으로 감사드린다. 끝으로, 일본대중문화 총서 작업에 찬동하여 출판비 지원을 결정해 준 공익재단법인 간사이·오사카21세기협회에 마음으로부터 깊은 감사를 전하는 바, 이 출판 지원이 없었더라면 아무리 중요하고 관심 있는 테마일지언정 본 번역서 시리즈 완간에는 감히 도전하기 어려웠을 것이다.

유행을 따라잡기 바쁜 것과, 어떻게 볼 것인지의 관점을 갖고 넓은 시야로 세상을 보려고 노력한다는 것은 너무도 다른 차원의 의식이자 행위라 할 수 있다. 본 시리즈의 간행이 애니메이션이나 다양한 캐릭터로 대표되는 일본의 대중문화에 대한 이해뿐 아니라, 한일 대중문화의 교류와 이해, 동아시아의 대중문화 교류사 등 보다 거시적인 연구에 학술적 자극이 될 수 있기를 바라 마지않는다.

2024년 1월 초
교토 서쪽 일문연 연구실에서
엄인경 씀

목차

일러두기

1. 이 책은 『戰時下の大衆文化 統制·拡張·東アジア』(KADOKAWA, 2022)의 한국어 번역서이다.

2. 일본의 지명 및 인명과 같은 고유명사의 표기는 국립국어원이 제정하고 교육부가 고시한 외래어 표기법에 따른다. 다만, 이미 한국에서 번역, 유통되고 있는 작품이나 대중문화 콘텐츠는 한국 내에서 소개된 제목의 표기를 따랐다.

3. 단행본, 잡지명, 신문명 등은 『 』로, 논문, 기사 등은 「 」로, 강조, 간접 인용은 ' ', 직접 인용이나 ' ' 내의 인용은 " "로, 그 외의 예술 작품 및 대중문화 콘텐츠의 제목이나 행사명은 〈 〉로 표시하였다.

4. 원문이나 한자가 필요한 경우 ( )로 병기하였으며, ( ) 안에 다시 병기가 필요한 경우는 [ ] 안에 넣었다. 각주에서 원문를 병기한 것은 본문에서 원문 표기를 생략하였다.

5. 한국식으로 원문한자를 음독해도 뜻이 통하는 회사명, 단체명, 예를 들어 남만주철도주식회사(南滿洲鉄道株式会社)와 같은 경우는 가독성을 위해서 원문을 표기하지 않았다. 다만, 한자 음독으로 뜻이 통하지 않는 단체, 회사, 조직명은 원문을 병기하였다.

6. 본문 중의 각주는 모두 역자들에 의한 것이며, 원저자의 주는 각 장의 뒷부분에 제시하였다.

7. 본문 중의 그림은 소장처로부터 역서 사용에 허가를 받은 것으로, 소장처 등을 그림 캡션에 표기하였다.

8. 원 저자주는 내용이 있을 경우 우리말로 옮겼으며, 문헌의 서지사항만이 제시된 경우에는 원문 그대로 표기하였다.

9. 중국인 인명은 출생이 신해혁명 이전이면 음독으로 이후면 현지식 발음으로 표기한다. 다만, 출생을 확인할 수 없는 중국인 인명은 모두 음독으로 표기하였다.

10. 생몰년 확인이 안되는 인명은 각주 표기 안하지 않고, 본문에 원문한자를 병기하였다.

통제와 확장

- 전시하 일본문화의 역학 -

류지엔후이(劉建輝)

들어가며 - 독자의 초대

전시하라고 하면 누구나 정부로부터 엄격한 언론통제를 받고 이를
위반했을 때는 가혹한 처분이 기다린다는 인상을 받는다. 물론 만주
사변[1] 이후 일본 내에서는 1932년의 5·15사건[2], 1936년의 2·26사
건[3] 등 온 국민을 뒤흔든 큰 사건이 연달아 일어났고, 대외적으로는

---

1) 만주사변(滿洲事變)은 1931년 9월 18일, 선양(瀋陽) 북쪽에 있는 류탸오후(柳條湖)의
   철도 폭파 사건을 계기로 시작된 일본 관동군에 의한 만주 침략 전쟁을 가리키고, 중국
   에서는 '9·18사변'이라고 부른다. 당시 일본의 와카쓰키(若槻) 내각은 불확대 방침을
   취했으나 경제적, 군사적 이유로 정부의 방침을 무시하고 만주 전토를 점령하여 1932
   년 3월에 만주국을 설립하여 이후 15년에 걸친 중일전쟁의 발단이 되었다.
2) 5·15사건(五·一五事件)은 1932년 5월 15일, 무장한 해군 청년 장교들이 내각총리대신
   관저에 난입해서 만주국 승인에 반대했던 이누가이 쓰요시(犬養毅) 총리를 암살한 쿠
   데타 사건으로 일본의 정당 정치에 종지부를 찍고 이후 군부의 발언권이 확대되면서
   일본의 파쇼화에 영향을 끼쳤다.
3) 2·26사건(二·二六事件)은 1936년 2월 26일부터 2월 29일에 걸쳐서 황도파 육군 청년
   장교들이 1,483명의 병력을 지휘하여 주요 관청을 점령하고 궐기를 일으킨 쿠데타 사

1932년의 제1차 상하이사변[4], 1933년의 러허사변[5], 1937년의 노구교 사건[6]을 통해 중국에 대한 전선을 확대해 나갔다. 내외적으로 시국에 대한 국민적 통합을 도모하기 위해서 다양한 언론통제법규, 예를 들어서 '사상범 보호 관찰법(思想犯保護観察法)'(1936), '군기 보호법 개정 (軍機保護法改正)'(1937), '국가 총동원법(国家総動員法)'(1938), '영화법 (映画法)'(1939), '신문지 등 게재 제한령(新聞紙等掲載制限令)'(1941), '국 방 보안법(国防保安法)'(1941), '치안 유지법 개정(治安維持法改正)'(1941), '신문사업령(新聞事業令)'(1941), '언론 출판 집회 결사 등 임시 취재법 (言論出版集会結社等臨時取締法)'(1941), '출판사업령(出版事業令)'(1943) 등 이 계속해서 공포·시행되어 보도, 출판, 영상 등의 미디어가 완전히 정부의 감시하에 놓여 위축된 것처럼 보인다.

하지만, 필자나 필자의 근무처인 국제일본문화연구센터는 오랜 세 월에 걸쳐 이른바 전시하의 간행물, 문학작품, 르포르타주, 사진, 여 행안내, 레코드 등을 수집해 왔다. 3만 점이 넘는 이 자료들을 보면 비록 넓은 의미에서 '국책'에 준한다는 조건은 붙지만, 이 자료들이 공전의 융성을 보여줬다고까지 느낄 때가 있다. 특히 중국을 중심으 로 한 '외지' 관련의 출판, 간행물은 시국·전국에 대한 국민적 관심이

건. 육군의 독재를 우려한 해군과 측근이 살해당한 왕의 요청으로 강력 진압당하였고 이후 황도파보다는 온건한 통제파가 군부를 장악하게 된다.

4) 제1차 상하이사변(上海事變)은 1932년 1월 28일, 상하이 국제 공동조계 주변에서 일어 났던 중화민국과 일본 제국의 군사적 충돌. 1937년에 발발한 중일전쟁의 전초전 성격 을 지닌 충돌이었다.

5) 러허사변(熱河事變)은 1933년 2월 21일부터 3월 1일에 걸쳐 일본이 중화민국 군벌 장 쉐량(張學良)의 러허 지방 내몽골을 빼앗고 신생 국가 만주국으로 합병시킨 사건이다.

6) 노구교사건(盧溝橋事件)은 1937년 7월 7일 중국 베이징(北京)시 남서쪽에 있는 노구교 에서 심야 연습 중이던 일본군과 중국군이 충돌하여 다음 날 새벽 일본군이 노구교를 점령했다. 중일전쟁의 발단이 된 사건으로 중국에서는 '7·7사변'이라고 부른다.

항상 있었기에 권말에 실은 '전시기 중국 대륙 관련 서적', '전시기 중국 대륙 관련 가요곡'의 목록이 보여주듯이 정점을 찍은 1940년에 이르기까지 꾸준히 증가하였다.

이런 의미에서 전시하의 문화를 되돌아보면 우리는 이제까지 국내로만 향했던 시선을 한번 넓혀서 보다 광범위하게 새로운 점령지를 포함한 이른바 '제국' 일대의 모든 지역을 고찰 대상으로 삼아야 하는 건 아닐지. 그렇지 않으면 후술하는 문학, 회화, 만화, 영화, 가요, 스포츠 등 온갖 장르를 아우르는 '외지'에서 전개된 문화 사상(事象)을 망각의 저편으로 내몰게 된다. 그렇게 되면 전시하에서 전개된 문화의 총체를 파악할 수 없게 될 뿐만 아니라 이를 교훈 삼은 진정한 반성도 이루어지지 않는다.

15년에 걸친 전쟁은 총력전이라는 표현이 상징하듯 종래의 국내 질서를 완전히 타파하고 말 그대로 국민 전원을 끌어넣은 이제까지 유례가 없던 사건이었다. 그리고 그 현장은 항상 '외지'였기 때문에 그간의 문화적 영위가 당연히 '대중', 그리고 '외지'로 수렴되는 측면은 크다. 이 책에 수록한 각 장의 주제는 집필자분들께 일임했지만, 그 대부분이 '외지'와 관련된 내용인 것도 전시하의 문화가 얼마나 '외지'랑 깊은 관련이 있는지를 말한다.

이 책은 대중문화연구총서(국제일본문화연구센터 「대중문화의 통시적·국제적 연구로 인한 새로운 일본상의 창출」연구 프로젝트 성과 보고서)의 마지막 책이지만, 앞서 간행된 네 권 혹은 종래의 대중문화연구와는 다소 차이가 있어 주로 '외지'가 주인공이다. 그 '외지'를 중심으로 전개된 문학(제1장), 가요(제2장), 영화(제4장과 종장), 만화(제5장), 상업광고(제6장), 건축(제7장), 여행(제9장), 패션(제10장) 등에 대한 검증이 이 책의 특징이라고 할 수 있다. 물론 일본 '내지'의 영화(제3장)나

스포츠(제8장)도 다루고 있지만, 이는 항상 시국·전국과 관련해서 발생하였고 당연한 말이지만, 결코 '외지'와 무관하지 않다. 오히려 양자의 일체성을 체현한 것으로 이해해주면 좋겠다.

　이상으로 조금 뻔뻔스러운 편자의 해설이었지만 전시하에서 왜 '외지'가 문화의 주역이 되었는지, 혹은 왜 그렇게 되지 않으면 안되었는지는 아직 아무런 설명도 하지 않았다. 이하, 그 책임을 다하기 위해 간략하게나마 국민의 해외, 특히 중국으로의 이동서부터 문학이나 회화, 또는 여행 등의 사례를 중심으로 그 '왜'에 대한 이해와 배경을 기술하고자 한다.

1. 이동하는 국민

　전시하의 문화 동향을 생각할 때, 가장 중요한 요소로 국민의 '외지'로의 이동을 들 수 있다. 여기에는 세 가지 측면이 있는데, 첫째는 일본군에 의해서 점령지가 확대됨에 따라 이른바 '신천지'로 국민이 대규모로 이동해서 살기 시작한 점. 둘째는 투어리즘의 발달로 인해 수많은 여행자가 시찰이나 관광 등을 목적으로 계속해서 '외지'를 방문하게 된 점. 그리고 셋째는 전쟁터로 향한 군의 이동 그 자체도 그렇지만 군과 함께 많은 종군기자, 작가, 화가, 승려 등이 전선으로 향한 점. 셋째 군과 관련해서는 후술하기로 하고 여기서는 우선 '신천지'로의 이민과 여행자를 간단히 소개하고자 한다.

최대규모를 자랑하는 만주로의 이민
　주지하다시피 러일전쟁 이후 일본은 러시아로부터 동청철도 남부지선(장춘[長春]-뤼순[旅順] 간의 철도)을 비롯한 만주의 권익을 물려받고는 1906년에 특수회사인 남만주철도주식회사(만철)를 설립하여 이른바 만주경영을 시작하였다. 만철 설립으로 인해 이전에는 일부 개항지에 겨우 5천 명 정도밖에 없었던 일본인이 다롄(大連)이나 뤼순이 위치한 관동주와 펑톈(奉天) 등 만철 부속지를 중심으로 갑자기 이주하기 시작하여 불과 2년 사이에 6만 명 가까이나 증가하였다. 그 후, 이 증가세는 약간 주춤했지만 그래도 매년 평균 8천 명 정도가 계속해서 늘어나, 1930년에는 민간인만 약 24만 명에 다다랐다. 다만 이 단계에서 일본인 이민자의 90% 이상은 다롄, 펑톈 등의 도시 주민으로 나중에 세상을 떠들썩하게 한 농업 이민은 아직 천 명 정도밖에 없었다.

하지만, 만주사변 이후 이 상황은 확 바뀌게 된다. 전황이 진정되고 그 이듬해에 만주국이 세워지자 종래의 도시 이민과 더불어 다양한 농업 이민이 폭발적으로 증가하였다. 이에는 물론 일본과 만주 양정부에 의한 일련의 이민정책의 선동도 매우 중요한 역할을 하였다. 예를 들어 1932년 8월 임시국회에서 승인된 척무성의 '이민법안(移民法案)', 33년 4월 이민부가 책정한 '일본인 이민 실시요강안(日本人移民実施要綱案)', 34년 12월 관동군 사령부가 발표한 '만주농업이민 실시 기초 요강(満洲農業移民実施基礎要綱)', 36년 8월 각의에서 결정한 '만주농업이민 백만 호 이주계획(満洲農業移民百万戶移住計画)', 37년 12월 척무성과 육군성에서 제정한 '만주청년이민 실시 요강(満洲青年移民実施要綱)', 39년 12월 일만(日満) 양정부가 발표한 '만주 개척 정책 기본 요강(満洲開拓政策基本要綱)', 42년 1월 일만 양정부가 발표한 '만주 개척 제2기 5개년 계획(満洲開拓第二期五カ年計画)' 등이 그 주된 것이었다. 그리고 이러한 정책이 시행되면서 개척단이나 청소년 의용군 등이 14차례나 현지로 파견되었다. 그 결과, 이른바 관동주를 포함한 전 만주의 일본인 인구는 매년 증가하였고 종전 시에는 군인, 군속을 제외하고도 일본인 인구가 166만에 달했었다.

상하이(上海)와 그 외 지역으로의 이민

일본인의 상하이 이주는 시기적으로는 만주보다 훨씬 빨라서 메이지(明治) 초기에는 이미 시작하였다. 다만 처음에는 극소수의 외교관과 해운회사 임원 외는 대부분이 잡화상과 '가라유키상(唐行きさん)'이라고 불렸던 매춘업에 종사한 여성들이었다. 전환기가 찾아온 것은 청일전쟁으로 인한 중국의 패배였다. 전후에 맺어진 '청일 강화조약(日清講和条約)'(시모노세키조약[下関条約])의 제6조에 "일본국 신민은 청국의 각 개시장(開市場)·개항장에서 자유로이 제조업에 종사할 수 있다"라고 규정했기 때문에 이후, 모든 업종의 대소기업이 빠짐없이 상하이에 진출하였고 그중에서도 상하이방적주식회사(미쓰이물산[三井物産])를 비롯한 방적업이 현지 공장의 매수와 신설 등을 통해서 비정상적인 발전상을 보였다. 이러한 큰 회사와 여관, 사진관, 개업의, 약국, 인쇄소 등 자영업의 증가에 수반되어 상하이의 일본인 인구는 거의 매년 천 명 단위로 늘어나, 중일전쟁 개전 이후인 1938년에는 약 3만 5천 명에 달하였다. 물론 이 증가세는 1941년의 일본군에 의한 조개지 접수를 거치고 더욱 가속하여 43년에는 드디어 10만 명을 넘었다.

또한, 전시 중 일본인 거주자가 많은 지역으로는 만주와 상하이 이외에 톈진(天津)과 칭다오(青島)도 있었다. 톈진의 경우는 청일전쟁 이후인 1897년에 '톈진 일본 거류지 계약서 및 부속 의정서(天津日本居留地取極書及附属議定書)'가 체결된 후에 일본인 이주자가 자국의 전관

조계를 중심으로 조금씩 늘어나, 1937년의 중일전쟁 개전 시점에서 약 1만 7천 명이 되었다. 여기도 상하이와 마찬가지로 그 후 매우 빠른 속도로 증가하여 1940년에는 약 5만 명, 43년에는 약 7만 3천 명에 달하였다. 또한, 칭다오의 경우는 제1차 세계대전 이후 '베르사유 조약(Treaty of Versailles)'에 의해서 일본이 독일로부터 그 권익을 양도받은 이래 서서히 일본인 이주자가 늘어나기 시작하여 나중에는 일단 감소했지만, 중일전쟁 전시하인 1937년의 약 1만 5천 명부터 1943년의 3만 8천 명까지 급속하게 증가하였다.

제국의 '신천지'로

이처럼 전시기 15년간에 걸쳐서 다양한 혼란이 이어졌음에도 불구하고 군인·군속 이외의 중국으로 건너간 이주자는 매년 늘어나 절정을 이루었던 1945년 전반에는 약 2백만 명 이상에 달했다. 여기에 백만 명 이상의 군인·군속이나 일시적인 여행자를 더하면 당시 약 7천만 명의 일본 인구 중 약 20명 중 1명이 중국 도항 체험자라는 계산이 나온다. 이 숫자는 상황은 전혀 다르지만, 실은 일본이 한참 거품경제기였던 1980년대 후반의 일본인 해외 도항자와 거의 같은 수준이었다.

그런데, 전술한 두 번째 '외지'로 건너간 여행자의 존재인데, 메이지기에 시작된 일본의 근대 관광업은 초장기에는 주로 외국인 관광객을 대상으로 하였기 때문에 애초에 해외, 특히 시베리아 철도로 이어지는 '만한(滿韓)'과의 연계를 중시하였다. 1912년, 만철의 출자로 설립된 Japan Tourist Bureau(JTB)는 일찍이 그 이듬해부터 대롄 등에 지부를 설치하고 '외지'로의 여행 서비스를 개시하였다. 한편, 1924년에 발족한 일본여행문화협회도 그 활동 목적의 하나로 '조선, 만주, 몽골, 지나(支那)[7] 등의 인정과 풍속을 소개'하는 것을 설립 취지로 내세우고 동시에 발행한 협회의 기관지라 볼 수 있는 여행전문 잡지 『여행(旅)』의 창간호에는 만철의 광고로 "여행 시즌이 왔다/조선으로!/만주로!/지나로!"라고 매우 직설적이고 유치한 문구를 대대적으로 내놓았다.

JTB 등의 이러한 방침을 받아서 일반 관광객도 많이 도항했지만 의외로 아주 완성하게 행해진 것은 중고등학생들의 대륙으로의 수학여행이었다. 이것은 청일·러일전쟁 전쟁터를 견학한다는 '애국 교육'에도 일조하여 그 후에도 다이쇼(大正), 쇼와(昭和) 기 1940년대 초반까지 실로 많은 청소년이 중국 대륙으로 건너가 각각 정해진 코스를 따라서 현지를 체험하였다. 물론, 만주사변이 일어나고 중일 개전 후에 각 점령지가 진정되기 시작하자 철도 등의 교통 인프라가 더욱더 정비되어 이번에는 제국의 '신천지'를 향해서 다양한 여행자가 나타났지만, 이 부분에 관해서는 이 책 제9장(가오 위엔[高媛])이 일본여행회가 주최한 만주여행을 예로 상술하고 있기에 여기서는 더는 깊이 들어가지 않겠다.

2. 확대하는 문단

다롄부터 시작한다

대략적인 숫자지만 종정시의 재외 거류 일본인은 군인·군속을 포함해서 약 660만 명이었다고 한다. 다만, 상기한 것처럼 그 중 약

---

7) 몽골·만주·티베트·신장(新疆) 등은 포함되지 않은 중국 본토의 다른 명칭. 일본에서는 에도 중기부터 제2차 세계대전 말까지 사용되었다.

반수가 실은 만주를 비롯한 중국 각지에 산재해 있었다. 이 정도로 사람이 많으면 당연히 현지에서도 다양한 활동이 활발하게 전개되고 양국의 왕래도 매우 빈번하게 이루어졌다고 생각된다. 실제로 문학이나 문단의 예를 보더라도 다롄이나 장춘, 베이징, 상하이 등에서는 규모는 다르지만, 중일전쟁 전부터 이미 활발한 문학창작이나 '내지' 작가와의 교류가 이루어지고 있었다.

　이제까지 일본근대문학과 '외지'와의 관계를 이야기할 때 주로 아쿠타가와상(芥川賞)을 수상한 다다 유스케[8]의 『장강 삼각주(長江デルタ)』(제13회, 1941년 상반기), 이시즈카 기쿠조[9]의 『전족이었을 때(纏足の頃)』(제17회, 1943년 상반기), 야기 요시노리[10]의 『류강후(劉廣福)』(제19회, 1944년 상반기) 등을 예로 들며 기존 문학이나 문단이 얼마나 시국적인 제재를 받아들여 대외적으로 확장했는지를 논하곤 하였다. 이들 작품의 수상은 분명 문단의 한 사건으로 그 나름대로 상징적인 의미는 있겠지만, 많은 연구가 밝혀왔듯이 양자의 '상호침투'는 꽤 이른 시기서부터 시작되었다. 선고위원들의 시국에 대한 '촌탁(忖度)'이 있었다 치더라도 수상은 그러한 역사의 연장 선상에서 나온 하나의 결과에 지나지 않는다.

　만주에서 일본인의 문학 활동은 우선 다롄에서부터 시작되었다. 다롄의 일본어 문예 탄생과 발전은 '만주경영'의 본격화에 따른 대량의 이민인구에 기반을 두고 있다. 초기 일본인 작가의 활동은 주로 하이쿠[11]나 단카[12], 렌가[13] 등을 중심으로 일종의 살롱 같은 형태로

---

8) 다다 유스케(多田裕計, 1912~1980)는 일본의 소설가이자 가인.
9) 이시즈카 기쿠조(石塚喜久三, 1904~1987)는 일본 쇼와 기의 소설가.
10) 야기 요시노리(八木義徳, 1911~1999)는 일본의 소설가, 일본예술원 회원.

전개되었다. 그 이후에 일부 근대 시를 창작하는 그룹이 나타났고 그중에서도 안자이 후유에[14])나 기타가와 후유히코[15])들의 『아(亞)』 (1924년 창간)의 동인들이 시도한 단시와 산문시는 쇼와 모더니즘 시 운동의 기폭제로 '내지'의 시단에도 큰 영향을 끼쳤다.

『아』는 3년으로 종간했지만, 그 후 시마자키 교지(島崎恭爾), 가토 이쿠야(加藤郁哉), 이나바 교지(稲葉享二), 후루가와 겐이치로[16])가 창 간한 『정크(戎克)』(1929년 창간)나 『연인가(燕人街)』(1930년 창간) 등의 동인들이 시단에서 활약하기 시작하여 『새외시집(塞外詩集)』(1930)과 같은 우수한 시집을 세상에 내보냈다. 그리고 같은 시기에 가단에서 는 '만주단카회'나 '만주향토예술협회', 하이단(俳壇)과 센류[17])문단에 서는 '다롄하이쿠회(大連俳句会)', '다롄센류사(大連川柳社)' 등이 연달 아서 결성되어 다롄의 이른바 '일본어 문단'을 크게 개회시켰다.

만주사변 이후, 다롄에서는 『작문(作文)』(1932년 창간)그룹을 중심

---

11) 하이쿠(俳句)는 일본 정형시의 일종으로 5·7·5음으로 모두 17음으로 이루어진다. 일 반적인 하이쿠는 계절을 나타내는 단어인 계어(季語)와 구의 매듭을 짓는 말인 기레지 (切れ字)를 가지는 단시(短詩)이다.

12) 단카(短歌)는 일본의 정형식 와카(和歌)의 일종으로 정형시로 5·7·5·7·7음의 31음절 로 이루어진다. 와카는 일본의 대표적인 정형 단시이다.

13) 렌가(連歌)는 짧은 시들이 이어져 있는 일본 정통시가의 일종으로 여러 명이 연이어서 연작을 하는 협력 시이다.

14) 안자이 후유에(安西冬衛, 1898~1965)는 일본의 시인. 초기의 단시, 신산문시는 일본 현대시 전개에 새로 바람을 불어넣었다.

15) 기타가와 후유히코(北川冬彦, 1900~1990)는, 일본의 시인이자 영화평론가.

16) 후루가와 겐이치로(古川賢一郎, 1903~1955)는 일본의 시인.

17) 센류(川柳)는 일본 에도시대 중기에 성립된 운문 장르의 일종으로 하이쿠와 똑같은 17음으로 된 짧은 정형시이지만, 하이쿠에는 반드시 넣어야 할 계어 등의 제약이 없고, 자유롭게 용어를 구사하여 사회의 모순이나 인정의 기미를 예리한 해학으로 표현하는 서민문학이다.

으로 여전히 다양한 창작활동이 이어졌지만, 문단의 중심은 새롭게 만들어진 만주국의 '수도'-신징(新京, 장춘)으로 옮겨갔다. 이 신징에 서는 우선 1936년에 처음으로 전국 규모의 문학 결사 '만주문화회'가 설립되었고 그 후 1938년에는 『만주 낭만(滿洲浪曼)』, 이듬해 39년에 는 『만주 문학(滿洲文學)』이 연달아 창간되었다. 그리고 하얼빈에서 도 1939년에는 종합문예지 『북창(北窓)』이 창간되었다.

편집인 중 한 명이었던 기타무라 건지로[18])에 의하면 『만주 낭만』은 처음부터 '만주 최초의 종합문예지'를 목표로 '만주영화협회'의 야하 라 레이자부로[19])와 둘이서 창간을 기획했었다. 당국의 협력을 얻어내 기 위해서 당시의 '만일문화협회'(1933년 설립, 초대회장은 국무총리 정효 서[20])의 상무이사였던 스기무라 유조[21])를 방문하자 그 자리에서 바로 지원을 약속해줘서 발행이 결정됐다고 한다. 그리고 창간에 있어서 본인도 예전에 소속했던 '일본낭만파'의 동인인 미도리가와 미쓰 구[22]), 요코타 후미코[23]) 등의 참여를 권유하고 그 후에도 같은 그룹의 단 가즈오[24])가 가담하였다. 그리고 『작문(作文)』의 동인 아오키 미노

---

18) 기타무라 겐지로(北村謙次郎, 1904~1982)는 일본의 작가이자 평론가.
19) 야하라 레이자부로(矢原禮三郎, 1915~1950)는 중국에서 태어난 일본인 시인이자 영화 평론가.
20) 정효서(鄭孝胥, 1860~1938)는 중국 청말 민국의 정치가이자 서예가.
21) 스기무라 유조(杉村勇造, 1900~1978)는 일본의 중국미술 학자.
22) 미도리가와 미쓰구(綠川貢, 1912~1997)는 일본의 소설가. 1936년 「첫사랑(初恋)」, 「화원(花園)」으로 아쿠타가와상 후보에 오름.
23) 요코타 후미코(橫田文子, 1909~1985)는 일본의 소설가로 1928년 프롤레타리아작가동 맹에 참가하기도 하고 잡지 『여인문예(女人文芸)』를 창간, 이후 전향해서 '일본낭만파' 동인으로 활동하였다.
24) 단 가즈오(檀一雄, 1912~1976)는, 일본의 소설가, 작사가, 요리가. 사소설이나 역사소 설, 요리 서적 등으로 유명하다. '최후의 무뢰파(無賴派)'라고도 불렸다.

루[25], 하세가와 슌[26], 히나타 노부오[27], 사카이 쓰야시[28], 요시노 하루오(吉野治夫), 다케우치 쇼이치[29], 그 외 재만(在滿) 작가로 헨미 유키치[30], 하세가와 시로[31], 우시지마 하루코[32], 오다키 시게나오[33], 오우치 다카오[34], 나아가 구딩[35], 샤오쑹[36], 이츠[37] 등 중국인 작가도 집필진으로 맞이하여 재정적으로는 문제가 있었지만, 한때는 매우

---

25) 아오키 미노루(青木實, 1909~1997)는 일제강점기 만주에 거류한 일본인 소설가.

26) 하세가와 슌(長谷川濬, 1906~1973)은 일본의 시인이자 작가이고 러시아문학 번역가.

27) 히나타 노부오(日向伸夫, 1913~미상)는 일본인 소설가.

28) 사카이 쓰야시(坂井艶司, 생몰년 미상)는 만주에 거류한 일본인 시인.

29) 다케우치 쇼이치(竹内正一, 1902~1974)는 다이쇼·쇼와기의 소설가. 대롄에서 태어나 남만주철도에 입사, 하얼빈 만철 도서관장이 되었다. 일본 종전 후 본국으로 귀국 후에도 집필 활동을 이어갔다.

30) 헨미 유키치(逸見猶吉, 1907~1946)는 일본의 시인이자, 동화작가이면서 화가이다.

31) 하세가와 시로(長谷川四郎, 1909~1987)는 일본의 소설가. 만철에 입사, 퇴사후 군대에 소집되었다 5년 간 시베리아에 억류되었다. 이때의 경험을 소설화하여 『근대문학(近代文学)』에 발표.

32) 우시지마 하루코(牛島春子, 1913~2002)는 일본의 작가. 결혼 후 만주로 이주하여 집필 활동을 시작하여 「축이라는 남자(祝という男)」로 1941년 아쿠타가와상에 차석으로 입상하였다. 만주에서의 이민 생활이나 패전 후 일본으로 귀향 과정을 소재로 한 소설들이 많다.

33) 오다키 시게나오(大滝重直, 1910~1990)는 일본의 소설가. 1937년 만주로 건너가 현지 농촌 조사 업무를 수행하였다. 1942년 「해빙기(解氷期)」로 대륙개척문학상(大陸開拓文学賞)을 수상함.

34) 오우치 다카오(大内隆雄, 1907~1980)는 일본의 소설가, 평론가. 만철 입사, 『만철평론(滿洲評論)』 편집장, 만주잡지사 편집장 등을 역임하였다.

35) 구딩(古丁, 1916~1964)는 만주국에서 활동한 중국인 소설가이자 문학자.

36) 샤오쑹(小松, 1912~?)는 만주국을 중심으로 활동한 중국인 소설가이자 편집자. 학창 시절부터 다양한 문예 단체에서 활동하며 문예지 창간에 기여했다. 1937년 『명명(明明)』의 창간을 비롯해 『만주영화(滿洲映畫)』, 『예문지(藝文志)』, 『기린(麒麟)』과 같은 잡지의 창간 및 편집에도 참여했다. 1949년 이후 만주국에서의 활동으로 인해 친일작가로 평가받았다가 1982년 명예를 회복하였다.

37) 이츠(疑遲, 1923~2004)는 만주국에서 활동한 중국인 소설가.

화려하게 문단에 활기를 불어넣었다.

『만주 낭만』은 1941년 5월에 제7집이 되는 '만주낭만총서' 제1편 『벽토 잔가(僻土殘歌)』를 간행하고 폐간했다. 그 대신에 등장한 것이 1942년 1월에 만주 각계의 유력 문화인으로 결정된 예문사가 창간한 『예문(芸文)』이라는 대형 종합 문화 월간지였다. 그 『예문』은 1943년 10월까지 총 23권을 간행한 후, 발행처를 만주예문연맹으로 바꾸고 동 연맹의 기관지로 1944년 1월부터 재출발하여 1945년 5월까지(1944년 7월부터 발행처를 만주문예춘추사로 변경) 총 16권을 간행하였다. 또한, 만주문예연맹에 『예문』의 잡지명을 양도한 예문사는 1943년 11월에 만주공론사로 이름을 바꾸고 『예문』의 권호수를 답습하면서 『만주공론(滿洲公論)』을 창간하여 1945년 3월까지 총 17권을 간행하였다.

문단의 통제와 『예문』의 창간

『예문』의 창간에는 다양한 배경이 존재하지만 가장 큰 요인은 역시 재야의 문학 활동에 대한 당국의 개입이었다. 즉, 문단의 급속한 발전에 대해서 만주국 정부가 일본 국내에서 추진하고 있는 '신체제 운동'에 맞춰서 그 통제를 도모할 목적으로 우선 1941년 3월에 '만주국 예문지도 요강(滿洲国芸文指導要綱)'을 고시하였다. 그리고 이 '요강'의 성립을 보고 입안자이기도 한 무토 도미오[38] 처장이 이끄는 총무청 홍보처가 41년 7월에 '만주문예가협회를 설립시키고 8월에 '만주악단협회', '만주미술가협회'를 설립시킨 후, 이들을 통합하는 '만주예문연맹'을

---

38) 무토 도미오(武藤富男, 1904~1998)는 전전에는 일본의 재판관을 지냈고 만주국의 관료였으며 쇼와 전후에는 실업가이자 명예법학박사, 교육자, 일미회화학원(日米会話学院) 원장, 기독교 목사, 전도사, 명예 신학박사, 기독교신문 사장 겸 회장이다.

세웠다. 『예문』은 나중에 예문연맹의 기관지였던『만주예문통신(滿洲
芸文通信)』과 통합해서 44년 1월부터 정식으로 동 연맹의 기관지로
재창간된 것에서도 알 수 있듯이 그 창간서부터 시종 홍보처나 예문연
맹의 감독하에 있었고 그 지도와 지원을 받아왔었다.

　『예문』의 창간에 있어서 홍보처 처장 무토 외에도 야마다 세이자
부로[39]와 오바라 가쓰미(小原克巳)도 협력자였다. 1939년 만주에 온
야마다는 신징의 만주신문(滿洲新聞)에 입사하였고 문예가협회가 설
립되었을 때 그 위원장으로 취임했을 뿐 아니라 재창간된 『예문』의
편집인이 되기도 하였다. 그리고 오바라 가쓰미는 예문사를 조직하
여 초대 발행인을 수락하였고 일찍이 신징에서 잡지 『모던 만주(モダ
ン滿洲)』(후에『만주(滿洲)』로 개제)의 간행을 돕고 예문사를 설립할 때
는 만주사의 발행처까지 제공하였다.

　'예문 지도 요강'에 근거하여 창간된『예문』은 만주의 광범위한 '예문
의 발흥'을 지향해서 당초에 '종합성'과 '현지화'를 중시하였다. 단지
창간호의 간행 준비 중에 태평양전쟁이 갑자기 발발하여 이에 대응하기
위해서 급히『임시 증간·태평양전쟁 호』의 간행을 어쩔 수 없이 했지만,
그 이후에는 종래의 방침을 지키면서도 전시하의 상황을 둘러싼 다양한
좌담회를 게재하는 등, 서서히 시국에 대한 발신을 늘릴 수밖에 없게
되었다. 그리고 전황이 악화하여 발행처를 바꿀 때마다 페이지 수를
줄여 문예춘추사가 발행했을 때에는 애초 약 250페이지였던 분량이
100페이지 이하로까지 축소되어 점차 그 '종합성'을 잃고 말았다.

---

39) 야마다 세이자부로(山田清三郎, 1896~1987)는 일본의 소설가이자 평론가. 프롤레타
리아 작가였다가 전향 후 만주국으로 건너가 대동아문학자대회에도 참가하였고 전후
에는 민주주의 작가로 활약하였다.

다만, 그래도 3년 반에 걸쳐 『만주공론』까지 포함해 총 56호나 간행한 그 영향은 컸다. 특히 요코리쓰 리이치[40]나 야스다 요주로[41]처럼 '내지' 작가를 다수 등장시키는 한편, 만주에서의 '현지화'의 일환으로서 각계의 재만 일본인은 물론이고 구딩, 줴칭[42] 등의 중국인 작가나 니콜라이 바이코프[43] 같은 러시아 작가까지 집필진으로 포섭한 것은 실로 양쪽 문단을 융합시키는 데 있어 커다란 의미를 갖는다고 생각된다.

만주 정도의 규모는 아니지만, 전시 중 일본군에 의한 점령지의 확대에 따라 다른 지역에서도 당연히 일본 문학자들이 다수 진출하여 현지 문단에 강한 영향을 끼쳤다. 예를 들어 베이징에서는 노구교사건 이후, 출판계의 붕괴와 수많은 중국인 작가의 탈출로 인해 기존 문단은 한때 거의 궤멸 상태가 되었다. 그런 와중에 종합문예지 『삭풍(朔風)』의 창간 등 북경에 남은 일부 작가가 조금씩 창작을 재개하였고 이와 동시에 전개된 것이 일본어 문예지 『연경 문학(燕京文学)』을 간행한 베이징 거류 일본인 작가들의 활동이었다. 『연경 문학』은 노구교사건 전에 간행된 동인지 『황토층(黄土層)』을 모체로, 일본 신문인 『북경신문(北京新聞)』의 기자인 에자키 반타로[44]나 유학생 히키

---

40) 요코리쓰 리이치(横光利一, 1898~1947)는 일본의 소설가. 가와바타 야스타리(川端康成), 가타오가 뎃페이 등과 함께 『문예시대(文芸時代)』를 창간하여 신감각파의 중심 멤버로 활약하였다.

41) 야스다 요주로(保田與重郎, 1910~1981)는 일본의 문예평론가.

42) 줴칭(爵青, 1917~1962)은 만주국에서 활약한 중국인 소설가. 『예문』파의 주요 멤버로 활약, 일본어가 능숙하여 관동군 사령부의 일본어 통역업무로 했다.

43) 니콜라이 바이코프(Николай Аполлонович Байков, 1872~1958)는 러시아 소설가이자 화가. 1917년 10월 혁명에서 제정러시아의 백군으로 적군과 다툰 후, 만주국으로 망명하였다.

44) 에자키 반타로(江崎磐太郎, 1915~1943)는 도쿄발성영화각본부(東京発声映画脚本部), 『호치신문(報知新聞)』에서 근무한 후, 중국으로 건너가 『베이징신문(北京新聞)』

타 하루미(引田春海) 등이 창간한 잡지로 가장 많을 때는 서른 수명의 동인을 지니기도 했다. '내지' 문단을 강하게 의식하면서 "중국인과 함께 화베이(華北)[45] 문화를 만들 수 있는 기초를 만든다"(제9호 「편집 후기」)라고 마음을 단단히 먹고 창작을 이어갔다. 그것은 오자키의 『풍토에 병든 집(風土に病む家)』이나 나카조노 에이스케[46]의 『제1회 공연(第一回公演)』 등의 작품에 반영되어 중국과 일본에 걸친 『연경문학』 동인의 독자적인 위치와 특징을 만들었다.

북경 문단을 향한 협력과 간섭

한편, 북경 잔류 기성 작가들 그중에서도 주작인[47]을 중심으로 한 베이징대학 관계자 그룹은 『삭풍』에 이어서 대형문예지 『중국 문예(中国文芸)』를 거점으로 서서히 활동을 재개해 갔으나 그 내용의 대부분은 분명하게 시국을 무시한 문인 취미거나 고전 고증에 치우쳐져 당국이 제창하고 그 출현을 고대하던 '건설문학'에는 전혀 미치지 못했다. 그리고 아무래도 이러한 자세가 일부 일본 문단에는 "지극히 소극적인 표현, 사상"으로 비추어져 주작인을 "반동적 노대가"(가타오가 뎃페이[48])라고 비판하였다.

을 거쳐서 1939년 동아신보 창립 때 문화학예 기자로 입사하였다.
45) 화베이(華北)는 중국 북구의 베이징시와 허베이(河北)·톈진·네이멍구자치구(內蒙古自治區)에 걸친 지구(地區)의 총칭.
46) 나카조노 에이스케(中薗英助, 1920~2002)는 일본의 소설가, 추리작가. 고등학교 졸업 후 만주로 건너가 베이징대학에서 수학하면서 『동아신보(東亜新報)』의 학예기자가 되고 동인지 『연문학』에 참가하여 창작활동을 시작하였다.
47) 주작인(周作人, 1885~1967)은 중국의 산문작가, 번역가. 루쉰의 남동생으로 일본에 유학했다가 1911년 신해혁명 때 중국으로 귀국 후, 베이징대학 동방문학계 주임교수 등을 역임하였다. 제2차 세계대전 후 일본에 협력했다는 죄로 투옥되기도 하였다.
48) 가타오가 뎃페이(片岡鉄兵, 1894~1944)는 일본의 소설가. 신감각파에서 프롤레타리

주작인과 잔류 북경 문인들의 이러한 태도에 대해서 화베이 주둔국
보도부가 설립한 우더신문사(武德報社)의 후원으로 발족한 '화베이작가
협회'에 모인 신진작가들은 다소 다른 길을 선택하였다. 중심인물은
일본에서 돌아온 우더신문사의 편집장이자 화베이작가협회의 간사장
으로 취임한 류용광(柳龍光)과 주작인의 제자였던 침계무[49]이었다. 특히
전자는 대동아문학자대회의 개최나 일본문학보국회 주도에 의한 중국
통일 문학단체 설립에 적극적으로 협력하였고 당국의 의도를 따른
'문학보국'은 당시 화베이 문단에 커다란 영향을 미치고 있었다.

이처럼 거의 분열 상태에 있던 베이징 문단에 대해서 일본문학보
국회는 일관되게 많은 열의를 갖고 그 발전에 협력하고 또한 간섭해
갔다. 그것은 대동아문학자대회에서 가장 중시한 것은 역시 중국(화
베이)이었다고 그들이 자랑할 정도였다. 이것이 그다지 거짓이 아니
었던 것은 제1회 대동아문학자대회 이후, 문학보국회로부터 베이징
에 작가를 '문화 사절'로 주재시킨 한편, 문학계의 중진을 연이어 파
견했다는 사실에서도 엿볼 수 있다. 또한, 하야시 후사오[50]와 고바야
시 히데오[51]가 중국통일문학단체의 설립 준비를 위해서 현지 작가와
교섭하여 어떻게든 그들을 포섭하려고 한 것도 이러한 배경을 반영
한 것일지 모른다.

아 문학으로 전환하였고 전향 후에는 주로 통속소설을 썼다.

49) 침계무(沈啓無, 1902~?)는 주작인의 동생이자 시인.

50) 하야시 후사오(林房雄, 1903~1975)는 일본의 소설가. 학생운동가에서 프롤레타리아
작가가 되었다가 투옥 중 전향하여 민족주의적인 작품을 발표하였다. 일본의 패전 후에
는 전후 민주주의에 이의를 제기하는 평론을 발표하였다.

51) 고바야시 히데오(小林秀雄, 1902~1983)는 일본의 평론가. 근대 비평가의 지위를 확립
했으며 비평의 새로운 분야 개척을 시도했다. 전후부터 문단문학보다는 예술가·사상
가를 추구하였다.

이상은 어디까지나 만주와 베이징의 예였지만 물론 '외지'로의 일본 작가, 문단의 진출은 결코 이 정도로 끝나지 않는다. 상하이나 장자커우(張家口) 등 다른 지역에서의 현지 활동도 그렇지만 대단한 베스트셀러가 된 히노 아시헤이[52]의 『보리와 병정(麦と兵隊)』(1938)을 거론할 필요도 없이 일개 병정으로서, 혹은 신문사나 출판사의 특파원으로서, 나아가 그 후의 '펜 부대'의 종군작가로서 과연 얼마나 많은 작가가 이른바 중국 전선으로 향했고, 그리고 도대체 얼마나 많은 '외지' 관련의 작품을 낳았는지, 그것은 실로 상상을 뛰어 넘는다, 라고 밖에 말할 수 없다. 그 산맥이라고도 부를 수 있는 방대한 작가, 작품군에 대해서 여기서는 도저히 다 설명할 수 없지만, 다행스럽게도 이 책의 제1장(이시카와 하지메)에서 그 일단을 다루고 있기에 종래의 연구와는 또 다른 각도를 위해서 그 경위를 읽어주시길 바란다. 그리고 어디까지나 빙산의 일각에 지나지 않지만, 권말의 「전시기 중국 대륙 관련 서적」도 당시의 상황의 일부분을 반영하고 있다. 이쪽도 함께 참조 바란다.

3. 동원된 화단(画壇)

'외지'에서 그려진 일상 풍경

수많은 작가가 전선으로 보내진 것처럼 1937년 중일전쟁이 시작

---

52) 히노 아시헤이(火野葦平, 1907~1960)는 일본의 소설가. 노동운동에 참가했다 검거된 후 전향하였다. 1937년 「분뇨담(糞尿譚)」으로 아쿠타가와상을 수상하였고 전쟁 중에 육군보도부원으로 종군하여 대 히트작 『보리와 병정』 등의 많은 전쟁 소설을 집필하였다.

한 이후 육군성과 해군성은 전의 고양과 전쟁 기록을 남기기 위해서
수많은 화가도 전쟁터로 파견하였다. 그 숫자는 1945년 종전까지 총
천 명 이상에 달했다고 전해진다. (전시 중 '외지'에 파견된 주요 화가 일람
참조). 그들이 그린 전쟁기록화는 그 후 일본 국내에서 개최한 '성전
미술전(聖戰美術展)' 등에서 전시되었고 총후(銃後)[53]의 국민을 고무시
키는 장치로 대단히 중요한 역할을 하였다.

하지만 일련의 미술전에서 전시된 것은 실은 전쟁터로 파견된 화
가들의 그림 중 극히 일부에 지나지 않고 작품 대부분은 오히려 군사
우편 그림엽서에 인쇄되어 출정한 병사나 국내의 군속에 배부되어
이른바 전선과 총후를 잇는 중요한 도구로 많은 국민이 애용하였다.
1937년부터 41년까지 군사우편은 연간 평균 4억 통이나 사용됐다고
하고 그중에서 그림엽서도 상당한 양을 점유하였다고 생각된다.

'펜 부대'와 나란히 '채관부대(彩管部隊)'라고도 불린 종군화가들이
그린 전장의 기록이기 때문에 전투 그림이 당연히 많이 차지하고 있
을 거로 생각하기 쉽다. 하지만 실제로는 군인들의 진중 생활이나
현지 주민과 교류하는 장면을 합해도 전체의 4할 정도이고 오히려
중국 각지의 풍속이나 풍경을 그린 것이 중심이다.

총후의 국민을 안심시킬 의도와 책무로서의 할당량을 채운 후에
화가들은 그 직업적인 습관에 따라서 실로 마음껏 눈앞에 있는 중국
인의 생활 풍경이나 이국의 자연 풍경을 캔버스에 옮겼다. 이 정도의
화가 집단이 집중적으로 이국의 풍경을 그리고 기록한 것은 실로 공
전절후라고 말할 수 있는 사례로 그 그림 작업의 가치는 또 다른 문맥
으로 재고되어야만 할 것이다.

---

53) 총후(銃後)는 전장의 후방이나 후방에 있는 국민을 가리키는 일본식 표현이다.

[전시 중 외지에 파견된 주요 화가 일람]

【1937년】	
고바야카와 아쓰시로(小早川篤四郎)	요시하라 다타시(吉原義)
이와쿠라 도모카타(岩倉具方)	후루시마 마쓰노스케(古島松之助)
미쿠니 히사시(三國久)	다카하시 료(高橋亮)
시미즈 도시(淸水登之)	사이토 야소하치(斎藤八十八)
나카가와 기겐(中川紀元)	스미야 이와네(住谷磐根)
안도 슈이치(安東收一)	데라모토 다다오(寺本忠雄)
아오야마 류수이(靑山龍水)	고바야시 기요키치(小林喜代吉)
사이토 후미히토(斎藤文人)	

【1938년】	
이시이 하쿠테이(石井柏亭)	타나베 이타쓰(田辺至)
이시카와 도라지(石川寅治)	나카무라 겐이치(中村硏一)
후지타 쓰구하루(藤田嗣治)	고즈 고진(神津港人)
요시다 하쓰사부로(吉田初三郎)	요시다 히데사부로(吉田秀三郎)
요시다 아사타로(吉田朝太郎)	다사카 노보루(田坂昇)
아소 유타카(麻生豊)	사사키 요시오(佐々貴義雄)
사토 가쓰조(佐藤克三)	미즈히라 죠(水平讓)
이토 미쓰히사(伊藤三寿)	노가미 노보루(野上登)
미쿠니 히사시(三國久)	미쿠리야 준이치(御厨純一)
고바야카와 아쓰시로(小早川篤四郎)	고미네 노보루(小嶺伸)
시미즈 시치타로(淸水七太郎)	후루시마 마쓰노스케(古島松之助)
모리와키 다다시(森脇忠)	다카하시 료(高橋亮)
핫토리 쇼이치로(服部正一郎)	구사미쓰 노부시게(草光信成)
기노시타 고로(木下五郎)	야마자키 쇼조(山崎省三)
고바야시 시게루(小林茂)	요시치로(輿七郎)
요시다 사부로(吉田三郎)	하시모토 데쓰타로(橋本徹太郎)
고바야시 기요키치(小林喜代吉)	사이토 야소하치(斎藤八十八)
요코에 요시즈미(橫江嘉純)	오쿠세 에이조(奧瀬英三)
미카미 도모하루(三上知治)	시로야 헤이지(代谷兵二)
쓰루타 고로(鶴田吾郎)	미쓰야스 히로유키(光安浩行)
미야사카 마사루(宮坂勝)	다나카 도조(田中稲三)
가나이 다쓰조(金井達三)	사카이 세이이치(酒井精一)
고이즈미 모토히코(小泉素彦)	잇시키 고로(一色五郎)
다카시마 쇼코(高島祥光)	고미 세이키치(五味淸吉)
미쓰하시 타케아키(三橋武顕)	가와시마 리이치로(川島理一郎)
다카하시 가쓰마(高橋勝馬)	후지시마 다케지(藤島武二)

이시이 고후(石井光楓)	구리하라 신(栗原信)
나카자와 히로미쓰(中澤弘光)	가와바타 류시(川端龍子)
쓰루타 고로(鶴田吾郎)	이하라 우사부로(伊原宇三郎)
에노 신타로(榎信太郎)	이시이 하쿠테(石井柏亭)
하자마 이노스케(硲伊之助)	와다 가나에(和田香苗)
나가토치 히데타(永地秀太)	요시다 히로시(吉田博)
사사키 요시오(佐々貴義雄)	오오노 다카노리(大野隆德)
세노 가쿠조(瀬野覚蔵)	죠카이 세이지(鳥海青児)

【1939년】

가와시마 리이치로(川島理一郎)	후쿠다 도요시로(福田豊四郎)
요시오카 겐지(吉岡堅二)	구마오카 요시히코(熊岡美彦)
하시모토 간세쓰(橋本関雪)	아라키 짓포(荒木十畝)
나베이 가쓰유키(鍋井克之)	가와바타 류시(川端龍子)
이토 신스이(伊東深水)	히다 슈잔(飛田周山)
사카이 산료(酒井三良)	우에무라 쇼엔(上村松墓)
미와 조세이(三輪晁勢)	이케다 요손(池田遙邨)

【1940년】

야마무라 고카(山村耕花)	이케가미 슈호(池上秀畝)
마루야마 반카(丸山晩霞)	고스기 호안(小杉放菴)
이시이 쓰루조(石井鶴三)	다나카 세이효(田中青坪)
노구치 겐지로(野口謙次郎)	가와바타 류시(川端龍子)
가와사키 쇼코(川崎小虎)	요시무라 다다오(吉村忠夫)
나카무라 겐이치(中村研一)	다쿠라 고노스케(田村孝之介)
고이소 료헤이(小磯良平)	다나카 사이치로(田中佐一郎)
시미즈 요시오(清水良雄)	이하라 우사부로(伊原宇三郎)
하시모토 야오지(橋本八百二)	미야모토 사부로(宮本三郎)
아사이 간에몬(朝井開右衛門)	미나미 마사요시(南政善)
야스다 한포(安田半圃)	

【1941년】

우에무라 쇼엔(上村松墓)	미타니 도시코(三谷十糸子)

【1942년】

후지타 쓰구하루(藤田嗣治)	이하라 우사부로(伊原宇三郎)
나카무라 겐이치(中村研一)	미야모토 사부로(宮本三郎)
데라우치 만지로(寺内萬治郎)	이노쿠마 겐이치로(猪熊弦一郎)
고이소 료헤이(小磯良平)	나카야마 다카시(中山巍)
무라타 고노스케(田村孝之介)	시미즈 도시(清水登之)
쓰루타 고로(鶴田吾郎)	도모토 인쇼(堂本印象)

가와바타 류시(川端龍子)	후쿠다 도요시로(福田豊四郎)
야마구치 호슌(山口蓬春)	요시오카 겐지(吉岡堅二)
야스다 유키히코(安田靫彦)	야자와 겐게쓰(矢沢弦月)
미와 조세이(三輪晁勢)	에자키 고헤이(江崎孝坪)
오쿠세 에이조(奥瀬英三)	가와바타 미노루(川端実)
미쿠리야 준이치(御厨純一)	아리오카 이치로(有岡一郎)
미야모토 사부로(宮本三郎)	사토 게이(佐藤敬)
미쿠니 히사시(三國久)	이시카와 시게히코(石川滋彦)
후지모토 도이치료(藤本東一良)	나카무라 나온도(中村直人)

* 도쿄문화재연구소(東京文化財研究所) 데이터베이스「미술계 연사(휘보)(美術
界年史[彙報])」에서 정리.

군사우편 그림엽서의 분류와 종군화가의 의의

페이지 수의 관계로 여기서 필자가 모은 그들의 작품이 인쇄된 약
3천 장의 군사우편 그림엽서에 대해서 그림의 소재에 따라 '전장과
전투', '진중 생활', '선무공작', '풍경과 풍속'의 네 장르로 나누고 아주
간단히 내용을 소개해보고자 한다.

① 전장과 전투

전선의 상황을 총후의 국민에게 알리고 선전 또는 기록을 위해서
전쟁터와 전투를 그리는 것이 종군화가들의 가장 중요한 임무였다.
그렇기에 모든 화가는 일정 수의 임전과 돌격 장면을 캔버스에 포착해서
전쟁터의 긴장감을 활사하였다. 다만 국내에서 열린 여러 전람회 출품
작과 비교하면 우편 그림엽서에 그려진 전쟁터와 전투는 모두 과격한
장면을 피하고 이른바 병사들의 웅자함을 강조한 구도로 되어 있다.

② 진중 생활

출정 중인 병사들이 어떠한 일상을 보내고 있는지, 이러한 진중 생
활의 정보도 가족을 비롯한 일반 국민의 관심사였기 때문에 화가들

은 그러한 현장도 적극적으로 그렸다. 그 한 장 한 장에 입욕, 이발, 취사, 오락 등의 모습을 잘 포착해서 그대로 총후의 국민을 안심시킬 일종의 선전매체로서 기능하였다.

③ 선무공작

선무란 각 점령지의 현지 주민이 적대적 행동을 하지 않고 협력적인 태도를 보이도록 행해진 융화책의 하나이다. 난민 보호, 치안 유지 등이 그 주요 임무였지만 점령지 주민의 인심을 장악하는 프로파간다적인 측면도 부정할 수 없다. 실로 이 선무공작의 성과를 내외에 보여주기 위해서 화가들은 이러한 양자의 '우호'적인 정경도 수많이 많이 묘사했다.

④ 풍경과 풍속

종군화가들은 눈 앞에 펼쳐진 이국의 웅대한 자연이나 생활 풍속에도 직업적인 시선을 보냈다. 그리고 이러한 관심은 전투보다도 더 많은 듯하여 중국 각지의 풍경을 실로 호기심 넘치는 터치로 그리고 있다. 그 수많은 작품은 그들이 종군화가이기 전에 우선 한 명의 화가였음을 제대로 증명해주고 있다.

이처럼 종군화가들의 그림 작업은 일견 종래의 일본 근대미술의 범주 내에 머물고 있어 이른바 전쟁 프로파간다의 목적으로 기능하던 것처럼 보이지만, 이 대이동을 일본 화단의 '외지'로의 진출, 또는 집단적 기억, 표현으로 파악할 경우, 그들의 그림 작업은 일본과 중국 화단에 각각 다른 의미로 이해할 수 있을 것이다.

우선 일본 화단으로서는 전술한 것처럼 전혀 전례가 없던 일이고 화가 개개인에게도 매우 귀중한 체험이었을 것으로 생각한다. 전투 장면을 제외하고 대륙 각지의 원색 그대로의 풍토를 눈앞에 보고 그들은 각자 자신만의 '풍경'을 발견하고 또 그 순간의 감동을 캔버스에 옮겼다. 특히 중국 북부의 강한 광선이 내리쬐는 광막한 대지와의 만남을 통해 '내지'에서는 좀처럼 얻기 힘들었던 묘사의 효과를 각각의 작품에서 마음껏 실천할 수 있었던 건 아닐까 하고 추측해 본다. 이 경험은 화가 개인의 차원에 그칠 뿐 아니라 일본의 화단 전체로서도 매우 유의한 것이었을 거다. 그런 의미에서 광의적으로 일종의 프로파간다 회화이기는 하지만 교훈으로서의 측면도 일본 근대미술의 일대 보고라고 평가할 수 있겠다.

다음으로 중국 화단으로서는 비록 메이지 이후에 성립한 근대동아시아 표상 공간의 전체상을 시야에 넣었을 때, 그것이 중국 근대미술과 다방면으로 깊은 관계성을 갖고 있다는 것을 확인할 수 있다. 전의 고양을 목적으로 한 전투나 총후를 다루는 작품의 과장된 표현이 일본 유학 경험을 지닌 중국 화가들이 창작한 항일선전화와 저변에서 통하는 부분이 많다는 것이 확인된다. 또한, 서양화, 일본화, 판화, 만화 등 총동원된 다양한 장르의 유력 화가가 점령지의 구석구석을 그림으로써 상하이 등에서 빈번하게 열린 일본화가 관련 기획전이나 개인전을 통해서 이들 작품을 본 중국 화가들에게 다양한 영감을 주었을 것도 충분히 상상할 수 있다. 그중에서도 가장 많은 수를 차지한 '풍경과 풍속'을 주제로 한 것이 일본인 화가들 자신의 풍경의 '발견'에 멈추지 않고 이들 그림 작업이 중국 화가들에게도 자국 풍경의 '재발견'을 재촉했을 것이 틀림없다.

나오며 - 쇼와 15년의 의미를 되묻는다

이상으로 문학이나 회화, 여행에 관해서 기술하였지만 '외지'와의 관계에 있어서 실은 사진, 가요, 영화, 만화, 광고, 건축, 스포츠, 패션 등의 분야에서도 거의 같은 구조를 발견할 수 있다. 사진 이외의 분야에 관해서는 반복이 되지만, 가요는 제2장(호소가와 슈헤이[細川周平]), 영화는 제3장(야마구치 노리히로[山口記弘]), 제4장(친 강[秦剛])과 종장(오쓰카 에이지[大塚英志]), 만화는 제5장(오쓰카 에이지), 광고는 제6장(마에가와 시오리[前川志織]), 건축은 제7장(이노우에 쇼이치[井上章一]), 스포츠는 제8장(스즈키 후타[鈴木楓太]), 패션은 제10장(왕즈송[王志松])에서 각자 상세하게 논하고 있기에 여기서는 할애하겠다.

그 대신에 필자로서 이전서부터 매우 신경이 쓰였고 이번에 이 책의 편집을 통해서 점점 더 강하게 느낀 바를 적어보겠다. 그것은 1940년, 즉 '쇼와 15년'이라는 시간의 시점을 어떻게 생각해야 하느냐는 문제이다. 지금까지 쇼와 15년이라고 하면 많은 논자가 정부가 주최한 기원(紀元) 2600년 식전을 비롯해 일련의 기념행사나 기념사업, 또는 기념출판 등을 거론하며 그 황국사관, 나아가서는 국민통합과의 관련을 지적하고 긍정적으로 파악한 적이 매우 적었다. 물론, 정치적으로는 모두 옳은 말이다. 다만 만약 쇼와 15년이라는 시간을 우선 그러한 정치적 요소로부터 떼어 내고 메이지 이래 축적해 온 문화사 속에서 되돌아보면 거기에는 새롭게 다른 의미가 보이기 시작한다. 이런 말을 하는 것은 대략적이지만 전시 중에 제작된 다양한 장르의 만 단위나 되는 자료를 훑어본 필자에게 있어서 어디까지나 '표상'이라는 범주에 있어서지만 언제나 그 문화적 달성도에 놀라움을 금할 수 없었다. 그것은 마치 근대 이래 키워 온 문화적 자원의 모든 것이 이 한 점에 수렴되어 커다랗게 하나의 정점을 이루고 있는 것 같은 느낌마저 든다.

정치적인 '후퇴'와 문화적인 '선진'으로 찢어지는 '쇼와 15년', 현재 상황에서 필자는 아직 그것을 어떻게 상대하면 좋을지 결론을 내지 못하고 있다. 그 때문에 여기서 굳이 자신이 안고 있는 곤란함을 독자들에게 펼쳐 보이고 한 명이라도 '지기(知己)'를 얻어서 함께 번민하면서 언젠가 이 문제를 해결할 수 있는 날이 올 것을 기다리고 싶다.

그리고 마지막으로 이 책의 출판에 있어서 편자 중 한 명인 나의 태만, 나태로 인해 간행이 크게 늦어진 점을, 그리고 그사이에 편집을 담당하셨던 이노우에 나오야(井上直哉) 씨, 일문연프로젝트 담당의 이시카와 하지메 씨, 이나가키 지에(稻垣智惠) 씨, 사토 노리코(佐藤典子) 씨에게 많은 도움을 받은 것을 마음으로부터 사과를 드리면서 또한 깊은 감사의 말씀을 드리고 싶다.

제1장

새로운 '대중문학'의 탄생

- 전쟁이 타파한 문학의 질서 -

이시카와 하지메(石川肇)

들어가며

메이지 시대부터 시작된 일본의 근대문학은 서양의 영향을 포함해서 일본 국내에서 생산되고 소비되어왔다. 그런 일본의 근대문학이 제국 일본의 세력 확대로 인해 국내에서 해외로 넓혀졌다. 조금 자세하게 설명하면 이는 일본의 해외 이주민제도로 인해 미국과의 '미·일 신사조약(日米紳士協約)'(1907~1908)이나 '배일이민법(排日移民法)'(1924) 등, 이민에 관한 법률이 제정됨으로써 일본근대문학의 독자층이 남북아메리카에서 만주로 바다를 걸쳐 크게 이행하게 된 것이다.

이렇게 해서 동아시아 일대라고 부를 수 있는 식민지, 이른바 '외지'에서 일본인뿐 아니라 민족을 넘어 생산하고 소비하게 되었다. 다시 말해 일본근대문학의 범주가 국내를 넘어서 해외로 넓혀져 간 것인데 협의이긴 하지만 보편성(타자성의 획득)과 국제성(해외와의 연결)이라는 세계문학적 기준을 얻게 된다. 문학 이외에서 예를 들어보면 그 시대 종군 등으로 해외로 뛰쳐나갔던 화가들이 그린 '외지'의 풍경에는 그때까지 없었던 상상력과 색 사용이 구사되어 일본 국내에서는 결코 그릴 수 없었던 일종의 보편성과 국제성을 갖게 되었다.

이 장은 1937년에 발발하여 수많은 작가가 동원된 중일전쟁 시기의 '외지'를 무대로 한 전쟁을 제재로 한 작품을 화베이서부터 화중[1] 그리고 화난[2]으로 밀고 내려간 일본의 남진 정책을 기반으로 '대중'이라는 측면에서 전후의 중간소설[3]로 이어지는 흐름을 파악하는 것이다.

대상으로는 이 책의 편집자 중 한 명인 류지엔후이가 수집한 약 5백 권(이 책 권말의 「전시기 중국 대륙 관련 서적」 참조)에 달하는 동시대에 간행된 단행본 중에서 사쿠라다 쓰네히사[4]의 『종군 타이피스트(從軍タイピスト)』(화베이, 소설), 이시카와 다쓰조[5]의 『무한작전(武漢作戰)』(화중, 르포르타주), 오자키 가즈오[6]의 『남쪽 여행(南の旅)』(화난, 수필) 세 권을 골랐다. 주목해야 할 작품은 여자 주인공이 활약하는 『종

---

1) 화중(華中)은 중국 중동부의 후베이(湖北)·후난(湖南)·장시(江西) 3성을 포함하는 양 쯔강(揚子江) 중류와 그 지류 유역 일대의 지역을 지칭한다.
2) 화난(華南)은 중국 남동부 푸젠(福建)·광둥(廣東)·하이난(海南) 3성과 광시장족자치구(廣西壯族自治區)를 포함하는 지역을 지칭한다.
3) 중간소설(中間小說)이란 순문학과 대중소설의 중간에 위치하는 소설이란 뜻으로 순문학이 갖는 예술성을 유지하면서 대중문학의 오락성을 발휘하는 소설을 가리킨다.
4) 사쿠라다 쓰네히사(櫻田常久, 1897~1980)는 일본의 소설가. 오사카(大阪) 출신으로 「히라가 겐나이(平賀源内)」라는 작품으로 아쿠타가와상을 수상. 전후에는 일본민주주의문학동맹(日本民主主義文學同盟)에 참가하여 농민해방이나 농협 운동에 관여하였다.
5) 이시카와 다쓰조(石川達三, 1905~1985)는 일본의 소설가. 자신의 브라질 이민 경험을 바탕으로 쓴 『창맹(蒼氓)』으로 제1회 아쿠타가와상을 받았다. 화중 종군 경험을 바탕으로 쓴 『살아 있는 병정(生きてゐる兵隊)』은 발매금지 처분을 받았고 전후에는 사회문제를 소재로 한 소설로 많은 베스트셀러 소설을 썼다.
6) 오자키 가즈오(尾崎一雄, 1899~1983)는 일본의 소설가. 쇼와 시기의 대표적인 사소설 작가로 「한가한 안경(暢気眼鏡)」으로 아쿠타가와상을 받았다.

군 타이피스트』이고『무한작전』과『남쪽 여행』은 당시의 시대 상황
을 부각시키기 위한 매개체적 역할을 맡을 것이다.

　이외에도 히노 아시헤이의『보리와 병정』, 우에다 히로시[7]의『황
진(黃塵)』, 히비노 시로[8]의『우슨 강(吳淞クリーク)』처럼 군인 작가의
소설뿐 아니라 신문잡지의 특파원이나 '펜 부대'가 쓴 르포르타주,
나아가 해외 작가의 중국에 관한 번역서 등, 다종다양한 작품이 있지
만, 작품에서 그려진 것은 대부분 전쟁터의 풍속 묘사였고 용맹과감
(勇猛果敢)한 내용만 있었던 것은 아니다. 군부 입장에서 보면 그러한
방관자적인 작품은 전의 앙양의 역할을 제대로 수행하지 못해 비난
받아 마땅한 것이었을지 모르겠지만 가족이나 친족을 군인으로 전지
에 보낸 일반 대중에게는 이 또한 필요한 정보였다.

　다시 말해서, 전쟁터에서 전해져 온 '정보'라는 의미에서 쓰인 것에
우열은 없고 마찬가지로 순문학이냐 대중문학이냐 하는 구별도 없어
서 종래의 질서가 타파되었다고 할 수 있다. 전시하, 전쟁을 제재로
한 작품은 그러한 의미에서 모두 '대중문학'이었고 그리고 그것은 반
복이 되지만, 보편성과 국제성이라는 세계문학적 기준을 획득한 것
이고 그때까지의 대중문학의 개념과는 전혀 다른 새로운 장의 것이
었다.

---

7) 우에다 히로시(上田廣, 1905~1966)는 일본의 소설가. 철도성에 근무하다 1937년 중국
　으로 소집되어 전쟁터에서 쓴「황진」으로 아쿠타가와상 후보에 올랐다. 전후에도 철도
　에 관한 많은 저서를 남겼다.
8) 히비노 시로(日比野士朗, 1903~1975)는 일본의 소설가. 중일전쟁 때 징집되어 제대
　후 발표한「우슨 강」으로 이케타니신자부로상(池谷信三郎賞)을 수상, 귀환작가로서
　명성을 올렸다. 전의 고양 문학을 많이 썼고 전후에는 절필하였다.

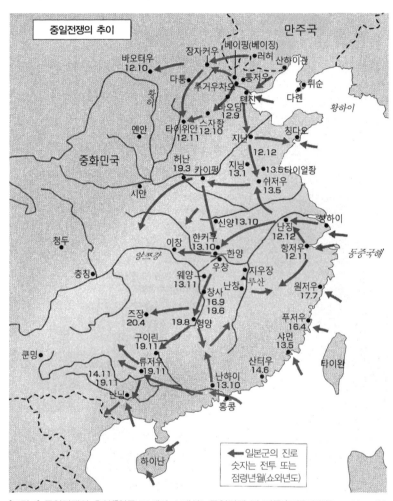

[그림 1] 중일전쟁의 추이(『일록 20세기 스페셜1 중일전쟁 전 기록!(日録20世紀 スペシャル1 日中戦争全記録!)』(講談社, 1999)

1. 근대 일본문학의 용어와 문학사

순문학·대중문학이란 무엇인가?

앞서 종래의 질서가 타파되었다고 말했는데 이른바 순문학과 대중문학이란 어떻게 정의되어 있는지, 『현대일본문학대사전 증정 축쇄판(現代日本文学大事典 増訂縮刷版)』으로 확인해 보고자 한다. 이 사전은 각각의 항목을 알리 쉽게 간략하게 정리해서 이 장에서 사용하고 있는 '대중문학'이라는 개념과의 차이를 보다 명확하게 할 수 있다.

순문학 문예 용어. 발생적으로 보면 이의성(二義性)을 지닌다. (1)문학을 매개로 표현되는 문장을 넓게 망라하는 광의의 문학에 비해서 시가·희곡·소설 등의 종류를 가리키며, 협의의 문학 즉, 미적 형식에 중점을 둔 것을 말한다. (2)통속문학·대중문학과 비교해서 독자의 눈치를 보지 않고 순수한 예술적 감흥을 중심으로 만들어진 것을 가리킨다. 오늘날에는 일반적으로 후자의 의미로 사용된다.

대중문학 문예 용어. 일반적으로는 '대중 소비를 위한 상품 문학'을 가리키지만, 일본의 경우는 간토 대지진[9]이 일어난 1, 2년 후에 대중매체의 성립과 함께 탄생한 문학의 제 형태, 특히 시대소설[10]을 가리켰다. 거기에 통속문학과 같은 의미로 사용되기 시작한 것은 만주사변 전후부터이다. 시대소설을 쓰던 작가 중 통속현대물을 쓰는 사람이 나타나기

---

9) 간토 대지진(関東大震災)은 1923년 9월 1일 일본 간토·시즈오카(静岡)·야마나시(山梨) 지방에서 일어난 매그네튜드 7.9의 대지진이었다.

10) 시대소설(時代小説)이란 과거 시대나 인물, 사건 등을 제재로 쓰여진 일본의 소설이다. 과거 시대나 인물을 빌려와서 허구를 더해 이야기를 만들어 낸 부분이 역사소설과 다르다.

도 했고 또 그 반대의 경우도 생겨서 경계는 점점 모호해지고 전후에는 '중간소설'까지 출현하여 이른바 순문학과 대중문학의 영역은 정하기가 어려워졌다.[*1]

위의 두 항목을 비교해 보면 순문학이란 독자의 눈치를 보지 않고 순수한 예술적 감흥을 축으로 한 것이고 대중문학이란 대량소비를 위한 상품 문학으로서 특히 시대소설이나 통속현대물을 지칭한다는 것이다. 여기서 말하는 통속현대물이란 통속소설을 가리키고 이 사전에 의하면 "이른바 순문학과 비교해서 대중에게 널리 읽히는 소설을 의미하지만, 막부(幕府) 이전 시대를 배경으로 한 시대소설이 보통 대중소설이라고 불리는 것에 비해 현대를 시대 배경으로 하는 가정용의 소설을 통속소설이라고 부른다."라고 정의하고 있다.

순문학이든 대중문학이든 사전의 설명은 작품을 제공하는 작가와 작품의 내용에 무게를 두고 있는 것에 반해서 이 장에서는 작품을 수용하는 독자와 시대 배경에 무게를 두고 있다는 것을 알 수 있을 것이다. 그리고 사전에서 '대중문학' 항목을 집필한 것은 전후에 누구보다 일찍이 대중문학 연구를 시작한 오자키 호쓰키[11)]이며, 『대중문학(大衆文学)』이나 『대중문학론(大衆文学論)』, 『대중문학의 역사(大衆文学の歴史)』 등 많은 저서를 정력적으로 간행하여 대중문학 연구를 대폭으로 진전시켰다. 그중에서도 전전편·전후편의 두 권으로 이루어진 『대중문학의 역사』[*2]는 대중문학에 그치지 않고 일본 근대문학을 연구하는 데 있어서 필독서라 할 수 있고 사전의 '대중문학'의 정

---

11) 오자키 호쓰키(尾崎秀樹, 1928~1999)는 일본의 문예평론가. 타이완 타이베이(台北) 시에서 태어나 중국문학이나 대중문학 연구 및 평론 등 폭넓은 분야에서 활약하였다.

의는 전전편의 권두를 장식한 「대중문학의 특질(大衆文学の特質)」에서 그 요점을 추출한 것이다.

아시아태평양전쟁 중의 문학사

현재 일본에서 일반적으로 사용하고 있는 문학사는 전후에 쓰인 것이다. 전시하의 '대중문학'에 대해서도 시간이 경과 하면서 객관적인 기술이 가능해졌다. 여기서 짚고 넘어가고 싶은 것은 아시아태평양전쟁 중인 1944년에 간행된 『표준 일본문학사 일본어판(標準日本文学史 日本語版)』이다. 그 「서문」에는 "이제 전국은 마지막 결선 단계로 돌입하여 일본은 무력, 사상, 문화를 남긴 없이 모두 동원해서 총력을 기울여 외적 섬멸에 매진해야 할 이번 가을, 여기에 일본문학 본래의 모습과 그 발전을 기술하여 황국 본연의 정신을 만방에 고할 수 있게 되어 본 회는 기쁠 따름이다."라고 쓰여 있다.

전시하에서 근대문학의 흐름을 알 수 있는 기술을 발췌해 보자.

중일사변 이후 급격한 발전을 보인 문학 집단에는 농민문학파, 대륙 개척문학파, 생산문학파 등의 이름이 붙여진 것이 많다. 또한, 고대 고전을 앞다투어 읽고 고대 정신으로의 단순화를 기조로 한 문학이나 평론이 청년들한테서 나와 역사적 제재가 다시 다루어지게 되고 근황 정신이 비평의 기준이 되었다. 유신의 정열이 다시 돌아와 말초적인 관능의 욕구나 감상주의는 부정하고 강한 의지와 깊은 서정으로 수립된 건강한 생활에서 제재를 찾고 있는 것은 유의하고 싶다.

전쟁터의 묘사가 진보하여 운문에서도 산문에서도 전쟁문학이 탄생하여 대전투를 취재한 훌륭한 문학이 종군작가 또는 귀환 용사에 의해 만들어지고 후세에도 가치를 인정받을 작품들이 속출하고 있는 것도

주목할만한 현상이다.[*3]

이 문학사에서 근대문학은 근대 초기(메이지 시대 1), 근대 중기(메이지 시대 2), 근대 후기(다이쇼 시대)까지는 상세하게 기술되어 있지만, 전시 중에 쓰였다는 시간적 한계 때문에 쇼와 시대에 관해서는 「맺은 말」에서 간략하게 정리하고 있을 뿐이다. 그렇기 때문에 오히려 '대중문학'이 당시에 어떻게 태어나서 받아들여졌는지가 잘 보인다.

일전에 프롤레타리아 문학이 출현했을 때, 그 이전의 문학과 무엇이 가장 다른가, 하면 그것은 노동자 계급 속에서 문학을 엮어 나가는 자가 출현했다는 것이다. 전시하에서도 마찬가지로 '귀환 용사'에 의해서 만들어진 문학은 세상에 꽤 큰 인상을 주었다. 그 대표적인 것이 중일전쟁 출정 중에 『분뇨담』으로 제6회 아쿠타가와상을 받은 히노 아시헤이이고 전지에서의 체험을 바탕으로 『보리와 병정』[*4]이라는 소설을 간행해서 공전의 베스트셀러가 되었다. 『흙과 병정(土と兵隊)』, 『꽃과 병정(花と兵隊)』을 합해서 '병정 3부작'이라고 불리고 있다.

여기서 생각해 봐야 할 문제는 전쟁에 대한 거리감이다. 똑같이 전쟁에서 제재를 취했다고 하더라도 히노나 우에다 히로시, 히비노 시로 등 병정 작가처럼 직접 전투에 참여한 자와 이시카와 다쓰조나 하야시 후미코[12], 단바 후미오[13]처럼 종군작가의 입장으로 전쟁터에 가서 간접적으로 전투를 경험한 자가 쓴 내용과 방법은 직접 전투에 참여한 자와 다르다. 이 거리감을 어떻게 이용할지는 작가의 역량에

---

12) 하야시 후미코(林芙美子, 1903~1951)는 일본의 여성 작가. 1928년에 발표한 처녀작 『방랑기(放浪記)』가 유명하고 서민의 생활을 제재로 한 자전적인 작품이 많다.

13) 단바 후미오(丹羽文雄, 1904~2005)는 일본의 소설가. 독특한 리얼리즘에 의한 풍속소설이나 본가인 절을 배경으로 한 불교소설을 다수 발표하였다.

달렸다. 『표준 일본문학사 일본어판』에 "후세에도 가치를 인정받을 작품들이 속출하고" 있다고 기술은 하고 있지만, 그 가치의 기준을 어디에 두느냐에 따라 문학사도 변화하는 것이다.

2. 전쟁이 이끈 문학의 국제화

종군작가의 시동

1931년의 만주사변 이후, 만주나 화베이보다 북쪽으로 진출하려고 했던 육군이 메이지 시대부터 주창해 온 북진정책에 대항해서 1935년, 해군은 남진(南進)정책을 주창하였고 일본의 세력을 화베이에서 화중, 그리고 화난으로 뻗어 남방으로 확대했다. 이는 1937년의 중일전쟁 발발서부터 본격화하여 아시아태평양전쟁으로 돌입하게 된 것이다.

7월에 중일전쟁이 시작되자 일본은 12월에 난징(南京)을 함락시키고, 이듬해 8년 5월에는 쉬저우(徐州)를 점령하였다. 그 사이 신문잡지사는 작가를 특파원으로 파견하게 된다. 제일 먼저 전지에 들어간 것은 『도쿄일일신문(東京日日新聞)』에서 파견한 요시카와 에이지[14]로 화베이로 날아갔고 요시카와가 귀국하자 이번에는 기무라 기[15]가 상하이로 향했다. 잡지사에서는 『중앙공론(中央公論)』에서 오자키 시로[16]와 하야

---

14) 요시카와 에이지(吉川英治, 1892~1962)는 일본의 소설가. 『미야모토 무사시(宮本武蔵)』로 많은 독자를 확보한 대중소설의 대표적인 작가로서 폭넓은 독자층이 있어 일본에서 '국민문학 작가'로 불리기도 하였다.
15) 기무라 기(木村毅, 1894~1979)는 일본의 평론가이자 소설가. 메이지문학·문화 연구를 개척하였고 소설가로서도 대중문학 융성기에 독자적인 위치를 확보하였다.

시 후사오가, 『주부의 친구(主婦之友)』에서 요시야 노부코[17]가, 『일본평론(日本評論)』에서 사카키야마 준[18]이 화베이와 상하이로 향했다. 이 네 명이 쓴 것이 중일전쟁 시기 르포르타주의 시작이었다.

　게다가 문예춘추사(文藝春秋社)에서 기시다 구니오[19], 다시 「중앙공론」에서 이시카와 다쓰조, 또 문예춘추사에서 문예평론가인 고바야시 히데오, 「개조사(改造社)에서 다테노 노부유키[20]가 향했다. 또한, 고바야시 히데오의 현지 방문에는 「분뇨담」이라는 작품으로 1938년도 상반기 아쿠타가와상을 받은 당시에는 아직 무명병사였던 히노 아시헤이에게 상품을 전달한다는 사명이 부여되었었다.[*5]

　위는 문예평론가로 활약했던 이타가키 나오코[21]가 아시아태평양전쟁 중에 간행한 『현대일본의 전쟁문학(現代日本の戦争文学)』에서의

---

16) 오자키 시로(尾崎士郎, 1898~1964)는 일본의 소설가. 「인생극장(人生劇場)」이라는 베스트셀러 소설이 있고 「천황기관설(天皇機関説)」 등이 유명하다.

17) 요시야 노부코(吉屋信子, 1896~1973)는 일본의 여성 소설가. 여성적인 서정과 기독교적인 윤리관을 담은 소설로 인해 많은 소녀 독자들을 확보하였다.

18) 사카키야마 준(榊山潤, 1900~1980)은 일본의 소설가. 방랑 생활 끝에 시사신보사(時事新報社)에 입사하였으나 퇴사하고 소설에 전업하여 『역사(歷史)』라는 역사소설을 썼다. 전후에는 종군체험을 바탕으로 한 『미얀마 일기(ビルマ日記)』 등을 발표하였다.

19) 기시다 구니오(岸田國士, 1890~1954)는 일본의 극작가, 소설가, 연출가. 프랑스에서 연극을 연구하였고 일본 신극 운동을 지도하였다. 희곡이나 소설 외에도 평론, 번역도 많이 남겼다.

20) 다테노 노부유키(立野信之, 1903~1971)는 일본의 소설가이자 평론가. 1924년 입대하였고 제대 후, 프롤레타리아 문학의 작가, 평론가로 활약하였다 전향하였다. 전후에는 현대사에서 취재한 소설을 다수 발표하였다.

21) 이타가키 나오코(板垣直子, 1896~1977)는 일본의 여성 문예평론가. 전후에는 「부인작가 평전(婦人作家評伝)」이나 「소세키 문학의 배경(漱石文学の背景)」 등을 집필하였다.

인용이다. 이처럼 잡지사에서의 기자 파견에 이어서 내각정보부의
주선으로 '펜 부대'가 파견되었는데 이타가키의 위의 인용문에서 이
시카와 다쓰조가 『중앙공론』에 의해서 '다시' 특파원으로 파견된 것
을 알 수 있다. 이 두 번째 특파원 파견 경험에서 태어난 것이 『무한
작전』이고 첫 파견 경험에서 쓴 것이 난징사건을 취재한 「살아 있는
병사」이다. 난징함락 후인 1937년 12월 하순에 건너가 약 한 달간
체재했다. 「살아 있는 병사」는 이듬해 38년 『중앙공론』 3월호에 게
재되었지만, 시국적으로 불온한 작품으로 판정받아 그날로 발매금지
처분. 이시카와는 신문지법 위반으로 기소당해서 9월에 금고 4개월,
집행유예 3년의 유죄판결을 받았다. 『중앙공론』 측도 마찬가지로 유
죄판결을 받았다. 단행본으로 간행된 것은 전후가 되어서이다.[*6]

이시카와 다쓰조 『무한작전』(화중)

유죄판결이 나온 직후임에도 불구하고 이시카와는 다시 『중앙공
론』으로부터 특파원 제의를 받았다. 이번에는 무한작전의 종군이었
지만 어째서 다시 이시카와에게 제안하였을까? 소설이기 때문에 허
구인 것을 전제로 1938년 11월에 간행된 『살아 있는 병사』의 공판을
기다리면서 집필한 『결혼의 생태(結婚の生態)』에서 그 이유를 추측해
보고자 한다.

아마도 무한 삼진(武漢三鎭) 점령은 10월에 들어간 직후라고 예상하
였다. 그때가 되었을 때 C 잡지사는 일전의 실패를 되돌리고 실수를
보상하는 의미에서 다시 나에게 종군을 권유해주었다.

나는 그 자리에서 그 계획에 응했다. 꼭 가고 싶다, 무슨 일이 있어도
가고 싶다, 이것이야말로 나의 명예를 회복할 유일한 기회라고 생각했다.

나는 바로 특파 기자로 간다는 것을 C사와 약속하고 재판 중인 사건
의 결과가 나와도 종군할 수 있다면 바로라도 출발하려고 결심했다.[7]

위 인용문에서 주인공의 "이것이야말로 나의 명예를 회복할 수 있
는 유일한 기회"라는 생각이 현실과 어느 정도 일치하는지는 모르겠
으나 실제로 이시카와는 『중앙공론』의 제안을 받아들이고 1938년
9월 중순에 특파원으로 이번에는 무한으로 떠났고 11월에 귀국했다.
그리고 이듬해 1939년 『중앙공론』 1월호에 「무한작전」을 발표
하게 된다. 단행본의 목차를 따라가면 「무한전 이전」서부터 「마지
막 장」에 이르는 작전에 따라서 전개되는 31장 구성이다. 『살아
있는 병사』에서의 씁쓸한 경험도 있어서 시국에 맞지 않는 표현은
피하고 있다. 내용에서도 전쟁터에서의 다양한 비극은 장개석[22]과 중
국군에 의한 것으로 덮어버리고 있다. 단지, 「마지막 장」 말미에서
황국찬양과 상병우심(傷兵憂心)의 감정을 잘 조합시키는 것으로 전쟁
에 대한 저의를 감춰놓았다.

지금 광둥(広東)이 함락되고 무한도 함락되었다. 부흥이 어려우리라
생각되었던 난징도 상하이도 이미 부흥해서 번창하기 시작했다. 한커
우(漢口)도 구강(九江)도 다시 번창하겠지. 창장은 오랫동안 일장기 밑
을 흐르고, 대륙은 새로운 황국의 영광 아래서 일궈질 것이다. 전쟁은
이윽고 끝날 것이고 병사는 이윽고 귀환할 것이다. 그리고 국민은 그때

---

22) 장개석(蔣介石, 1887~1975)은 중국의 정치인. 만주사변 후 일본의 침공에 대해서는
　　우선 내정을 안정시키고 후에 외적을 물리친다는 방침을 세워 군벌을 이용, 오로지
　　국내통일을 추진하였다. '자유중국' '대륙반공'을 제창하며 중화민국 총통과 국민당 총
　　재로서 타이완을 지배하였다.

까지 맞이한 만큼의 많은 새로운 상이병을 맞이하지 않으면 안 된다. 그들 상이병 위에 평생의 평화와 행복이 돌아오는 날까지 전승의 완전한 기쁨은 보류되어야만 했다.*8

과연 상이군인에게 평생의 평화와 행복이 돌아올 날이 올 것인가. 무한을 함락하는 대신 오른발의 절망을 선언 받은 한 병정은 "죽고 싶었다", "죽은 편이 낫다"라고 절실하게 생각한다. 그것은 "일본의 잊기 쉬운 국민이 이 대 전쟁의 처참함을 잊는 날이 온다면 남는 것은 그저 그의 상처 받은, 자유롭지 못한 몸뿐이다"라는 이유에서이다.

이타가키는 앞의 『현대일본의 전쟁문학』에서 "꽤 훌륭한 창작"이고 "스케일이 종합적이고 형식이 갖춰져 있어 세상 일반의 르포르타주와는 종류가 다르고 씩씩하고 용기 있는 구성이다. 군에게 작전상의 지혜를 주고 있는 것도 유니크하다"라고 높이 평가했다.

[그림 2] 이시카와 다쓰조, 『무한작전』 표지(中央公論社, 1940)

『살아 있는 병사』에 의해서 실추된 이시카와의 명예는 『무한작전』에 의해서 회복되었는지도 모르겠지만 그것은 전시하라는 제약에서의

평가이고 여전히 논의는 필요하다. 『무한작전』은 『살아 있는 병사』와
달리 발표로부터 약 2년 후인 1940년에 단행본으로 간행되었다.

오자키 가즈오 『남쪽 여행』(화난)

1940년은 황기(皇紀) 2600년에 해당해서 정부는 신국(神国)의식의
앙양을 위해 대대적인 봉축 의식을 개최했다. 하지만 대영미 외교도
국내 정치 경제도 드디어 심각한 상황이어서 내각 내에서의 의견 대
립도 격화해 간 것도 있어서 거국일치의 체재를 단단히 하기 위해서
제2차 고노에(近衛) 내각이 탄생하였다. 이 새로운 내각에서 남진정
책 수행의 '기본국책요강(基本国策要綱)'이 발표되었다. 그리고 이 남
진정책에 있어서 해군이 가장 주력한 것은 점령지의 자원을 일본 본
토로 옮기기 위한 거점 만들기와 중국국민 정부의 항전력을 제거하
기 위해서 그들의 국제 원조 방책으로 이용된 해운 교통을 절단한다
는 두 가지였다.

오자키 가즈오의 『남쪽 여행』은 1941년, 오자키가 해군성 위탁
으로 화난 지방의 해군문예 위문단 일행에 합류했을 때의 수필, 견문
기이고 단행본으로는 이듬해 42년에 간행되었다.[*9] 1월 3일에 도쿄를
출발해서 고베(神戸)에서 승선. 타이완(台湾), 샤먼(廈門), 산터우(汕
頭), 황푸(黃埔)를 거쳐서 광둥에 도착한 후 하이난다오(海南島)로 건너
갔다. 노래와 춤으로 점령지의 장병들을 위문하는 것인데 일행 열
명 중에는 하세가와 시구레[23], 엔지 후미코[24]가 있었고 오자키를 포

---

23) 하세가와 시구레(長谷川時雨, 1879~1941)는 일본의 여성 극작가이자 소설가. 잡지
『여인 예술(女人藝術)』을 창간하여 여성 지위향상 운동을 이끌었다.

24) 엔지 후미코(円地文子, 1905~1986)는 일본의 여성 극작가이자 소설가. 극작가에서
소설가로 전환하여 여성의 심리와 이성을 잘 그렸다. 전후에는 여성문단의 제일인자로

함한 작가의 주요 역할은 위문 이외에도 현지에서 견문한 것을 '내지'로 돌아간 후 신문이나 잡지에 쓰는 것이었다. 단행본의 「부기」에 "여행은 약 40일간이었고 쇼와 15년 2월 10일에 귀경한 후 시키는 대로 신문이나 잡지에 쓴 것을 약간 취사한 후 여기에 모았다. 집필기간은 그해 2월부터 5, 6월까지이다."라고 쓰여있다.

그리고 목차를 따라가면 「남방행」, 「샤먼과 산터우」, 「광둥 일기」, 「문화와 선무」, 「하이난다오일지」, 「남도 점묘」, 「남십자성」, 「섬의 풍속」, 「하이난다오의 온천」이라는 위문의 여정을 따라서 각각의 점령지의 역사는 정확하게 풍속과 인물은 명랑하게 소개하고 있다.

예를 들어서 하이난다오의 지리와 역사를 소개하고 있는 부분을 「하이난다오일지」에서 확인해 보자.

하이난다오는 일본 내지에서 약 2천 킬로미터 떨어진 곳에 있고 타이완보다 조금 더 큰 섬이다.

이 섬은 원래 하이난다오 현(瓊崖県)이라고 불려 지나의 한 성(省)이었으나 정부에서는 손이 미치지 않았는지 어땠는지 치민 정책이나 개발 사업 등을 제대로 신경 쓰지 않고 단지 세금을 받으면 된다는 정도로만 생각했던 곳이었던 것 같다.

주민은 주로 푸젠(福建), 광둥에서 온 한족이고 그 외에 여(黎), 묘(苗), 단민(蛋民)이라는 부족이 소수(모두 50만 정도) 있다. 섬 전체 인구는 250만 정도이고 그중 약 50만 정도가 화교로서 남양, 프랑스령 인도지나 방면으로 갔다고 한다.[10]

높은 평가를 받았다.

오자키는 위문한 곳 중에서도 특히 이 하이난다오가 마음에 든 것 같아 『남쪽 여행』 중에서 「하이난다오일지」, 「남선 점묘」, 「남십자성」, 「섬의 풍속」, 「하이난다오의 온천」 등 다섯 작품이나 되는 견문기를 모았고 속지 그림에는 남해도의 사진 4장까지 수록하고 있다. 하지만 전후에 간행된 『오자키 가즈오 전집(尾崎一雄全集)』[*11]에 수록된 「남쪽 여행」에서는 「하이난다오의 온천」과 「문화와 선무」가 함께 수록되지 않았다. 이것은 오자키 생전의 전집으로서 그의 지시에 따라서 두 작품이 빠진 것을 그 「후기」를 통해서도 확인할 수 있다. 전집에서 빠진 이유까지는 기술하고 있지 않지만, 「하이난다오의 온천」과 「문화와 선무」에는 공통점이 있어서 그것은 점령지 정책에 대한 개인적인 제언이다. 당시에는 전혀 문제가 되지 않았겠지만, 전후가 돼서 되돌아봤을 때, 자신이 발언한 전쟁 협력적인 언설을 견디기 힘들었다고 해도 이상하지 않다.

어떤 종류의 것인지 살펴보면 「하이난다오의 온천」은 하이난다오 남부에 있는 야시엔온천(崖県温泉)과 텅챠오온천(藤橋温泉)의 이야기로 "내지의 일반인 중 하이난다오의 온천에 들어간 사람은 아직 그렇게 많지 않을 것이다, 라는 것이 나의 자랑거리 중 하나이다. 전쟁이 끝나면 누군가 하이난다오에서 온천 경영을 해보는 건 어떤가. 제가 알선해 드리겠습니다."라는 재담이다. 「문화와 선무」는 광둥 체재 중에 해군사령부나 육군보도부로부터 들은 문화공작과 선무공작의 이야기로 거기서 다음과 같은 이야기를 하고 있다.

저처럼 겨우 1주일의 체재로는 마치 그냥 지나가는 것이나 매한가지이기 때문에 뭐라고 말할 자격은 없지만, 현재 하는 여러 공작에 더해서 일본에서 일류 예술인을 데리고 와서 그 예술을 보여 준다는 항목을

하나 추가하면 어떨까 싶다. 황국 위문을 위해서 때로는 일류인 사람들
도 가지만 그것은 황국 위문만 그렇고 일반 지나인에게 보여주거나
들려주는 것은 별로 없다기보다는 거의 없는 건 아닌가. 일본 예술은
이렇게까지 발전했다는 것을 그들에게 마구 보여주면 의외로 좋은 효과
가 있지 않을까 싶다. 사람들의 심정이 달라서 일본의 예술을 지나인들
이 이해할까, 하는 의문은 우리가 지나 연극의 일류 작품을 봤을 때의
느낌으로 빙해(氷解)되리라 생각한다. 속았다. 생각해도 좋으니까 한
번 해볼 필요가 있다고 생각한다.[*12]

「문화와 선무」라는 표제어 자체도 문제가 있겠지만 위의 발언만
없었어도 삭제되지 않았을 것이다. 그것은 『남쪽 여행』의 서술 스
타일이 보고 들은 그것들에 대해 놀라움이나 감동을 솔직하게 적은
것이고 문화공작과 선무공작 이야기를 들었다고 하더라도 다른 견문
기처럼 솔직하게 기록하는 데 그쳤다면 그것은 단지 사실을 전달했
을 뿐이고 아무런 문제가 되지는 않았을 것이다. 「하이난다오의 온
천」에 관해서도 마찬가지로 사람들에게 알려지지 않은 온천을 발견
했을 때의 기쁨이나 그 지역 주민의 온천에 대한 "지하에서 따뜻한
물이 나오는 것은 신이 하신 일이고 그런 신성한 물에 몸을 담그는
것은 신을 모독하는 것"이라는 생각만을 전했다면 역시 아무런 문제
가 되지는 않았을 것이다. 펜이 앞서 버린 것이다.

그렇다 하더라도 『남쪽 여행』에서의 배 여행은 즐거워 보이고
점령지를 바라보는 시선은 즐겁고 밝다. 이것은 오자키의 자질과 위
문단이라는 입장, 그리고 전황에 의한 것이겠지만 일본군의 노력과
현지의 지리역사풍속이라는 '내지'에 전달해야 할 정보는 정확히 파
악하고 있다.

전시하의 대중문학에는 오자키처럼 이런 화난 점령지의 견문기도 있고 이시카와 같은 화중의 전쟁터를 그린 르포르타주도 있다. 물론 소설이나 시가도 있다. 그것들은 장소도 시간도 그리는 수법도 다르지만 일본근대문학이 다루는 범주가 국내에서 비약해서 해외로 넓어진 것을 증명하고 있다. 좋든 나쁘든 간에 전쟁은 문학의 국제화를 급격하게 추진한 셈이다.

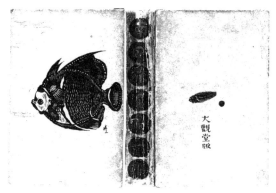

[그림 3] 오자키 가즈오, 『남쪽 여행』 표지(大觀堂, 1942)

3. 전선에서의 젠더와 문학

장자커우(張家口)와 일본인

중일전쟁 개시의 계기가 된 노구교사건은 중국과 일본 양군의 충돌사건으로 잘 알려져 있다. 화베이 침략을 계획하고 내몽고 진출의 기회를 노리고 있던 일본군은 1937년 7월 베이징에 주둔하던 군대가 노구교에서 야간 연습 중 발포사건이 있었다며 중국군을 공격했다. 일본군은 휴전협정에 조인하고 불확대 방침을 외치면서도 병사를 보

내고 장개석의 국민정부도 국민의 항일운동 고조로 인해 항전하게
되었다. 그 후 예정대로 일본군은 내몽고로 진격하고 2년 후인 39년
에는 칭기즈칸의 자손인 덕왕[25]과 함께 몽고연합자치정부를 장자커
우에서 수립시켰다. 여기에 만주국이나 지둥(冀東) 정권에 이은 세 번
째가 되는 일본의 괴뢰정권이 탄생한 것이다.

애초에 1932년의 만주국 수립에 자극을 받은 내몽고의 왕공들은
국민정부에 고도의 자치를 요구하고 인정하도록 하였다. 그리고 34
년에 내몽고의 자치조직으로서 몽정회(蒙政会)가 성립하고 37년에는
차하얼성(察哈爾省)의 남쪽 반을 중국에서 분리, 장자커우를 수도로
하는 차난(察南)자치정부를 수립하였다. 이 몽강(蒙疆)이라고 불린 지
역에는 차난자치정부 이외에도 몽고연맹자치정부와 진베이(晋北)자
치정부가 같은 시기에 있었지만, 그 일체화가 행해지고 앞의 몽고연
합자치정부가 수립된 것이다. 이처럼 일본과 내몽고는 중일전쟁 이
전부터 연결되어 있었고 그것이 만주국과 마찬가지로 45년 종전까지
이어졌다.

이 신생국 탄생의 보도가 '내지'로 전해지자 미쓰이·미쓰비시(三菱)
등의 상사가 연달아 진출했다. 그리고 많은 일본인이 큰 꿈을 안고
이주하여 인구는 최대 4만 명 가까이 늘어나게 된다. 여행 팸플릿
『장자커우』에는 당시의 '일본인' 정보가 다음과 같이 기술되어 있다.

---

25) 덕왕(德王, 1902~1966)은 몽골 출신 정치인. 본명은 데므치그돈로브(Дэмчигдонров)
이고 덕왕은 중국식 음차 명이다. 덕왕은 칭기즈칸의 30대손을 자칭, 소련의 위성국으
로 소련군이 주둔한 몽골인민공화국에 대항하는 정통 몽골 정부임을 내세웠다. 내몽골
에 있었던 일본의 동맹국 몽강자치연합정부의 수장이었다.

1922년 3월 우리 영사관이 개설된 이래 1935년까지는 일본인 재류민은 백 명을 넘지 않았다. 1936년 지나 북부 정세가 안정되면서 약 5백 명으로 급증하였고 지나사변 발발로 인해 일시적으로 귀국하였으나 1937년 8월 27일 황군 입성 후에는 그 진출이 눈부시고 같은 해 말에는 1천 명을 돌파, 1939년 초에는 7천 명으로 늘었다. 몽강 전역의 명랑화는 더욱 그 추세에 박차를 가해서 믿음직한 대륙진출은 앞으로 더욱더 계속될 것이다.[*13]

북경의 북서, 직선거리로 약 160키로의 위치에 있고 철도 노선 경포선(京包線)으로 약 7시간, 위도는 일본의 아오모리(青森)와 거의 비슷하다. 전통적으로 몽골이나 러시아와 교역을 하는 중국의 요충지였고 몽골과 한민족을 나누는 국경의 현관문이었던 장자커우는 이렇게 일본인이 가장 깊게 관여하는 장소 중 하나가 되었다.

장자커우의 타이피스트

그 장자커우에 화가이자 문필가인 하세가와 하루코[26)]가 방문하였다. 그녀는 중일전쟁이 발발했을 때, 『오사카매일신문(大阪毎日新聞)』과 잡지 『개조(改造)』의 특별통신원으로 1937년 10월부터 이듬해 38년 1월에 걸쳐 화베이의 각각의 전쟁터를 둘러보고 거기서 듣고 본 것들을 르포르타주 식으로 신문과 잡지에 기고하였다. 그리고 그것들 몇 개에 가필해서 『북지몽강전선 그림과 글(北支蒙疆戦線 画と文)』[*14]이라는 책

26) 하세가와 하루코(長谷川春子, 1895~1967)는 일본의 여성 서양화가. 프랑스 유학 후 국화회(国画会)에 소속하였고 「겐지 모노가타리 에마키(源氏物語絵巻)」(1932~1940)를 제작. 삽화와 수필도 다수 있다.

으로 간행하였다.

하세가와는 언니이자 극작가인 하세가와 시구레에게 많은 영향을 받아서 일본화의 가부라기 기요타카[27]나 서양화의 우메하라 류자부로[28]에게 사사 받은 화가이고 프랑스에서 후지타 쓰구하루[29] 등과 교류하여 아시아태평양 전쟁기에는 여류 미술가 봉공대를 결성하고 그 이사장으로서 정력적으로 활동하였다.[*15]

그녀의 르포르타주는 보고 들은 일들을 문장이나 그림 중 가장 잘 어울리는 표현방법을 생각하면서 그린다는 화가로서의 면모를 갖고 있어 필요한 곳에서는 삽화가 들어간 르포르타주이다. 『북지몽강전선 그림과 글』에서도 삽화가 들어간 르포르타주가 군데군데 있고 그 중에는 다음에 언급할 사쿠라다 쓰네히사『종군 타이피스트(從軍タイピスト)』의 속지 그림으로 사용된 '장자커우의 타이피스트'도 있었다.

장자커우의 타이피스트

하세가와 하루코

그림의 서문으로 ───

몽강의 오지나 전선을 둘러보면서 장자커우까지 돌아온 어느 추운 겨울날이었다.

---

27) 가부라기 기요타카(鏑木清方, 1878~1972)는 일본의 우키요에시(浮世絵師)이자 일본화 화가, 수필가. 미인가로 유명하고 메이지 시대의 도쿄의 풍속을 그린 풍속화가 많다.
28) 우메하라 류자부로(梅原龍三郎, 1888~1986)는 일본의 서양화가. 유럽에서 유학하여 서양식 채색에 일본의 전통적인 미술을 자유로이 융합한 스타일로 쇼와시대에 일본서양화의 중진으로 군림하였다.
29) 후지타 쓰구하루(藤田嗣治, 1886~1968)는 일본에서 태어난 프랑스 화가이자 조각가. 제1차 세계대전 이전부터 파일에서 활약한 일본화의 기법을 도입한 에콜 드 파리의 대표적인 화가이다.

군비의 용무로 어느 곳을 방문하자 생각지도 못하게 이 믿음직스럽
고 늠름한 모습을 발견했을 때의 기쁨이여.

군복들 사이로 홀로 감색 스웨터에 승마바지 키가 훤칠하게 크고
몸이 알맞게 균형 잡힌 소내의 모습, 상상해봐라. 그리고 그 단발머리의
정상에 나비 모양으로 묶은 작은 리본 하나가 올려져 있는 것이 이루
말할 수 없이 귀여운 느낌이 들었다.

게다가 더 기뻤던 것은 그녀의 일하는 모습에도 태도에도 그 외 다른
모든 면에 있어서 나는 전선에서 남자들과 섞여서 일하는 여성으로서
이 소녀에게 훌륭한 점수를 줄 수가 있다는 것이다.

익숙한 걸 보면 아마도 만주에서 자란 아가씨일 거다.

북경 이북에서 그때는 아직 이런 종류의 일본 여성은 그녀 하나였다.[16]

여기서 이야기하고 있는 여성이야말로 『종군 타이피스트』의 주인
공 '오자와 다마코(尾澤多摩子)'의 모델인 오자와 다마코(小澤玥子)이
다. 나중에 자세히 서술하겠지만 『종군 타이피스트』는 실화를 바탕
으로 쓰인 소설이고 하세가와의 삽화가 첨부된 르포르타주는 속지
그림으로 사용되고 있는데 그때 중배가 부른 둥근 난로 옆에 늠름하
게 서 있는 오자와 다마코의 모습은 다시 그려지고 문장도 '그림의
서문으로'라는 제목으로 다시 쓰였다. 하지만 제아무리 하세가와도
그녀를 모델로 한 소설이 쓰일 줄은 꿈에도 생각지 못했을 것이다.

하세가와는 다마코에게 좋은 인상을 받고 그 문장이 반투명의 얇
은 종이에서 비쳐 보이는 다마코의 그림과 서로 영향을 주어 그녀의
이미지를 더 좋은 것으로 이끌고 있다. 소설의 독자는 거기서 생긴
이미지를 '다마코(주인공)'에게 반영하면서 읽게 된다.

[그림 4] 사쿠라다 쓰네히사, 『종군 타이피스트』 속지
그림(赤門書房, 1941)

사쿠라다 쓰네히사 『종군 타이피스트』(화베이)

사쿠라다 쓰네히사 『종군 타이피스트』는 간행을 위해서 쓰인 소
설로 1941년에 간행되었다. 필자가 아는 한 전선에서 활약하는 종군
여성을 주인공으로 한 첫 소설이다.

전선에서의 여성을 그린 것으로는 오다케 야스코[30]의 『병원선(病院
船)』을 대표로 하는 종군 간호부를 그린 작품이 있는데 이것은 수기
나 편지를 모방한 스타일이다. 히노 아시헤이같은 군인 작가나 이시
카와 다쓰조 같은 남성 종군작가는 전쟁에 관한 소설이나 르포르타
주를 썼다. 또한, 1938년 한커우 공략전에 제일 먼저 간 하야시 후미
코나 『주부의 친구』에서 파견한 요시야 노부코 등 여성 종군작가는
남성을 중심으로 한 전쟁에 관한 르포르타주나 소설을 썼다. 요시야
에게는 종군 이후에 발표한 『여자의 교실(女の教室)』이라는 일곱 명의
여성을 주인공으로 한 소설도 있지만, 그것은 '내지'에서의 이야기이

---

30) 오다케 야스코(大嶽康子, 1915~?)는 일본적십자병원 양성소를 1935년에 졸업한 간호
사로 일본적십자 무사시노단기대학(日本赤十字武蔵野短期大学) 교수를 역임하였다.

고 종군 여성을 그린 것은 아니다. 그 외 종군작가도 전지에서의 병사들의 일상이나 현지의 풍속을 그리고 있지만, 전선에서의 여성은 그리고 있지 않다.

이렇게 보면 병사 작가나 종군작가가 소설로 쓰는 대상은 전쟁이거나 혹은 전쟁에 종사하고 있는 병사이고 같은 병단 요원으로서 거기에 있어도 여성은 쳐다도 보지 않거나 배후로 밀려나 있었다는 걸 알 수 있다. 근래 『전쟁은 여자의 얼굴을 하지 않았다』[17]라는 제2차 세계대전 하의 소련에서의 종군 여성에 관한 다큐멘터리 문학의 책도 간행되었다. 여성에게 있어서 전쟁이란 도대체 무엇이었는지, 그리고 그것과 문학과의 관계를 생각했을 때, 장자커우의 병단 요인으로 채용되어 전선에서 남성과 섞여 인내하며 싸워나갔던 여성을 주인공으로 한 『종군 타이피스트』는 주목할 가치가 있는 소설이라고 할 수 있다.

앞서 『종군 타이피스트』는 실화를 바탕으로 사쿠라다가 쓴 소설이라고 말했지만 사쿠라다는 모델이 된 오자와 다마코를 직접적으로 알고 있었던 건 아니다. 다마코가 전장에서 병사한 이후에 그녀가 부모처럼 따랐던 조우고등여학교(城右高等女学校)의 교장 선생님한테 들은 이야기가 계기가 되었다. 소설의 「후기」에 다음과 같이 기술하였다. "술을 마시다가―죄송합니다―조우의 교장 선생님한테서 고 오자와 다마코 씨의 이야기를 들었을 때 나는 눈시울이 붉어지고 눈물을 흘렸다. '부디 제가 쓰게 해주세요!'라고 말한 것은 작년 9월 4일이었다."

『종군 타이피스트』는 「서곡, 베이징」, 「1. 고로모초(拳母町)」, 「2. 펑톈」, 「3. 장자커우⑴」, 「4. 장자커우⑵」, 「종곡, 베이징」의 6장 구성이다. 주인공 다마코의 유년시절부터 열아홉 살이라는 젊은 나이

로 죽을 때까지의 생애를 그린 것으로 인물을 구체적으로 그리고 있
는 것은 교장 선생님이나 다마코의 가족한테서 꽤 취재를 한 것으로
생각된다. 그런 것도 몽강땅에 남겨진 다마코의 유품은 말끔히 정리
된 보따리 하나로 일기도 남아 있지 않기 때문이다.

소설은 장자커우에 병단이 신설되어 그 군요원으로 18살의 마다코
가 응모하여 엄중한 시험에 급제한 데서부터 시작한다. "나 타이피스
트되서 몽고에 갈 거야. 두 번 다시 돌아오지 않을 생각이야."라는
그녀의 대사에서 앞으로 불어닥칠 곤란을 정면으로 받아들일 만큼의
강하고 건강한 결의가 전해지고 하세가와의 그림도 더해져서 전시하
의 매력적인 여성상을 만들고 있다. 그리고 집합한 봉천에서 장자커
우로 향하는 남자 72명, 여자 1명의 일행이 장자커우역에 도착한 것
은 1938년 1월 18일의 일이었다. 이 날부터 다마코가 죽은 이듬해
39년 11월 16일까지 노몬한사건[31]을 포함한 여러 가지 사건과 역경이
있어도 종군 타이피스트로서 다마코는 열심히 임한 것이다.

도착한 다음 날부터 그녀의 책상 위에는 곧바로 원고의 산이 쌓였다.
10분 동안에 120자라는 그녀가 지닌 기록의 모든 능력을 발휘해도 그것
은 도저히 다 처리할 수 없는 원고였다. 어머니를 그리워하고 아버지를
그리워하고 친구를 보고 싶어 하는 여유를 주지 않았던 것은 이 원고의
산이었다.

그녀는 9시에 출근해서 18시까지 점심 시간 후의 1시간을 제외하고

---

31) 노몬한사건(ノモンハン事件)은 1939년 5월, 중국 동북부(당시의 만주)와 몽골의 국경
   노몬한에서 일어난 러시아와 일본의 무력 충돌 사건을 가리킨다. 일본이 패배하여 9월
   에 정전협정이 성립되었다.

계속해서 타자를 쳐야만 했다. 게다가 18시 퇴청이라는 규칙은 제일선
에 가까운 이 병단에서는 모두 침묵하고 있었다. 근무는 대게 20시까지
계속됐고 한밤중에 전령에게 불려 나가고 가스등 밑에서 혼자 타자기
앞에 앉아야 하는 것도 결코 드문 일이 아니었다.[18]

아무리 소설이라고 해도 여기서 그려지고 있는 일상에 거짓을 쓸
필요성은 거의 없고 전지에서 여성이 이렇게까지 치열하게 일을 해야만
했던 것을 독자들은 알게 된다. 그리고 전황이 변함에 따라 다마코에게
밀려오는 일과 책임은 점점 무거워지고 마지막까지 참고 견딘 결과
부임 후 약 1년 10개월 19살이라는 어린 나이로 병사하게 된다.
　중일전쟁 시기에 있어서 여성의 이러한 모습은 여기저기서 볼 수
있었을지 모른다. 하지만, 기록이 없는 이상 후세에는 전달되지 않는
다. 여성의 활약을 그린『종군 타이피스트』이지만 현재도 이어지는
여성경시의 역사적 사회문제를 부각시킨 텍스트로서 다시 봐야 할
가치가 충분히 있다.

[그림 5] 사쿠라다 쓰네히사,『종군 타이피스트』표지(赤門書房,
1941)

나오며

한커우 공략을 눈앞에 둔 1938년 8월, 히노 아시헤이『보리와 병정』의 커다란 성공을 확인한 내각정보부는 정부의 비용으로 문학자를 동원하는 이른바 '펜 부대'의 파견계획을 세우고 문예가협회의 회장이었던 기쿠치 간[32)]에게 인선을 의뢰했다. 선발된 것은 요시카와 에이지, 기시다 구니오, 다키이 고사쿠[33)], 후카다 규야[34)], 기타무라 고마쓰[35)], 스기야마 헤이스케[36)], 하야시 후미코, 구메 마사오[37)], 시라이 교지[38)], 아사노 아키라[39)], 고지마 마사지로[40)], 사토 소노스케[41)], 오자키 시로, 하마모토

---

32) 기쿠치 간(菊池寛, 1888~1948)는 일본의 소설가이자 극작가, 저널리스트. 문예춘추사를 설립하여 아쿠타가와상, 나오키상(直木賞), 기쿠치간상(菊池寛賞) 등을 제정했다.

33) 다키이 고사쿠(瀧井孝作, 1894~1984)는 일본의 소설가, 가인(俳人), 편집자이다. 신경향 하이쿠 운동에 관여하다 작가로 전향해서 사소설과 리얼리즘소설을 썼고 연애소설 작가로 유명하다.

34) 후카다 규야(深田久彌, 1903~1971)는 일본의 소설가이자 수필가, 등산가.『일본 백명산(日本百名山)』으로 요미우리문학상(読売文学賞)을 받았다.

35) 기타무라 고마쓰(北村小松, 1901~1964)는 일본의 극작가, 소설가, 각본가. 전쟁기에는 영화 시나리오, 전쟁협력소설, 스파이소설 등을 집필하고 전후에는 유머소설을 주로 집필했다.

36) 스기야마 헤이스케(杉山平助, 1895~1946)는 일본의 문예평론가. 잡지『문예춘추』나『도쿄아사히신문』에 주로 문예평론을 기고하였고 직설적인 문장으로 인기를 얻었다가 점차 군국주의적인 글을 쓰게 되었다.

37) 구메 마사오(久米正雄, 1891~1952)는 일본의 소설가, 극작가, 가인이다. 아쿠타가와 류노스케(芥川龍之介)와 함께 제3, 4차『신사조(新思潮)』동인으로 참가하였다. 이지적인 작품에서 점차 감상적인 통속소설로 변하였다.

38) 시라이 교지(白井喬二, 1889~1980)는 일본의 시대소설 작가. 일본 대중문학의 대표적 작가이다.

39) 아사노 아키라(浅野晃, 1901~1990)는 일본의 시인, 국문학자. 초기에는 마르크스주의자였으나 전향 후, 황도문학의 확립을 주장하였고 전후 릿쇼대학(立正大学) 문학부 교수로 취임하였다.

40) 고지마 마사지로(小島政二郎, 1894~1994)는 일본의 소설가, 수필가, 가인. 통속소설

히로시[42)], 사토 하루오[43)], 기쿠치 간, 가와구치 마쓰타로[44)], 단바 후미오, 요시야 노부코, 가타오카 뎃페이, 나카타니 다카오[45)], 도미사와 우이오[46)]의 스물두 명으로 비율로 봤을 때 이른바 대중문학 작가가 많았다. 오자키 호쓰키의 「전시하의 대중문학」에서는 이러한 '펜 부대'나 신문이나 잡지사의 작가 '외지'파견을 언급하면서 이 장과는 다르지만, 그 착안점은 동일한 다음과 같은 말을 기술하였다.

하지만 순문학·대중문학의 구별 없이 폭넓게 작가가 동원된 결과 그때까지 있었던 문단 내의 길드가 급속하게 무너지고 순문학과 대중문학 사이에 있던 울타리도 치워져 전후의 중간소설 황금시대를 만들어 내는 기반을 구축했다고 볼 수 있다.[*19]

이나 자전적인 소설 외에도 고전 감상, 미각 감상 등의 수필을 썼다.

41) 사토 소노스케(佐藤惣之助, 1890~1942)는 일본의 시인, 작사가. 시라카바파(白樺派)의 영향으로 인도주의적인 시를 쓰다 전시하에서는 점차 전쟁이나 시국에 부응하는 시를 창작하였다. 민요나 가요의 작사도 다수 남겼다.

42) 하마모토 히로시(浜本浩, 1891~1959)는 일본의 작가. 주로 중간소설, 시대소설로 활약하였다.

43) 사토 하루오(佐藤春夫, 1892~1964)는 일본의 시인·소설가·평론가. 20세기 전반 일본의 전통적·고전적 서정시의 제1인자로 평가된다. 평론·수필집·중국 문학·한시 등 여러 방면에 조예가 깊었다.

44) 가와구치 마쓰타로(川口松太郎, 1899~1985)는 일본의 소설가, 극작가. 예도(芸道), 메이지 시대, 시대소설, 현대풍속소설 등 광범위한 테마로 서민의 정서를 잘 묘사한 대중소설을 썼다.

45) 나카타니 다카오(中谷孝雄, 1901~1995)는 일본의 소설가. 야스다 요주로(保田与重郎)와 함께 『일본낭만파(日本浪曼派)』를 창간하였다. 뉴기니아 출정 경험을 소설화한 『한가한 전쟁터(のどかな戦場)』는 이색적인 전쟁문학이다. 전후에는 역사소설도 썼다.

46) 도미사와 우이오(冨澤有爲男, 1902~1970)는 일본의 소설가, 화가. 도쿄미술학교 중퇴 후, 『신아이치신문(新愛知新聞)』의 만화 기자가 되었다. 「지중해(地中海)」라는 작품으로 아쿠타가와상을 받음.

오자키의 이 말은 "문단 내의 길드"라는 명칭에서도 알 수 있듯이 순문학 작가라든지 대중문학 작가라는 작가의 속성에 무게를 둔 것이었다. 하지만, 오자키는 중일전쟁에서의 '외지' 파견으로 인해 그 울타리가 허물어지고 "전후의 중간소설 황금시대를 만들어 내는 기반을 구축했다고" 하는 전전과 전후를 잇는 문학사적 착안점을 제시하고 있다. 이 장에서도 그 문학사적 착안점은 같지만, 무게를 두고 있는 것은 작가의 속성이 아니라 '들어가며'에서 언급하였듯이 "전쟁터에서 전해져 온 '정보'라는 의미에서 쓰인 것에 우열은 없고 마찬가지로 순문학이냐 대중문학이냐 하는 구별도 없어서 종래의 질서가 타파되었다고 할 수 있다"라고 말한 작품의 내용에 의한 것이다.

덧붙여 말하자면 그 후에 다가온 아시아태평양전쟁 시기에는 중일전쟁 때보다 더 엄격한 형태로 그때까지 순문학이라고 불렸던 소설은 추궁당하고 국책을 따른 작품밖에 발표할 수 없는 태세가 갖춰지게 된다. 그때 선구적인 역할을 한 것이 종군작가들에 의한 '외지'를 무대로 한 '대중문학'이었다. 여기서 시야를 넓혀보면 전쟁은 그때까지 존재했던 문학의 질서를 분명히 타파했지만, 그것은 타파로 멈추지 않고 전후의 중간소설이라는 새로운 문학의 가능성을 낳기도 하였다. 그것은 실로 대중을 표적으로 하였고 요코미쓰 리이치가 제창한 "순문학이면서 통속소설"(순수예술론)[20]의 전개를 끌어내는 위치에 있었다.

원저자 주

[1] 『現代日本文学大事典 増訂縮刷版』, 明治書院, 1968.
[2] 尾崎秀樹, 『大衆文学の歴史』, 講談社, 1989.

*3   日本文学報国会 編, 『標準日本文学史(日本語版)』, 大東亜出版, 1944.

*4   火野葦平, 『麦と兵隊』, 改造社, 1938.

*5   板垣直子, 『現代日本の戦争文学』, 六興商会出版部, 1943. 히노의 아쿠타가와상 수상은 실제로는 1937년 하반기이다.

*6   石川達三, 『生きてゐる兵隊』, 河出書房, 1945.

*7   石川達三, 『結婚の生態』, 新潮社, 1938. 인용은 『이시카와 다쓰조 전집』 2(『石川達三作品集』 2, 新潮社, 1972)에 의함.

*8   石川達三, 『武漢作戦』, 中央公論社, 1940.

*9   尾崎一雄, 『南の旅』大観堂, 1942. 화난의 견문기 「남쪽 여행」과 신변잡기를 정리한 「수필 수상(随筆随想)」이 수록되어 있다. 여기서는 전자만을 다루었다.

*10   전게 주 9.

*11   『尾崎一雄全集』 第九巻, 筑摩書房, 1983.

*12   전게 주 9.

*13   『張家口』, 華北交通, 1940.

*14   長谷川春子, 『北支蒙疆戦線 画と文』暁書房, 1939.

*15   이 시기의 하세가와 하루코의 활동에 대해서는 복각 시리즈로 간행된 다케마쓰 요시아키(竹松良明) 감수, 『문화인이 본 근대아시아 8 북지몽강전선(文化人の見た 近代アジア8 北支蒙疆戦線)』(ゆまに書房, 2002)에 수록된 니시무라 마사히로(西村 将洋), 「해설 하세가와 하루코 저, 『북지몽강전선』(解説 長谷川春子 著, 『北支蒙疆 戦線』)」을 참조할 것.

*16   櫻田常久, 『従軍タイピスト』, 赤門書房, 1941.

*17   スヴェトラーナ·アレクシエーヴィチ, 『戦争は女の顔をしていない』, 三浦みどり 訳, 岩波書店, 2016.

*18   전게 주 16.

*19   尾崎秀樹, 「戦時下の大衆文学」, 『国文学 解釈と鑑賞 特集=戦時下の文学』48-11, 1983.

*20   横光利一, 「純粋小説論」, 『改造』 17-4, 1935.

제2장

병정가요

- 군복을 입은 양민(良民)을 노래하다 -

호소가와 슈헤이(細川周平)

들어가며

　메이지 시대에 징병제가 시행된 이래 일상어에서는 '병(兵)'이나 '병사(兵士)'보다도 '병정(兵隊)[1]'이라는 표현이 자주 사용되었다. '병(사)'과 '병정' 사이에는 친밀감의 차이가 있고 '병(사)'이 군 조식의 일원이라면 '병정'은 가족도, 희로애락도 있는 살아 있는 인간이라는 뉘앙스를 갖는다. '병정님'이라는 표현은 가능하여도 '병사님'은 일본어에서는 있을 수 없다. 전시 중 레코드 회사는 용맹 과감한 '병(사)'을 칭송하는 행진곡조의 노래와 함께 '병정'의 일상적인 정감, 망향, 안도, 우정이나 추도를 노래한 곡을 많이 발표하였다. 여기서는 '병정가요'라고 부르겠다. 영웅적인 전투나 진군보다도 평상시의 - 비전투 때나 임무 외의 - 행동이나 감정의 단편을 편안하고 낮은 시선으로

---

1)　원문을 그대로 직역하면 '병대(兵隊)'가 되지만 한국에서는 '병대'라는 표현을 잘 사용하지 않아 이 책에서는 '병정'이라고 번역하였다.

그리고 있다. 노래 속의 병정은 당시라면 누구나가 떠올릴 수 있는 인물이고 군복을 입은 백성이라고 볼 수 있다. 병정가요는 올바른 병사의 올바른 백성으로서의 모습을 그린다. 설교투의 양병양민(良兵良民)의 이념이 아니라 올바른 백성이 징병 되어 올바른 병사가 되었다는 사람들의 상식과 기대를 노래하고 있다.[*1] 노래 속의 병정은 담배를 사랑하고 수염을 자랑하고 고향을 그리워하면서 명령이 떨어지면 목숨을 아끼지 않는다. 듣는 이는 공감을 갖고 맞이하였고 전쟁이 길어지면서 조장된 전쟁에 대한 혐오감을 어느 정도 풀어줬을 것이다. 적어도 그러길 바랐다.

그 선구는 청일전쟁기에 유행한 나가이 겐시[2] 작사·작곡의 「눈의 진군(雪の進軍)」(1895)으로 피로, 군마, 담배, 식사, 영웅담, 야구, 달과 같은 쇼와 시대 병정가요의 온갖 소재가 다 들어가 있다. 그러나 만주 침공이 시작된 시기에는 몇 안 되는 후계 곡밖에 나타나지 않았다. 이런 상황은 쇼지 다로[3]가 부른 「보리와 병정」(1938)의 큰 히트 덕분에 변화하기 시작한다. 노구교 사건(1937)에 의해서 급증한 소집자와 사망자, 남겨진 가족들의 심정을 노래로 고조시켜서 총후와 전선의 정서를 융화시키는 것은 군부에도 바람직하며 군신이나 대작전을 찬양한 진군가요와는 다른 형태로 국책에 협력했다. 국민정신 총동원 운동의 표출이자 국내를 향한 '문화전'을 벌이는 부드러운 탄환으로 여겨졌다.

전쟁 관련 음반 가요에 대해서는 국민사상(내셔널리즘) 선전과 미디어

---

2) 나가이 겐시(永井建子, 1865~1940)는 일본 메이지 시대서부터 쇼와 전기에 활약한 지휘자이자 작곡가이다. 육군 육악대에 들어가 청일전쟁에 종군했을 때, 군가 「눈의 진군」을 작사 작곡하였다.

3) 쇼지 다로(東海林太郎, 1898~1972)는 일본의 가수다. 남만주철도사원에서 가수로 전신하여 15년 전쟁기 때 여러 히트곡을 남겼다.

의 제휴와 관련하여 거론됐다. 영화나 라디오와의 관련, 오락 산업이나 배후의 움직임도 상당히 분명해지고 있다.*² 이런 선행 연구와 비교하면 이 장은 가사 내용에 기초한 다소 진부한 접근을 취하겠지만 편년체나 곡 중심의 군가사(軍歌史)에서는 파악하기 어려웠던 민중적 감정을 밝히려는 의도를 갖는다. 대표적인 두 곡의 성립에 대해 말한 후 병정 표상에서 빼놓을 수 없는 향수, 담배, 수염, 다시 말해 심정, 기호, 외모가 어떻게 불려 왔는지에 대해 실례를 살펴보고자 한다. 일면에 불과하지만, 앞으로의 전시가요 관찰에 일조하기를 바란다. 히트가 모방 곡을 양산하는 음반업계의 체제를 확인할 수도 있을 것이다.

1. 문예에서 가요로

「토비행(討匪行)」 - 진흙투성이의 미화

「토비행」(1932)은, 「눈의 진군」의 계보를 잇는 쇼와 최초의 노래로, 병정가요의 원형을 만들었다. 작사자 야기누마 다케오⁴⁾는 1917년 만주 수비대에 소속, 3년 후 제대해 만주일보사에 근무, 하얼빈 지국장을 맡은 후 1928년 퇴사해 만주 사원회의 기관지『협화(協和)』편집장을 맡아 만철 = 만주국 수뇌부에 접근했다. 1932년 만주국을 건국했을 때, 홍법처장 선무반장을 담당하였다(자정국장[資政局長] 대행이었던 가사키 요시아키⁵⁾의 불교사상을 반영해 '홍법'이라고 표기했다. '선무'라는 중국

---

4) 야기누마 다케오(八木沼丈夫, 1895~1944)는 일본의 육군 군속이자 가인. 중일전쟁 때 일본군이 본격적으로 선무관을 도입하게 된 계기가 된 인물이다.
5) 가사키 요시아키(笠木良明, 1892~1955)는 일본 다이쇼 쇼와 시대의 국가주의자.

역사의 용어를 채택한 것은 야기누마의 아이디어라고 한다). 노구교 사건과 동시에 톈진에 파견되어 선무활동을 인솔, 4년 후에는 베이징에서 국책회사 화베이교통(華北交通)의 참여(參与)가 되어, 그곳에서 사망했다. 또한 그는 잡지 『만주단가(滿洲短歌)』를 주재하고 만주에서 대륙 전역서부터 남쪽에 이르는 일본인 체류자와 장병들의 가집 『단카중원가집(短歌中原歌集)』(단카중원만주지사, 1944)을 엮었다.[*3]

작곡가 후지와라 요시에[6]의 자서전에 따르면 펑톈을 방문했을 때 야기누마를 소개한 관동군의 젊은 사관이 억지로 작곡을 명령했다고 한다. 작곡 경험이 없다고 거절했지만, 들어주지 않았다. 사관은 일류 가수라면 누구나 작곡 정도는 할 수 있는 것이라고 오해했을지도 모른다. 후지와라는 일본으로 귀국 후 센다이를 순회하던 중 숙소에 있는 피아노 앞에 앉아 오선보에 음표를 그리면서 생각나는 구절을 적어두고 뒷부분을 흥얼거리면서 반주 피아니스트에게 채보를 시키고 반주도 틀게 했다.[*4] 국가 선전의 중추에 있던 단카 가인이 처음 쓴 가사와 프로 테너 가수가 처음 쓴 선율. 젊은 사관이 아무리 고압적이었다고 하더라도 그 자리에서의 언약을 지킬 정도의 가벼운 것이었다. 그들 셋이 노래를 발표하는 방법(출판, 방송, 녹음, 음악회)을 따로 생각해서 계획한 것 같지는 않다. 이처럼 「토비행」은 당시의 음반사 주도의 제작 과정과 달리, 직업 영역과 비직업 영역의 경계를 혼란스럽게 하는 과정을 거쳐서 탄생했다. 후지와라의 선율은 2소절 유닛을 3개 나열했을 뿐인 불과 6소절의 구성으로, '초짜가 반 장난'으로 만든 만큼 오히려 기존 가요의 '틀을 깼다'고 술회하고 있다.[*5]

---

6) 후지와라 요시에(藤原義江, 1898~1976)는 일본의 테너 가수. 후지와라 가악단을 창설해서 일본의 오페라 운동의 선구자적인 인물이다.

확실히 유례가 없는 가락이다. 승전가 같기도 하고 창가 같기도 하다. 뒤를 잡아당기는 리듬 패턴(ㄱ어디-까지-이어-서)은 시음이나 속요에 가깝다. 그의 평소 레퍼토리와는 비교할 수 없을 정도로 토속적이고 메이지 세대의 공통적인 음악적 바탕이 드러난 것 같다.

어디까지 이어지는 진흙 바닥이냐   사흘 이틀밤을 굶고

비가 내리고 빗방울 튀는 철모

우는 소리도 끊어지고   쓰러진 말의 갈기를

유품으로 지금 헤어질 때가 왔다

　　　(중략)

이미 담배는 없고   빌려달라는 성냥도 젖었다

굶주린 밤의 추위인가

　진창, 군마, 담배는 나중에 등장한 병정가요에서 반복되는 소제였고, 첫 소절의 '어디까지 이어지는 진흙 바닥'은 앞이 보이지 않는 모든 상황에 응용 가능한 일상어가 되었다. 다만 베트남 전쟁기 미국 포크송 '허리까지 진흙투성이'와 같은 반전의 의도는 없고, 병사들의 노고에 동정은 해도 누가, 무슨 목적으로 그것을 명하였는지는 작사자들의 관심 밖이었다. 병정가요의 종자가 된 것은 여기까지고, 후반부에는 '풀 자란 송장이 되더라도 나라를 위한다면 원한이 없다'라며 나라를 위해 죽을 각오를 기리고(노부도키 기요시[7])의 「바다에 가면

───────

7) 노부도키 기요시(信時潔, 1887~1965)는 일본의 작곡가. 독일에 유학해서 게오르크 슈만에게 사사했다.

(海ゆかば)」보다 5년 빠르다), '만몽의 어둠이 걷히'며 동양평화를 대망한다. 전반부의 구체적인 간난신고(艱難辛苦)는 후반부의 추상적 대의명분에 의해 보상된다는 줄거리이다. 선무관의 주안점은 후반부에 있지만, 칠오조로 비참한 행군을 호소하는 전반부에 아라라기파[8]가 인 야기누마의 사생 실력이 드러나 있을 것이다.

「보리와 병정」 - 소설에서 노래로

「토비행」이 미화한 '진창' 행군은 한동안 후속곡이 없었다. 노래 공장 밖에서 제작된 것이 요인 중 하나일 것이고 병사의 심정이라면 국경 수비병의 고독과 망향 외에 작사가(와 음반사)는 소재를 넓히는 노력을 기울이지 않았다. 이러한 흐름을 바꾼 것이 쇼지 다로의 「보리와 병정」이었다. 동명의 히노 아시헤이 소설은 1938년 8월호의 『개조』에 게재되자마자 폭발적인 평판을 불러일으켰고, 다음 달에는 일찌감치 단행본으로 간행됐다. 독자들은 아쿠타가와상을 수상한 신인 작가가 수완을 발휘해 당시 신문, 잡지에 넘쳐났던 전장 르포르타주의 내용을 소설화했다는 사실에 끌렸다. 신병 중에 작가가 있다는 것을 알게 된 군의 책동에 출판사가 편승했다는 배경도 알려져 있다.[6] 『보리와 병정』의 일기체는 서문에 나와 있듯이 '있는 그대로'의 관찰자라는 시선(리얼리즘)을 보장했고 식사와 수면, 잡담, 배변 등 일상생활에서 독자들이 친밀감을 느낄 수 있는 병사의 이미지가 만들어졌다. 같은 시기 총후의 사기를 유지하는 데 있어 무훈을 세우는

---

8) 아라라기파(アララギ派)는 단카 잡지 『아라라기(アララギ)』(1903년 창간)의 가풍을 따른 일파를 가리킨다. 만요조(万葉調)와 사생을 주장하여 일본 근대 단카의 발전에 공헌한 일파이다.

자만이 영웅이 아니라는 노선은 새로운 프로파간다의 방법론으로 군이 바라는 바이기도 했다.

단행본의 교정쇄 단계에서 육군 보도부가 후지타 마사토[9]에게 가사를 위촉했다고 하니, 히노의 인기를 바로 활용하려는 의도는 분명하다.[7] 신문 잡지를 통한 모집 가요와는 경로가 다르다. 아마 군부가 이렇게 적극적으로 음반사를 접촉한 적은 없었고 당연히 문부성 추천이 됐다. 군사가요의 실적을 가진 유명 작사가가 여럿 있는 가운데 왜 시대물 전문인 후지타가 특별히 뽑혔는지는 알 수 없다(히노가 거절했기 때문에 차순위였다고도 한다). 폴리돌 레코드(ポリドール・レコード)는 소설의 열기가 식지 않는 12월에 새 앨범으로 발매했다.

> 서주로 서주로 인마는 나아간다 서주는 있을만 하냐 살만 하냐
> 세련된 문구에 뒤돌아보면 사투리가 구수한 오케사 가락(おけさ節)
> 수염이 흐뭇하게 웃는 보리밭
>
> 전우를 등지고 길 없는 길을 가면 싸움터는 밤의 비
> 미안하네, 미안하네를 등으로 들으면 바보 같은 소리 하지마라며
> 다시 걷는다
> 병사들 발걸음의 믿음직함

기억에 남는 첫 소절 '서주로 서주로 초목도 휘날리는 서주는 있을만 하냐 살만 하냐'는 「사도 민요(佐渡おけさ)」(ⵋ사도로 사도로 초목도 휘날리는)를 개사한 것으로 병사들이 휴식을 취하는 원작 소설의 한

---

9) 후지타 마사토(藤田まさと, 1908~1982)는 일본의 작사가.

장면에서 따온 것이다.*8 '뒤돌아보면'이라는 속된 표현은 행진이나
무훈가요에는 없었다. 발표 당시 '서주'라는 단어에 시사적인 울림이
있었던 것도 인기의 비밀이어서 병사들은 줄곧 지명을 바꿔 불렀다
고 한다. 작곡자 오무라 노쇼10)는 메이지의 연사 엔카11) 「나팔 가락
(ラッパ節)」과 같은 진부한 창법으로 이 가사에 응했다. 농민들이 쉽게
친숙해졌을 것이다. 1944년에 종군한 호리우치 게이조12)는 '그동안
가장 많이 들었던 군가'라고 회고하고 있다.*9 마치 마부가 부르는 민
요가 들리는 듯한 한가로운 정경은 총후에는 현실로 받아들여지고
병사에게는 적의 위협이 없는 이상적인 진군으로 감정 이입되었다.
  '미안하네, 미안하네', '바보 같은 소리 하지마'에 그대로 대응하는
대화는 없지만, 히노의 원작은 전체적으로 '병사들 발걸음의 믿음직스
러움'을 담고 있다. 그 부분에 대해서, 쇼지는 전후에 다음과 같이
말했다고 한다. 업힌 자는 업은 자에게 "마음속으로 합장하는 느낌"을
갖는 것이고, 업는 쪽도 "바보 같은 소리 마라, 임마, 담배 한 대도
나눠 피우는 전우 동지 아니냐. 싱거운 소리 하지 마라"라고 마음으로
중얼거렸다, 라고*10 가요예술에 뜻을 두고 있던 가수 특유의 세세한
해석으로 가사 속의 한마디에서 여기까지 구체적인 정경이나 심정을
상상할 수 있었다. 적확한 대사 삽입으로 병사들의 정을 전하는 작사
기술은, 「전우(戰友)」(마시모 히센13) 작사)의 '정신 차려', '그럼 가자'로

10) 오무라 노쇼(大村能章, 1893~1962)는 일본의 작곡가. 순일본조의 작품을 다수 남겼고
   1937년에 일본가요학원을 설립했다.
11) 연사 엔카(壯士演歌)는 메이지 다이쇼 시대의 유행가. 러일전쟁 전인 1888년 경부터
   자유민권운동의 이념을 전하는 연설회가 정부의 탄압으로 금지되자 정치 이념을 노래
   로 만들어 활동할 때 부렸던 유행가이다.
12) 호리우치 게이조(堀內敬三, 1897~1983)는 일본의 음악 평론가. 라디오 음악 방송 등을
   통해서 양악의 보급에 진력한 인물이다.

거슬러 올라간다. 쇼지 다로의 곡이라면, 「아카기의 자장가(赤城の子守唄)」에서 '울지마, 옳지, 옳지 넨네하자'(사토 소노스케 작사)를 떠올려도 좋다. 대사의 도입은 연극적인(보다 정확하게는 나니와부시[14]적인) 효과를 가져왔고 듣는 이는 자신이 아는 병사를 연상하기 쉬웠을 것이다.

노래 후반부는 구체적인 장면에서 카메라를 뒤로 빼서 행군 전체를 부감하면서 마지막으로 키워드인 '서주'로 돌아간다.

> 팔을 두드리며 아득한 하늘을 바라보는 눈에 구름이 낀다
> 멀리 조국을 떠나 절실히 알게 된 조국애
> 전우여 와서 봐라 저 구름을
>
> 가도 가도 보리 또 보리 물결의 깊이가 밤의 추위
> 소리 죽여 묵묵히 그림자 드리우고 숙연하게
> 병사는 서주로 전선으로

'소리 죽여' 걷는다고 하니 씩씩한 진군이라고는 할 수 없다. 실제로 일본군은 전투 이외에는 대부분 도보에 시간을 보냈다. '보리 또 보리'는 소설의 중심적인 풍경으로 광활한 대지와 그것을 경작하는 농민들의 '변함없는 강인함'의 상징이지만 그들을 압도하며 그 속을 진군하는 병정들의 '생명력의 강인함'[*11]도 함축하고 있다.

전후부터 되돌아보면 사령부가 병참을 소홀히 여겼기 때문에 '가

---

13) 마시모 히센(真下飛泉, 1878~1926)은 일본의 가인이자, 시인이다. 초기 명성파(明星派)의 가인이고 소학교 훈도, 교장을 역임한 후 교토시회의원이 되었다.

14) 나니와부시(浪花節)는 샤미센(三味線)을 반주로, 주로 의리나 인정을 노래한 대중적인 창(唱)을 가리킨다.

도 나아가도', 걷기만 하는 헛된 작전으로 힘들고 단조로운 일상을 병사에게 강요했는데, 히노는 그 지루한 나날에 병사의 존엄을 발견하였고 작사가는 그것을 '묵묵히' '숙연하게'라는 말로 압축했다. 후지타는 후에 종군기자로서 전쟁터를 시찰하고 이렇게 썼다. "전쟁터에 있는 병사들의 우정이란 참으로 아름답다. 게다가 그것은 말이 아니라 무언의 표현으로 인해 아름답게 채색되어 있는 우정인 것이다. 우리가 평소 사용하는 도금된 말들과는 천양지차가 있다. 군인들은 우리보다 확실히 한 걸음 더 나아간 세계를 걷고 있다"[*12]

전우애의 미화는 그 밖에도 무수한 전지 보고에서도 반복적으로 쓰였다. 결코 아름답지 않은 군 생활의 현실은 작은 소리로 그저 입에서 입으로 전해지는 개사에 맡길 수밖에 없었다. 대중소설을 불과 몇 줄의 행과 연으로 축약하는 것은 예부터 작사가의 일로, 후지타는 소설의 에센스를 능숙하게 부를 수 있는 형태로 만들었고, 만주 귀향자라고 사랑받은 쇼지 다로가 노래의 자세를 바로잡아 클래식으로도 재즈로도 하이칼라로도 명랑으로도 치우치지 않는 창법으로, 호감가는 병정의 이미지를 그려냈다. 2년 전에 히트 친「야자 열매(椰子の実)」를 떠올리면 된다. 사람들은 그에게 친밀감과 격조를 동시에 느꼈다. 가요이면서 동시에 예술적이라는 아련한 보컬은 딱딱함을 뺀 '문예' 노선으로 빛났다.

2. 병정의 심정과 소도구

건달과 병정

『보리와 병정』소설에도 가요에도 강하게 새겨져 있는 것이 '조국애'였다. 소설가는 "조국이란 말이 선명하게 내 가슴속에서 부풀어 오르는 것을 느꼈다"라고 썼다. "병정은 인간이 품고 있는 평범한 사상을 뛰어넘었다. 죽음도 이겨냈다. 그것은 거대한 것을 향해서 맥맥히 흐르고, 솟아오르면서 동시에 그것들을 밀어내는 하나의 거대한 힘에 몸을 맡기는 것이기도 하다. 또한, 조국이 가는 길을 조국과 함께 가는 병정의 정신이기도 하다."[13]

"평범한 사상"이란 전쟁을 정당화하는 제목을 가리키며 병사들은 좀 더 내발적으로 '조국'을 생각하고 있다고 히노는 생각했다. 그렇게 배웠기 때문에 움직이는 것이 아니다. 적의 정벌을 원하는 강렬한 애국심보다 조용하고 확실하게 흐르는 감정이 더 귀하다. 「보리와 병정」이 부르는 조국애는 '풀 자란 송장이 되더라도 나라를 위한다면 원한이 없다'(「토비행」)나 '일장기를 단 철모'와 '천황폐하 만세'(「야영의 노래(露営の歌)」)의 황국숭배와는 사뭇 다르다. 후지타의 가사에서는 구름과 하늘이 향수의 발단이 되어 '조국애'에 겹쳐져 있다. 병사들의 향수는 그때까지 달이나 별에 맡겨 낭만적으로 불려 왔지만, 「보리와 병정」은 낮의 (즉 항상 품는) 감정으로 해방시켰다. 향수는 그가 자랑하던 도박꾼의 유랑 소패(股旅小唄)의 기조음이기도 하고, 병사의 편지에도 자신을 '나그네'에 빗댄 문구는 많다. 그들 마음속에는 '나라를 지키겠다'는 적극적인 의지보다 재수 없게 '징병 되어' 멀리 보내져 목숨을 위협받고 있다는 쓸쓸한 심정이 강했다.[14]

국경 수비병의 '산 하나 넘으면 타국의 별이/얼어붙지 국경 (중략) 정처 없는 떠돌이 생활'(「국경의 마을(国境の町)」, 오키 아쓰오[15]·아베 다

---

15) 오키 아쓰오(大木惇夫, 1895~1977)는 일본의 시인이자 번역가, 작사가. 태평양전쟁 중의 전쟁시로 유명하지만 아동문학, 가요곡, 합창곡, 군가, 교가 등의 작사 활동도

케오[16]·쇼지 다로, 1934)의 체념은, '밤이 차가운 마음이 춥다/철새인가 우리들의 여행은'(「삿갓 쓴 여행길(旅笠道中)」, 후지타 마사토·오무라 노쇼 ·쇼지 다로, 1935)에 그대로 통한다. 「건실한 집에서 태어났어도 여러 번의 여행에/어느샌가 어긋나 무숙자」(「원앙의 여행길(鴛鴦道中)」후지 타 마사토·아베 다케오·우에하라 빈[17], 1938)는, "어느샌가"를 "출정 후" 라고 고쳐 쓰면 병사의 심정이기도 했다. '모르는 타국의 해질녘은/ 나도 울고 싶을 일만'(원앙의 여행길)과 '어디서 치는지 종소리가/저녁 식사 연기와 함께 울린다'(「월하의 보초선(月下の歩哨線)」, 마쓰바 세이카 (松葉清香)·나가쓰 요시지[18]·다바타 요시오[19], 1993)는 어디가 다른가. 건 달의 '타국'에 가까운 이의 출정지를 떠올린 청취자는 많았을 것이다.

물론 붉은 종이 한 장으로 끌려온 병사가 그대로 건달이 되는 건 아니다. '덧없는 세상에 몸담을 곳 없는 건달의 여행/어디서 지는지 끝이 날지'(「원앙의 여행길」)와 '내일의 목숨은 몰라도/나라에 바친 이 몸/어째서 미련이 남을 소냐'(「담배와 병정」, 아스카이 요시로(飛鳥井芳 朗)·곤노 이사무(今野勇)·시모무라 히로시(下村寬), 1942)는 "나라에 바친 이 몸"이라는 점에서 크게 나뉜다. 다만 '나라'를 '두목'으로 바꾸면 건달 특유의 인의, 충성심을 부른 노래가 될 수 있다. "무상관(無常観)

활발히 했다.
16) 아베 다케오(阿部武雄, 1902~1968)는 일본 쇼와 시대의 작곡가. 폴리돌의 전속 작곡가 로 많은 히트곡을 남겼다.
17) 우에하라 빈(上原敏, 1908~1944)은 일본의 가수. 전전에 활약한 유행 가수로 많은 히트곡을 갖고 있으나 태평양전쟁 때 행방불명이 되었다.
18) 나가쓰 요시지(長津義司, 1904~1986)는 일본의 쇼와시대의 작곡가. 많은 히트곡을 남겼으며 일본작곡가협회 이사장을 역임했다.
19) 다바타 요시오(田端義夫, 1919~2013)는 일본의 가수. 수많은 히트곡을 남겼으며 90세 가 넘어도 활약을 하고 일본가수협회 명예회장을 역임했다.

과 표박관(漂泊観)"(미다 무네스케[20])으로 양자는 연결되어 있다. 도박
꾼의 유랑 소가로 명성을 떨친 폴리돌의 트리오(후지타 마사토·오무라
노쇼·쇼지 다로)가 병정가요에 길을 터준 것은 나중에 돌이켜보면 자
연스러운 흐름이었다.

담배와 병정

「보리와 병정」 이후 「~와 병정」은 저널리즘 용어가 되었고 음반계
에도 파급되었다. 약 40곡의 「~와 병정」(대부분은 2년 이내의 발매)이
녹음되었다[표 1]. 이 밖에 여기서 말하는 병정가요는 적어도 300곡은
될 것이다. 양산화로 인해 내용도 곡조도 진부해졌지만, 그중에는 간
접적으로는 병사를 심정적 물리적으로 후방지원하는 사람들에게 힘
이 된 곡들도 포함돼 있다.

[표 1] 「~와 병정」 가요 일람[*15]

발매년월	곡명	작사자	작곡자	가수	레이블
1938.12	보리와 병정	후지타 마사토	오무라 노쇼	쇼지 다로	P
1938.12	보리와 병정	하라 요시아키 (原嘉章)	고세키 유지 (古関裕而)	마쓰다이라 아키라 (松平晃)	C
1939.1	흙과 병정 (土と兵隊)	후지타 마사토	오무라 노쇼	쇼지 다로	P
1939.1	초콜릿과 병정 (チョコレートと兵隊)	사토 하치로 (サトウ ハチロー)	다케오카 노부유키 (竹岡信幸)	기리시마 노보루 (霧島昇)	C
1939.2	초콜릿과 병정	가도타 유타카 (門田ゆたか)	시마구치 고마오 (島口駒夫)	구스노키 시게오 (楠木繁夫)	T
1939.3	어머니와 병정 (母と兵隊)	노무라 도시오 (野村俊夫)	이다 사부로 (飯田三郎)	이다 데루오 (井田照夫)	タイヘイ
1939.3	벚꽃과 병정 (さくらと兵隊)	사에키 다카오 (佐伯孝夫)	나카야마 신페이 (中山晋平)	나미오카 소이치로 (波岡惣一郎)	V

20) 미다 무네스케(見田宗介, 1937~2022)는 일본의 사회학자이자 도쿄대학 명예교수.

				야마모토 레이코 (山本麗子)	
1939.3	담배와 병정 (煙草と兵隊)	후지타 마사토	오무라 노쇼	쇼지 다로	P
1939.4	꽃과 병정 (花と兵隊)	사토 소노스케	오무라 노쇼	히구치 시즈오 (樋口静雄)	K
1939.4	말과 병정 (馬と兵隊)	우에다 료사쿠 (上田良作)	오무라 노쇼	쇼지 다로	P
1939.4	감자와 병정 (芋と兵隊)	우에다 료사쿠	오무라 노쇼	쇼지 다로	P
1939.5	노래와 병정 (歌と兵隊)	사토 소노스케	고세키 유지	마쓰다이라 아키라	C
1939.5	보리와 병정	미야모토 다비토 (宮本旅人)	이다 사부로	기요마루 (喜代丸)	タイヘイ
1939.5	나니와부시와 병정 (浪花節と兵隊)	쓰쓰미 이치로 (堤一郎)	구사부에 미치오 (草笛道夫)	이다 데루오 (井田照夫)	タイヘイ
1939.8	꽃과 병정	후지타 마사토	우사후긴 (宇佐不吟)	쇼지 다로	P
1939.8	도도이쓰와 병정 (都々逸と兵隊)	나카지마 히데오 (中島ひでを)	이다 사부로	이다 데루오	タイヘイ
1939.9	흙과 병정의 노래 (土と兵隊の歌)	사토 소노스케	오무라 노쇼	히구치 시즈오	K
1939.9	보리와 병정	트랜지트시사 (とらんしっと詩社)	사사키 슌이치 (佐々木俊一)	스즈키 마사오 (鈴木正夫)	V
1939.9	말과 병정	사에키 다카오	스즈키 세이이치 (鈴木静一)	구스노키 시게오 (楠木繁夫)	V
1939.10	달과 병정 (月と兵隊)	사에키 다카오	사사키 슌이치	스즈키 마사오	V
1939.12	흙과 병정	트랜지트시사	이다 노부오 (飯田信夫)	나미오카 소이치로 (波岡惣一郎)	V
1939.12	꽃과 병정	트랜지트시사	사사키 슌이치	도쿠야마 다마키 (徳山璉)	V
1940.2	돌과 병정 (石と兵隊)	사이조 야소 (西条八十)	후쿠다 쓰네하루 (福田恒治)	마쓰다이라 아키라	C
1940.2	장난감과 병정 (玩具と兵隊)	다무라 가즈오 (田村和夫)	오무라 노쇼	히구치 시즈오	K
1940.4	봄과 병정 (春と兵隊)	시마다 긴야 (島田馨也)	노시로 하치로 (能代八郎)	오니 도시히데 (鬼俊英)	T

1940.4	꿈과 병정 (夢と兵隊)	미야모토 다카미 (宮本隆美)	무쓰 아키라 (陸奧明)	스기 교지 (杉狂児)	T
1940.6	(속) 나니와부시와 병정	쓰쓰미 이치로	구사부에 미치오 (草笛道夫)	이다 데루오	タイヘイ
1940.6	야기부시와 병정 (八木節と兵隊)	쓰쓰미 이치로	구사부에 미치오 (草笛道夫)	이다 데루오	タイヘイ
1940.7	야스기부시와 병정 (安来節と兵隊)	마쓰무라 마타이치 (松村又一)	기시베 마쓰오 (岸部松雄)	이치자쿠 (一若)	リーガル
1940.11	뉴스와 병정 (ニュースと兵隊)	이시마쓰 슈지 (石松秋二)	오쿠보 도쿠지로 (大久保徳二郎)	시오 마사루 (塩まさる) 스기 교지 (杉狂児)	T
1941.1	매화와 병정 (梅と兵隊)	난조 우타미 (南條歌美)	구라와카 하루오 (倉若晴生)	다바타 요시오 (田端義夫)	P
1941.8	어머니와 병정	후지타 마사토	구라와카 하루오	다바타 요시오	P
1942.3	정글과 병정 (ジャングルと兵隊)	야지마 조지 (矢島寵児)	이다 게이오 (飯田景応)	오쿠라 도시히코 (大蔵敏彦, 오미 도시로 [近江 俊郎]) 기사라기 도시오 (如月俊夫)	P
1942.3	눈과 병정 (雪と兵隊)	후지타 마사토	오쿠보 도쿠지로	쇼지 다로	T
1942.7	담배와 병정	아스카이 요시로 (飛鳥井芳朗)	곤노 이사무	시모무라 히로시 (下村寛)	T
1942.10	물과 병정 (水と兵隊)	아즈마 다쓰미 (東辰三)	아즈마 다쓰미 (東辰二)	스즈키 마사오	V
1944.2	후쿠짱과 병정 (フクチャンと兵隊)	요코야마 류이치 (横山隆一)	고가 마사오 (古賀政男)	이토 히사오 (伊藤久男) 다카하시 에쓰코 (高橋悦子)	C

※ 레이블 약호: C=콜롬비아(コロムビア), K=킹(キング), P=폴리돌(ポリドール), T=데이치쿠(テイチク),
V=빅토르(ビクター)

병사들의 즐거움으로 가요에 자주 등장한 것은 담배로 단행본판
『보리와 병정』 표지에는 불을 나누는 병사 두 명이 그려져 있다.
러일전쟁기의 「전우」에서도 "담배 한 개비도 둘이서 나눠 피우고"
라는 가사가 있듯이 담배는 병사들 사이에서 우정을 다지는 소품이

었다. 히노 아시헤이의 『담배와 병정』을 인용하면 담배로 인해 병사들은 "한없이 아름답게 연결되었다."[16] 미나미 구니오(南邦雄)가 부르는 「야영의 담배(露營の煙草)」(사노 미츠루(佐野滿)·호소다 요시카츠[21], 1938)에 의하면—

> 공 세워 살아 남으면 욕망은 담배 생각뿐
> 찾아낸 한 개피에 켜는 성냥도 켜는 성냥도
> 모두 습하다
>
> 뱃속에 스며드는 한 대를 평생 소중하게 내뱉고
> 다음 사람에게 건내 주면 빙그레 같은 마음으로 같은 마음으로
> 내뿜는 연기
>
> 되돌아보면 몇 번은 사지를 벗어나 적을 공격하고
> 담배를 나눠 필 때마다 지금은 돌아오지 않는 지금은 돌아오지 않는
> 전우가 그립다

담배는 병사들이 가장 손쉽게 채울 수 있는 '욕망', 위안, 사교의 도구, 때로는 전우를 추모하는 수단이었다. 습해진 성냥은 흡연의 즐거움을 평소보다 더 귀중하게 만들었다. 한 개피의 담배를 나눠 피는 것은 "단단히 손을 맞잡고 함께 죽자고 맹세한 전우」 사이의 작별의 물잔 같은 강한 유대감을 만들었다. "저 전선의 참호에서/전우에게 나눠 주거나 받거나/피운 담배의 그 맛을"(「담배와 병정」). 담배는 생

---

21) 호소다 요시카쓰(細田義勝, 1904~1966)는 일본의 작곡가.

사를 초월해 남자끼리의 유대를 확인하는 가장 친숙한 기호품이었
다. "상처받은 전우에게 달려가 우선 한 대 피우라는 수염 난 입/이
진심에 격려받아 어제도 오늘도 또 내일도/성전의 들에 병사는 일어
선다"(쇼지 다로의 「담배와 병정」). 한 대 피울 때마다 죽은 친구를 떠올
리며 살아 있는 친구를 확인했다.

흡연에도 앞서 말한 평정심으로서의 향수=조국애가 담겨 있다.
"조국의 맛이 여기 있다 모두 모여라, 모두 오너라 / 외치는 용사의
손안에 가타카나 글자 그립구나/ 골든 배트의 파란 상자"(쇼지 다로의
「담배와 병정」). 위문품을 나누는 장면인가보다. 흡연자를 애국자로
만들었다. 골든 배트는 병사들이 가장 좋아했던 싼 담배로 '외지'에서
는 된장, 간장 같은 그리움을 느끼게 했다.

수염과 병정

병정의 외모로는 다박수염이 가요에 자주 등장했다. 통상적인 기
준으로는 지저분한 다박수염이 산적 같은 호탕함을 연상시킨다. 잘
손질된 무장의 수염이 아니다. 옷차림과 머리 모양이 엄격하게 정해
진 가운데 원래 남자다움의 상징인 수염은 병사 개개인의 재량을 뽐
낼 수 있는 얼마 안 되는 부분이었다. 히노 아시헤이의 『흙과 병정』
에는 "우리는 어제까지 모두 경쟁하듯이 수염을 길렀다. 수염의 치수
를 재서 비교하고 수염을 민 자는 벌금 50전이라고 농담을 하곤 했
다."는 구절이 있다.[17] 그만큼 관심이 많았다. 수염에는 무심함을 겨
루는 하강 지향의 면도 있어, 「진영 내 수염 비교」(도쿠시 료스케(德土
良介)·사토 도미후사(佐藤富房)·쇼지 다로, 1938)는 "이봐 이봐 전우, 이보
세 전우/네놈의 콧수염은 아직 멀었네/미꾸라지가 어이가 없어서 쓴
웃음을 짓고 있네"라고 놀리고 있다. 수염은 병사로서의 능력에 있어

서 무해무익하여 전우간의 잡담에 절호의 화제를 제공했다. 계급차는 별로 없고 "대장님보다 수염만은/훌륭하게 꾸미고 개선하고 싶다"는 묘한 호언까지 들린다.

히노는 또 적전 상륙을 앞두고 "수염이 덥수룩하게 난 모습으로 죽기 싫다는 생각이" 들어서 면도를 했는데 몇몇 사람들이 갑자기 그것을 따라 했다고 한다. 「전선의 밤은 깊어지고(戰線夜更けて)」(마키 이치요(真木一葉)·사사키 슌이치[22]·하야시 도우마(林東馬), 1939)에서는 "살아 돌아올 리도 없는" "결사의 돌격" 전야, "오늘 밤을 끝으로 아아 웃으며 면도를 한다"라고 부르고 있다. 다박수염은 정갈해야만 하는 죽음의 여정에 어울리지 않았다. 또 "물을 거울 삼아 수염을 깎으면 / 만주 아가씨도 첫눈에 반한다"(「유사의 수호(流沙の護り)」 시바무로 다이스케(柴室代介)·사토 도미후사·우에하라 빈, 1937)라는 문구도 있어, 여자 앞에서는 면도하는 편이 좋다고 여겨졌다. 깔끔함에 대한 반항으로 수염에 호감을 느끼는 것은 남자만의 사교에 국한됐다.

수염은 전우뿐만 아니라 부재중인 가족에게도 (상상이든 사진에서든) 과시했다. 「수염에 미련은 없지만(鬚に未練はないけれど)」(마키 이치요·사사키 슌이치·도쿠야마 다마키[23]와 후루카와 롯파[24], 1938)에서는 이렇게 노래하고 있다.

면도할까 이대로 기를까　　　궁리할 때마다 애틋해진다
쓰다듬으면 더욱더 애틋해진다　마누라에게 소식을 보내고 나서

22) 사사키 슌이치(佐々木 俊一, 1907~1957)는 일본의 전전과 전후에 활약한 작곡가.
23) 도쿠야마 다마키(徳山璉生, 1903~1942)는 일본의 바리톤 가수.
24) 후루카와 롯파(古川緑波, 1903~1961)는 일본의 1930년대를 대표하는 코미디언.

면도할까 기를까 궁리 중	어찌된 일일까
(중략)	
공훈담을 들려줄 때	살짝 잡은 이 수염으로
고향의 아버지 생각이 난다	무사하신지 안녕하신지 지금쯤이면
내 꿈에서도 꾸고 계시겠지	보여주고 싶네 이 수염을
수염은 수염이지만 이 수염은	그냥 기른 수염이 아니다
나라를 위해 일한 무사의 수염	고향에 있는 마누라에게 보여주고 싶네
훌쩍 울었어 눈물 한 방울	수염무사가 수염무사가

　편지의 글자 수에 제한이 있던 병사에게 수염은 가족에게 공공연하게 자랑할 수 있는 몇 안되는 것 중에 하나였다. 다른 노래에서는 "마누라에게 사진을 보낼까 분명히 수염 보고 웃겠지/아들놈이 흉내 내서 수염 그리고/병정놀이를 하겠지"(「진중 수염 재기」)라며 자식 사랑을 하기도 한다(미치야꼬[25])가 노래한 「수염 난 군인 아저씨(ひげの兵隊さん)」에서도 마찬가지이다). 기념사진은 편지에 동봉할 수 있던 귀한 선물로 많이 유행했다. 미소 뒤에는 마지막 사진일지도 모른다는 각오도 담겼다. 수염은 총과는 다른 의미에서 군인의 신분증으로 군복을 입고 있어야만 허용되는 드레스 코드였다.

---

25) 미치야꼬(美ち奴, 1917~1996)는 일본의 쇼와시대 때 활약했던 게이샤(芸者) 가수.

나가며

국민정신 총동원 운동은 모든 공적인 문화 활동을 '사상전', '문화전'이라는 이름으로 국책에 편입시키는 제도를 기동시켰다. 영화, 미술, 문장, 라디오, 포스터, 연예, 만화, 광고 등 생각나는 모든 문화자원은 국방에 유익한 정보로 취급되어 상부의 관리통제 하에 놓였다. 내각정보부 정보관 다케다 고지(竹田光次) 육군 보병 소령의 말을 빌리자면, "사상 선전전은 우리 일상의 극히 작은 생활에서도 행해지고 있음을 인식하는 것이 중요하다."[18] 호전적인 노래는 한 번 들어 선전용이라고 알 수 있지만 사랑받는 병정들의 노래 또한 징병을 긍정(적어도 용인)하고 실제로는 폭력과 불평등이 만연한 군대 생활을 즐겁게 보이게 했다는 점에서 전쟁 수행에 협조하고 있었다. 히노 하시헤이는 전후에 메모에서 시작하여 『보리와 병정』 출판 원고를 쓰기에 이르렀을 때 일본군의 좋은 이미지만 전달할 수 있도록 군부의 면밀한 지도가 들어갔다고 밝혔다.[19] 군부는 무용담과는 다른 '있는 그대로'의 병정상(像)이 독자들에게 미칠 효과를 제대로 계산하고 있었다. 병정가요의 작사자들은 검열에 걸릴 만한 문구는 피하고 허용된 이미지를 차례차례 덧칠했다.

「보리와 병정」의 히트로 각 회사는 일제히 좋은 군인이면서 동시에 좋은 백성의 노래를 내놓았다. 담배와 수염 외에도 야구나 스모, 노래자랑이나 민요에 흥겨워하는 병정들이 노래로 되었다. 전우애와 향수의 노래는 헤아릴 수 없다. 「야영의 노래」 이후 추모의 노래도 만들어졌다. 곡의 개수와 비교하면 버라이어티는 부족하지만, 상업가요의 틀 안에서 군인들이 어떻게 그려졌는지를 파헤치는 것에서 시각 미디어와 다른 전시의 문화 정책·제작의 면모가 드러날 것이다.

원저자 주

*1 藤井忠俊, 『在郷軍人会──良兵良民から赤紙·玉砕へ』, 岩波書店, 2009, 제2장.

*2 戸ノ下達也, 『音楽を動員せよ──統制と娯楽の十五年戦争』, 青弓社, 2008. 戸ノ下達也, 『「国民歌」を唱和した時代──昭和の大衆歌謡』, 吉川弘文館, 2010.

*3 白戸健一郎, 「中国東北部における日本のメディア文化政策研究序説──満鉄弘報課の活動を中心に」, 『京都大学生涯教育学·図書館情報学研究』9, 2010, pp.123-137. 특히 p.127. '군민 융화'를 지향했던 야기누마의 선무 개념에 대해서는 야기누마 다케오, 「북지선무반의 활약」, 『해행사 기사』(八木沼丈夫, 「北支宣撫班の活躍」(『偕行社記事』 1939년 7월호, pp.91-96)를 참조. 야기누마는 후에 야마다 고사쿠(山田耕筰) 작곡의 「무기 없는 전사(선무관)의 노래(武器なき戦士[宣撫官]の歌)」(이토 히사오[伊藤久男] 노래, 1939)에서 이 직업의 자부심을 노래했다.

*4 藤原義江, 『藤原義江 人間の記録73』, 日本図書センター, 1998, pp.238~240. 다른 담화에 의하면 만주에서 돌아오는 귀국선 안에서 마음 내키는 대로 불렀다(上山敬三, ビクターＬＰボックス, 『オリジナル原盤による昭和の歌』 解説). 야기누마의 원작 15연(호리우치 게이조, 『저본 일본의 군가』[堀内敬三, 『底本日本の軍歌』], 実業之日本社, 1969, pp.274~276)에 포함된 전투 장면을 생략하고 레코드 한쪽 면에 수록되도록 단축한 것은 후지하라 일 것이다.

*5 전게 주 4, 藤原義江, p.240.

*6 五味智英, 「日中戦争初期における「兵隊作家」火野葦平と陸軍報道部」, 『文学研究論集』 46, 2017, pp.109~126), 五味智英, 「日中戦争期における清水盛明のプロパガンダ戦略と火野葦平」, 『文学研究論集』 52, 2020, pp.59~77.

*7 八巻明彦, 『軍歌歳時記』, ヒューマンドキュメント社, 1986, p.84.

*8 火野葦平, 『麦と兵隊』, 改造社, 1938, p.109.

*9 전게 주 4, 堀内敬三, p.306.

*10 石井鐘三郎, 「東海林太郎さんの想い出」, 『みどりの蔭』 1978.3, p.8.

*11 전게 주 8, p.202.

*12 藤田まさと, 『征旅の人々』, 岡倉書房, 1940, p.37.

*13 전게 주 8, p.203.

*14 藤井忠俊, 『兵たちの戦争──手紙·日記·体験記を読み解く』, 朝日新聞社, 2000, p.40.

*15 火野葦平, 『火野葦平選集第二巻』, 東京創元社, 1958, p.318. 담배와 남자다움에 대해서는 다치 가오루, 「남성의 흡연과 젠더 표상」, 다치 가오루 편, 『여성과 담배의 문화지──젠더 규범과 표상』(舘かおる, 「男性の喫煙とジェンダー表象」, 舘かおる 編, 『女性とたばこの文化誌──ジェンダー規範と表象』, 世織書房, 2011), 제9장, pp.215~233 참조.

*16 데이터의 일부는 후쿠다 슌지·가토 마사요시 편, 『쇼와 유행가 총람(전전·전중

편)』(福田俊二·加藤正義 編, 『昭和流行歌総覧(戦前·戦中編)』, 柘植書房, 1994)을
참조하였다.

*17 전게 주 15, 火野葦平, p.19.

*18 竹田光次, 「思想戦の体系」, 『偕行社記事』, 1938.11, p.21.

*19 火野葦平, 「解説」(전게 주 15, 火野葦平, pp.406~408.).

제3장

일본 영화계 · 나가타 마사이치(永田雅一)의 15년 전쟁

야마구치 노리히로(山口記弘)

들어가며

나가타 마사이치, 영화계에 선풍을 일으켜 '나팔'이라고 불린 남자.

1906년 교토(京都)에서 태어났다. 니시타카세가와(西高瀬川)에서 목재를 상하차하는 인부를 총괄하는 '센본구미(千本組)'의 아나키스트 젊은 두목, 사사이 스에자부로[1]가 결성한 청년 자경단 '혈앵단(血桜団)'에 참가하여 그 인연으로 1925년 일본활동사진주식회사(닛카쓰[日活])에 입사해 일본 영화계의 첫발을 내디딘다. 부장까지 승진하였지만, 경쟁사 쇼치쿠(松竹)로 이직한 후 제일영화사를 설립하였으나 해산함. 당시 적자를 내고 있던 쇼치쿠의 자회사 신흥키네마(新興キネマ)에 입사해서 교토 촬영소를 재건한다. 전시하에서는 신흥키네마, 닛카쓰제작 부문, 다이토영화(大都映画)의 삼사가 합병해서 탄생한 대일

---

1) 사사이 스에자부로(笹井末三郎, 1901~1969)는 일본의 아나키스트이자 야쿠자, 영화인.

본영화제작주식회사(다이에이[大映])의 전무로 취임, 경영 실권을 잡
는다.

전후 다이에이의 사장이 된 나가타는 베네치아국제영화제에서 그랑
프리를 수상한 「라쇼몬(羅生門)」, 칸국제영화제에서 황금종려상을 수
상한 「지옥문(地獄門)」을 비롯한 수많은 국제영화제에서 인정받은 작
품을 제작해서 일본 영화계의 풍운아가 된다. 야구팀도 경영하고 마주
(馬主)로서도 유명해진다. 그러나 TV의 발흥으로 인한 영화의 사양과
나가타의 독선 경영이 원인이 되어 다이에이는 1971년에 도산한다.

지금부터 닛카쓰 서무였던 나가타 마사이치가 세상에 나올 수 있
는 계기가 된 닛카쓰 쟁의서부터 종전까지의 15년을 세로축으로 하
고 전시하의 영화 통제와 그에 따른 일본 영화계 각 회사의 행보, 거
기서 만들어진 영화와 관객의 모습을 소개하고자 한다.

1. '나가타의 대두' 닛카쓰–쇼치쿠전쟁(만주사변 시대)

닛카쓰 쟁의 발발, 종업원 대표로 활약

1931년

【전쟁 관련】9월, 류탸오후사건을 계기로 관동군이 만주를 제압, 만주
사변 발발.

1897년 일본에 도래한 영화는 일본인들의 마음을 사로잡아 1931
년 말에는 입장객 수가 1억 7천만 명을 넘었고, 영화 상설관 수도
약 1450개에 달했다.

그중에서도 1912년 9월 교토의 요코타상회(橫田商会), 도쿄의 요시

자와상점(吉沢商店), 후쿠호도(福宝堂), 엠퍼티상회(エム·パテ一商会) 등
네 개의 영화회사가 합병해서 만든 닛카쓰는 도쿄와 교토에 촬영소
를 두고 '일본 영화의 아버지' 마키노 쇼조[2] 감독과 '일본 최초의 영화
스타' 오노에 마쓰노스케[3]가 대히트를 거듭하면서 일본 영화계를 견
인했다. 닛카쓰는 마키노 감독의 탈퇴, 마쓰노스케의 서거 후에도 이
토 다이스케[4] 감독·오고치 덴지로[5] 주연의 콤비로 시대극에 신풍을
불어 넣어 영화 붐을 뒷받침했다.

독립한 마키노는 닛카쓰에서 800미터 정도 북쪽에 위치한 도지인(等
持院)에 촬영소를 설립한 후 사와다 쇼지로[6]가 창립한 리얼한 검극으로
인기를 모았던 '신국극(新国劇)'과 협력해서 시대극에 혁신의 바람을
불어넣었다. 그 후 도지인을 뒤로하고 서쪽에 위치한 하나조노텐주가
오카(花園天授ヶ丘)에 마키노·프로덕션(マキノ·プロダクション) 오무로
(御室) 촬영소를 개설했다. 여기서 대스타를 발굴하고 육성했으나 하
나, 둘 차례차례 독립해 나갔고 촬영소에 화재도 일어나 경영난을
겪는다. 1929년에 마키노가 사망하고 회사는 1931년 10월에 해산한다.

쇼치쿠는 1895년 시라이 마쓰지로[7], 오타니 다케지로[8] 형제가 교

---

2) 마키노 쇼조(牧野省三, 1878~1929)는 일본의 영화 감독이자 제작자. 시대극 영화로
   성공하여 마키노영화제작소를 설립하였다.

3) 오노에 마쓰노스케(尾上松之助, 1875~1926)는 일본의 영화배우. 마키노 쇼조 감독이
   발굴하여 많은 시대극에 주연하였다.

4) 이토 다이스케(伊藤大輔, 1898~1981)는 일본의 영화감독이자 각본가. 시대극 영화의
   기초를 만든 명감독이고 '시대극의 아버지'라고 불렸다.

5) 오고치 덴지로(大河内伝次郎, 1898~1962)는 일본의 영화배우. 이토 다이스케 감독의
   많은 작품에서 주연하였고 쇼와초기의 시대극 영화에서 활약했다.

6) 사와다 쇼지로(沢田正二郎, 1892~1929)는 일본의 배우. 문예협회, 예술좌를 거쳐서
   신국극을 창립하였다. 검극으로 대중적인 인기를 얻었다.

7) 시라이 마쓰지로(白井松次郎, 1877~1951)는 실업가. 쇼치쿠합명회사, 쇼치쿠키네마

토 신쿄고쿠(新京極)에 있는 사카이좌(阪井座) 연극장을 경영하면서 시작되었다. 1920년 쇼치쿠키네마합명사(松竹キネマ合名社)를 설립하고 막내 동생 시라이 노부타로[9]가 책임자가 되어서 도쿄 가마타(蒲田)에 촬영소를 건설하면서 영화계에 뛰어들었다. 가마타가 간토대지진 때 재해를 입자, 교토의 시모카모(下加茂)에 촬영소를 신설하였고 1927년 은막 데뷔한 하야시 조지로[10](훗날 본명인 하세가와 가즈오[長谷川一夫]로 개명)가 여성의 인기를 얻었다. 지진 재해로부터 부흥한 가마타 촬영소도 기도 시로[11]가 소장에 취임해서 오즈 야스지로[12], 나루세 미키오[13], 다나카 기누요[14], 다카미네 히데코[15] 등의 감독과 인기 스타를 배출하고 여성과 소시민을 타겟으로 한 영화 노선을 확립하면서 쇼치쿠는 닛카쓰와 어깨를 나란히 하는 영화회사가 되었다.

───

를 창립하고 가부기좌, 오사카 가부키좌, 분라쿠좌(文楽座) 등 많은 극장을 경영하는 등, 연극, 영화계에서 활약했다.

8) 오타니 다케지로(大谷竹次郎, 1877~1969)는 일본의 흥행사. 형 시라이 마쓰지로와 함께 쇼치쿠를 창립하고 일본 흥행업계의 중심인물로 활약했다.

9) 시라이 노부타로(白井信太郎, 1897~1969)는 일본의 흥행사. 쇼치쿠 부사장, 일본드림관광회 회장을 역임하였다.

10) 하야시 조지로(林長二郎, 1908~1984)는 일본의 영화배우. 본명은 하세가와 가즈오(長谷川 一夫)라고 한다. 전전부터 전후에 걸쳐 일본영화계를 대표하는 미남 시대극 배우로 활약했다.

11) 기도 시로(城戸四郎, 1894~1977)는 일본의 영화제작자. 일본 최초의 토키영화와 총천연색영화를 제작했다.

12) 오즈 야스지로(小津安二郎, 1903~1963)는 일본의 영화감독. 소시민 영화라는 스타일을 확립시켜 일본의 가정생활을 그린 명작을 남겼다.

13) 나루세 미키오(成瀬巳喜男, 1905~1969)는 일본의 영화감독.

14) 다나카 기누요(田中絹代, 1909~1977)는 일본의 여배우이자 영화감독. 일본 영화계의 여명기서부터 순정파 배우로 인기를 얻었고 쇼치쿠의 간판 여배우였다. 일본영화사를 대표하는 여배우 중 한 명이다.

15) 다카미네 히데코(高峰秀子, 1924~2010)는 일본의 여배우이자 가수, 수필가. 전전부터 전후까지 반세기에 걸쳐서 일본영화계에서 활약한 여배우이다.

당시 수입된 미국 영화는 대부분이 토키영화였기 때문에 일본 영화업계의 큰손이라 할 수 있는 닛카쓰, 쇼치쿠는 토키영화를 개발하기 위해서 치열한 경쟁을 벌였다. 1931년 쇼치쿠가 자체 개발한 도바시(土橋)식 토키 시스템을 사용해서 일본 최초의 장편 토키영화 「마담과 마누라(マダムと女房)」를 개봉하였다. 무성영화와 달리 토키영화는 녹음을 위한 방음 장치가 있는 스튜디오가 필요했고, 이러한 새로운 시설을 촬영소나 극장에 도입하려면 많은 자금이 필요했다. 게다가 토키영화를 제작하기 위해서는 무성영화의 두세 배의 경비가 든다. 그래서 토키영화가 대세가 되면서 자금력이 없는 소규모 영화사들은 도태될 수밖에 없었다.

오사카에서 태어난 제국키네마(帝国キネマ)는 히가시오사카시(東大阪市) 나가세(長瀬)에 큰 촬영소를 건설하였지만, 화재로 소실되었다. 쇼치쿠의 지원으로 제국키네마는 반도 쓰마사부로[16] 프로덕션(반쓰마 프로)으로부터 쇼치쿠가 경영권을 넘겨받은 교토 우즈마사(太秦) 촬영소(현재의 도에이[東映] 교토 촬영소)로 이전했지만, 1931년 쇼치쿠에 의해서 신흥키네마(新興キネマ)로 개편되었다. 신흥키네마는 우즈마사 촬영소에서 자체 제작을 시도했지만, 배급할 작품이 부족하여 이를 보완하기 위해서 반도 쓰마사부로(반쓰마 프로), 아라시 간주로[17] 프로덕션(간 프로), 이리에 다카코[18] 프로덕션(이리에 프로) 등, 유명 배우의 독립 프로덕션과 배급 제휴를 맺게 된다.

---

16) 반도 쓰마사부로(阪東妻三郎, 1901~1953)는 일본의 영화배우. 근대적인 성격의 영웅상을 연기하여 시대극 혁신에 일조하였다.

17) 아라시 간주로(嵐寛寿郎, 1903~1980)는 일본의 영화배우. 시대극에서 활약하였다.

18) 이리에 다카코(入江たか子, 1911~1995)는 일본의 여배우.

1932년

【전쟁 관련】3월, 만주국 건국.

1929년 미국에서 시작된 세계공황은 이후 일본으로 번져 일본 경
제도 위기상황에 빠지게 된다. 디플레이션으로 기업의 도산이 잇따
르고 거리에는 실업자가 넘쳐났다. 나가타가 근무하는 대형 영화사
닛카쓰도 그때까지는 호조였지만, 원래 방만한 경영을 해오기도 했
고 토키화를 위한 경비 증대로 인해 경영이 점차 악화해 가서 촬영소
나 극장의 경비 삭감 등 경영 합리화에 착수할 수밖에 없는 상황에
놓이게 된다. 8월 감독과 배우를 포함한 다수의 직원이 해고 선고를
받고 이에 반발한 직원들이 대규모 쟁의를 일으킨다. 사회주의 운동
에 관여한 경험도 있고 운동에 몰두한 적도 있는 나가타는 외사계(外
事係) 주임으로서 회사 밖과도 접촉이 많아, '해고 감봉 절대 반대 기
성동맹회'의 위원장으로서 종업원 측의 대표로서 위기 상황에 놓인
회사와 노동자 사이의 조정을 잘하여 닛카쓰의 경영 합리화에 크게
공헌한다.

또한, 6월 사진화학 연구소 소장 우에무라 야스지[19]는 이케나가
히로히사[20]에 의한 닛카쓰와의 제휴를 전제로 도쿄 스즈무라(砧村)
(현재의 세타가야구[世田谷区] 세이조[成城])에 주식회사 사진화학연구소
(P·C·L)를 설립하여 토키 스튜디오의 건설에 착수한다. 하지만 닛카
쓰는 8월에 이케나가를 해직하고 미국 웨스턴 일렉트릭사가 개발한

---

19) 우에무라 야스지(植村泰二, 1896~1971)는 일본의 실업가이자 영화기술 발전의 진력한
    인물.
20) 이케나가 히로히사(池永浩久, 1877~1954)는 일본의 영화인.

방식을 채택하기로 하고 11월에 일방적으로 P·C·L과의 계약을 파기했다.

고바야시 이치조[21]는 연극과 영화 흥행을 목적으로 8월에 주식회사 도쿄다카라즈카극장(東京宝塚劇場)을 설립하여 영화계에 진출한다. 오늘날 일본 영화업계의 최대 기업, 도호(東宝)의 첫발이다.

1년 전에 탄생한 쇼치쿠의 자회사인 신흥키네마는 제작 편수가 증가하고 배급 제휴처인 간 프로는 나라비가오카(双ヶ丘) 촬영소를 사용하여 아라시 간주로 주연·야마나카 사다오(山中貞雄)[22]의 첫 감독 작품 「해변의 겐타 안고 자는 장검(磯の源太 抱寝の長脇差)」을, 이리에 프로는 첫 작품을 위해 만주로 장기 촬영 여행을 감행해서 이리에 다카코 주연·미조구치 겐지[23] 감독 「만몽 건국의 여명(満蒙建国の黎明)」을 제작했다.

일본 영화계 전체를 숫자로 살펴보면 무성영화에서 경비가 드는 토키로 바뀌면서 개봉 편수는 감소했지만, 극장 수, 입장객 수 모두 증가했다. (후루카와 다카히사(古川隆久) 「영화 관계 통계」 『전시하의 일본 영화―사람들은 국책영화를 보았는가?(戦時下の日本映画―人々は国策映画を観たか)』, 吉川弘文館, 2003, p.20에서. 이후 같음).

---

21) 고바야시 이치조(小林一三, 1873~1957)는 일본의 실업가이자 정치가. 한큐도호그룹(阪急東宝グループ)의 창업자이다.
22) 야마나카 사다오(山中貞雄, 1909~1938)는 일본의 영화감독, 각본가. 무성영화에서 유성영화로 이행하는 1930년대를 대표하는 영화감독 중 한 명이다.
23) 미조구치 겐지(溝口健二, 1898~1956)는 일본의 영화감독. 비참하게 학대받아 온 여성의 삶을 독특한 리얼리즘 수법으로 그렸다.

1931년 영화관 수 1449관

입장객 수 1억 6471만 명

일본 영화 편수 525편

서양 영화 편수 258편

1932년 영화관수 1460관(△ 11관)

입장객 수 1억 7734만 명 (△ 1263만 명)

일본 영화 편수 482편 (▼ 43편)

서양 영화 편수 244편 (▼ 14편)

스카우트 왕 등장, 닛카쓰-쇼치쿠전쟁에서 쇼치쿠로의 이직

1933년

【전쟁 관련】 3월, 국제연맹 탈퇴. 독일에서 나치가 대두하여 독재정권
　　　　　 확립. 5월, 중국 국민정부와 정전협정을 체결하고 만주사변은
　　　　　 정전.

【영화 시책】 3월, 중의원에서 '영화 국책 건의안(映画国策建議案)' 가결.

닛카쓰의 총무, 각본, 기획의 세 부서의 부장으로 취임한 나가타
마사이치는 합리화의 부작용으로 유능한 영화 인재를 유출한 닛카쓰
를 재건하기 위해서 곧바로 타사의 배우와 스태프를 스카우트하느라
분주했다. 오르막길의 쇼치쿠와 그 산하는 그의 좋은 표적이었고 교
토를 무대로 일본 영화업계를 대표하는 닛카쓰와 쇼치쿠 사이에서
스카우트 전쟁이 발발했다. 나가타는 '스카우트 왕'이라 불렸고 쇼치
쿠는 그의 움직임에 전전긍긍했다.

5월에는 토키 때문에 쇼치쿠에게 뒤처지던 닛카쓰도 전무인 나카

타니 사다요리[24]의 주도로 미국의 웨스턴 토키 시스템을 도입하여 7월에 첫 작품 「사랑은 장난으로 하지 마오(戱れに恋はすまじ)」를 공개하고 그 후 연이어 토키 작품을 발표하자, 11월에 개봉한 오고치 덴지로의 첫 토키 주연 작품 「단게사젠(丹下左膳)」의 대히트로 유성영화도 궤도에 올랐다.

교토에서는 3월에 오사와상회(大沢商会)의 상무인 오사와 요시오[25]가 우즈마사에 있는 가이코노야시로(蚕ノ社) 신사에 젠킨스식 토키 설비를 갖춘 J·O 스튜디오(J·O)와 닛카쓰를 퇴사한 이케나가를 사장으로 앉혀서 우즈마사발성영화 주식회사를 창설한다.

닛카쓰에게 제휴를 거절당한 P·C·L은 자본 모체이기도 한 우에무라의 아버지가 경영하는 대일본보리주(大日本麦酒)(현재의 아사히 맥주·삿포로 맥주)와 제휴해서 제1회 자체 제작 작품 「거나한 인생(ほろよいひ人生)」을 제작하여 8월에 개봉하고 12월에는 자체 제작을 위한 피씨엘영화 제작소를 설립한다.

1934년
【전쟁 관련】3월, 푸이[26]가 만주국 황제로 즉위하여 제정을 개시. 8월, 독일에서 국민투표로 히틀러가 총재로 취임.
【영화 시책】3월, 외국 영화 수입 제한, 교화 영화의 강제 상영 등을

24) 나카타니 사다요리(中谷貞, 1887~1954)는 일본의 실업가이자 영화제작자, 변호사, 정치가. 다이쇼에서 쇼와에 걸쳐서 중의원 의원이면서 닛카쓰의 전무, 대표사장을 역임하면서 영화를 제작했다.
25) 오사와 요시오(大澤善夫, 1902~1966)는 일본의 영화 프로듀서이자 실업가. 도호의 전신 중 하나인 J.O.스튜디오를 설립했다.
26) 푸이(溥儀, 1906~1967)는 청나라의 마지막 황제이자 위만주국의 황제.

검토하는 '영화 통제 위원회(映畵統制委員会)'를 설치.

나가타는 닛카쓰의 근대화를 추진하는 나카타니 사다요리의 의뢰로 창립자 중 한 명으로 오랫동안 사장을 맡아왔던 요코타 에이노스케[27]에게 퇴임을 권고하는 역할을 맡았고 3월 1일 요코타의 후임으로 나카타니가 사장으로 취임했다. 같은 무렵, 도쿄 조후(調布)에 있는 일본영화다마가와(多摩川)촬영소를 매수하여 이름을 닛카쓰다마가와 촬영소로 바꾸고 우즈마사로부터 현대극 부서를 옮겨왔다. 나가타의 활약도 있어서 닛카쓰의 근대화는 순조롭게 진행되었다.

하지만 8월이 되자 나가타는 닛카쓰를 돌연 퇴사하고 야마다 이스즈[28]를 필두로 다수의 닛카쓰 배우와 감독, 예를 들어 이토 다이스케, 미조구치 겐지, 모리 가즈오[29], 각본가 요다 요시카타[30] 등을 데리고 닛카쓰를 나와 쇼치쿠로부터 자원 지원을 받아 '제일영화사(第一映畵社)'를 설립한다. 10월, 나카타니는 닛카쓰 사장직을 사임하고 그 후임으로 내각총리대신을 지낸 마쓰카타 마사요시[31]의 아들이자 도쿄가스 상무인 마쓰카타 오토히코[32]가 취임했다.

---

27) 요코타 에이노스케(横田永之助, 1872~1943)는 일본의 영화제작자이자 영화흥행사, 실업가.
28) 야마다 이스즈(山田五十鈴, 1917~2012)는 일본의 여배우.
29) 모리 가즈오(森一生, 1911~1989)는 일본의 영화 감독. 전전부터 전후까지 시대극을 중심으로 많은 작품을 남겼다.
30) 요다 요시카타(依田義賢, 1909~1991)는 일본의 각본가.
31) 마쓰카타 마사요시(松方正義, 1835~1924)는 일본의 정치가이자 재정가. 메이지 내각 총리를 두 번 지냈고 일본은행을 설립, 금본위제를 확립하는 등 재정면에서 많은 공적을 세웠다.
32) 마쓰카타 오토히코(松方乙彦, 1880~1952)는 일본의 경영자이자 실업가. 미국통으로 미국 관련 외교에도 힘썼고 많은 기업의 중역을 역임하였다.

쇼치쿠는 M&A를 통해서 제국키네마를 '신흥키네마'라고 이름을 바꿔 산하에 두었고 이번에는 나가타를 스카우트하면서 닛카쓰로부터 많은 인재를 확보했다. '스카우트 왕' 나가타를 쇼치쿠가 스카우트한 것이다. 쇼치쿠는 제일영화사를 위해서 닛카쓰 출신의 관계자들을 모아 요코타 에이노스케를 고문으로 한 '일본영화배급주식회사(日本映画配給株式会社)'를 설립하고 닛카쓰의 포위망을 펼쳤다. 그리고 시마즈 야스지로[33], 시미즈 히로시[34] 노무라 호우테이[35], 기누가사 데이노스케[36], 고쇼 헤이노스케[37], 오즈 야스지로, 나루세 미키오 등 명감독을 갖추고 시모카모의 하야시 조지로, 가마타의 다나카 기누요 등의 스타를 중심으로 히트작을 다수 제작하여 다방면에서 라이벌인 닛카쓰의 대들보를 위협했다. 하지만, 쇼치쿠도 닛카쓰의 반격으로, 오카 조지[38]나 「이웃집 야에짱(隣の八重ちゃん)」으로 밀고 있던 아이조메 유메코[39]가 독립해 나가서 닛카쓰 다마가와에 흡수된다.

쇼치쿠 산하에 있던 신흥키네마에서는 제휴처인 이리에 프로에서 이리에 다카코·오카다 도키히코[40] 주연, 미조구치 겐지 감독으로 무

33) 시마즈 야스지로(島津保次郎, 1897~1945)는 일본의 영화감독. 쇼치쿠를 중심으로 소시민영화에 많은 작품을 남겼다.
34) 시미즈 히로시(清水宏, 1903~1966)는 일본의 영화감독. 작위적인 스토리, 대사, 연기, 연출을 최대한 배제하는 실사(實寫)적인 정신을 중시하였다.
35) 노무라 호우테이(野村芳亭, 1880~1934)는 일본의 영화감독.
36) 기누가사 데이노스케(衣笠貞之助, 1896~1982)는 일본의 배우이자 영화감독, 각본가. 신감각파 작가들과 전위 영화 「미친 한 페이지(狂つた一頁)」를 제작하였다.
37) 고쇼 헤이노스케(五所平之助, 1902~1981)는 일본의 영화감독이자 각본가, 배우. 일본 최초의 국산 유성영화 「마담과 마누라」의 감독으로 유명하다.
38) 오카 조지(岡讓二, 1902~1970)는 일본의 배우.
39) 아이조메 유메코(逢初夢子, 1915~?)는 일본의 여배우.
40) 오카다 도키히코(岡田時彦, 1903~1934)는 일본의 배우. 무성영화시대를 대표하는 미남 배우이다.

성영화의 명작 「다키노 시라이토(滝の白糸)」를 제작했다. 연말에는 무사시노 철도(현재의 세이부[西武] 철도)로부터 도쿄의 오이즈미(大泉)에 있는 토지를 양도받아 촬영소 건설을 시작했다.

12월 J·O는 오사와상회로부터 독립하여 주식회사 지오스튜디오를 창설하고 오사와 요시오가 사장에 취임했다. P·C·L은 그동안 배급 제휴를 맺고 있던 도와상사(東和商事)와 헤어지고 자체 배급하기로 결정하면서 배급부를 신설하여 독자적인 길을 걷기 시작했다. 이윽고, 고바야시 이치조의 도쿄다카라즈카영화, 우에무라 야스지의 P·C·L, 오사와 요시오의 J·O 세 회사가 도호 블록을 형성해 간다.

마키노 마사히로[41]는 도쿄에 있는 토키 녹음 회사, 에이온(映音)에서 배운 후, 12월에 교토에서 교토에이온(京都映音)을 설립하여 제일영화사, 신흥키네마, 간 프로의 토키화를 도왔다.

일본 영화업계 전체를 숫자로 살펴보면 일본 영화는 경비가 많이 드는 토키화가 진행되면서 개봉 편수가 줄고 서양 영화는 토키의 인기를 반영해서 수입 편수가 증가한다. 영화관 수, 입장객 수 모두 증가했고 특히 입장객 수는 토키의 인기도 힘입어 큰 폭으로 증가했다.

> 1933년 영화관 수 1498관(△ 38관)
> 입장객 수 1억 7824만 명(△ 90만 명)
> 일본 영화 편수 472 편 (▼ 10편)
> 서양 영화 편수 248 편(△ 4편)

---

41) 마키노 마사히로(マキノ正博, 1908~1993)는 일본의 영화감독이자 각본가, 영화 프로듀서, 녹음기사, 배우, 실업가. 마키노 쇼지의 아들이다.

1934년 영화관수 1538관 (△ 40관)

입장객수 1억 9892만 명(△ 2068만명)

일본 영화 편수 417 편 (▼ 55편)

서양 영화 편수 299 편 (△ 51편)

제일영화사 해산, 신흥키네마 촬영소장으로 취임

1935년

【전쟁 관련】7월, 대일본제국의 국호 결정. 10월, 독일이 국제연맹을 탈퇴.

【영화 시책】11월, 내무성 경보국 내에 '대일본영화협회(大日本映画協会)'를 설립하여 '영화법(映画法)' 제정에 대한 검토를 개시.

나가타의 제일영화사는 설립 후, 가타오카 지에조[42] 프로덕션(지에프로)의 사가노(嵯峨野) 촬영소를 빌려서 영화 촬영을 진행했지만, 그해 1월 지에 프로의 남쪽에 제일영화촬영소를 신설하여 야마다 이스즈 주연·미조구치 겐지 감독으로 「종이학 오센(折鶴お千)」의 제작을 시작하였다.

닛카쓰 사장 마쓰카타는 비서 호리 규사쿠[43]를 상무로 임명해서 자금운영이 어려운 상황이었지만, 직영관 증대, 최신 토키 스튜디오 건설 등 적극적인 경영을 시도했다. 교토에서는 그때까지 제휴했던 지에 프로가 쇼치쿠 진영으로 옮겼지만, 오코치 덴지로 주연으로, 닛

---

42) 가타오카 지에조(片岡千恵蔵, 1903~1983)는 일본의 배우. 전전과 전후에 활약한 시대극 스타이다.

43) 호리 규사쿠(堀久作, 1900~1974)는 일본의 실업가이자 영화제작자.

카쓰에 남은 야마나카 사다오 감독의 「구니사다 주지(国定忠次)」, 「단 게사젠 여화 백만 냥의 항아리(丹下左膳余話 百万両の壺)」, 이나가키 히로시[44] 감독의 「신센구미(新撰組)」, 「세키노 야탓페(関の弥太ッぺ)」, 「다이보사쓰 고개(大菩薩峠)」가 연달아 히트를 쳤다.

나가타의 이탈로 감독이나 스타가 떠난 다마가와 촬영소도 10월, 네기시 간이치[45]를 소장으로, 마키노 미쓰오[46]를 기획부장으로 두고 감독으로는 우치다 도무[47], 다사카 도모타카[48], 와타나베 구니오[49], 배우로는 고스기 이사무[50], 스기 교지[51], 오카 조지 등의 활약으로 궤도에 오르게 된다.

한편 쇼치쿠는 2월, 시모카모에서 촬영한 다카다 고키치[52] 주연·오소네 다쓰오[53] 감독의 「오에도 출세 고우타(大江戸出世小唄)」를 공개하자 다카다가 부르는 주제가와 함께 대히트를 쳤다. 또 기누가사 데이노스케 감독의 「유키노조헨게(雪之丞変化)」는 하야시 조지로의

----

44) 이나가키 히로시(稲垣浩, 1905~1980)는 일본의 영화감독이자 각본가, 배우. 전전에 일본영화의 기초를 다진 명감독 중 한 명이다.
45) 네기시 간이치(根岸寛一, 1894~1962)는 일본의 영화 프로듀서.
46) 마키노 미쓰오(マキノ満男, 1909~1957)는 영화 프로듀서. 어렸을 때 아역 배우로 활약한 마키노 쇼조의 차남이다.
47) 우치다 도무(内田吐夢, 1898~1970)는 일본의 영화감독. 사회적으로 억압받은 인간의 고투를 그린 작품이 많다.
48) 다사카 도모타카(田坂具隆, 1902~1974)는 일본의 영화감독. 휴머니즘을 기조로 한 작품이 특징적이다.
49) 와타나베 구니오(渡辺邦男, 1899~1981)는 일본의 영화감독. 시대극이나 희극 등 오락 작품이 많다.
50) 고스기 이사무(小杉勇, 1904~1983)는 일본의 영화감독.
51) 스기 교지(杉狂児, 1903~1975)는 일본의 배우이자 가수. 코미디극을 많이 하였다.
52) 다카다 고키치(高田浩吉, 1911~1998)는 일본의 배우.
53) 오소네 다쓰오(大曾根辰夫, 1904~1963)는 일본의 영화감독.

인기를 결정지었다. 가마타에서는 기도 시로 소장의 '쇼치쿠 제일주의' 하에서 모성애로 울리고 희극으로 웃기는 쇼치쿠의 특징적인 스타일이 확립되었다. 다나카 기누요와 더불어 우에하라 겐[54], 다카미네 히데코, 구와노 미치코[55] 등의 새로운 스타도 등장하였다.

신흥키네마는 이타미 만사쿠[56] 감독을 맞이해서 2월에 「주지 내다판다(忠次売出す)」, 10월에 반도 쓰마사부로 주연·이토 다이스케 감독의 「니이로 쓰루치요(新納鶴千代)」 등을 공개하지만, 경영은 어렵다. 완성된 오이즈미 촬영소로 우즈마사에서 현대극부를 이동시키고 쇼치쿠에서 신파를 담당하던 다카하시 도시오(高橋歳雄)가 소장으로 취임했다.

10월, 마키노 마사히로는 마키노토키제작소(マキノトーキー製作所) 설립을 발표하고 12월 말에 마키노토키촬영소(현재의 쇼치쿠 촬영소)가 완성된다. 하지만 이듬해 9월에 마키노토키 주식회사를 창립하지만, 스타 배우 쓰키가타 류노스케[57]와 나카노 에이지[58]가 도호로 **빠져나**가서 1937년 4월에 해산한다.

1936년
【전쟁 관련】2월, 2·26 사건 발발. 11월, '독·일방공협정(日独防共協定)'을 체결.

---

54) 우에하라 겐(上原謙, 1909~1991)는 일본의 배우.
55) 구와노 미치코(桑野通子, 1915~1946)는 일본의 여배우.
56) 이타미 만사쿠(伊丹万作, 1900~1946)는 일본의 영화감독이자 각본가.
57) 쓰키가타 류노스케(月形龍之介, 1902~1970)는 일본의 배우.
58) 나카노 에이지(中野英治, 1904~1990)는 일본의 배우. 무성영화 시대의 현대극에서 인기 있던 스타 배우였다.

나가타가 이끄는 제일영화사는 야마다 이스즈 주연·미조구치 겐지 감독으로 「나니와 엘레지(浪華悲歌)」, 「기온의 자매(祇園の姉妹)」라는 일본 영화사에 남을 명작을 제작하지만, 경영 부진으로 9월 22일 해산에 이른다. 나가타는 9월 19일 쇼치쿠 자본의 신흥키네마 우즈마사 촬영소장에 취임하고 직원들도 신흥시네마, 쇼치쿠, 닛카쓰 등으로 옮겨갔다. 신흥키네마는 11월, 시라이 신타로가 사장, 기도 시로는 부사장이 되어 채무가 부풀어 오른 회사 재건에 임하기 시작했다.

닛카쓰는 5월에 지에 프로와 재계약하고 6월의 가타오카 지에조 주연·이타미 만사쿠 감독의 「아카니시 가키타(赤西蠣太)」가 흥행한다. 하지만 채무 부담과 적극 경영으로 인한 경비 증대로 자금 사정에 어려움을 겪었고, 9월 9일 도호영화배급과의 제휴를 발표하지만, 16일 제휴를 추진하던 호리 규사쿠가 분식결산 혐의로 경시청에 체포되어 1년간 구류된다. 10월, 도호 블록의 오사와 요시오와 이케나가 히로히사의 우즈마사발성영화에게 닛카쓰의 경영을 위임한다. 이러한 상황에 대해서 쇼치쿠도 닛카쓰의 최대 채권자인 치바합동은행(千葉合同銀行)에 손을 써서 쇼치쿠 사장 오타니가 오사와가 거절한 개인 보증에 의한 채무를 대신 갚아줘서 이듬해 1월, 닛카쓰 경영진에 쇼치쿠 측 사람을 보낸다. 닛카쓰의 경영을 둘러싸고 쇼치쿠와 도호 사이에 전쟁이 발발한다.

쇼치쿠는 1월 인근에 군수공장이 생기면서 비좁아진 가마타를 떠나서 신설한 삼만 평 크기의 오후나(大船) 촬영소로 옮긴다. 거기서 기라성 같은 감독진에 의해서 사부리 신[59], 사노 슈지[60], 다카미네

---

59) 사부리 신(佐分利信, 1909~1982)는 일본의 배우이자 영화감독. 쇼와시대 미남 배우 중 한 명이었다.

미에코[61], 다카스기 사나에[62] 등 계속해서 새로운 스타들이 탄생했다. 또 쇼치쿠와 배급 제휴를 해 온 이치카와 우타에몬[63] 프로덕션(우타 프로)을 이끄는 이치카와 우타에몬은 촬영소를 나라(奈良)의 아야메이케(あやめ池)에서 쇼치쿠가 시설을 구입한 나라비가오카의 쇼치쿠 우즈마사 촬영소로 옮겨, 「후지에 서는 지루한 남자(富士に立つ退屈男)」를 제작한다. 이치카와 우타에몬은 12월에 우타 프로를 해산하고 자신은 신흥키네마에 입사하고 직원들은 쇼치쿠를 비롯한 각 영화사에 분산해 갔다. 쇼치쿠는 자본도 늘리고 순조롭게 확대해 갔다.

6월 도호 블록을 형성하는 도쿄다카라즈카극장, P·C·L, J·O가 출자해서 도호영화배급사(東宝映画配給会社)를 창설한다. 앞서 기술한 대로 9월에 P·C·L, J·O, 닛카쓰, 도호영화배급에서 제작배급에 관한 제휴가 체결되었고, 10월에는 우즈마사발성이 닛카쓰의 위임 경영을 시작하여 도호도 순조롭게 영화계에서의 기반을 확대해 나간다.

2월, 도와상사의 가와키타 나가마사[64]가 J·O에게 독일에서 다큐멘터리 영화 감독으로 저명한 아놀드·팡크[65]와 신흥키네마에서 스카우트해온 이타미 만사쿠의 공동 감독으로 독·일 합작 영화를 제안한다. 이 독일 합작영화 「새로운 흙(新しき土)」에 닛카쓰에서 이적해 온

---

60) 사노 슈지(佐野周二, 1912~1978)는 일본의 배우.
61) 다카미네 미에코(高峰三枝子, 1918~1990)는 일본의 여배우이자 가수. 노래하는 영화 배우의 선구적인 존재이다.
62) 다카스기 사나에(高杉早苗, 1918~1995)는 일본의 여배우.
63) 이치카와 우타에몬(市川右太衛門, 1907~1999)는 일본의 영화배우. 전전과 전후에 시대극 스타로 활약하였다.
64) 가와키타 나가마사(川喜多長政, 1903~1981)는 일본의 영화사업가. 도와영화 사장을 역임하였다.
65) 아놀드 팡크(Arnold Fanck, 1889~1974)는 독일의 영화감독. 산악영화의 선구자이다.

하라 세쓰코[66]가 주연을 맡게 되고 독일인 촬영대 일행이 일본에 왔다. 이 일행 중에는 독·일 군사동맹 체결을 위한 교섭의 밀명을 받은 자가 있어서 그 결과 11월에 독·일 방공협정이 조인되었다. 이 영화는 독일에서 완성 시사회를 개최한 후 선전장관 괴벨스[67]로부터 최고 영화상을 받았고 이듬해에 일본 독일 양국에서 개봉하자 큰 흥행을 거두었다.

일본 영화업계 전체의 숫자를 살펴보면 토키화가 진행되면서 일본 영화와 서양영화 모두 개봉 편수가 증가했다. 영화관 수의 증가세는 변화가 없지만, 1936년에 입장객 수가 크게 증가하였다.

> 1935년 영화관 수 1586관(△ 48관)
> 입장객 수 1억 8492만 명(▼ 1400만 명)
> 일본 영화 편수 446 편(△ 29편)
> 서양 영화 편수 302 편(△ 3편)
>
> 1936년 영화관 수 1627관(△ 41관)
> 입장객 수 2억 265만 명(△ 1773만 명)
> 일본 영화 편수 520 편(△ 74편)
> 서양 영화 편수 350편(△ 48편)

---

66) 하라 세쓰코(原節子, 1920~2015)는 일본의 여배우. 전전서부터 전후에 걸쳐 일본 영화를 대표하는 여배우 중 한 명이고 '영원한 처녀'라고 불렸다.

67) 괴벨스(Paul Joseph Goebbels, 1897~1945)는 독일 나치스 정권의 선전장관. 당 선전부장으로 새 선전수단을 구사하고 교묘한 선동정치로 1930년대 당세 확장에 크게 기여했다.

2. '나가타의 비약' 쇼치쿠-도호 전쟁(중일전쟁기)

신흥키네마 우즈마사 촬영소 소장, 쇼치쿠-도호의 전쟁 돌입

1937년

【전쟁 관련】7월, 노구교사건. 8월, 제2차 상하이 사변. 중일 전면전
　　　　　발발.

【영화 시책】4월, '영화 사업의 진흥'이라는 명목으로 내무성 경보국에
　　　　　서 영화 검열 규칙을 개정, 국책영화 제작 권장을 개시. 7월,
　　　　　대장성이 서양 영화 수입 금지를 통고. 8월 만주국과 남만주철도
　　　　　가 만주영화협회를 설립.

　쇼치쿠 전무이자 신흥키네마 부사장인 기도 시로는 경영 재건을
위해서 반쓰마 프로, 간 프로, 지에 프로, 우타 프로 등의 스타 프로덕
션과의 제휴를 해소한다. 이로 인해 반쓰마 프로, 우타 프로는 전년
12월에, 지에 프로는 3월에, 간 프로는 8월에 해산하고 해산과 동시
에 신흥키네마로 들어간 우타에몬을 제외하고는 모두 쇼치쿠의 오타
니 다케지로의 권유도 있어서 반쓰마는 5월에, 지에조는 4월에, 아라
시 간주로는 이듬해 3월에 닛카쓰에 들어간다.

　전년 9월, 신흥키네마 우즈마사 촬영소 소장에 취임한 나가타는
쇼치쿠의 오타니 사장의 뜻을 따라 오락 영화 제작에 돌입했다. 그중
스즈키 스미코[68]주연의 「사가의 괴고양이전(佐賀怪猫伝)」, 「아리마고
양이(有馬猫)」 등의 '변신 고양이 영화'가 대히트를 쳤고, 어린이용 닌

---

68) 스즈키 스미코(鈴木澄子, 1904~1985)는 일본의 여배우. 주로 시대극과 괴담영화에서
　　주연을 했다.

자물(忍者物)이나 대중용 로교쿠[69]물도 호평을 받았다. 야마다 이스즈, 이치카와 우타에몬도 히트를 날렸고 신흥키네마 우즈마사는 활기에 넘쳤다. 나가타와 함께 입사한 미조구치 겐지는 오이즈미 촬영소에서 「애원의 협곡(愛怨峽)」을 감독하고 이 작품에 주연한 야마지 후미코[70]는 기도가 추진했던 어머니물 '혼 시리즈'로 오이즈미 촬영소를 뒷받침한다. 신흥에서는 전쟁영화를 오이즈미 촬영소에서 37년에 3편, 38년에 3편 제작하였다.

도호도 8월에 도호영화(東宝映画)를 창립하고 다음 달, 사진화학연구소, P·C·L영화제작소, J·O, 도호영화배급을 흡수 합병한다. 또 닛카쓰에서 오고치 덴지로, 구로카와 야타로[71], 이리에 다카코, 쇼치쿠에서 하야시 조지로, 다카미네 히데코와 같은 간판 스타를 빼내서 하야시의 얼굴이 괴한에게 잘리는 사건이 발생해 나가타도 조사를 받는 사태가 일어났다. 감독은 닛카쓰에서 야마나카 사다오, 와타나베 구니오를 영입했고 이타미 만사쿠도 도호에 참가했다. 그러나 야마나카 사다오는 「인정 종이풍선(人情紙風船)」을 감독한 뒤 군에 소집되서 병사했다. 또 경연극을 하던 에노모토 겐이치(에노켄), 후루카와 롯파(롯파)의 희극 오락 영화가 인기를 끌었다. 근대적 경영을 표방한 도호는 대스타, 명감독을 대거 모아 일본 영화계에서 쇼치쿠에 버금가는 존재가 되었다.

2월 쇼치쿠키네마와 쇼치쿠흥행이 합병해서 쇼치쿠가 되다. 10월에

---

69) 로교쿠(浪曲)는 메이지 초기부터 시작된 공연예술의 하나로, 나니와부시라고도 하고 샤미센 반주에 맞춰서 이야기를 읊는다.
70) 야마지 후미코(山路ふみ子, 1912~2004)는 일본의 여배우이자 실업가, 사회사업가.
71) 구로카와 야타로(黒川弥太郎, 1910~1984)는 일본의 배우.

간판 스타인 하야시 조지로가 빠져 나간 쇼치쿠의 시모카모 촬영소는 기운을 잃게 되지만, 기도가 이끄는 오후나 촬영소는 우에하라·사부리·사노의 남자 배우진에 다나카·다카미네·구와노·다카스기에 더해 미토 미쓰코[72]·미야케 구니코[73]·고구레 미치요[74] 등 여배우진이 충실해지고 감독진도 갖추어져 오후나류의 스타일을 확립해 간다.

1938년
【전쟁 관련】 4월, 국가총동원법 공포.
【영화 시책】 4월, 영화법 실시를 위한 검토 시작.

쇼치쿠 오후나 촬영소에서 만들어진 멜로드라마, 가와구치 마쓰타로[75] 원작·다나카 기누요, 우에하라 겐 공동 출연·노무라 히로마사[76] 감독의 「애염 가발(愛染かつら)」이 9월에 개봉되자 큰 반향을 일으켰고 이 작품으로 쇼치쿠 오후나 촬영소는 전쟁 전의 황금시대를 맞이하게 된다.

지반을 확대해 가는 도호와 쇼치쿠, 두 영화사의 닛카쓰 경영을 둘러싼 공방은 치열해져서 교착상태에 빠진다. 하지만, 닛카쓰의 현장은 교토의 우즈마사 촬영소에서는 독립 프로덕션을 해소한 반쓰마·지에조·아라시 간·쓰키가타 류노스케 등 4대 검객 스타와 다카라

---

72) 미토 미쓰코(水戸光子, 1919~1981)는 일본의 여배우.
73) 미야케 구니코(三宅邦子, 1916~1992)는 일본의 여배우.
74) 고구레 미치요(木暮実千代, 1918~1990)는 일본의 여배우.
75) 가와구치 마쓰타로(川口松太郎, 1899~1985)는 일본의 소설가이자 극작가. 잘 짜여진 구성과 독자적인 스토리텔링으로 서민들의 정서를 그린 대중소설이 인기가 있었다.
76) 노무라 히로마사(野村浩将), 1905~1979)는 일본의 영화감독이자 각본가.

즈카에서 온 도도로키 유키코[77]가 참여했고 마키노 마사히로·이나가키 히로시·마쓰다 사다쓰구[78] 등이 올스타 영화를 감독했다. 도쿄의 다마가와 촬영소에서는 전년에 오스기 이사무 주연·우치다 도무 감독의 「끝없는 전진(限りなき前進)」, 1938년에는 다사카 도모타카 감독이 국책영화 「다섯 명의 척후병(五人の斥候兵)」, 「노방의 돌(路傍の石)」 등 예술성이 높다고 평가 받은 작품을 제작하였고 「끝없는 전진」과 「다섯 명의 척후병」은 『기네마 순보(キネマ旬報)』 베스트 10에서 1위에, 「노방의 돌」은 2위에 선정된다. 하지만 이들 작품과 이듬해 개봉한 우치다 감독의 「흙(土)」을 주도했던 네기시 간이치, 마키노 미쓰오는 촬영 도중인 6월에 퇴사해서 만주영화협회로 옮겼다. J·O를 합병해서 탄생한 도호영화는 전년부터 진행해 온 시대극 촬영을 교토 촬영소에서 도쿄 촬영소로 이전하는 작업을 9월에 완료하였고 도쿄로의 집약을 추진했다.

여성의 마음을 사로잡은 멜로드라마의 쇼치쿠, 남성과 어린이가 기뻐한 야단법석 희극의 도호, 칼싸움 시대극의 닛카쓰, 우즈마사의 변신 고양이 영화와 오이즈미의 멜로드라마를 제작한 신흥키네마, 이렇듯 각 영화사가 자신들만의 장르로 개성을 발휘하였다. 입장료가 싼 다이토영화는 히가시오사카(東大阪)의 극동키네마(極東キネマ)와 우타프로가 철수한 후에 탄생한 나라의 전승키네마(全勝キネマ) 작품을 같이 상영해서 어린이용으로 특화시켜 건투한다. 영화계는 오락 영화를 중심으로 쇼치쿠-도호영화전쟁과 중일전쟁 두 전쟁의 경

---

77) 도도로키 유키코(轟由起子, 1917~1967)는 일본의 여배우. 다카라즈카 소녀악극단에서도 활약하였다.
78) 마쓰다 사다쓰구(松田定次, 1906~2003)는 일본의 영화감독.

기로 들끓었다.   그러나 전쟁이 확대되는 가운데 국가총동원법이 시행되고 오락 영화가 유행하는 상황을 검열 당국은 "전시에 맞지 않는 불건전한 영화가 너무 많다"고 경고하고 단속을 강화하기 시작한다.

일본 영화계 전체의 숫자를 살펴보면 군수 경기와 전황을 알리는 뉴스영화의 증가도 있어 극장 수와 관람객 수는 순조롭게 확대하였다. 그러나 외국 영화는 수입이 금지되고 개봉할 수 있었던 것은 수입이 끝난 작품뿐이었기 때문에 편수는 크게 감소했다. 일본 영화 개봉 편수는 크게 달라지지 않았다.

> 1937년 영화관 수 1749개(△ 122개)
> 입장객수 2억 4561만 명(△ 4296만 명)
> 일본 영화 편수 562 편(△ 42편)
> 외화 편수 286 편(▼ 64편)

> 1938년 영화관수 1875개(△ 126개)
> 입장객수 3억 629만 명(△ 6068만 명)
> 일본 영화 편수 534편(▼ 28편)
> 외화 갯수 158편(▼ 128편)

스카우트 왕의 부활, 쇼치쿠 - 도호 전쟁의 격화

1939년

【전쟁 관련】7월, 국가총동원법에 따라 국민징용령을 시행. 9월, 독일이 폴란드를 침공. 제2차 세계전쟁 발발.

【영화 시책】4월, 영화의 질적 향상 촉진과 건전한 발달을 도모한다는 목적으로 영화법 공포. 10월 영화법 시행.

2월, 도쿄 다카라즈카 극장과 요시모토흥업(吉本興業)이 제휴한다. 3월, 신흥키네마는 교토 촬영소내에 연예부를 발족하여 나가타는 요시모토로부터 인기 절정의 만담사 미스 와카나[79]·다마마쓰 이치로[80], 기가 막힌 보이즈[81] 등 기타 유력한 연예인을 스카우트해온다. 쇼치쿠-도호 연예전쟁에 '스카우트 왕' 나가타가 가세하면서 영화 번외전이 벌어졌다.

스즈키 스미코의 변신 고양이 인기가 시들해진 신흥키네마의 우즈마사 촬영소는 고양이를 대신해서 다카야마 히로코[82] 주연의 변신 너구리 시리즈, 스즈키타 로쿠헤이[83] 감독의 「아와 너구리 시합(阿波狸合戦)」, 기무라 게이고[84] 감독의 「너구리 어전(狸御殿)」과 스카우트해온 와카나·이치로, 그리고 스카우트에 공헌한 반 준자부로[85]가 공동 출연하고 모리 가즈오가 감독한 「오이세 참배(お伊勢詣り)」 등의 만담영화를 제작해서 대히트를 친다. 오이즈미 촬영소는 야마지 후미코의 '어머니 혼 시리즈'가 히트하면서 신흥키네마는 업계 3위로 올라섰다. 사장 시라이 노부타로는 좌담회에서 "10세 정도의 아이부터 17, 8세까지⋯⋯다음은 30세 넘어서부터 노인까지다."라고 타겟에

---

79) 미스 와카나(ミスワカナ, 1910~1946)는 일본의 남녀 콤비 코미디언의 여자 코미디언. 쇼와초기서부터 중기에 걸쳐서 다마마쓰 이치로와 콤비를 결성해서 활약했다.

80) 다마마쓰 이치로(玉松一郎, 1906~1963)는 일본의 남성 코미디언.

81) 기가 막힌 보이즈(あきれたぼういず)는 일본의 남성 극단 그룹. 1937년부터 1951년까지 활동하였다.

82) 다카야마 히로코(高山広子, 1919~?)는 일본의 여배우.

83) 스즈키타 로쿠헤이(寿々喜多呂九平, 1899~1960)는 일본의 각본가이자 영화감독, 영화 프로듀서.

84) 기무라 게이고(木村恵吾, 1903~1986)는 일본의 영화감독이자 각본가.

85) 반 준자부로(伴淳三郎, 1908~1981)는 일본의 코미디언이자 배우.

대해 이야기했다. 신흥키네마는 철저하게 오락 영화만을 제작했고 미조구치는 같은 그룹인 쇼치쿠의 시모카모로 옮겨 국가 추천 예술 영화 「마지막 국화 이야기(残菊物語)」를 만들었다.

쇼치쿠의 멜로드라마는 평론가와 식자들로부터 '최루(催淚) 영화', '진부하다', '아편적(마약 같은) 작품'이라는 혹평을 받으면서도 여성의 압도적인 지지를 얻었고 '어긋난 만남 드라마의 금자탑'이라고도 불린 「애염 가발」은 시리즈화가 되었고 완결편은 중국에서까지 어긋남을 이어갔다. 전시하의 이러한 붐은 동시에 진행된 영화법 제정과 맞물려 오락과 예술, 저속과 고상, 불량과 교육에 의한 인격 향상 등의 논쟁도 불러일으켰고, 국가 통제뿐만 아니라 교육적, 예술적 관점에서도 오락 영화에 대한 억압이 강해져 갔다.

요시모토와 제휴한 도호는 엔타쓰·아차코[86], 히로사와 도라조[87], 야나기야 긴고로[88] 등 인기 연예인들의 희극과 더불어 에노켄·롯파, 인기 가수들의 시끌벅적 희극, 하세가와 가즈오, 이리에 다카코의 시대극 등 대중적인 오락 영화에서 대히트를 연발하면서 점점 확대되어 갔다. 또한 만주영화협회(만영)와 공동 제작한 하세가와 가즈오·만영의 신인 스타 리샹란[89]이 함께 출연한 멜로드라마 「백란의 노래

---

86) 엔타쓰·아차코(エンタツ·アチャコ)는 요코야마 엔타쓰(横山エンタツ, 1896~1971)와 하나비시 아차코(花菱アチャコ, 1897~1974)의 남녀 콤비 만담이다. 둘 다 영화에도 출연하는 배우이기도 했다.
87) 히로사와 도라조(広沢虎造, 1899~1964)는 일본의 로쿄쿠 가수이자 배우.
88) 야나기야 긴고로(柳家金語楼, 1901~1972)는 일본의 희극 배우이자 라쿠고가(落語家), 라쿠고 작가, 각본가, 발명가, 도예가.
89) 리샹란(李香蘭, 1920~2014)는 일본의 가수이자 여배우, 정치가이다. 본명은 야마구치 요시코(山口淑子)이며 다양한 이름으로 활동하였고 15년 전쟁기 때는 중국인 예명으로 활동하였다.

(白蘭の歌)」가 성공하고 국책영화 「상하이 육전대(上海陸戰隊)」에도 참여해 다양한 영화를 제작해 갔다.

닛카쓰는 전년과 같이 쇼치쿠·도호의 닛카쓰 주식 획득 전쟁으로 경영은 혼란 상태에 빠졌지만, 연말에 법원이 조정에 나서서 쌍방이 같은 수의 임원으로 닛카쓰 경영을 실시하는 것으로, 일단 화해가 성립됐다. 이러한 경영의 교착 상태에 있으면서도 현장의 우즈마사 촬영소에서는 히로사와 도라조의 로교쿠 영화와 시대극 올스타 영화, 다마가와 촬영소에서는 『기네마 순보』 베스트10의 1위에 오른 우치다 도무 감독의 「흙」, 3위의 다사카 도모타카 감독의 「흙과 병정」 등의 예술적 영화가 제작되어 대히트를 쳤다. 다마가와 촬영소가 제작한 두 작품의 관객층은 지금까지 서양 영화를 봤던 도시 지역의 지식인층이거나 이 두 영화가 국책영화로 인정되기도 해서 교육 관련의 단체 감상 등이 주를 이루었다. 또 우즈마사에서는 이 두 작품과 대조적인 오페레타 오락 시대극, 마키노 마사히로 감독·가타오카 지에조, 딕 미네[90] 공동 출연의 「원앙의 노래대회(鴛鴦歌合戰)」를 개봉해서 큰 반향을 불러일으켰다.

어린이와 저소득층이 주요 관객인 도쿄의 대도영화, 나라의 전승키네마, 히가시오사카의 극동키네마는 여전히 오락 영화를 양산했다. 오락 영화가 많은 관객을 끌어모으고 있는 가운데 10월이 되자, 영화법이 시행되면서 에노켄이나 「원앙」, 서양 영화를 포함한 22편의 영화가 정부의 제작 혜택이나 흥행 보조 조치 없이, 14세 미만의 입장

---

90) 딕 미네(ディック·ミネ, 1908~1991)는 일본의 재즈 가수, 유행가 가수, 기타리스트, 배우, 탤런트, 편곡가. 본명은 미네 도쿠이치(三根德一)이고 일본의 재즈 가수의 효시이고 수많은 유행가를 남겼다.

이 허용되지 않는 비일반용 영화로 지정됐다.

　일본 영화업계 전체를 숫자로 살펴보면 개봉 편수는 크게 달라지지 않았지만, 영화관 수와 관람객 수는 계속되는 군수 경기와 오락 작품의 인기, 국책영화 동원도 있어서 대폭으로 확대된다.

　　　1939년 영화관수 2018관(△ 143관)
　　　입장객 수 3억 7573만 명(△ 6944만 명)
　　　일본 영화 편수 531 편(▼ 3편)
　　　외화 갯수 134 편(▼ 24편)

중일전쟁의 장기화, 쇼치쿠-도호 전쟁의 봉착

　1940년

【전쟁 관련】 9월, 일독이 삼국 군사 동맹 성립. 10월, 대정익찬회[91]를 발족. 11월, 황기 2600년 기념 행사로 전국에서 연등 행렬.

【영화 시책】 2월, '대일본 영화 사업 연합회' 설립. 3월 딕 미네, 미네 고이치로(三根耕一)로 개명. 7월, 7 · 7금령[92] 시행. 각본 사전 심사와 영화 내용 규제 강화.

　7 · 7금령은 오락 영화를 중점적으로 제작한 회사에 영향을 미쳤다.

---

91) 대정익찬회(大政翼贊会)는 1940년 10월 12일부터 1945년 6월 13일까지 존재하였던 제국 일본의 관제 국민통합 단일기구이다. 정당을 해체하고 군부 · 관료 · 정당 · 우익 등을 망라한 대정익찬회를 결성하게 된다.

92) 7 · 7금령(七 · 七禁令)의 정식 명칭은 '사치품 등 제조 판매 제한 규칙(奢侈品等製造販売制限規則)'으로 1940년 7월 7일에 시행되어 '7 · 7금령'이라고 불렸다. 전쟁수행과 군수생산의 확대에 직접적으로 공헌하지 않는 사치품(고급직물, 귀금속, 장식품 등)의 제조나 판매를 모두 금하였다.

나가타의 신흥키네마 우즈마사 촬영소는 하나야나기 쇼타로[93]의 메이지 시대물이 인기를 끌어 도호가 시도한 하나야나기의 스카우트 제의도 저지시키고 시리즈화하였다. 또 우타에몬, 오토모 류타로[94] 공동 출연·기무라 게이고 감독의 「고쿠센야 갓센(国姓爺合戦)」도 경영을 지탱했지만, 오이즈미 촬영소에서는 가와즈 세이자부로[95]를 비롯한 중견 배우나 감독이 도호로 이적하면서 오락물이 고전했다.

쇼치쿠는 오후나 촬영소의 멜로드라마가 규제의 표적이 되어서 규제를 따르면서도 오락을 추구해 히트작이 나오긴 했지만, 전년까지의 기세는 꺾였다. 연말에 개봉한 국책영화 우에하라 겐, 사부리 신 공동 출연·요시무라 고자부로[96] 감독의 「니시즈미 전차장전(西住戦車長伝)」은 단체 동원도 있어서 큰 반향을 불렀다. 시모카모 촬영소에서는 반도 고타로[97], 가이에다 조지[98] 공동 출연의 「미토고몬(水戸黄門)」, 폴리돌과 제휴한 다카다 고키치가 주연한 고우타[99] 뮤지컬 「야지·기타 64주 우타구리게(弥次喜多六十四州唄栗毛)」 등의 오락 작품이 건투했다. 또한, 쇼치쿠는 우즈마사에 있는 마키노토키 촬영소를 계승하고 있는 에이온연구소 스튜디오로부터 시설을 매입해 특별작품용 촬

---

93) 하나야나기 쇼타로(花柳章太郎, 1894~1965)는 일본의 신파배우. 신파에서의 남자 배우가 여성을 연기하는 예술의 전형을 완성시켰다고 한다.

94) 오토모 류타로(大友柳太朗, 1912~1985)는 일본의 배우. 신국극 출신으로 전후에는 도에이의 시대극 영화에서 다수의 주연을 맡았다.

95) 가와즈 세이자부로(河津清三郎, 1908~1983)는 일본의 배우.

96) 요시무라 고자부로(吉村公三郎, 1911~2000)는 일본의 영화감독.

97) 반도 고타로(坂東好太郎, 1911~1981)는 일본의 가부키(歌舞伎) 배우이자 영화배우. 시대극 영화의 미남 스타로 큰 인기를 얻었다.

98) 가이에다 조지(海江田讓二, 1908~1986)는 일본의 배우.

99) 고우타(小唄)는 일본 에도(江戸) 시대 말기에 유행한 속곡의 총칭.

영소로 사용하여 다나카 기누요 주연·미조구치 겐지 감독의 예도물
(芸道物)「나니와 여자(浪花女)」를 제작해 히트를 거둔다.

기세가 오른 도호는 쇼치쿠에서 빼온, 본명인 하세가와 가즈오로
개명한 하야시 조지로와 야마다 이스즈 공동 주연·기누가사 데이노
스케 감독의「뱀 공주님(蛇姫様)」, 하세가와와 만영의 스타 리샹란의
공동 주연·후시미즈 오사무[100] 감독의 멜로드라마「지나의 밤(支那の
夜)」이 연이어 큰 반향을 불렀고, 특히 후자는 사회현상이 될 정도로
경이적 인기를 누렸다. 하지만, 이 현상이 영화 규제에 박차를 가하
게 된다. 국책영화「불타는 하늘(燃ゆる大空)」도 특촬 인기에다 단체
동원으로 대 히트했다. 그 외에도 나니와부시 영화 등 시국을 포착한
오락 영화가 대중의 인기를 끌며, 황기 2600년 봉축 주간에서는 야마
모토 가지로[101] 감독·에노켄 주연의 희극 뮤지컬 대작「손오공(孫悟
空)」이 대히트를 친다. 하지만 국책영화를 만들면서도 당국의 규제망
을 뚫고 대중오락 영화로 확대해 간 도호도 점차 오락 영화를 만들기
어려운 상황이 된다.

닛카쓰의 경영은 여전히 도호, 쇼치쿠의 줄다리기 속에서 교착 상
태에 있었지만, 우즈마사 촬영소에서는, 반쓰마, 아라시 간, 지에조
주연 작품이 인기를 끌고, 지에조 주연·이나가키 히로시 감독의「미
야모토 무사시(宮本武蔵)」3부작은 대히트를 친다. 다마가와 촬영소
에서는 거액의 자금을 들여 만든 대작, 문부성 추천 국책영화 우치다
도무 감독의「역사(歴史)」가 황기 2600년 봉축 예능제 영화콩쿠르 극

---

100) 후시미즈 오사무(伏水修, 1910~1942)는 일본의 영화감독.
101) 야마모토 가지로(山本嘉次郎, 1902~1974)는 일본의 영화감독이자 배우, 각본가, 수
　　필가.

영화 부문에서 1위를 차지하며 상금 일만 엔을 받았지만, 관객을 모을 수는 없었다. 멜로드라마도 규제 때문에 부진해져서 그 결과 소장이 경질됐고, 입장객 부족에 대한 책임 문제로 내무성과의 '계고적(戒告的) 간담'도 진행했다.

내무성은 일본 영화계에 제작 편수 제한과 흥행 형태의 변경을 요구했고 업계는 이에 대한 대응을 협의한 결과, 업계 재편이 이뤄지게 됐다. 9월, 극동키네마는 다이호영화(大宝映画)로 개칭하고 도호 산하에 들어갔으며, 10월 전승키네마가 쇼치쿠에 인수되었다가 이듬해 고아영화(興亞映画)로 개칭된다. 문부성은 8월에 어린이, 학생의 영화 시청을 제한하는 지시를 내린다. 10월에는 대정익찬회가 창설되어 내무성과 마찬가지로 오락 영화, 영화의 상업주의적 기업성을 제약했다. 연말에는 내각에 영화 규제의 중심축이 되는 정보국이 설치되었고 생필름 배급제가 시작되면서 영화잡지도 대폭 줄어들게 된다.

일본 영화계 전체의 숫자를 살펴보면 일본 영화 개봉 편수는 조금 줄었지만, 서양 영화는 크게 제약을 받았다. 그러나 전쟁 거품 경기, 도호의 대약진, 국가에 의한 뉴스 영화 및 문화 영화의 확대로 극장 수와 관람객 수는 계속해서 큰 폭으로 증가했다.

> 1940년 영화관 수 2363관(△ 345관)
> 입장객수 4억 503만 명(△ 2930만명)
> 일본 영화 편수 500편(▼ 31편)
> 서양 영화 편수 52편(▼ 82편)

3. '나가타의 격전' 영화계의 재편(태평양전쟁 시대)

쇼치쿠-도호 전쟁의 종결, 나가타 주도의 영화업계 전시 재편

1941년

【전쟁 관련】 10월, 도조 히데키[102] 내각 탄생. 12월 8일 진주만 공격을
통해 미영에 선전포고. 태평양전쟁 발발.

【영화 시책】 1월, 제작 편수를 제한하고 뉴스 영화의 상영 의무가 부과
된다. 8월, 정보국이 생필름 생산 축소를 위해서 영화 임전 태세
구상을 제기.

1월, 영화 제작 편수 반감과 뉴스 영화의 상영 의무화로 극영화는
어쩔 수 없이 한 편만 상영하게 된다. 하지만 군수 인플레이션과 다른
오락 기관의 제한으로 인해 영화 흥행에 몰리는 관중은 점점 그 수가
늘어났고 한 편만 상영하게 되면서 자연히 흥행 시간이 단축되고 입
장 수입도 증가해 갔다.

5월, 정보국은 국민영화로서 넓게 국민 전체를 위한 영화이자 예술
성이 높은 국책영화의 지속적인 제작에 나선다. 그러나 그해 국민영화
대작으로 제작된 도호의 「가와나카지마 전투(川中島合戰)」, 고아영화
(쇼치쿠) 「겐로쿠 주신구라(元禄忠臣蔵)」는 두 편 모두 흥행이 부진했다.

8월 16일, 쇼치쿠 전무인 기도, 도호 사장인 우에무라, 전무의 오
하시 다케오(大橋武雄)가 내무성 정보국으로부터 호출을 받고 민간 영
화용 생필름의 공급 폐지와 이에 대한 영화업계의 대응을 검토하라

---

102) 도조 히데키(東条英機, 1884~1948)는 일본의 군인이자 정치가.

는 통보를 받는다. 대일본영화사업연합회를 중심으로 정보국의 의향에 대한 대응방안을 검토하는 대표협의회가 설치됐고 나가타도 신흥키네마의 대표 자격으로 참석했다. 거기서 나가타는 영화통제에 대응하는 영화업계를 대표해서 정보국과 논의의 창구 역할을 하는 위원회를 만들 것을 제안하고 그 안을 정보국에 전달한다. 그러자 25일, 정보국으로부터 극영화 제작사는 두 회사로 제한할 것, 한 회사당 월 2편, 두 회사 합해서 한 달에 총 4편만 제작하고 1편당 프린트 50편 분량이라는 안과 함께, 위원회 설치의 양해와 앞으로 위원회와의 논의에는 응하겠다는 취지의 답변이 돌아왔다. 논의의 결과, 위원회 설립의 발안자인 나가타가 대표로 뽑혔다. 위원회는 제작사를, 영화계 최대 기업인 쇼치쿠, 도호의 두 회사에 한 회사를 더해서 3사로 해달라는 나가타 측의 요구와 정보국의 싸움이 시작된다.

4회에 걸친 위원회와 정보국의 관민에 의한 극영화 통합 실행 협의회가 열렸다. 9월 19일, 정부가 당초에 제안한 영화 제작을 두 회사로 제한한다는 안은 나가타의 발안으로 도호와 쇼치쿠의 두 회사에다가 닛카쓰, 신흥키네마, 다이토키네마를 합병해서 만든 신국책영화회사의 3사로 개정되었다. 그리고 각 회사는 월 2편 합계 6편을 제작할 수 있지만, 대신에 프린트는 30편으로 축소하였다. 다만 닛카쓰는 이사로 복귀한 호리 규사쿠의 노력으로 제작 부문을 분할하고 제작 부문만 합병하기로 한다. 이러한 상황으로 인해 9월 쇼치쿠는 산하에 있던 고아영화의 흡수합병을 결정하고, 10월에 도호영화도 매각이 결정된 교토촬영소를 완전 폐쇄하고 산하에 있던 난오영화(南旺映画), 도쿄발성영화제작소를 해체했다.

신흥키네마의 우즈마사는 이치카와 우타에몬, 오토모 류타로, 라몬 미쓰자부로[103]의 검극 영화, 오이즈미 촬영소는 마야마 구미코[104],

미하토 마리[105) 등 멜로드라마를 촬영하였으나 고전했다.

쇼치쿠는 우즈마사 촬영소에서 미조구치 겐지 감독의 「예도 일대남(芸道一代男)」이 히트했지만, 같은 미조구치 감독이 제작한 앞서 언급한 국민영화 대작 「겐로쿠 주신구라」는 고전했다. 오후나 촬영소는 오즈 야스지로 감독의 「도다가의 남매(戸田家の兄妹)」, 오바 히데오[106) 감독의 「꽃은 속이지 않는다(花は偽らず)」, 요시무라 고자부로 감독의 「꽃(花)」, 시부야 미노루[107) 감독의 「벚꽃의 나라(桜の国)」 등의 작품이 견실하게 히트했고 연말에 만영의 스타 리샤랑, 사노 슈지 공동 출연·노무라 히로마사 감독의 「쑤저우의 밤(蘇州の夜)」은 대히트를 쳤다.

기세가 오르는 도호는 하세가와 가즈오, 에노모토 겐이치, 오고치 덴지로, 야마다 이스즈, 이리에 다카코 등의 배우진, 기누가사 데이노스케, 마키노 마사히로, 시마즈 야스지로, 야마모토 고지로, 나루세 미키오, 이마이 다다시[108) 등의 감독진으로 「어제 사라진 남자(昨日消えた男)」, 「백로(白鷺)」 등의 대히트작을 연발했다. 도쿄발성영화제작소는 도요다 시로[109) 감독이 그동안 「울보 꼬마(泣虫小僧)」, 「꾀꼬리

103) 라몬 마쓰자부로(羅門光三郎, 1901~1976)는 일본의 배우. 검극 스타로 검극 영화에서 활약했다.
104) 마야마 구미코(真山くみ子, 1916~?)는 일본의 여배우. 신흥키네마 현대극의 스타 배우로 활약했다.
105) 미하토 마리(美鳩まり, 1919~1962)는 일본의 여배우.
106) 오바 히데오(大庭秀雄, 1910~1997)는 일본의 영화감독.
107) 시부야 미노루(渋谷実, 1907~1980)는 일본의 영화감독.
108) 이마이 다다시(今井正, 1912~1991)는 일본의 영화감독.
109) 도요다 시로(豊田四郎, 1906~1977)는 일본의 영화감독. '문예영화의 거장'이라고 불렀다.

(鶯)」, 「고지마의 봄(小島の春)」 등 양심적인 작품을 만들어 왔고 지난
해 개인 경영에서 주식회사화하면서 도호의 산하에 들어갔다. 하지
만 전술한 대로 10월에 도요다 감독의 「내 사랑의 기록(わが愛の記)」이
완성되는 걸 기다렸다 해산한다.

닛카쓰 다마가와 촬영소는 전년 개봉한 대작 「역사」의 부진으로
발생한 본사와 촬영소의 균열로 인해 우치다 도무, 다사카 도모타카
감독이 고아영화로 이적하였고 촬영소 인사도 일신되었다. 그 후, 시
마 고지[110] 감독의 「지로 이야기(次郎物語)」 등의 노력은 있었지만, 성
적은 저조했다. 닛카쓰 우즈마사에서는 이나가키 히로시 감독에 의
해서 「바다를 건너는 제례(海を渡る祭礼)」, 「에도의 마지막 날(江戸最後
の日)」 등의 히트작이 태어났다.

1942년
【전쟁 관련】일본군, 미드웨이 해전, 가다르카날 전투에서 패배.
【영화 시책】1월, 다이에이(大映) 설립. 4월, 배급을 '영화 배급사'로
　　　　　　일원화함.

1월, 제3의 회사인 대일본영화제작주식회사(다이에이)가 설립되고
35세의 나가타가 전무로 취임하여 국책회사라는 명목으로 쇼치쿠를
경영진에서 배제하는 데 성공하고 경영 실권을 잡는다. 10월, 정보국
책임자에 대한 뇌물공여 혐의로 나가타는 경시청에 구속되지만, 증
거 불충분으로 12월에 석방된다.

배급 흥행 측면에서는 정보국의 의향인 배급의 일원화를 위해 만

---

110) 시마 고지(島耕二, 1901~1986)는 일본의 배우이자 영화감독.

들어진 민관 합동의 '영화배급기관 설립준비협의회'를 통해서 2월에 '사단법인 영화 배급사'가 설립돼 4월 1일부터 업무를 시작했다. 이에 따라 전국의 영화극장은 홍과 백 두 계통으로 나뉘어 극영화 한 편, 국책영화 한 편, 뉴스 영화 한 편의 세 편만 개봉하게 된다.

이처럼 전시통제 시책에 따라 영화 개봉 편수는 급감한다. 회사 통합으로 다이에이는 도쿄에 닛카쓰의 다마가와 촬영소 · 다이토의 스가모 촬영소 · 신흥의 오이즈미 촬영소, 교토에 닛카쓰의 우즈마사 촬영소 · 신흥의 우즈마사 촬영소 · 신흥의 제2 우즈마사 촬영소(제일영화촬영소) 이렇게 6개의 촬영소를 갖게 된다. 하지만 제작 삭감으로 인해 다이토의 스가모와 신흥의 제2 우즈마사 촬영소를 폐쇄, 매각하고 오이즈미를 도쿄 제1촬영소, 다마가와를 도쿄 제2촬영소, 닛카쓰 우즈마사를 교토 제1촬영소, 신흥 우즈마사를 교토 제2촬영소로 했다. 그리고 5월, 반쓰마, 지에조, 우타에몬, 아라시 간의 시대극 4대 스타가 총출동하여 우시하라 기요히코[111] 가 메가폰을 잡고 교토의 두 촬영소가 합동해서 촬영한 「유신의 곡(維新の曲)」이 다이에이가 제작한 첫 작품이고 공개 후 큰 반향을 얻었다.

그 후에도 교토 제1촬영소에서 아라시 간주로 주연 · 이토 다이스케 감독의 「구라마 덴구 요코하마에 나타나다(鞍馬天狗横浜に現る)」, 가타오카 지에조 주연 · 모리 가즈오 감독의 「삼대의 술잔(三代の盃)」, 반도 쓰마사부로 주연 · 이케다 도미야스[112], 시라이 센타로[113] 감독의 「후

---

111) 우시하라 기요히코(牛原虚彦, 1897~1985) 는 일본의 영화감독.
112) 이케다 도미야스(池田富保, 1892~1968)는 일본의 영화감독이자 각본가, 배우.
113) 시라이 센타로(白井戰太郎, 1906~1945)는 일본의 영화감독이자 각본가. 제2차 세계
대전 말에 징용되었다 히로시마의 원폭투하에 피폭되어 사망하였다.

지에 선 그림자(富士に立つ影)」, 교토 제2촬영소에서 다카야마 히로코 주연·기무라 게이고 감독의 「노래하는 너구리 어전(歌ふ狸御殿)」을 제작해, 이들 촬영소의 특기인 오락 사극 영화가 연달아 히트했다. 통합 전부터 활력이 없었던 도쿄에서는 도쿄 제2 촬영소에서 미즈시마 미치타로, 다카라즈카가극의 쓰키오카 유메지[114] 공동 출연·쇼치쿠로부터 이적한 고쇼 헤이노스케 감독의 「신설(新雪)」, 헌병 지령부의 지도하에서 이자와 이치로[115] 주연·야마모토 히로유키 감독의 「당신을 노리고 있다(あなたは狙われてゐる)」는 건투했지만, 그 외의 작품은 고전했다.

쇼치쿠는 오후나 촬영소의 작품으로 4월에 오즈 야스지로 감독의 「아버지가 계셔서(父ありき)」와 6월에 하라 겐키치[116] 감독에 의한 오후나 촬영소의 올스타 작품 「일본의 어머니(日本の母)」는 히트했지만, 그 후는 저조하게 끝났다. 쇼치쿠소녀가극단을 중심으로 오후나의 여배우도 참가해서 남양으로 위문을 갔다. 시모카모촬영소는 3월의 만영과의 공동 제작한, 리샤랑 주연·사사키 야스시[117] 감독의 「봄 맞이 꽃(迎春花)」이후에는 거의 휴지 상태가 된다. 우즈마사 촬영소에서는 닛카쓰에서 이적한 다사카 도모타카 감독의 「모자초(母子草)」, 마찬가지로 이적해 온 우치다 도무 감독의 「도리이 스네에몬(鳥居強右衛門)」이 제작되었고 6월에 공개한 「모자초」는 히트했다. 멜로드라마를 제작해 오던 쇼치쿠도 전쟁 상황이 악화된 후반에서는 고전을 면

---

114) 쓰키오카 유메지(月丘夢路, 1921~2017)는 일본의 여배우.
115) 이자와 이치로(伊沢一郎, 1912~1995)는 일본의 배우.
116) 하라 겐키치(原研吉, 1907~1962)는 일본의 영화감독.
117) 사사키 야스시(佐々木康, 1908~1993)는 일본의 영화감독. 전형적인 프로그램 픽처의 감독이었다.

치 못했다.

반면 도호는 하세가와 가즈오, 에노모토 겐이치, 야마다 이스즈 주연·마키노 마사히로 감독의 「기다리던 남자(待って居た男)」, 하세가와·야마다 주연·마키노 마사히로 감독의 「속 부계도(續婦系図)」, 하세가와, 이리에 다카코 공동 출연·하기와라 료[118] 감독의 「추억의 거리(おもかげの街)」, 오카 조지 주연·야마모토 사쓰오[119] 감독의 「날개의 개선(翼の凱歌)」, 에노모토 겐이치 주연·사이토 도라지로[120], 모리 마사키[121] 감독의 「이소가와 헤이스케 공명담(磯川兵助功名噺)」으로 히트를 연발했고 특히 연말에 개봉한 국책영화 야마모토 고지로 감독의 「하와이·말레이 해전(ハワイ·マレー沖海戦)」는 국민적인 대히트를 기록했고 해군지망자가 증가했다.

일본 영화계 전체를 숫자로 살펴보면 1941년 일본 영화 개봉 편수는 절반으로 줄었고 많지 않은 서양 영화도 점점 제약을 받았다. 그러나 다른 오락이 금지된 상황에 몇 안 되는 오락거리가 된 영화에 사람들이 몰리기도 하면서 극장 수와 입장객 수는 계속해서 대폭 확대된다. 그러나 42년에 제작 편수 제한과 배급의 단일화가 실시되면서 일본 영화도 대폭 감소, 서양 영화는 거의 공개되지 않았다. 영화관 수도 감소세로 돌아섰지만, 입장객 수는 정부 지도에 따른 단체 동원 시책도 있어서 큰 폭으로 증가했다.

---

118) 하기와라 료(萩原遼, 1910~1976)는 일본의 영화감독이자 각본가.
119) 야마모토 사쓰오(山本薩夫, 1910~1983)는 일본의 영화감독.
120) 사이토 도라지로(斎藤寅次郎, 1905~1982)는 일본의 영화감독. 희극영화를 특히 잘 찍어 '희극의 신'이라고 불렸다.
121) 모리 마사키(毛利正樹, 1907~1962)는 일본의 영화감독.

1941년 영화관 수 2472관(△ 109관)

입장객수 4억 3833만 명(△ 3330만명)

일본 영화 편수 250편(▼ 250편)

서양 영화 편수 39편(▼ 13편)

1942년 영화관 수 2410관(▼ 62관)

입장객수 5억 1009만 명(△ 7176만 명)

일본 영화 편수 96편 (▼ 154편)

서양 영화 편수 8편(▼ 31편)

전시체제 검열은 강화되지만 나가타의 다이에이는 발전하다

1943년

【전쟁 관련】 2월, 일본군이 가다르카날 섬에서 철수. 4월, 야마모토
이소로쿠[122] 전사. 5월, 애투 섬(Attu Island) 옥쇄. 6월, '학도
전시 동원 체제 확립 요강(学徒戦時動員体制確立要綱)' 결정,
학도 동원 본격화. 9월, 이탈리아 항복.

【영화 시책】 필름 할당량 삭감, 영화 배급 편수 반감, 흥행 횟수 제한.

지난해 말 다이에이에 복귀한 나가타는 쇼치쿠의 사장 오타니 다
케지로를 통해서 문단의 대부격인 문예춘추사 사장, 기쿠치 간을 다
이에이 사장으로 추대한다. 동시에 도쿄와 교토에 두 곳씩 있는 촬영
소를 각각 예전 닛카쓰 촬영소 한 곳만 남기고 통합하고 촬영소의

---

122) 야마모토 이소로쿠(山本五十六, 1884~1943)는 일본의 해군군인. 최종계급은 운수해
군대장이었고 일본에서 황족, 화족을 제외하고 처음으로 국장(国葬)을 받은 인물이다.

배치 정비를 진행하면서 경영 합리화를 도모했다. 그리고 편수 제약
이 있는 가운데 다마가와는 전쟁 영화를, 우즈마사는 시대극을 중점
적으로 제작한다. 우즈마사의 지에조 주연·이토 다이스케 감독의
「결투 반야 언덕(決鬪般若坂)」, 우타에몬 주연·마루네 산타로[123] 감독
의 「노예선(奴隷船)」, 반쓰마 주연·이나가키 히로시 감독의 「무호마
츠의 일생(無法松の一生)」은 작품 평가도 높았고 많은 관객을 모았다.

도호의 진격은 계속되어 하세가와 가즈오, 야마다 이스즈 공동 출
연·다키자와 에이스케 감독에 의한 설날 특집 영화 「이나의 간타로
(伊那の勘太郎)」는 「하와이·말레이 해전」과 견줄만한 대히트를 기록
했다. 그 후에도 도도로키 유키코, 우에다 가츠히코, 다카미네 히데
코가 공동 출연하는 마키노 마사히로 감독의 「하나코 씨(ハナ子さん)」,
후루카와 롯파 주연·와타나베 구니오 감독의 「음악 대진군(音楽大進
軍)」, 후지타 스스무 주연·구로사와 아키라[124] 감독의 데뷔작 「스가
타 시로(姿三四郎)」, 에노모토 겐이치 주연·아오야나기 노부오 감독
의 「효로쿠의 꿈 이야기(兵六夢物語)」, 하세가와 가즈오, 야마다 이스
즈 공동 출연·하기와라 감독의 「명인 조지의 조각(名人長次彫)」 등 연
달아 히트작을 날린다. 그러나 전국의 악화로 오락 작품 「하나코 씨」
는 완성 후 검열에서 대폭 삭제되었고 이후 오락 작품 검열, 삭제가
한층 강화되었다. 그해 12월, 도쿄 다카라즈카극장과 도호영화가 합
병해 오자와 요시오 사장의 도호 주식회사가 탄생했다.

침체가 계속된 쇼치쿠는, 오후나에서 헌병 지령부 지도하에 우에

---

123) 마루네 산타로(丸根賛太郎, 1914~1994)는 일본의 영화감독.
124) 구로사와 아키라(黒澤明, 1910~1998)는 일본의 영화감독이자 각본가, 영화프로듀서.
   일본을 대표하는 영화감독이고 국제적으로도 영향력 있는 감독 중 한 명이다.

하라 겐, 다나카 기누요 공동 출연·요시무라 고자부로 감독의「개전
전야(開戰の前夜)」, 우에하라 겐, 리샹란 공동 출연·하라 겐키치 감독
의 「전쟁의 거리(戰ひの街)」, 우즈마사에서 해군 홍보부와 협업해서
제작한 「해군(海軍)」 등으로 전시색을 강화해갔다. 침체로 인해 인사
쇄신을 도모하려고 한 쇼치쿠는 8월에 교토 촬영소장으로 마키노 마
사히로를 취임시켰다.

1944년
【전쟁 관련】6월, 사이판 섬(Saipan Island) 옥쇄. 마리아나 해전에서
        참패. 10월, 레이테 해전에서 일본의 연합 함대는 사실상 괴멸.
        11월, 일본 각지 공습 본격화.

패색이 짙어지면서 각종 연예인들의 징병, 징용이 이어져 국민의
오락은 엄격한 통제하에 영화로 집약돼 갔다. 전년, 기쿠치 간을 사장
으로 모시게 된 다이에이는 우즈마사에서 기쿠치가 기획한 대작, 이치
카와 우타에몬 주연·이케다 도미야스, 시라이 겐타로 감독의 「기쿠치
센본야리(菊池千本槍)」와 반쓰마, 지에조, 우타에몬, 아라시 간 공동
출연·마루네 산타로 감독의 「이리하여 가미카제는 분다(かくて神風は
吹く)」를 제작하였고 후자는 그해 가장 히트했다. 그 외, 지에조, 아라
시 간 공동 출연·마쓰다 사다츠구 감독의 「다카다노바바 전후(高田馬
場前後)」, 반쓰마 주연·우시하라 기요히코 감독의 「검풍 연병관(劍風鍊
兵館)」, 우타에몬, 쓰키가타 류노스케 공동 출연·이토 다이스케 감독
의 「국제 밀수단(國際密輸団)」 등의 히트작이 이어진다. 나가타는 반쓰
마 주연·이나가키 히로시, 악풍[125] 감독의 「늑대불은 상하이에서 오른
다(狼火は上海に揚る)」라는 상하이의 중화영화회사와의 합작 영화 제작

에 주력하여 현지 촬영까지 감행하였다.

도호도 전의 고양 영화, 오고치 덴지로 주연·아베 유타카 감독의
「저 깃발을 쏴라(あの旗を撃て)」, 후지타 스스무 주연·야마모토 고지
로 감독의 「가토 하야부사 전투대(加藤隼戦闘隊)」가 대히트를 친다.
또 오락 영화의 하세가와 가즈오, 에노모토 겐이치 공동 출연·하기
와라 료 감독의 「위태천 가도(韋駄天街道)」, 에노모토 겐이치, 다카미
네 히데코 공동 출연·이시다 다미조[126] 감독의 「삼척 사고헤이(三尺左
吾平)」, 히로사와 도라조가 말하고 이시다 다미조 가 메가폰을 든 「료
고쿠 주신구라(浪曲忠臣蔵)」 등도 인기를 끌었다.

실력자 기도 시로가 대일본영화협회로 옮겨 나간 쇼치쿠는 설날에
개봉한 이이다 조코[127] 주연·하라 겐키치 감독의 「할머니(おばあさ
ん)」가 크게 히트했지만, 오즈, 요시무라, 시부야 감독이 출정하면서
전의 고양 국민영화도 부진에 허덕였다.

일본 영화계 전체의 숫자를 살펴보면, 1943년 전국 악화에 수반해
서 일본 영화의 개봉 편수는 점점 감소하고 서양 영화는 거의 없어졌
다. 연말부터는 공습도 늘어 영화관 수뿐 아니라 전년까지 증가하던
입장객 수도 크게 줄어든다. 1944년은 갈수록 악화되는 전황에 새롭
게 개봉하는 일본 영화도 크게 줄었고, 서양 영화는 거의 개봉하지
않았다. 영화관 수, 관람객 수 모두 감소하였지만, 아직도 많은 관객
을 모으고 있었다.

---

125) 악풍(岳楓, 1909~1999)는 중국의 영화감독.
126) 이시다 다미조(石田民三, 1901~1972)는 일본의 영화감독.
127) 이이다 조코(飯田蝶子, 1897~1972)는 일본의 여배우. 일본을 대표하는 '할머니 역할
　　여배우'로 국민적으로 사랑받은 여배우이다.

1943년 영화관수 1986관(▼ 424관)

입장객수 3억 4226만 명(▼ 1억 6783만명)

일본 영화 편수 63편(▼ 33편)

서양 영화 편수 5편(▼ 3편)

1944년 영화관수 1829관(▼ 157관)

입장객수 3억1507만 명(▼ 2719만명)

일본 영화 편수 46편(▼ 17편)

서양 영화 편수 8편(△ 3편)

나가타의 다이에이 압승, 그리고 종전

1945년

【전쟁 관련】 3월, 이오지마(硫黃島) 함락. 도쿄와 오사카에 대규모 공
습. 4월, 미군이 오키나와(沖繩) 본섬에 상륙. 무솔리니[128]와 히
틀러[129] 사망. 5월, 독일 무조건 항복. 7월, 미영중 포츠담 선언
발표. 8월, 히로시마에 원폭 투하. 소련 참전. 나가사키에 원폭
투하. 8월 14일 일본이 포츠담 선언을 수락, 무조건 항복하여
15년 전쟁 종결. 8월 15일 옥음방송.

전쟁이 오래 지속되면서 경제제재와 거듭되는 패퇴로 인한 일본
전국 각지의 공습으로 물자는 현저히 부족해졌고 본토 결전이 거론

---

128) 베니토 무솔리니(Benito Mussolini, 1883~1945)는 파시즘을 주도한 이탈리아의 정
치가로, 파시스트당 당수이자 총리.

129) 아돌프 히틀러(Adolf Hitler, 1889~1945)는 독일의 정치가이자 독재자. 1933년 독일
수상이 되었고 1934년 독일 국가원수가 되었으며 총통으로 불리었다.

되기 시작하자 국민의 긴장감도 고조되었다. 민생의 불안은 지난해 후반 영화 오락에 대한 정보국의 정책 방침을 전환시켜서 통제가 완화되어 설날에 반영된 영화는 이전에 비해 오락 연출이 많아졌다. 하지만 필름 확보가 크게 어려워지면서 지난해 말부터 극장 배급 편수가 크게 줄었고 수많은 극장들이 문을 닫을 수밖에 없는 상황이었다. 또한, 일본 전국에서 공습이 시작되자 많은 영화관이 피해를 입었다. 영화관 수는 종전 시에는 1941년에 비해 3분의 1로 감소했다. 업계 축소로 인해 6월에 영화배급사와 대일본영화협회가 통합되어 사단법인 영화공사가 되었다. 숫자는 많지 않지만, 그래도 종전까지 영화는 제작 공개됐다.

다이에이의 우즈마사는 반쓰마, 지에조, 우타에몬 주연으로 제작을 이어갔으며 7월에는 3인 공동 출연·이토 다이스케, 이나가키 히로시 감독의 「동해 수호전(東海水滸伝)」이 개봉되었다. 다마가와는 고스기 이사무 등이 주연하는 전시 영화가 만들어졌다.

도호는 에노모토 겐이치, 도도로키 유키코 공동 출연으로 사에키 기요시 감독의 「눈부신 잇신타로(天晴れ一心太助)」, 올스타 출연으로 나루세 미키오 감독의 「승리의 날까지(勝利の日まで)」, 후루카와 롯파 주연·사이토 도라지로 감독의 「돌격 역장(突貫駅長)」 등 개그와 노래와 춤이 들어간 희극영화를 제작했다. 또 하세가와 가즈오, 오고치 덴지로 주연의 시대극, 구로사와 아키라, 기누가사 데이노스케, 이마이 다다시 등이 감독한 작품도 만들어졌다.

쇼치쿠는 연초 본사에 직격탄이 떨어져 많은 사상자가 발생했지만, 현장은 계속 가동시켜서 하나야나기 쇼타로, 야마다 이스즈 공동 출연·미조구치 겐지 감독의 「명도 비조마루(名刀美女丸)」, 교토와 도쿄 촬영소가 합동해서 쇼치쿠의 올스타 배우·감독에 의한 「필승가(必勝

歌)」라는 국민가의 선전 영화가 개봉된다. 다카다 고키치 주연, 히로사와 도라조의 로교쿠 영화 「고토부키좌(ことぶき座)」 등도 제작된다.

쇼치쿠와 도호, 그동안 다툼을 이어오던 두 회사는 경영이 어려워졌고 대작을 주로 만들어서 성공한 다이에이는 두 회사에 70여만 엔의 원조금을 지원했다. 나가타의 다이에이가 압승하는 걸로 종전을 맞이했다.

1945년은 본토 공습의 영향으로 많은 영화관이 피해를 입었고, 그 수는 대폭 감소했다. 물자 결핍으로 배급 편수도 줄었고 혼란으로 인해 입장객 수는 알 수 없으나 큰 폭으로 감소한 것으로 생각된다.

1945년 영화관수 845관(▼ 984관)
입장자 수 불명
일본 영화 편수 35편(▼ 11편)
외화 편수 1편(▼ 7편)

나가며

나가타 마사이치와 전쟁

전시하의 15년은 불량 소년 나가타 마사이치가 전후 영화계의 풍운아로 성장하게 된 발흥기였다. 그의 출세 키워드는 '전쟁'이다. 1912년 일본 영화계에 대형 영화사 닛카쓰가 탄생했다. 무대극이나 가부키의 양식과 스토리를 답습하는 것에서 시작한 극영화는 구극(舊劇)이라고 불리며 닛카쓰는 '일본 영화의 아버지' 마키노 쇼조 감독과 '일본 최초의 영화 스타' 오가미 마쓰노스케를 기용하면서 구극의 전국적인 붐을 일으켜서 규모를 확대해 갔다. 그런 와중에 마키노 쇼조가 독립해서 마키노의 이름을 딴 영화회사를 설립하고 닛카쓰와 대치하면서 가부키와는 다른 영화만의 독자적인 리얼한 시대극을 모색하면서 영화계의 새로운 스타를 발굴하고 육성해 나갔다.

영화는 국민 오락으로서 융성해 갔고 동시에 산업 규모가 확대해져 가부키의 흥행계에서 지반을 쌓아 온 쇼치쿠가 구극·닛카쓰에 대항하면서 오사나이 가오루[130]의 지도하에 새로운 영화 만들기를 지향하면서 영화계에 참가한다. 쇼치쿠는 가부키계의 인맥을 살려서 영화 인재를 육성하고 영화계에서도 큰 존재로 성장해 가 이윽고, 닛카쓰, 쇼치쿠의 영화 흥행 전쟁으로 격돌하게 된다. 쇼치쿠는 경영난에 빠진 제국키네마를 흡수해 닛카쓰를 능가해 나간다. 그리고, 닛카쓰의 경영 합리화로 인한 인원 부족을 보충하기 위해서 쇼치쿠 소속 스타의 영입 활동을 실시했던 장본인이 닛카쓰의 합리화 쟁의에서 두각을 나타내, 닛카쓰의 '핵탄두'가 된 사람이 바로 나가타 마사이치이다. 그는 본인이 시작한 닛카쓰, 쇼치쿠 스카우트 전쟁의 중도에서 쇼치쿠 진영으로 넘어가 쇼치쿠의 지원을 받으면서 규목는 작지만 그래도 한 조직의 우두머리가 된다.

그 후 토키화로 산업 규모가 갈수록 커지면서 자본력 없는 회사의 퇴출이 시작된 영화산업에 뛰어든 것이 철도 자본과 결탁한 극장을 등에 업은 도호다. 토키 기술이 뛰어난 기존의 영화 제작사를 흡수합병하고 도시적 이미지를 내세웠던 도호는 근대 경영으로 대기업 쇼치쿠에 대항한다. 거물급 스타의 이탈과 힘 빠진 닛카쓰의 경영권을

---

130) 오사나이 가오루(小山内薫, 1881~1928)는 일본의 극작가이자 연출가, 비평가. 일본 연극계에 혁신을 일으켜 '신극의 아버지'라고 부린다.

둘러싸고 쇼치쿠, 도호 전쟁이 발발한다. 나가타도 쇼치쿠 진영의 일원으로서 적극적으로 스타우트에 뛰어든다. 이윽고 닛카쓰 경영권을 둘러싼 쇼치쿠 도호 전쟁은 양사가 서로 한발도 물러서지 않아 교착 상태에 빠졌다. 그러나 태평양 전쟁 돌입으로 인해 전시 통제를 계기로 쇼치쿠 진영에서 독립해 나와 탄생한 나가타의 다이에이 밑으로 닛카쓰가 들어가게 됨으로써 닛카쓰 경영권을 둘러싼 쇼치쿠 도호 전쟁은 종결된다. '스카우트 왕' 나가타가 어부지리로 닛카쓰를 영입하게 된 것이다. 그야말로 '전쟁'이 나가타를 키웠다고 할 수 있다. 그리고 전후 나가타는 일본 영화를 세계로 이끌어 간다.

15년 전쟁과 관제 주도영화

후루카와 다카히사가 『전시하의 일본 영화-사람들은 국책영화를 보았는가』에서 "사람들은 국책영화를 보려 하지 않았다"라고 말한 것처럼, 태평양 전쟁이 끝날 무렵까지 사람들이 봤던 것은 오락 영화였다. 엘리트 관료나 평론가들이 국민을 건전하게 주도하기 위해서 예술성이 넘치고 교양이 높아지고 도덕성이 몸에 밴다고 여겼던 영화보다 사람들은 자연스럽게 눈물이 흐르고, 박장대소하고, 속이 시원하고, 머리가 아닌 몸이 반응하는 영화를 찾았다. 국가가 지도하는 고상한 것, 훌륭한 것을 사람들이 의구심을 갖고 대하는 것은 예나 지금이나 변함이 없는 것 같다.

영화계는 영화 배급이 국가에 통합될 때까지 국가의 의향에 따라서 국책영화도 만들고 영화계 내 경영 전쟁도 벌이면서 검열이 나날이 심해지더라도 사람들이 찾고 즐길 수 있는 오락 영화를 제작했다. 영화인들은 국책영화에서도 검열의 눈을 뚫고 얼마나 오락적 요소를 넣을지, 얼마나 사람들이 좋아할 수 있을지 궁리를 거듭했다. 사람들도 강제로 보여주는 진지한 국책영화보다 하루하루의 피로를 풀어주는 멜로드라마, 코미디 희극 칼싸움 영화를 사랑했고 공습이 시작된 시기에도 극장을 찾았다. 현실을 잊고 하세가와 가즈오, 에노모토 겐이치, 오고치 덴지로, 리샹란, 다나카 기누요, 우에하라 겐, 반도 쓰마사부로, 가타오카 지에조, 이치카와 우타에몬, 아라시 간주로 등의 스타의 모습을 보기 위해서. 1945년 1월에 개봉한 도호의 올스타 출연, 나루세 미키오 감독의 「승리의 날까지」에서 발사했지만 실패해서 해저로 떨어진 폭탄에서 나온 것은 고상한 국책영화와는 거리가 면 "이봐요, 아저씨"라고 불렸던 다카세 미노루[131]였고 대사는 "난 안 되겠어."였다.

참고문헌

永田雅一, 『映画道まっしぐら』, 駿河台書房, 1953.

永田雅一, 『映画自我経』, 平凡出版, 1957.

鈴木晰也, 『ラッパと呼ばれた男――映画プロデューサー永田雅一』, キネマ旬報社, 1990.

竹中労, 『聞書アラカン一代――鞍馬天狗のおじさんは』, 白川書院, 1976.

柏木隆法, 『千本組始末記』, 海燕書房, 1992.

古川隆久, 『戦時下の日本映画――人々は国策映画を観たか』, 吉川弘文館, 2003.

田中純一郎, 『日本映画発達史Ⅱ』, 中公文庫, 1976.

田中純一郎, 『永田雅一』, 時事通信社, 1962.

瀬川裕司, 『『新しき土』の真実――戦前日本の映画輸出と狂乱の時代』, 平凡社, 2017.

マキノ雅弘, 『映画渡世・天の巻――マキノ雅弘自伝』, 平凡社, 1977.

城戸四郎, 『日本映画伝――映画製作者の記録』, 文藝春秋新社, 1956.

---

131) 다카세 미노루(高勢實乘, 1897~1947)는 일본의 배우. 무성영화 시절부터 토기 초기까지 활약하였고 코믹한 연기가 인기를 끌었다.

NHK "ドキュメント昭和"取材班 編, 『ドキュメント昭和 世界への登場4 トーキーは世界をめざす──国策としての映画』, 角川書店, 1986.

『日活四十年史』, 日活, 1952.

東宝映画, 『東宝映画拾年史抄』, 東宝, 1942.

『東宝五十年史』, 東宝, 1982.

『松竹七十年史』, 松竹, 1964.

佐藤忠男他 編, 『新興キネマ──戦前娯楽映画の王国』, 山路ふみ子文化財団, 1993.

제4장

상하이에서의 도호 영화공작

- 「동백의 여인(茶花女)」을 둘러싼 영화사 내막 -

친 강(秦剛)

들어가며

제2차 상하이사변[1] 발발 후 3개월에 걸친 격전 끝에 일본군은 1917년 11월 12일 상하이 화계(華界, 중국인 거주구) 전역을 점령했다. 그 결과 상하이 중심부의 공동 조계와 프랑스 조계지만이 일본군이 진입할 수 없는 구역이고 이곳은 점령지역에 둘러싸인 외딴 섬으로 남게 되었다.

도호영화 주식회사(東宝映画株式会社, 이하 도호)는 1937년 8월에 창립해서 같은 해 11월 P.C.L영화제작소 등 4개 영화회사의 합병으로 출범했는데 불과 두 달 뒤인 1938년 1월 31일 자 『도쿄아사히신문』의 「도호의 대륙진출」이라는 기사에 따르면 "도호에서는 이전서부터의 현안이었던 대륙영화 제작을 위해" 계획부장, 전무 임원, 상무 임원

---

[1] 제2차 상하이사변은 중일전쟁이 발발한 1937년 8월, 일본군이 상하이에 상륙하여 전투했던 전쟁을 가리킨다. 상하이전투, 또는 송호회전(淞滬會戰)이라고도 한다.

등의 중역을 각각 상하이, 화베이, 만주로 파견했다고 한다. 특히 상하이에 대해서는 뚜렷한 목표를 제시하고 있다. 그것은 즉, "상하이에는 사변으로 휴업 중인 스튜디오가 3개 있고 그중 하나를 선택해서 현지 당국의 후원으로 일지(日支)합작 영화사를 창립해 배우나 그 밖의 종업원은 지나인을 사용, 영화로 선무공작에 힘쓸 계획이다."

상술한 계획은 같은 시기 상하이로 한 달 가까이 출장을 간 도호 제2 제작부장 마쓰자키 게이지[2], 본명 아오키 요시히사(青木義久)가 수행하였고 1993년 3월 본격적으로 시동을 걸었다. 그 후 약 1년간 마쓰자키 게이지의 획책과 지휘 아래 가짜 회사인 '광밍영화회사(光明影業公司)'가 창설되어 도호가 출자하여 만든 '지나 영화'의 촬영이 시작되었는데, 그 자초지종이 영화사 연구가 마키노 마모루[3]가 소장한 「이치카와 쓰나지 문서(市川綱二文書)」[*1](이하, 「이치카와 문서」)에 의해서 역사적으로 실증되었다. 그중 관련 자료는 이미 오쓰카 에이지와 필자가 각각 분석과 소개를 했고 고도 상하이에서 도호가 전개한 '영화공작'의 윤곽이 드러나 있다.[*2]

일본에서 개봉된 첫 중국영화로서[*3] 1938년 11월 17일부터 상영된 「춘희(椿姬)」(중국어 제목으로는 「동백의 여인(茶花女)」)는 사실은 마쓰자키 게이지가 수행한 비밀공작에 의해서 중국영화인 류납구(劉吶鷗)[4], 황천시(黃天始)를 매수해서 중국 측 협력자의 손으로 설립된 광밍영화회사 명의로 완성된 작품이었다. 그 제작자금의 진짜 출처는 도호이며, 여기에 중지(中支)파견군 보도부로부터의 보조금도 사용된 것으

---

2) 마쓰자키 게이지(松崎啓次, 1905~1974)는 일본의 영화 프로듀서이자 각본가, 작사가.
3) 마키노 마모루(牧野守, 1930~)는 일본의 영화사 연구가이자 영화 제작자.
4) 류납구(劉吶鷗, 1905~1940)는 타이완의 작가이자 영화 제작자.

로 보인다.

　이 장에서는 「이치카와 문서」를 원용하면서 도호의 뒷공작에 의
해 '위장 중국영화'가 제작된 과정과 「동백의 여인」이 바다를 건너
일본으로 건너오게 된 경위를 먼저 재현한다. 이를 바탕으로 같은 시
기 중국과 일본 양측의 언론 보도 등을 살펴보고 광밍영화사가 제작
한 영화 3편의 상영 과정을 추적하고자 한다. 류납구 사후, 또 중화연
합영화제작 주식회사(中華聯合製片股份有限公司)의 창립 이후에도 광밍
영화사의 영화는 상하이에서 개봉되었고 리메이크판이 제작되는 등
또 다른 시기의 '문화공작'에 능숙하게 이용되고 있었다. 그 과정은
일본 영화사들이 육군의 힘을 빌려 중국영화 제작에 참견하고 문화
침략의 일익을 담당했다는 막후의 역사를 담고 있다.

1. 마쓰자키 게이지의 '지나 영화의 제작, 상영 작업'

'일본인이 한다는 것을 반드시 숨겨야만 한다.'

　도호가 상하이에서 행한 '영화공작'의 취지와 요점을 명확하게 나
타낸 자료로 마쓰자키 게이지가 작성한 「상신서(上申書)」의 수기 등
사가 「이치카와 문서」에 남아 있다. '쇼와 13년(1938) 4월'이라는 날짜
가 명시되어 있는데, 이때가 마침 마쓰자키의 두 번째 상하이 출장
시기(3월 3일~4월 30일)로 중지파견군 보도부에 제출한 것이 아닐까
추측된다.

　이 「상신서」에서 마쓰자키 게이지는 같은 해 2월, 육군성 신문반
의 의뢰를 받아 상하이에서의 영화 제작과 상영 실상을 조사하고 그
보고서를 '보도부 가네코(金子) 소령'에게 제출했다고 밝히고 있다.

그리고 도호는 "목하의 정세에 문화적 역할의 중대함이 매우 커서 하루라도 헛되이 보낼 수 없음을 감득해, 나에게 명령하기를 지나 영화의 제작, 상영 작업을 수행하라고 하였다."[4] 이 글에 의하면 도호가 마쓰자키 게이지에게 "지나 영화의 제작, 상영 작업"을 "나에게" 명령했다고 하는 것이 되지만, 그것은, 요컨대 도호가 뒤에서 출자해서 "지나 영화계의 중견 감독 수 명, 남녀 배우 수십 명을 계약하여" 이화영화회사(芸華影業公司)의 촬영소를 사용해 겉보기만 그럴듯한 '지나 영화'를 촬영한다고 하는 비밀공작이다.

마쓰자키 게이지는 나아가 "이에 대해 나는 현 상황에서"라고 자신의 '태도'를 표명한다. 즉 "가능한 일본 자본의 투자를 위장하고 당분간 종업원에 대해서는 어디까지나 일본인이 한다는 것을 숨겨야 한다." 중국 측의 "제작자(프로듀서) 감독, 각본가 등은 많은 대상 중에서 골라 장래에 일본을 위해 일할 수 있는 사람과 지나인한테도 존경받는 사람들을 획득해 두어야 한다.", "영화의 내용은 현재 상태에서는 첨예한 감정을 망각시킬 수 있는 아편적 오락영화를 먼저 만들어야 합니다. 따라서 일본적 이데올로기는 제2, 제3의 단계에서 공작해야 한다."[5](밑줄은 원문 대로)와 같이 이면 공작의 목표나 기획을 숨김없이 보고하고 있다. 중국 영화인을 매수해 중국인을 해치는 "아편적 오락영화"를 제작하고 군의 점령정책과 선무활동에 협력해서 "일본적 이데올로기" 선전을 위한 준비 작업을 하겠다는 계획이 드러나 있는 것이다.

이 「상신서」는 제작 예정인 영화 네 편에 대해 총 일만 엔의 보조금을 군에 신청하는 것을 목적으로 하고 있으며 완성 작품은 군의 검열을 받는다고 밝혔다. 그리고 「동백의 여인」(비극), 「왕씨사협(王氏四俠)」(사극), 「어머니(母)」(비극), 「은해정도(銀海情濤)」(희극)라는 촬영

예정인 영화 네 편의 배역표도 첨부돼 있었다. 「이치카와 문서」의
『제1호 보고원부(第一号報告原簿)』에 포함된 도호 영업과 아야베 다다
나오(綾部正直)에게 보낸 이치카와 쓰나지의 서한(4월 10일 자)에 따르
면 군은 이 신청을 승인하고 보조금을 지급했다.[*6]

　「상신서」에서 언급된 보도부 가네코 소령이란 중지파견군 보도부
에서 신문 보도, 문화 활동 관리를 담당했던 육군 소령 가네코 슌지
(金子俊治)를 말한다. 1937년 12월 21일 가네코 슌지는 캐세이호텔에
서 외국 영화회사 출장소 대표와 중국 측 영화 관계자들을 소집하여
앞으로는 일본군의 지도하에서 영화 검열을 단행할 것이라는 의향을
선고하였는데, 거기에는 신화영화회사(新華影業公司) 대표 장선곤[5],
이화영화사 대표 심천음(沈天蔭)이 참여하고 있었다.[*7] 또한 상하이를
방문한 마쓰자키 게이지에게 류납구를 소개한 것은 가네코 슌지이
며, 마쓰자키 게이지의 『상하이인문기 영화 프로듀서의 수첩에서(上
海人文記 映画プロデューサーの手帖から)』(高山書院, 1941)에는 'K 소령'으
로 등장한다. 도호의 영화공작 실행 과정에서는 중지파견군 보도부
의 촉탁을 겸임한 도호의 상하이 주재원이었던 이치카와 쓰나지가
시종 가네코의 지시를 받고 있었다. 이치카와 쓰나지는 1938년 4월
1일부터 이듬해 2월 8일까지 상하이에 주재했으며[*8], 「이치카와 문
서」의 기록자이자 원소유자이기도 하다.

두 통의 계약서
　「상신서」를 제출하기 한 달 전인 3월 8일, 마쓰자키 게이지는 도호

---

5)　장선곤(張善琨, 1907~1957)는 타이완의 영화인.

영화 주식회사 이사의 대리인(갑)으로서 가네코 슌지의 입회하에 류찬보(류납구), 황수초(황천시) 두 사람(을)과 「토키 영화 제작발행에 관한 계약서(撮製発行有聲影片)」를 교환했다. 계약에서는 갑 측은 총 삼만 위안을 출자하고 을 측의 유와 황은 광밍영화회사를 설립해서 촬영소를 빌려 편당 7만 500위안의 제작비로 3개월간 4편의 영화를 완성한다. 완성한 작품에 대해서 갑 측이 "일본, 조선, 타이완, 만주 또는 화베이 각지"에서의 배급을 담당하고, 그 외 지역은 을 측이 담당하는 것으로 결정하였다.[9]

타이완 태생인 류납구는 도쿄 유학 경험이 있어 일본어를 유창하게 구사할 수 있었다. 1928년, 대망서[6] 등과 창설한 디이시엔서점(第一線書店, 나중에 쉐이모서점[水沫書店]으로 개편)에서 발행한 문예 잡지에 일본문학 번역과 소설을 발표하고 창작집 『도시풍경선(都市風景線)』을 간행했다. 1933년 영화잡지 『현대영화(現代電影)』을 창간해 영화의 사상선전 역할을 중시한 좌익영화이론에 맞서는 '연성영화'(사상성 없는 오락영화)를 제창했다. 전쟁 전에는 난징 중앙정부 중앙 영화촬영장 각본연출 위원회 주임, 각본 조장을 맡았으며 국민당 중앙영화검사위원도 역임해 중앙영화촬영장이 제작한 극영화 「암호표(密電碼)」에 집행 감독으로 참가했다. 그의 동료 황천시도 『현대영화』의 동인이었고 1935년에 류납구와 함께 밍싱영화회사 (明星影業公司) 각본과에 들어가 전쟁 전에는 중앙영화촬영장 상하이 사무소 주임을 맡았다. 참고로 황천시는 「암호표」의 또 다른 집행감독 황천좌(黃天佐)의 형이다.

상기 계약서와 같은 시기에 조인된 또 하나의 중국어 계약서의 타

---

6) 대망서(戴望舒, 1904-1950)는 중국의 시인.

자 등사가 있다. 류납구(갑) 심천음(을), 황천시(병) 세 사람이 맺은 「광밍영화사를 조직하여 영화를 투자·제작·발행한다(為組織光明公司投資撮製及発行影片)」는 내용의 계약서[*10]인데, 거기에는 셋이 공동으로 광밍영화회사를 설립하고 이화영화회사(사장 엄춘당[嚴春堂])의 촬영소를 사용해 편당 7만 500위안(법폐)의 제작비로 토키 영화 3편을 촬영하기로 합의되어 있다. 촬영 자금은 갑 측이 대신해서 대금을 치르고 촬영은 을 측이 담당, 필름은 삼자 공동으로 관리하고 음화필름은 갑 측이 보관하기로 되어 있었다.

류납구, 황천시, 심천음이 설립한 광밍영화회사(이하 광밍회사)는 대외적으로는 동남무역회사 임일청(林一青), 염업은행(塩業銀行) 부사장 이조래(李祖萊)가 주재자인 심천음과 공동으로 창립했다는 연막을 쳐서 류납구와 황천시를 배후에 감추는 동시에 영화 제작의 진정한 자금원을 철저히 은닉했다. 일본 영화회사의 자금과 군 보조금까지 동원해서 영화를 촬영했다는 것이 드러나면 중국 문화계에게 적에게 협력한 행위로 간주하는 것은 물론이고 중국인은 아무도 협조할 수가 없게 된다. 그러한 사태를 피하고자 마쓰자키 게이지와 그 협력자들은 광밍회사에 대해 사람들의 눈을 속이기 위한 위장을 한 것이다.

「동백의 여인」의 완성과 상영

현지 언론 가운데 이들 3편의 영화 촬영에 대한 동향을 발 빠르게 보도한 것은 중지파견군 보도부의 지도하에 창간돼 군 보도부 기관지 역할을 했던 중국어 신문 『신신보(新申報)』로 영화 촬영을 이화회사의 기획이라고 보도했다. 1938년 3월 26일 자 이 신문의 「일본 당국, 상하이 부흥을 선의로 유지」라는 제목의 기사에서 "이화가 촬영 전반에 관해서 대략적인 준비를 종료", "심천음 주재로 우선 세 편의 촬영에 임한다."*[11]라고 보도하고 있다. 5월 3일 자에도 「상하이 각 영화사 전후 다시 활기가 넘친다」라는 제목의 기사에서 이화회사의 심천음은 "삼만 위안 남짓의 자금이 있어 세 편의 영화를 촬영할 계획"이며 제목은 「동백의 여인」, 「왕씨사협」 등이라고 전하고 있다.*[12]

「상신서」에서 보조금을 신청한 네 편 중 실제 촬영된 것은 세 편으로 알렉산드르 뒤마 피스[7])의 소설 『춘희』를 각색한 「동백의 여인」(극본·감독 이평천[8])), 1920년대의 무성 무협 영화를 리메이크한 「왕씨사협」(극본·감독 왕차룽[9])), 미국 작가 펄 벅[10])의 동명 소설을 각색한 「어머니」(후에 「대지의 딸」로 개칭)다. 일본 영화사의 자금과 군의 보조금을 사용해서 영화 내용에 일본 측이 원하는 것을 담아낸 것, 그리고 제작의 진정한 의도는 중국인의 반항의식을 마비시키고 망국의 위기를 잊게 하는 것 등 여러 의미로 광밍회사가 제작한 영화의 본질은 '광명'은 커녕 '위장 중국영화'라고 부르기에 알맞았다. 촬영에 참여한 관계자 중에는 의심한 사람도 있었을지 모르지만, 대부분은 진상을 알지는 못했다고 생각된다.

「이치카와 문서」의 『제1호 보고원부』라는 총 75장 묶음의 문서에는 1938년 4월부터 6월 10일까지의 '제작 경과'나 상황 보고의 서한 등이 포함되어 있다. 이 서한들을 통해서 이치카와가 종종 류납구나 황천시로부터 진척 상황을 듣고 자금과 필름을 전달하고 육군

---

7) 알렉산드르 뒤마 피스(Alexandre Dumas Fils, 1824~1895)는 19세기 프랑스의 극작가이자 소설가. 『몽테크리스토 백작』의 작자 뒤마의 사생아로 소뒤마라는 별칭이 있다.
8) 이평천(李萍倩, 1902~1985)는 중국의 영화인.
9) 왕차룽(王次龍, 1907~1942)는 중국의 영화인.
10) 펄 벅(Pearl S. Buck, 1892~1973)은 미국의 소설가. 중국에서 어린 시절을 보낸 경험을 바탕으로 쓴 소설 『대지』를 통해 중국 역사와 문화를 소개했다. 동서양 문화를 연결하는 다리 역할을 한 공로로 1938년 노벨문학상을 받았다.

의 가네코 슌지와도 빈번하게 면회
했던 모습이 전해진다. 이에 따르면
지난 5월 26일 「동백의 여인」은 촬
영을 마쳤고 며칠 후 「왕씨사협」의
촬영이 시작됐다. 6월 8일 오전, 하
나우라로(乍浦路) 동화극장(東和劇場)
에서 가네코, 이치카와, 류, 황의 네
사람만 「동백의 여인」을 시사했다.
이치카와는 마쓰자키에게 보내는
편지에서, "결과는 생각보다 좋아서
지금까지 소생이 본 수많은 지나영
화의 그 어느 것보다도 훌륭하게 완
성되었고 당당히 도쿄, 일본극장에

[그림 1] 『동백의 여인 화집』(光明影業公司,
1938.9.)

내보낼 수 있지 않을까 하는 생각이 들었습니다" "가네코 소령님에게
도 대만족이라고" 보고하고 있다.[*13]

류납구의 주도하에 광밍회사는 먼저 상영하는 「동백의 여인」 홍보
에 주력해서 번화가 난징로(南京路)의 눈에 띄는 곳에 거대한 광고를
세웠다고 한다.[*14] 또한, 상영에 맞춰서 화보 비슷한 『동백의 여인 화
집』[그림 1] 이라는 소책자를 만들어 판매했다. 영화 속 화려한 장면들
을 담은 사진들 사이사이에 "세계를 들끓게 한 비련의 명저 『춘희』
중국 스크린 첫 등장", "이 작품이 나오기 전까지 영화계는 이상하게
쓸쓸하다", "촬영 중에 이미 영화계를 떠들썩하게 했다." "남녀의 비
밀, 가려운 곳을 간지럽힌다", "인력·물력·재력, 「동백의 여인」은 유
례가 없다" 등의 화려한 광고문이 난무하고 있다. 그런 가운데 허신
(何新)이 쓴 소뒤마의 예술관을 소개하는 글의 말미에 "현재 중국은

능욕당한 시대를 살고 있고 피의 늪에서 헤엄치는 것은 절대 재미있지는 않다" "얼마간의 양식이 있는 예술가라면 피비린내 나는 현실을 잊어서는 안 된다."[15]고 날카롭게 파고드는 말도 있었다. 이는 제작진에게 던진 언외의 충고였다고 볼 수 있다.

「동백의 여인」은 광밍회사의 강력한 선전을 바탕으로 1938년 9월 16일 영파로(寧波路) 신광대극장(新光大戲院)에서 개봉되어 10월 6일까지 3주간 상영되었다[16]. 이 영화의 제작진은 프로듀서 이조래, 제작 주임 심천음, 감독 이평천 등으로 되어 있고 주연은 당시 인기 배우였던 위안메이윈[11], 류칭[12] 등이다. 신문 보도에 따르면 "상영 시작 후 신광대극장 현관 앞에는 수많은 인파가 몰려와 대단한 성황을 이뤘다. 필름의 판매가격도 배급원이 대폭으로 인상했다"[17]. 이 영화가 인기를 얻어 상영되고 있을 때는, 일본의 영화사와의 관계를 의심하는 사람은 없었던 것 같다.

2. 「동백의 여인」 도일 사건

「춘희」 일본 공개의 파문

마쓰자키 게이지가 대표하는 도호 측은 광밍회사의 작품을 '중국 영화'라고 못 박고 일본에서 개봉할 것을 이른 단계에서부터 기획했고 류납구, 황천시와 맺은 계약에도 도호가 일본 배급을 하는 것으로 명기돼 있다. 그러나 「동백의 여인」 완성 후 류납구와 황천시는 이

---

11) 위안메이윈(袁美雲, 1918~1999)은 중국의 여배우.
12) 류칭(劉瓊, 1912~2002)은 중국의 영화배우.

작품의 일본 개봉에 있어서 도호가 후원했다고 선전하는 것에 불안
감을 느끼기 시작했다. 두 사람의 상담을 받은 이치카와 쓰나지는
마쓰자키에게 보낸 편지에서 "이 네 편의 작품을 일본에서 상영할
때 일본에서는 도호 후원 운운하는 문구"는 "어떤 계기로 현지에 전
해지게 되면 다음 작품은 고사하고 류납구와 황천시 씨의 생명은 물
론이고 출연자, 스태프까지 상당히 치명적인 타격을 주게 되어", "이
점을 거듭 유념하시도록 가네코 씨로부터도 예전부터 주의가 있었습
니다."라고 써서 보냈다.[18]

「동백의 여인」의 일본 수입에 관해 선전에서는 당시 대륙문화협회
전무이사 직함을 지닌 이치카와 아야(市川彩)가 주간을 맡은 영화잡지
『국제영화신문(國際映画新聞)』이 한몫한 것으로 보인다. 1938년 10월
8일 이치카와 아야가 상하이 애스터하우스 호텔에 소집한 대륙영화
정책연구 집회에는 마쓰자키 게이지, 이치카와 쓰나지가 함께 참석
했다.[19] 이치카와 아야가 귀국 후 쓴 중국 영화계 상황을 소개하는
글에서는 특히 "전쟁과 오락의 관계"를 강조하고 "상하이의 민중이
원하는 오락은 당장 내일을 생각하지 않는 강한 흥분제" 혹은 "흥분
한 신경을 잠재우기 위해 주사하는" "마취제"이고 광밍회사의 3부작
은 그런 요구에 부응하는 것이라고 방언하고 있다.[20] 마치 도호 측의
'아편적 오락영화' 제작 방침에 동조한 듯한 말투로 보아 그가 도호의
뒷공작을 속속들이 알고 있었음을 짐작할 수 있을 것이다.

「동백의 여인」은 「춘희」라는 제목으로, '도호영화 제공'의 '중
국영화'로서 다중 인화하여 자막을 붙이고 1938년 11월 17일부터 22
일까지 도쿄 도호영화극장 등에서 상영되었다[그림 2]. 하지만 흥행
면에서는 완전한 실패로, 「광밍영화회사에 대한 투자 보고서」
(1939.2.20.)에 의하면, 5편의 프린트비와 선전비, 배급비 등 일본 상

[그림 2] 「춘희(동백의 여인)」 광고(『요미우리 신문』 1938.11.16. 게재)

영을 위한 지출이 1만 668엔 12전에 달했지만, 상영 수입은 6203엔 48전밖에 안 돼서, 4464엔 64전의 적자였다고 한다.[21] 무엇보다 이 영화의 수입은 상업적 목적보다 도호가 중국영화를 수입하는 통로를 갖고 있다는 것을 영화계에 알리는 의미가 컸을 것이다.

그런데 영화 개봉 일주일 전, 『요미우리신문』이 「인연을 엮어준 부모는 군부 도호와 광밍영화의 협동 제작인가 「춘희」 외 두 작품 입고」라는 제목의 기사에서 "이 수입에 대해서 군부가 중매를 선 것이 밝혀졌다. 영화 방면에서도 일본과 지나가 사이좋게 손잡고 나아가지 않으면 안 된다는 명목으로 군부가 나서 두 사람 손을 잡게 한 것"[22]이라며 도호와 광밍회사의 제휴가 군부의 중개로 이뤄졌음을 당당히 폭로한 것이다. 상하이에 알려지면 관계자들의 목숨이 위험하다고 우려되었던 내막이 일본에서는 거침없이 보도되었다. 나아가 영화잡지에 실린 영화평에서도 이 작품은 "제작자들은 가능한 한 외국 생활을 모방하려고 노력"한 것으로 "지나 영화다운 성격"이나 "오늘날의 지나인의 모습"을 볼 수 없다고 직언한 뒤 "전쟁이 가까이에 있을 때 이 낭만적인 연애영화가 상하이에서 만들어졌다는 것은 뭔가 한마디로 말할 수 없는 복잡한 의미가 있는 것 같다"[23]고 영화 제작의 동기에 의문을 제기하고 있어 제작 사정의 수상쩍음을 평자들이 느꼈던 것 같다.

「동백의 여인」의 일본 상영은 금세 상하이에서 큰 파문을 일으켰다. 방아쇠를 당긴 것은 같은 해 12월 1일 자의 중국어 신문 『매일역보(每日訳報)』에 게재된 한 통의 고발장이었다. 이 편지는 혼란스럽기 짝이 없는 상하이 영화계에서 "동포의 감각을 마취"시키는 작품이 만들어진 것은 "적에게 봉사하는 것이나 다름없다"라고 규탄하고 『국제영화신문』 11월 하순호에 게재된 광고[그림 3]에서 "지나사변 후 만들어진 우방국 지나의 영화가 처음 일본에 왔다!"라는 선전 문구를 가지

[그림 3] 「춘희(동백의 여인)」 광고(『국제영화신문』 1938.11. 하순호 게재)

고 고발했다[24]. 이 신문 편집장 엽부근(葉富根)은 논설을 써서 정부 당국에 조사를 요구하고 광밍회사 관계자에게 해명을 촉구했다.[25] 영국 자본의 명의로 조계지에서 발행되던 『매일역보』의 실질적인 편집 업무는 중국 공산당 상하이시 문화공작위원회가 담당하고 있으며, 편집장 엽부근은 중공의 지도를 받고 있던 상하이 극예사의 책임자로 '상하이 문화계 구망협회(上海文化界救亡協会)' 주임 비서를 지낸 우령[13]과 동일 인물이다.

그리고 일주일 뒤 이 신문에 상하이 각 신문의 문예면 편집자와 칼럼니스트 50여 명의 연명으로 「상하이 영화계에 고하는 서(上海映画界に告ぐ書)」가 실렸으며 일부 신작 영화가 "적을 위해서 자신의 동

---

13) 우령(于伶, 1907~1997)는 중국의 극작가이자 연극 활동가, 영화 감독, 배우.

포를 마취시키는 데 도움을 주고 있다"라고 비난하고 자금 내력이 불분명한 회사에는 협조하지 않는다, 저속한 남작 및 비상시 영화 심사 조례를 위반하는 작품 제작을 거부한다, 향상심을 높이고 사회적으로 의미 있는 영화를 만들 것 등을 촉구했다.[26]

이에 광밍회사가 고용한 고문변호사는 광밍회사 및 심천음을 대표해 중국어 신문『신보(申報)』에 연이어 고시를 게재하고 영화 프린트를 일본에 판매한 적은 단언컨대 없다고 변명했다[27]. 광밍회사의 자금에 대해서는 임일청에게 사만 위안, 이조래에게 5000위안을 선대한 것이라고 밝히고「동백의 여인」,「왕씨사협」,「대지의 딸」등 3편을 4월부터 촬영을 시작해 이미 8월 15일에 완성했음을 인정하고「동백의 여인」프린트는 하얼빈 광요사(光曜社), 싱가포르 영안당(永安堂) 신광대극장(이 프린트는 상영 후 홍콩예성회사[香港芸盛公司]에 대리 배급하기로 되어 있다)에 판매했을 뿐이라고 단언했다[28]. 이와 더불어 감독 이평청, 주연 배우 원미운까지 성명을 발표해서 광밍회사의 내부 조직에 대해서는 아는 바가 없으며 프린트의 도일에 관해서는 자신들은 조금도 관여하지 않았다고 밝혔다[29]. 그러나 류납구, 황천시는 그 사이 침묵을 지켰다. 여론의 압력을 받은 신광대극장은「왕씨사협」과「대지의 딸」에 관한 선전을 중단하고 두 작품의 상영권을 포기하겠다고 밝혔다[30].

마쓰자카 게이지가 가와기타 나가마사를 추천하다

1939년 2월 이치카와 쓰나지는 도호를 대표해서 표면적인 투자가인 임일청으로부터 세 작품의 음화필름을 회수해서 독일 아그파사(アグフア社)의 상하이 지점장 라워(ラワ一)에게 맡기고 일부 편집이 안 끝난「대지의 딸」에 관해서 필요하면 심천음이 직접 빌려서 편집을 완

성할 것을 허가했다. 그리고 라워의 지도하에 세 작품의 음화필름을 여섯 개의 특제 양철통에 봉인해서 영국계 무역회사의 G·E·마덴 창고에 보관하고 화재보험도 들었다.[*31] 이러한 보관조치를 마친 후 이치카와 쓰나지는 상하이 주재 임무를 마치고 귀국한 것이다.

이것으로 「동백의 여인」 도일사건이 불러온 여론의 회오리는 일단 수그러들었지만, 바로 상하이에서 소동이 일어났던 시기에 상하이에서 멀리 떨어진 홍콩에서는 광밍회사의 「동백의 여인」(12월 2일부터 개봉, [그림 4])과 「왕씨사협」(12월 31일부터 개봉)이 중앙극장에서 잇따라 상영되었고, 이후 베이허대극장(北河大戲院), 태평극장(太平戲院) 등에서도 성대하게 상영된 사실이 같은 시기의 『대공보(大公報)』(홍콩판) 광고를 통해서 밝혀진 것이다. 그중에서도 중앙극장 설날 특별 상영작이 된 「왕씨사협」은 최초 공개이며, 『대공보』(홍콩판)에 큰 지면으로 광고[그림 5]를 게재했는데, 거기에는 "광밍회사 투자 10만 위안 특제 출품", "총 삼천 명 공동 출연" 등의 선전 문구가 적혀 있었다. 이 두 작품이 홍콩으로 들어간 경로는 불분명하지만, 위에서 설명한 심천음의 성명에서는 신광대극장에 판매한 「동백의 여인」의 프린트가 홍콩예성회사에게 전달된다고 설명하고 있다. 그렇다면 이 성명이 보여주듯 「동백의 여인」 프린트는 하얼빈, 싱가포르에도 팔렸을 가능성이 크다.

「이치카와 문서」에 1939년 2월 8일 자 「상하이 영화회사 설립에 관해서 현재까지의 전말 보고 및 의견」이라는 서명이 없는 문서의 등본이 있다. 이 문서는 류납구나 황천지의 협조를 얻어 창설된 광밍영화회사는 도호가 당초에 상하이에서 만들려고 했던 '일지합작 영화회사'의 대안이었음을 시사하고 있다. 도일사건 발각 후 광밍회사는 흔적도 남기지 않고 자취를 감췄는데, 이 「전말 보고 및 의견」에서는 「동백의

좌) [그림 4] 「동백의 여인」 광고(『대공보』 홍콩판, 1938.12.3. 게재)
우) [그림 5] 「왕씨사협」의 광고(『대공보』 홍콩판, 1938.12.3. 게재)

여인」 등 세 작품의 출자를 거치고 "당사는 작년부터 여기서 기반을 쌓았고 오늘날 누구든 당사를 제쳐두고 이곳에서 영화사업을 하는 것은 불가능한 상태가 되었다"라고 호언장담한다. 또, "중지군 보도부를 중심으로 만영, 현지 영화업자, 일본 영화업자(도호, 쇼치쿠) 사이에서 드디어 회사 설립의 기운이 익어 가", "당사가 적극적으로 진출을 하려면 가와키타(川喜多) 씨를 필두 이사로서 하고, 간부 사원을 파견해서 중심 세력을 잡는 것 또는 그 활동을 배후에서 돕기에 충분한 출자가 필요하다"라고 제안하고 있다. 여기서 말하는 공동설립 영화회사는 같은 해 6월 27일에 설립된 중화영화회사(中華電影公司, 중영)로서 실현한다.

「전말 보고 및 의견」은 이른 시기에 도호의 이익을 확보하기 위해서, 가와키타 나가마사를 필두 이사로 추천할 것을 제언하고 있었다. 『도호 30년사』에 수록된 연표에 의하면, 1939년 2월 27일, 가와키타

나가마사는 가나사시 에이이치(金指英一)와 동시에 도호 이사로 취임
했다[32]. 이 인사는 중화영화회사의 사실상 최고책임자(전무이사)로 가
와키타를 추천하기 위한 포석이었을 가능성이 크다. 이처럼 1938년
상하이에서의 도호 영화공작은 중영 설립의 기초를 닦았지만, 후자
는 상하이 도호 세력 발전의 연장선상의 존재이기도 했다. 말하자면
도호의 투자로 만들어진 광밍회사는 어떤 의미에서는 중영의 전신에
해당하는 것이다.

당시 중지파견군 보도부에 근무하고 있던 쓰지 히사카즈[14]가 저술
한 『중화영화 사화(中華電影史話)』에 의하면, 1939년 봄, 상하이에 입
국한 가와키타 나가마사를 마쓰자키 게이지, 류납구, 황천시의 세 사
람이 맞이하였다. 그리고 류납구와 황천시는 기타가와의 심부름꾼으
로 신화영화회사 장선곤의 가맹 설득에도 협조했었다.[33] 창립 후 중
영에서는 마쓰자키 게이지가 제작부장, 류납구가 제작부 차장, 황천
시가 상무이사, 황천좌가 이사 등 요직에 앉았다.

3. 류납구 사후의 마쓰자키 게이지가 행한 공작

류납구가 암살당한다

1940년 9월 3일 류납구는 마쓰자키 게이지, 황 형제와 함께 이시모
토 도키치[15] 감독이 이끄는 기록영화 「주강(珠江)」 촬영팀과 쓰마루
(四馬路) 징화지어우지아(京華酒家)에서 오찬을 함께 했다. 식사 후 류

---

14) 쓰지 히사카즈(辻久一, 1914~1981)는 일본의 영화인.
15) 이시모토 도키치(石本統吉, 1907-1977)는 일본의 영화감독이자 영화 프로듀서, 실업가.

납구가 먼저 홀로 가게를 나서려다 계단 부근에서 매복하던 여러 명의 남자에게 저격당해 사망했다. 다음날 상하이 발행 일본어 신문 『대륙신보(大陸新報)』는 「문화테러 척결 필요, 마부치(馬淵) 보도부장 담」, 「몸을 위기에 노출하면서 문화공작에 짧은 일생, 지금은 사망한 류납구」 등의 제목으로 사건을 보도했다. 중화영화회사는 9월 9일 오후 3시에 만궈장례식장(万国殯儀館)에서 류납구의 사장(社葬)을 거행하고, 식장에는 육군 보도부장 마부치 이쓰오[16], 흥야원(興亞院) 화중연락부(華中連絡部長) 장관 쓰다 시즈에[17], 상하이 총영사 미우라 요시아키[18], 육군 보도부 사이토(斉藤) 중령, 국민정부 선전부장 임백생[19], 여배우 리샹란 등의 헌화도 있었던 것 같다.[*34]

류납구가 죽고 얼마 지나지 않아 마쓰자키 게이지가 편집이 끝나지 않은 「대지의 딸」 음화필름을 꺼내서 편집을 마치고 류납구의 유작으로 공개하려 했다는 소식이 전해졌다. 10월 27일 자 『대륙신보』에서는 「유작 「어머니」의 제작으로 류찬보 씨 은막으로 되살아나다, 2년 만에 세상으로 나온 정열의 영화」라는 제목으로, 다음 날의 『신신보』에서는 「펄 벅 작품 「어머니」 영화화 완성 류찬보 씨 생전의 유작」이라는 제목으로 보도되었다.[*35] 이처럼 중영은 미공개 작품인 「대지의 딸」(어머니)을 류납구 '생전의 유작'으로 추인했다. 마쓰자키 게이지는 『상하이인문기』에서 광밍회사의 다른 두 작품에 대해서는 한마디도 언급하지 않았고, 「대지의 딸」만 류납구가 감독한 작품이라고 언급했으며

---

16) 마부치 이쓰오(馬淵逸雄, 1896~1973)는 일본의 육군 군인. 최종계급은 육군소장.
17) 쓰다 시즈에(津田静枝, 1883~1964)는 일본의 해군 군인. 해군의 중국 전문가. 최종계급은 해군 중장.
18) 미우라 요시아키(三浦義秋, 1890~1953)는 일본의 외교관.
19) 임백생(林柏生, 1902~1946)는 중화민국의 정치가이자 저널리스트.

이 작품의 작곡을 위해서 타이완 태생 작곡가 장원예[20]를 상하이로 불렀다고도 한다.[*36] 다만 이 영화가 상하이에서 개봉한 흔적은 아직 확인되지 않았다. 전술한 『중화영화 사화』는 「대지의 딸」은 "완성도가 떨어져 공개 중지되었다"라고 기술하고 있다.[*37] 그렇다면 이 작품은 신문에서는 예고했지만, 상하이에서 상영되지 않았을 가능성이 있다.

[그림 6] 「대지의 딸」 광고(『역행일보』 1947.3.3. 게재)

그런데 신기하게도 장시성(江西省) 난창시(南昌市)에서 간행되었던 중국어 신문 『리싱르바오(力行日報)』에서 1947년 3월 3일부터 닷새간 난창시 강서대극장(江西大戲院)에서 상영하는 「대지의 딸」 광고[그림 6]를 확인할 수 있었다. 광고에 표시된 여명휘[21], 이영(李英), 관굉달

─────────

20) 장원예(江文也, 1910~1983)는 타이완 출신의 작곡가이자 성악가.
21) 여명휘(黎明暉, 1909~2003)는 중국의 여배우이자 가수.

(関宏達) 등의 주연진을 보면 틀림없이 광밍회사가 촬영한 작품이라고 판단되지만, 제작사도 감독도 전혀 표시되어 있지 않다. 3월 8일 자의 이 신문에는 '출품사 불명'이라는 이 작품에 대한 촌평도 실려서 "비극으로 시작해 희극으로 끝나는 농촌을 배경으로 한 영화"이지만 음질이 나빠서 듣기 어려웠다는 인상을 적고 있다.

일본 패전 후 1년 반이 지난 이 시기에 왜 이 영화가 정체불명의 작품이라고 하면서 남창시 극장에서 상영되었는지는 의문이지만, 이것으로 광밍회사의 영화는 시기는 다르지만 세 편 모두 상영된 것으로 판명되었다. 그 중 「대지의 딸」만은 종래의 중국영화 역사에는 아무런 기록이 남아 있지 않지만, 「동백의 여인」, 「왕씨사협」은 1938년의 중국영화라고 청지화(程季華)주편의 『중국영화통사 제2권(中国電影通史 第二卷)』(中国電影出版社, 1981) 권말의 「음화필름 목록(影片目録)(1937.7.~1949.9.)」에 수록되어 있으며, 최근 딩야핑(丁亜平)의 저서 『중국영화통사(中国電影通史)』(中国電影出版社, 2016)의 부록 「중국음화필름 목록(中国電影影片目録)」에도 수록되어 있다.

「상하이의 달(上海の月)」의 막후

마쓰자키 게이지는 앞서 언급한 바와 같이 「어머니」를 중영 제작, 게다가 류납구의 유작으로 언론에 선보인 후 이어서 류납구를 기념하는 또 하나의 제작 프로젝트를 시작했다. 도호와 중영이 공동 제작하는 영화, 모든 촬영을 상하이에서 실시한 「상하이의 달」이다. 1941년 2월 7일 자 『신신보』는 「중화·도호 합작 『상하이의 달』 촬영 줄거리는 류납구 기념」이라는 제목으로 "이 영화의 소재는 이 회사의 마쓰자키 게이지 전 제작부장이 모은 것으로 동기는 총살당한 문화 전사(戦士) 류납구 전 제작부 차장을 기념하기 위한 것"[38]이라고 보도했

다. 그리고 며칠 뒤 기사를 보면 리샹란이 이 영화의 주연을 맡았지
만, "일본에서 다른 일이 있어서" 결국 여배우 왕양(汪洋)으로 교체했
다.[*39] 왕양은 중영 전속 여배우로, 도호가 제작한 영화「열사의 맹세
(熱砂の誓ひ)」와「손오공」에서 리샹란과 공동 출연했었다.

　지극히 흥미로운 일이지만,「상하이의 달」은 '류납구 기념'을 내걸
면서 오히려 도호가 비밀리에 실시한 영화공작 그 자체를 자기 정당
화하고, 중국 측 협력자보다 그들을 회유한 일본인을 '문화 전사'로
찬양하고 미화하는 데 중점을 두고 있다. 이는 이 작품의 프로듀서
다키무라 가즈오[22]의 '제작 의도'에 대한 설명에서도 확인할 수 있다.

　　이야기는 총력전에서의 문화전—특히 중요한 일익을 담당하는 라디
　오 방송에 의한 선전 계몽전의 의의와 중요성을 널리 세상에 소개하고
　자 한 것으로 사변 직후 상하이를 무대로 항일 가짜 방송을 분쇄하려고
　항일 테러의 마수와 맞서 싸우면서 새로운 동아시아의 일화(日華) 양민
　족의 공존과 공영을 목표로 방송국 건설의 고투를 이어간 문화 전사들
　의 활약을 주제로 일본인, 새로운 중화인의 협력과 우정의 모습, 난징
　함락 전후 상하이에서의 항일운동 패배, 외국 조계지 내의 적대감 등을
　묘사한다.[*40]

　인용문 중 '라디오 방송'을 '영화'로, '방송국 건설'을 '영화회사 창
설'로 대체하면, 이 기술은, 류납구 등의 협력으로 수행된 영화공작
에 대한 마쓰자키 게이지의 시점과 딱 합치되는 것이다. 마쓰자키
게이지는 다키무라 가즈오가 말한 "「상하이의 달」의 원안을 집필"했

---

22) 다키무라 가즈오(瀧村和男, 1908~1963)는 일본의 영화 프로듀서.

을 뿐만 아니라, 이 영화가 표현하는 '문화 전사'에기 다이스케(江木
大介)의 모델이기도 하고 그 원안도 영화 개봉 후 간행된 『상하이인문
기』와 비슷한 부분이 적지 않았던 것으로 생각된다. 게다가 '문화공
작'을 주제로 한 이 영화에는 같은 시기에 도호가 만든 리샹란 주연의
「백란의 노래(白蘭の歌)」 등 대륙 3부작에 그려진 국가를 넘나드는 로
맨스극의 흐름도 엿보인다.

선전전의 미디어믹스

오쓰카 에이지는 도호의 영화공작에 대한 분석에서, 「상하이의
달」을 "문화공작자에 의한 문화공작을 모티브로 한 영화"라고 정의하
고 거기다 이 작품의 상하이 촬영 기간에 "다양한 미디어믹스가 전개"
된 사실에 특히 주목하고 있다.[41] 이 영화의 내용도 전술하였듯이
마쓰자키가 현실을 영화와 링크시킨 그 일련의 조작을 '미디어믹스'
로 보고 있다는 것은 충분히 수긍이 간다. 당시 상하이의 중국어 신문
과 일본어 신문을 보면 「상하이의 달」을 둘러싼 전방위적인 미디어
선전전이 전개되고 있었음을 알 수 있는데, 이러한 일련의 미디어
동원의 핵심 인물이 바로 마쓰자키 게이지일 것이다. 「상하이의 달」
은 중영이 촬영에 관여한 유일한 극영화이기도 했지만, 다음에서 소
개할 여러 매체를 통해서 전개된 선전전으로부터 마쓰자키 게이지의
영화 프로듀서로서의 본령을 엿볼 수 있다.

2월 18일, 마쓰자키 게이지, 황천시 등이 동행해서 나루세 미키오
감독을 비롯한 도호 촬영팀이 난징으로 향해서 왕조명[23]을 예방하였

---

23) 왕조명(汪兆銘, 1883~1944)은 중화민국의 정치가. 신해혁명의 아버지, 손문의 측근으
로 활약해서 당의 요직에 앉았다. 1940년 3월 난징에 일본 괴뢰정권인 왕조명 정권을

다.[*42] 3월 18일 자『신신보』에서 아직 촬영 중인「상하이의 달」줄거리를 소개.[*43] 그 전후로, '중국의 일류 작시가' 황량(黃良)에 의해서 영화 주제가의 중국어 가사가 탈고됐다고 전한다.[*44] 4월 18일 오후 7시 40분, 상하이 방송국에서 출연 배우에 의한 이 영화의 라디오 드라마를 방송.[*45] 4월 18일과 19일, 주요 배역이 훙커우(虹口)에 있는 제2 가부키좌에서 '호화 어트랙션'를 시연.[*46] 4월 25일 오후, 중영은 각 신문사의 기자 수십 명을 촬영소에 초대해서 최종 촬영을 견학시키고 좌담회도 열었다.[*47]

[그림 7]「상하이의 달」광고(『대륙신보』 1941.8.1. 게재)

7월 24일부터『대륙신보』석간은 이틀 연속으로 특집「『상하이의 달』에 대해서」를 게재하여 줄거리와 나루세 미키오 감독과 출연 배우들의 인터뷰를 실었다. 7월 27일 왕조명, 임백생 등 난징 국민정부의 요인을 위해 상영회를 열고 며칠 뒤「왕 주석, 은막에 타이완족」이라는 제목으로 보도한다.[*48] 7월 29일 오후, 중영에서 사내 프리미어 상영회를 개최.[*49] 8월 1일, 구 융광대극장(融光大戱院)을 개조해

수립하고 11월에 정식으로 주석이 되었다.

서 재단장 오픈한 하이닝로(海寧路)의 상하이국제극장에서 정식으로
개봉하였다.[50][그림 7]

류납구를 기념해서 제작된 극영화의 촬영 과정 그 자체가 미디어
선전의 파급효과를 점차 넓혀가도록 연출되는 문화공작으로 전개되
었다. 더구나 이번에는 무대 뒤에서가 아니라 정면에서 당당히, 게다
가 영화 제작만을 목적으로 하지 않고 신문, 음악, 라디오, 무대 등
온갖 미디어를 동원해서 정치권의 윗선까지 끌어들여 군부의 협조하
에 유례없는 미디어 조작 능력을 보여준 것이다. 이처럼 한 편의 영화
를 둘러싸고 전개된 다양한 미디어 동원, 게다가 분야, 언어, 국경을
넘나드는 동원의 방식은 마쓰자키 게이지를 비롯한 도호·중영의 문
화공작자에 의해 개발되었다고 해도 과언이 아니다.

또한, 일본 영화의 계보에서 「상하이의 달」은 스파이 영화의 포
문을 연 작품으로 자리매김할 수도 있다. 이처럼 도호와 중영 쌍방의
제작부장을 겸임하였던 마쓰자키 게이지가 전면적으로 지휘하여 광
밍회사의 영화에 이어 또 한 발의 중국을 향한 '문화공작' 사상전의
포탄을 완성해간 것이다.

4. 「동백의 여인」을 재탕한 「나비부인」

「동백의 여인」 재공개

영국과 미국에 대한 선전포고를 계기로 일본군은 상하이 조계지를
점령하고 이로 인해 상하이에서의 영화 제작 상황은 확 달라진다.
1942년 4월 10일 신화, 이화 등 크고 작은 12개의 영화사가 합병해서
중화연합프로덕션 주식회사(중련)가 창설되었고, 난징국민정부 선전

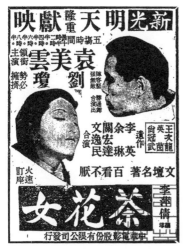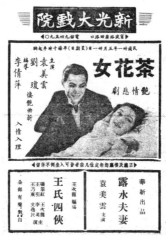

좌) [그림 8] 「동백의 여인」 광고(『신보』 1942.5.30. 게재)
우) [그림 9] 신광대극장 「동백의 여인」 광고지(1942.5.)

부장 임백생이 이사회장, 가와키타 나가마사가 부이사장, 장선곤이
총경리로 취임하였다. 쓰지 히사카즈의 『중화영화 사화』의 설명으로는
중화영화회사와 중화연합회사는 자매회사 같은 관계였고 전자는 영화
의 독점적 배급과 뉴스영화, 기록영화의 제작을 담당하고 후자는 극영
화의 독점적 제작을 담당하였다고 한다.[51] 즉, 중련의 탄생으로 인해서
도호가 획책한 '일지합작의 영화회사'가 진정한 의미로 실현된 것이다.
참고로 중련 탄생 후 캉딩로(康脳脱路) 109호에 있던 원래의 이화회사
촬영소가 중련 제3 촬영소가 되고 심천음이 소장으로 취임했다.

중련 출범 후 4년 전에 물의를 빚은 광밍회사의 영화가 다시 상영
되었음을 『신보』의 광고를 통해서 확인할 수가 있다. 먼저 과거
「동백의 여인」을 개봉한 신광대극장에서는 1942년 5월 31일부터
6월 12일까지 「동백의 여인」을 재상영하였다. 이어서 4년 전 개봉
을 미룬 「왕씨사협」이 6월 13일부터 7월 4일까지 22일 연속해서 상

[그림 10] 「나비부인」 광고(『신보』 1942.7. 18. 게재)

영된 것이다. 다만 이때의 「동백의 여인」 재상영 신문광고[그림 8]나 영화관 전단지[그림 9]에는 중화영화회사 '발행'이라는 표기만 있고 출품 회사인 광밍 회사의 이름은 전혀 보이지 않아 영화를 배급한 중영이 이 두 작품을 다시 세상에 내놓기 위해서 광밍회사와의 관련을 끊으려 했던 것으로 보인다.

사실 두 작품을 이 시기에 상영한 데에는 일석이조의 노림수가 깔려 있었다. 그것은 우선 중련의 첫 작품인 「나비부인(蝴蝶夫人)」의 개봉을 위한 전초전이기도 했다. 후세 사람들은 눈치채기 힘들겠지만, 중련의 첫 작품이라고 명명된 「나비부인」은 실은 「동백의 여인」을 재탕한 영화다. 이야기의 무대가 상하이에서 베이징으로 바뀌면서 여주인공에게 나비라는 이름을 붙여준 데다 푸치니[24]의 오페라 「나비부인」에서 여주인공의 출산과 자결하는 결말을 빌려오기는 했지만, 이야기의 줄거리는 「동백의 여인」과 다르지 않다. 더구나 이 신작의 각본 겸 감독은 「동백의 여인」과 동일인물인 이평청이고, 남자 주연 배우도 「동백의 여인」에서 남자 주연 배우였던 류칭이다.

중련의 첫 작품으로 「동백의 여인」의 복사본을 만들겠다는 예상

24) 푸치니(Giacomo Puccini, 1858~1924)는 이탈리아의 오페라 작곡가. 이탈리아가 낳은 최대의 오페라 작곡가로서 세계적인 명성을 보유하고 있으며 대표작으로 「라 보엠」, 「토스카」, 「나비부인」 등이 있다.

밖의 기책에는 중련 상층부의 의향이 반영되었을 것이며 나아가 류납구를 기념하겠다는 숨은 의도도 담겨 있었을 가능성이 있다. 그리고 광밍영화와 「나비부인」을 연속 상영함으로써 「동백의 여인」을 모방해야 할 본보기로 내세우고 그러한 본보기를 재탕한 「나비부인」이 향후 중련 출품 작품의 또 다른 본보기가 될 것을 암시하였다. 현실을 벗어난 비극적 멜로드라마를 계속해서 찍는 것이 중국 영화인들에게 남겨진 좁은 길임을 이것으로 보여주었을 것이다.

「나비 부인」은 캐세이 호텔에서 초청 시사회를 가진 뒤 7월 9일 상하이 최대 외국영화전문관인 그랜드시어터(대광명대극장)에서 개봉했다. 그리고 그 종료 후, 이번에는 신광대극장에서 7월 18일부터 8월 14일까지 약 한 달에 걸쳐 상영했다[그림 10]. 그 사이, 유엔대극장(国聯大戱院), 금도대극장(金都大戱院) 등 재개봉관에서 광밍회사의 두 작품이 연달아 상영되어, 「나비부인」과 호응하는 형태가 되었다. 중영·중련 공동 선전처가 제작한 『나비부인 특간(蝴蝶夫人特刊)』에서는 일부러 "프랑스의 「동백의 여인」이 은막에서 「나비부인」으로 탈피"라는 문구로 이야기의 내용을 넌지시 내비치고 있다. 그리고 이 「나비부인」은 이후 중련 영화의 표본이 되는 연애 비극의 이야기 양식을 확립시켜 수많은 비슷한 작품을 만들어냈다.

연애영화의 정치성

당시 중영에 파견되었던 시미즈 아키라[25]는 중련이 제작한 영화에 대해서 다음과 같이 총괄하고 있다. 중련의 첫 작품은 "「나비부인」과

---

25) 시미즈 아키라(清水晶, 1916~1997)는 일본의 영화평론가이자 편집자.

「동백의 여인」을 섞은 듯한 달달한 비극물"이었기 때문에 "그다음도 그다음도 중련 작품은 여전히 급격한 국책적 변모에 대한 요구에는 무관심한 낡은 방식에서 조금도 벗어나지 않는 것들뿐이었다."[*52] 그러나 그는 그것을 성급하게 나무라서는 안 된다고 주장한다. 그것은 "원래 중국 영화인의 정성을 평화진영이 확보하여 그들로 하여금 편안하게 영화를 만들게 하고, 이에 따른 민심의 수람을 제1의 염원으로 발족한 중련이기에 그들 중국 영화인은 그야말로 말 그대로 편안하게 계속해서 자신들이 옳다고 생각한 영화를 만들어 갔기" 때문이며, 철저하게 '항일 영화'를 대체한 데 있어서 중련 작품은 결정적인 역할을 했음을 긍정적으로 강조한 것이다.

이보다 앞서 중련 이전—대동아전쟁 이전의 경향으로 비교적 대규모 회사의 작품에서 범람한 시대극 형태의 애국의식을 앙양하는 혹은 많은 작은 프로덕션의 작품 속에서 소아병적인 형태로 튀어나온 항일 영화—, 이런 모든 것들을 중련의 설립과 함께 폐기할 수 있었던 작년의 중국 영화계가 눈에 띄게 관심을 기울인 것은 신구 두 시대의 대립, 봉건사상으로부터의 해방, 자유연애 옹호와 같은 것이었다. 즉, 「나비부인」, 「결혼하기 전에 만나지 못한 것이 한이다(恨不相逢未嫁時)」, 「봄(春)」, 「가을(秋)」, 「헛되이 보낸 젊음(芳華虛度)」 등 중련 작품 중 기술적으로도 충분히 가작으로 추려낼 만한 것의 대부분이 모두 이 주제를 다루고 있다. (중략) 현재의 중국의 젊은 세대, 특히 상하이에 사는 젊은 중국 남녀는 완미(頑迷)한 봉건적인 것에 대한 반발에 몰두하고 있고 그것이 머리를 가득 채우고 있어서 자연스럽게 영화에도 반영된 것이다.[*53]

시미즈는 신구시대의 대립이라는 주제를 내세운 중련의 작품에 대해서 그것은 일본에게는 환영할 만한 것이라고 설명한다.

우리가 우방으로서 동아공영의 맹을 공고히 하려는 지나는 결코 옛 봉건적 누습에 국척(跼蹐)한 낡은 지나여서 좋을 리가 없으며 현실 문제로 우리가 함께 이야기하고 함께 생각할 만한 것은 어쩌면 이런 봉건적인 것을 과감히 극복해 온 진보적 청년층밖에 없음을 반성해 보아야한다. 이러한 의미에서, 이런 가정제도의 붕괴야말로 묻혀야 할 것이 당연한 것이 묻혔을 뿐이며 오히려 과감히 이런 부분을 극명하게 그려내고, 그 위에서 결론을 명확하게 하는 것이야말로 중국영화에게 허용된 가장 양심적인 방향의 하나라고 할 수 있을 것이다.*54

자유로운 연애를 호소하는 멜로드라마가 지닌 봉건적 가부장제에도 대한 비판이라는 주제를 '동아공영'을 위해서 이용해서 중국영화에 중국 스스로 고유문화와 가족 제도를 공격하는 역할을 부가시킨다. 그것이야말로 "중국영화에게 허용된 가장 양심적인 방향"이라고도 주장한다. 시미즈 아키라는 일본영화잡지협회 중지 주재원 겸 중화영화촉탁이라는 직함으로 상하이에 주재했는데, 일본 영화계의 대변인이라는 입장에서 쓴 이 「중국영화계의 새 출발−중련의 탄생(中国映画界の新出発―中聯の誕生)」이라는 글은 도호의 영화공작 책모와 의도를 이어받아 중일 합병영화사인 중련에 대한 중화영화회사의 관할과 통제의 배후에 숨겨진 의도를 거짓 없이 서술하고 있다. 그런 의미에서, 「나비부인」을 비롯한 중련의 비련 극작품군은 영화가 주역이 되는 '무기 없는 사상전'에서 일본 측이 획책한 영화공작을 자각하지 못했다 하더라도 어쩔 수 없이 협조하게 된 것이다.

일본영화잡지협회가 편찬한『영화연감 쇼와 18년(映画年鑑 昭和十八年)』의「중화민국」영화 부분에서는 "대동아전쟁 후의 새로운 정세"의 일례로 과거 광밍회사가 제작한「동백의 여인」이 "대동아전쟁 후 한참 있다 연달아서 지나 영화관을 윤택하게 했던" 모습을 전하며 "참으로 시세가 바뀐 것을 느끼게 한다"[55]는 감회를 흘리고 있다.「동백의 여인」은 아무래도 일본 패전까지 상하이의 영화관에서 한두 번만이 아니라 여러 번 반영된 것 같다.

나가며

패전 후 1946년이 되자 '친일부역을 한 영화인(附逆影人)'을 성토한 영화신문『성광(星光)』에는 상하이영화희극협회가 설립한 '친일부역을 한 영화인 검거 특수위원회'에게 과거「동백의 여인」도일사건에 대한 조사를 촉구하는 기고도 보인다.[56] 하지만 결과적으로 이 건으로 조사를 받은 사람은 없었으며, 또 장선곤, 심천음, 이조래, 이평청을 포함한 다수의 영화인이 홍콩으로 이전해서 영화 일을 계속하고 있었다. 도호의 영화공작에 협력한 당사자 중 한 명인 황천시도 홍콩으로 건너가 1959년 도호의 홍콩 지사로 초청받아 정년까지 배급과 선전업무를 담당했다.[57]

'남래[26] 영화인'에 의해 초래된 주목할 만한 현상으로 들 수 있는 것은 전후의 홍콩 영화에「동백의 여인」이나「왕씨사협」의 리메이크

---

26) 남래(南来)란 전후 중국 내륙서부터 홍콩으로 건너온 지식인, 문화인을 가리키는 말.

작품이 나타난 것이다. 우선 장선곤이 새롭게 설립한 장성영화회사 (長城影業公司)의 1950년 작품으로 심천음 제작, 타오친[27] 각본, 왕원룽[28](왕차용[29]의 형) 감독의 「왕씨사협」(주연 왕단펑[30])이 있다. 그리고 장성회사를 떠난 장선곤이 새로 창설한 신화영화회사의 1955년 작품으로는 이웬[31] 각본, 이웬, 장성곤 공동감독의 「동백의 여인」(주연 리리화[32])이 있다.

이웬이라는 인물도 남래 영화인 중 한 명으로 그의 회상록에 의하면 1940년 9월 상하이에서 홍콩으로 피난을 갔는데 이는 당시 교제했던 무스잉[33], 류납구가 연이어 암살당하는 바람에 연루될 것을 염려했기 때문이라고 한다[*58]. 1955년 3월 말에 이웬은 감독으로서 일본에 건너가 신화와 도호가 공동 제작한 「나비부인」(「님은 언제 다시 오실까(何日君再来)」라는 다른 명칭이 있다)을 촬영했다. 이 영화는 장성곤과 가와키타 나가마사가 전후에 재회해서 합의한 것으로 모든 촬영을 일본에서 진행했다. 전후 처음으로 일본에서 촬영한 홍콩 영화이기도 한 이 작품은 말할 것도 없이 예전 중련이 제작한 동명의 영화를 리메이크한 것이지만, 스토리는 중국인 남성과 중일 혼혈의 여성과의 국경을 초월한 로맨스극으로 재구성됐다.

게다가 전후 최초의 홍콩 영화 「갈대꽃은 하얗게 변하고 제비는

---

27) 타오친(陶秦, 1913~1969)은 홍콩의 중국영화 감독이자 영화 노래 작사가.
28) 왕원룽(王元龍, 1903~1969)은 중국의 영화감독.
29) 왕차용(王次龍, 1907~1942)은 중국의 영화감독.
30) 왕단펑(王丹鳳, 1924~2018)은 상하이 태생 중국 여배우.
31) 이웬(易文, 1920~1978)은 홍콩의 중국영화 감독이자 작곡가.
32) 리리화(李麗華, 1924~2017)는 상하이 태생의 중국 여배우이자 가수.
33) 무스잉(穆時英, 1912~1940)은 중국의 소설가.

날아가네(芦花翻白燕子飛)」(1946), 및 쇼 브러더스[34]가 출품한 타오 친
(원래 중영의 각본가였음)의 각본·감독에 의한 「꽃이 지고 또 그대를
만나고(花落又逢君)」(1956), 「이루지 못한 사랑(不了情)」(1961), 「청과
흑(藍与黑)」(1996) 등의 국어(중국 표준어) 영화, 나아가 「화두의 화려한
꿈(花都綺夢)」을 비롯한 수많은 광둥어 영화까지도 소설『춘희』의 개
작 혹은 일부를 이식한 것으로 보인다. 이에 대해서는 1950~60년대
홍콩·타이완 연애문예, 영화의 상당수가『춘희』의 영향을 받았고 이
러한 영화들에 의해서 홍콩·타이완 연애극의 전통적인 패턴과 문예
영화의 기조가 형성되었다는 지적도 있다.[*59] 하지만, 여기서 덧붙여
야 할 것은 이 영화 중에 소뒤마의 원작소설을 직접 각색한 것은 한
편도 없고, 모두 상하이에서 만들어진 동류 작품의 2차 창작, 3차
창작이었다는 점이다. 이러한 작품군의 원류 중 하나가 광밍회사가
제작한 「동백의 여인」으로 거슬러 올라가는 것은 틀림없을 것이다.
어떻게 보면 이들 작품군은 도호가 상하이에서 벌인 영화공작이 남
긴 포스트 콜로니얼적인 영화유산이라고 할 수 있다.

원저자 주

*1 이치카와 쓰나지가 보존한 P·C·L영화제작소 및 도호영화 주식회사의 사무 관련
    문서로 현재 마키노 마모루, 오쓰카 에이지, 오쓰마여자대학 도서관(大妻女子大学
    図書館)이 각각 일부씩을 소장하고 있다. 마키노 씨의 소장분의 핵심은 마쓰자키
    게이지가 관여한 '위장 중국영화 제작'에 관한 문서군이다.
*2 大塚英志, 『手塚治虫と戦時下メディア理論——文化工作·記録映画·機械芸術』(星

34) 쇼 브러더스(邵氏兄弟有限公司)는 홍콩 영화회사. 1950~1960년대 홍콩 영화계를 지
    배했던 영화 스튜디오이다.

海社新書, 2018) 또는 大塚英志 編, 『TOBIO Critiques[東アジアまんがアニメーション研究]#4』(太田出版, 2020) 소장의 「[特集1]牧野守所蔵 東宝上海偽装映画工作文書」, 秦剛 「東宝の偽装中国映画製作の一次資料――『市川綱二文書』が明かす戦時下東宝の上海裏工作」, pp.4-34.

*3 晏妮, 『戦時日中映画交渉史』, 岩波書店, 2010, p.230.

*4 松崎啓次, 「上申書」, 전게 주 2, 오쓰카 편, p.23.

*5 전게 주 4, pp.23-24.

*6 秦剛, 「東宝の偽装中国映画製作の一次資料――『市川綱二文書』が明かす戦時下東宝の上海裏工作」, 전게 주 2, 오쓰카 편, p.9.

*7 馬淵逸雄, 『報道戦線』, 改造社, 1941, p.264.

*8 「光明電影公司ニ対スル投資報告書」, 전게 주 2, 오쓰카 편, p.21.

*9 전게 주 6, p.5.

*10 전게 주 6, p.6.

*11 「日当局善意維護滬市復興」, 『新申報』, 1938.3.26, p.3.

*12 「上海国産各影片公司戦後又欣欣向栄」, 『新申報』, 1938.5.3, p.5.

*13 전게 주 6, p.10.

*14 「茶花女広告圧倒"新華"」, 『力報』, 1938.9.10, p.3.

*15 何新, 「「茶花女」作者――小仲馬対芸術的主張」, 『茶花女畫輯』, 1938.9.15, p.2.

*16 「茶花女欲罷不能」, 『東方日報』, 1938.9.28, p.3.

*17 「「茶花女」上海営業既佳拷貝售価大漲」, 『社会日報』, 1938.10.3, p.4.

*18 전게 주 6, p.10.

*19 市川彩, 「移り行く支那及支那映画界――武漢三鎮陥落後の中国電影界の推移を洞察す」, 『国際映画新聞』234호, 1938.11.

*20 전게 주 19.

*21 전게 주 8, p.20.

*22 「結びの親に軍部 東宝と光明影業協同製作か"椿姫"他まづ二作入荷」, 『読売新聞』 1938.11.10. 석간, p.2.

*23 滋野辰彦, 「椿姫」, 『キネマ旬報』, 1938.11.21.

*24 影心, 「検挙『茶花女』電影親善使節」, 『毎日訳報』, 1938.12.1, p.4.

*25 葉富根, 「関於『茶花女』東渡」, 『毎日訳報』, 1938.12.1, p.4.

*26 「敬告上海電界」, 『毎日訳報』, 1938.12.8, p.4.

*27 「丘漢平律師代表光明影業公司為『茶花女』映画権啟事」・「丘漢平律師代表沈天蔭為光明影業公司〈茶花女〉啟事」, 『申報』, 1938.12.3, p.2.

*28 「沈天蔭為光明公司資本来源售出拷貝公告国人」, 『申報』, 1938.12.5, p.3.

*29 「導演李萍倩的啟事」・「主演人袁美雲的啟事」, 『電声』1009호, 1938.12.16.

*30 「銀壇報道」, 『申報』, 1938.12.19, p.16.

*31 전게 주 6, p.11.

*32　東宝三十年史編纂委員会 編, 『東宝三十年史』東宝, 1963, p.305.

*33　辻久一著, 『【愛蔵版】中華電影史話───兵卒の日中映画回想記[1939~1945]』凱風社, 2016, 64, p.83.

*34　「劉吶鷗氏葬儀昨隆重挙行」, 『新申報』, 1940.9.10, p.7.

*35　「賽珍珠作品『母親』摂成電影已完工為劉燦波氏生前遺作」, 『新申報』, 1940.10.28, p.7.

*36　松崎啓次, 『上海人文記───映画プロデューサーの手帖から』, 高山書院, 1941, p.280.

*37　전게 주 36, p.58, p.62.

*38　「中華·東宝合作摂『上海之月』劇情係紀念劉吶鷗」, 『新申報』, 1941.2.7, p.7.

*39　「『上海之月』主角改聘汪洋担任」, 『新申報』, 1941.2.15, p.7.

*40　瀧村和男, 「『上海の月』製作の意図に就いて」, 『映画旬報』하계특별호, 1941.7.1. p.84.

*41　전게 주 2, 오쓰카 저서, p.92.

*42　「上海之月演員赴京訪各官長」, 『新申報』, 1941.2.19, p.7. 山田五十鈴, 「『上海の月』の思ひ出───上海から帰って」, 『映画』, 1941.7, p.85.

*43　「『上海之月』本事」, 『新申報』, 1941.3.18, p.3.

*44　「『上海の月』主題歌に 中国詩人の熱情」, 『大陸新報』, 1941.3.19. 석간, p.3.

*45　「『上海之月』劇本昨晩播音」, 『新申報』, 1941.4.19, p.3.

*46　第二歌舞伎座広告『大陸新報』, 1941.4.17. 석간, p.3.

*47　「中華電影公司招待各報記者」, 『新申報』, 1941.4.27, p.7.

*48　「汪主席、銀幕に大満悦」, 『大陸新報』, 1941.8.8. 석간, p.3.

*49　「中華電影公司処女作『上海之月』試映」, 『新申報』, 1941.7.30, p.3.

*50　上海国際劇場広告, 『大陸新報』, 1941.8.1. 석간, p.2.

*51　전게 주 33, pp.196-197.

*52　清水晶, 「中国映画界の新出発───中聯の誕生」, 『映画旬報』 75호, 1943.3.21, p.27.

*53　전게 주 52, pp.27-28.

*54　전게 주 52, p.28.

*55　日本映画雑誌協会 編, 『映画年鑑 昭和十八年』, 1943, p.664.

*56　孫八, 「請特種委員会注意「茶花女」事件」, 『星光』 2, 1946.7.20, p.3.

*57　「黄天始回憶───一段被遺忘的中国電影史」, 林暢編 著, 『湮没的悲歡「中聯」「華影」電影初探』, 中華書局, 2014, pp.184-214.

*58　易文, 『有生之年 易文年記』, 香港電影資料館, 2009, p.54.

*59　蒲鋒, 「《茶花女》与香港文芸片的基調」, 蘇濤·傅葆石主 編, 『順流与逆流───重写香港電影史』, 北京大学出版社, 2020, pp.194-215.

제5장

만몽개척 청소년 의용군과 만화 표현의 국책 동원

- 다가와 스이호(田河水泡)와 사카모토 가조(阪本牙城)의 사례에서 -

오쓰카 에이지(大塚英志)

1. 기묘한 공동 관계

전시하의 만화 표현

15년 전쟁하에서 만화가들 또한 전시 선전의 협력자였다. 하지만 그것은 군대나 군인을 소재로 침략 전쟁을 직접적인 모티브로 하는 만화 작품을 집필한 것과 반드시 일치하지는 않는다. 군인을 주인공으로 그린 전쟁 만화의 상당수는 독자들이 그런 내용의 만화를 선호한다는 상업적인 문제이고 그러한 풍조나 여론이 정치에 의해서 조성된 사실은 당연히 논의되어야 하지만, 작품을 제작하는 것 자체는 강요된 것은 아니다. 예를 들면 「노라쿠로(のらくろ)」라면, 그 성립 과정에 대해서 당시 편집자의 다음과 같은 회상이 있다는 것을 야마구치 마사오[1]가 소개하고 있다.

---

[1] 야마구치 마사오(山口昌男, 1931~2013)는 일본의 교육자이자 문화인류학자.

그 시작은요, 외국 만화의 모사예요. 회사에서 구독하고 있던 여러 외국 잡지를 보면 거기에 다양한 만화가 나와 있잖아요. 재밌는 게 많았어요. 이게 재미있다, 이것도 재미있다고, 그것을 만화다운 그림을 그리는 사람에게 가져가서 이쪽 치수대로 말입니다……그것을 일본식으로 모사해달라고 했어요.[*1]

할리우드에서 만든 애니메이션의 히트하는 요소를 도출해서 아이들이 동경하는 직업인 군인이라는 속성을 부여한 것으로 여기에는 정치나 국책의 구체적 개입이 없다. 마케팅의 산물인 것이다. 어디까지나 어린이라는 대중의 욕구에 충실히 하고자 한 결과이다. 중일전쟁 무렵부터 「노라쿠로」는 현실에서 일어난 전쟁과 링크하기 시작하지만, 거기에도 정치의 직접적인 개입 흔적은 확인할 수 없다.

하지만 「노라쿠로」는 마지막에는 군대를 제대하고 중국 대륙에서 탐험을 시작한다. 「노라쿠로」에서 국책이나 정치 개입의 증거를 찾을 수 있는 것은 실은 퇴역 이후의 시즌에서이다. 상세한 내용은 후술하기로 하고 전시하의 만화가나 만화 작품을 정치적으로 검증할 때 전쟁이라는 소재의 채택 여부가 아니라, 정치의 구체적인 개입 여부를 냉정하게 판단하지 않으면 평가를 그르친다.

예를 들어 문학역사상 비전향한 채로 세상을 뜬 오구마 히데오[2] 시인이 '아사히타로(旭太郎)'라는 필명으로 원작을 집필한 『화성 탐험(火星探検)』[*2]은 SF만화의 선구적인 작품으로 꼽혔다. 내용적으로는 달이나 화성에 대한 학습과학 만화라고 하는 것이 정확하지만, 중일전쟁 이후의 작품이면서도 전쟁도 군인도 등장하지 않는다. 오쿠마

---

2) 오구마 히데오(小熊秀雄, 1901~1940)는 일본의 시인이자 소설가, 만화원작가, 화가.

는 이 밖에도 같은 필명을 사용해서 나카무라서점(中村書店)에서 원작
을 몇 편 집필하지만, 마을 어린이들이 신문을 발행하는 모습을 모티
브로 한 와타나베 다치오(渡辺太刀雄) 작화 『어린이 신문사(그ドモ新聞
社)』(1940), 해외 아동문학을 바탕으로 한 샤바나 본타로[3] 작화 『용사
일리야(勇士イリヤ)』(1942) 등도 중일전쟁 이후의 작품이면서도 전쟁
의 흔적은 거의 찾아볼 수 없다. 이를 오구마의 양심이나 비전향의
증거로 이해하는 경향도 있다. 그러나 이 시기의 오구마가 내무성의
주선으로 『화성 탐험』을 출판한 나카무라서점에서 '편집자'라는 직
업을 얻었다는 사실이 지적되었다.[3] 그리고 국가 총동원법에 호응하
는 형태로 1938년 10월 내무성 경보국 도서과가 제시한 '아동독물
및 그림책에 관한 내무성 지시사항(児童読物、並に絵本に関する内務省指
示事項)'에 만화가나 아동도서 출판사가 따르겠다는 뜻을 보여준 일본
아동그림책출판협회 『「만화책에 대해서」의 좌담회 속기록(「漫画絵本
に就て」の座談会速記録)』[4]에서는 출판사 측의 대표 중 한 명에 '오구마'
라는 참석자가 국책협력을 주저하는 만화가들을 논파하고 '당국'의
뜻을 알아 헤아려서 논의를 정리해가는 과정이 정확하게 기록되어
있다.

'정화'와 계몽

이 '지시'에서 만화나 아동서에게 요구한 것은 한편으로는 '아카혼
(赤本)'이라고 불렸던 아동서나 만화의 '정화'에 참여하라는 것이고,
다른 한편으로는 "고도 국방국가 완성의 근간인 과학기술의 국가 총
력전 체제를 확립하여 과학의 획기적인 진흥과 기술의 약진적인 발

---

3) 샤바나 본타로(謝花凡太郎, 1891~1963)는 일본의 만화가.

달을 도모함과 동시에 그 기초가 되는 국민의 과학 정신을 조성하여 대동아공영권 자원에 기초한 과학기술의 일본적 성격의 완성을 기한 다.”*5 즉, 대동아공영권의 기초를 '과학'에 둔 '과학기술 신체제 확립 요강(科学技術新体制確立要綱)'을 바탕으로 한 과학적 계몽의 역할이었 다. 전시하의 아동서에 '과학'을 주제로 하는 것이 적지 않은 이유다. 그래서 오구마 원작의 『어린이신문사』에서는 미신을 믿는 마을 어른 을 어린이가 만드는 신문이 논파하는 구성으로 과학이라는 국책에 충실하였음을 알 수 있다.

『화성 탐험』은 나카무라서점의 〈나카무라 만화 라이브러리〉(1933~ 1939)의 제2기에 해당하는 〈나카무라 그림 총서〉(1939~1943)로서 간행되 었다. 앞선 '지시'나 오구마의 '편집자' 취임 이전에는 전쟁물과 다치카 와문고(立川文庫)의 닌자(忍者) 등 황당무계한 이야기를 차용한 시대극이 중심이었던 시리즈에서 확 바뀌어서 오락색과 전쟁색이 사라지게 된 것도 '지시'에 따른 편집 방침으로 바뀌었기 때문이다. 아동문학의 번안적인 작품에 더해서 '과학'이나 '기행문'적인 내용이 눈에 띄는데, 그것은 '문화 영화'라고 불리며 영화법으로 상영을 요구한 교육계몽 영화의 내용과도 일치하는 표현이 '국책'의 관리하에 들어섰다는 증거인 것이다. 오구마가 그 '전향'을 비판한 나카노 시게하루[4]의 소설 『공상가 와 시나리오(空想家とシナリオ)』에서 일이 없어 서서히 목을 조르듯 궁지 에 몰린 작가에게 들어온 집필 요청이 문화영화의 각본이었던 것은 오구마의 국책참여에 대한 의외로 정확한 비평일지도 모른다.*6

이처럼 국가의 직접적인 개입, 적어도 정부의 의향을 헤아려야만

---

4)　나카노 시게하루(中野重治, 1902~1979)는 일본의 프롤레타리아 소설가이자 시인, 평 론가, 정치가.

하는 상황에서 그려진 만화에는 얼핏 보면 호전적, 군국주의적이지 않은 사례가 종종 있다. 그것은 만화뿐만 아니라 영화나 문학·시 등에도 공통적이다. 우선 전시하의 만화 동원을 생각하는 데 있어서 이러한 점에 주의해주길 바란다.

만화가의 동원

그렇다면 만화 표현의 전시 동원은 어떠한 것이었을까. 최소한의 개요를 정리해 두겠다. 원래 '동원'이란 ①만화가 자신의 동원과, ② 캐릭터의 동원으로 크게 나뉜다. 전후 다카하타 이사오[5]의 애니메이션 이론의 기초가 되기도 했던 『만화영화론(漫画映画論)』(1941)의 저자 이마무라 다이헤이[6]는 동명의 또 다른 「만화영화론」에서 "디즈니 만화의 전례 없는 예술로서의 우수성은 그대로 사상 선전전에서 무기로서의 우수성에 있다."[*7]라고 기술한다. 디즈니 캐릭터나 인기 캐릭터의 해적판 이용도 포함해서 전시 프로파간다에서의 '동원'은 어느 나라나 으레 했다. 일본에서는 요코야마 류이치[7]의 「후쿠짱(フクチャン)」이 특히 눈에 띄고 그 외에는 대정익찬회 선전부가 판권을 관리하고 이른바 미디어믹스적 전개를 실시한 신일본만화가협회 디자인에 의한 「익찬 일가(翼賛一家)」가 알려져 있다.[*8] 데쓰카 오사무[8]가 패전 직전에 자비출판을 위해서 대학노트에 그린 프로파간다 만화 「승리

5) 다카하타 이사오(高畑勲, 1935~2018)는 일본의 영화감독이자 애니메이션 연출가, 프랑스 문학 번역가.
6) 이마무라 다이헤이(今村太平, 1911~1986)는 일본의 영화평론가이자 영상평론가.
7) 요코야마 류이치(横山隆一, 1909~2001)는 일본의 만화가, 애니메이션 작가.
8) 데쓰카 오사무(手塚治虫, 1928~1989)는 일본의 만화가, 애니메이션 감독, 의사. 전후 일본의 스토리 만화의 일인자로 만화 표현의 개척자적인 존재로 활약하였다.

의 날까지(勝利の日まで)」^{*9}에 전시하의 만화 캐릭터가 총동원되는 것
도 이러한 정석의 반영이다.

그러면 만화가의 '동원'은 어떤가. 이미 지적했듯이 전쟁이나 전시체
제를 다룬 만화의 상당수는 독자의 욕구에 부응하기 위해서 세상 분위
기나 정치를 자발적으로 고려한 결과이고 그 내용으로는 단순하게
판단하기 어렵다. 하지만, 주류 만화가들은 신일본만화가협회나 일본
만화봉공회처럼 국책을 헤아리는 조직을 정국에 민감하게 호응하면서
국내에서 만듦으로써 스스로 동원하는 체제를 스스로에게 부여해 나갔
다. 이들은 국책을 헤아리는 작품 집필을 자발적으로 한다. 어린이
만화에서는 오구마 히데오처럼 편집자가 현장으로 가기도 했다.

그러나, 노골적으로 정치에 의한 만화가의 '동원'이 파악되는 것은
역시, '외지'를 향한 국책에 있어서이다. 이 시기 많은 만화가가 '외지'
나 '전지'로 파견되어 만화 집필을 모종의 전시 프로파간다로 행하였
다. 예를 들어 프롤레타리아 만화잡지 『갈리카레(カリカレ)』에서 활동
한 사쿠마 아키라(佐久間晃)는 만주사변 직후 병역으로 만주 파견군에
가담하지만, 재만 중에 현지 잡지 『월간 만주(月刊滿洲)』에 투고하고
그 인연으로 다시 만주로 건너가 만화가로 활동한다. 만주에서는 새
롭게 잡지나 신문을 창간해서 현지에서 활동하는 만화가도 적지 않
았다. 사쿠마는 『펑톈일일신문(奉天日日新聞)』이나 『만주일일신문(滿
洲日日新聞)』에 적을 두고 활동하였는데, 이러한 '외지'신문뿐만 아니
라 기업의 선전과나 홍보과에 적을 두고 만화 집필을 하였다. 그것은
동시에 모종의 '문화 공작'에 참가한 것이기도 했다.

이렇듯 자신들 '거주자'에 대해서 사쿠마는 '내지'로부터 온 '여행
자' 만화가와 대비시켜서 적고 있다. 만철이나 개척공사의 초빙으로
만주로 건너온 자로는 다가와 스이호⁹⁾를 포함한 당시의 인기 만화가

가 즐비하다.[*10] 사쿠마는 분명히 '내지'로부터 온 '여행자'에게 거리
감을 드러냈다. 똑같이 만주에 동원된 만화가 중에도 '외지'그룹과
'내지'그룹으로 확연히 나뉘어져 있었던 것이다. 그 사실은 '외지'에
머무른 사카모토를 "개척총국에 있던 사카모토 가조(阪本牙城)[10] 선
배"라고 경의를 담아 그가 '외지'그룹의 일원임을 강조하고 있는 부분
에서도 엿보인다.

이렇게 보면 만주에 국한하지 않고 '외지' 국책과의 연관 속에서
만화가의 동원은 대략 다음과 같이 네 가지로 구분할 수 있다고 생각
해도 좋다. 즉, ①시찰자로서 '외지'에 간 만화가, ②'외지' 거주자로
서 문화공작에 종사한 만화가, ③종군 만화가 혹은 징병되어 전쟁터
에 있던 만화가, ④'내지'·'외지' 거주자·징병을 불문하고 아마추어
만화가 등 네 가지이다.

①는 공적 기관이나 '내지' 미디어가 파견하는 형태로, 일정 기간
'외지'를 시찰, 벽지로 향하더라도 전쟁터에서는 벗어나 만화도 여행
기에 가깝게 현지의 풍경이나 풍속을 그린 것이 대부분이다. 전시하
만화가들의 통일적 조직인 일본만화가봉공회의 작품집 『결전 만화집
(決戰漫画輯)』(1994)은 '공영권 보도만화'로서 만주, 중국 중부, 몽강,
중국 남부, 마닐라, 중국 북부, 버마, 뉴기니, 보르네오 등에 파견된
12명의 작품을 게재하고 있다.[*11] 그 내용을 보면 대부분이 '시찰'이었
음을 알 수 있다.

유일한 예외는 중국 남부로 파견된 마시코 젠로쿠(益子善六)의 「벽

9) 다가와 스이호(田河水泡, 1899~1989)는 일본의 만화가이자 라쿠고(落語) 작가. 쇼와
   초기의 어린이 만화를 대표하는 만화가이고 대표작 「노라쿠로」는 어른들에게도 큰 인
   기를 받았다.
10) 사카모토 가조(阪本牙城, 1895~1973)는 일본의 만화가이자 수묵화가.

화행여록(壁畵行餘錄)」으로 프로파간다용 대벽화를 그리며 돌아다니
는 모습이 만화로 되어 있다. 이것은 '시찰'이라기보다는 ②나 ③에서
선전공작용으로 현지 파견이나 종군 명령을 받은 만화가의 임무에
가깝다. '외지' 거주자는 대부분 신문 등의 보도기관이나 공적 기관에
적을 두지만, 그러한 기관은 명칭에 상관없이 선전공작 등 모종의
'문화공작'에 관여하고 있다. 따라서 소속되어 있는 만화가도 '문화공
작'을 담당할 수밖에 없다.

예컨대 아사히신문의 주선으로 상하이의 『대륙신보』에 파견된 가
토 미노스케(可東みの助)는 작품으로는 전국을 소재로 한 정치만화와
사회풍속을 그리는 두 가지 스타일을 구분하였다. 전국을 다루는 만
화 집필은 신문사 소속 만화가의 본래 업무로 '외지'의 평화적 일상을
그리는 것이 '시찰'계 만화가와 마찬가지로 실은 공영권에 대한 이해
나 우호를 다진다는 국책에 따르고 있다. 가토는 그 외에도 유대계나
백계 러시아 등 다민족·다국적 만화가협회를 결성해서 거기에 일본
측의 의향을 따르는 국책 애니메이션 제작을 강요받을 뻔한 「철옹공
주(鐵扇公主)」의 작자·완 형제(万兄弟)[11]를 끌어들이려는 등 개인의 발
안이라고는 믿기지 않는 문화공작을 실시할 뿐만 아니라, 마시코처
럼 전선에서 민중들을 상대로 속공으로 만화를 그리는 선무공작에도
동원되었다. 신문·출판사나 현지 기업 자체가 모종의 문화공작 기관
으로서의 성격을 지니고 '내지'에 거주하는 만화가 '내지'의 답답함을
견디지 못하고 '외지'로 탈출했다 하더라도 이처럼 현지에서의 문화

---

11) 완 형제(万兄弟)는 중국 만화의 창시자인 완 라이밍(万籟鳴, 1900~1997), 완구찬(万古
蟾, 1900~1995), 완 차오첸(万超尘, 1906~1992), 완 디환(万滌寰, 1907~1990)을 지
칭한다.

공작에 관여할 수밖에 없는 경우가 대부분이었다.

프로파간다의 일환으로

저명한 만화가나 어떤 형태로든 공작기관에 관여한 자, 임무로서 선전 활동을 위해 종군한 자에 대해서 만화가라 하더라도 한 병사로서 전선으로 징병된 자도 적지 않다. 전쟁터에서 '내지'로 전장의 모습(이라고 해도 역시 병사들의 '일상')을 전하는 만화를 '진중 만화'라고 하고 전시하 특유의 만화 형식이다. 예를 들어 『동아신보(東亜新報)』에는 다가와 스이호의 문하생, 다카조 게이스이[12]가 스승에게 보내는 「진중에서 화신(陣中より画信)」이 게재되는데 다카조는 『만화안전독본(漫画安全読本)』[*12]이라는 공장 근로자를 위한 작업 안전 매뉴얼 만화의 저서를 출판한 전혀 아마추어는 아니지만 일개 병사로서 징병되었다. 사카모토 모리히로(坂本守弘) 『진중 만화 새기는 군화(陣中漫画 刻む軍靴)』[*13]는 저자의 직함에 '나스부대(那須部隊) · 모토사카니시부대(元坂西部隊) 보병상등병(歩兵上等兵)'이라고 되어 있고 문자 그대로 '진중' 만화를 그리고 귀국 후에 전쟁터에서 그린 그림들을 한 권으로 모아서 정리한 것이다. 이렇게 징병된 만화가들의 작품집은 그 밖에도 '야스미부대(八隅部隊) 공병상등병(工兵上等兵)'이라고 저자명에 계급이 기록된 미카미 우노스케(三上卯之介)의 『진중 만화와 스케치 옹탕(陣中漫画とスケッチ 甕風呂)』[*14] 등 적지 않으며, 이들은 하나같이 전선에서 의 목가적인 병사들의 짧은 일상을 그린다는 점에서 공통적이고 '총후'의 가족들을 안심시키는 역할을 했다. 이들이 군 복무

---

12) 다카조 게이스이(高城渓水, 1916~1997)는 일본의 작사가.

중에 만화 집필을 허용받은 것도 직접적인 임무는 아니지만, 군이라
는 조직의 이익에 부합하는 형태로 만화를 그리는 이상 역시 '프로파
간다'의 일환이라고 할 수 있다.

그리고 마지막이 '내지', '외지' 거주자 또는 징병을 불문하고, 비전
문가, 아마추어이다. 종군한 무명의 병사 만화가와 구별하기는 어렵
지만, 굳이 구분하려는 것은 아마추어에게 창작을 요구하는 것이 '외
지' 식민지 정책을 포함한 전시하의 중요한 '국책'이었기 때문이다.
1940년에 발족한 대정익찬회는 기시다 구니오[13]를 문화부장으로 취
임시켰는데 기시다는 시민참여형 연극인 '아마추어 연극'을 추진한
다. 연극뿐 아니라 「익찬 일가」가 그 캐릭터를 이용한 투고이고 오늘
날의 표현으로 2차 창작을 독자들에게 요구했듯이 '협동주의'라는 이
름으로 창조적 행위를 통한 익찬 체제로의 국민 참여를 다양한 영역에
서 요구했다. 표어와 국민가요, 영화 시나리오뿐 아니라 황기 2600년
기념 '국사'마저 투고에서 뽑히게 된다.[15]

만화에 대해서도 '위문', '진중'이라고 구체적 용도를 내세운 통신
교육의 광고나 초보자용 입문서를 확인할 수 있다. 만화 입문서는
1920년대 후반부터 간행이 시작되어 만화를 그리는 독자의 저변은
확대되어 갔는데, 그들 '아마추어'야말로 이념적으로는 익찬 체제의
담당자였다. 만주 통치 정책 중에는 만화의 '선전'에서의 유효성과
"반드시 그림을 전문으로 하는 자에게 의뢰하지 않아도", "초등학생,
중학생에게 그리게 한다"는 방책도 일찍이 설파되었다.[16]

---

13) 기시다 구니오(岸田國士, 1890~1954)는 일본의 극작가이자 소설가, 평론가, 번역가,
   연출가.

두 명의 만화가

이상의 상황을 살펴보고 본고에서는 전시하에서의 만화 표현의 '동원'에 대해서 두 만화가를 비교해 가며 검증하고자 한다. 둘 다 사쿠마 아키라가 만주에서 활동한 만화가로 이름을 올린 사람들이다. 한 명은 다가와 스이호. 1931년에 시작된 「노라쿠로」시리즈의 작자이다. 다른 한 명은 사카모토 가조. 1934년에 시작된 『탱크탱크로(タンクタンクロ一)』의 작자다. 15년 전쟁 전기에 각각 『소년구락부(少年俱楽部)』, 『유년구락부(幼年俱楽部)』라는 아동 잡지에서 압도적인 인기를 자랑했고 전후에도 복간이 이어진 작품들이다. 이러한 인기 작가들마저도 전쟁 협력에 '동원'되는 전시하에서의 현실을 먼저 확인하고자 한다.

하지만 「노라쿠로」, 『탱크태크로』가 전시 협력 작품이라는 것은 아니다. 군대나 전쟁을 소재로 하고는 있지만 전쟁이나 군인은 어린이라는 대중의 욕구에 충실하게 부응한 것으로 사카모토의 『탱크로』의 주인공에게는 전쟁물과 견줄만한 인기 장르인 다치카와문고적인 '닌자'의 이미지도 투영되어 있다.

이들이 정치적으로 '동원'된 국책은 만몽개척 청소년 의용군이었다. 이 점에서도 공통적이었다. 만몽개척 청소년 의용군이란 1937년 제1차 고노에(近衛)내각에 농촌경정협회 이사장 이시구로 다다아쓰[14], 만주이주협회 이사장 오쿠라 긴모치[15], 이사 하시모토 덴자에몬[16], 나스 시로시[17], 가토 간지[18], 대일본연합청년단 이사장 고사카

---

14) 이시구로 다다아쓰(石黒忠篤, 1884~1960)는 일본의 농림관료이자 정치가.

15) 오쿠라 긴모치(大蔵公望, 1882-1968)는 일본의 철도 관료. 남만주철도이사를 역임했다.

16) 하시모토 덴자에몬(橋本伝左衛門, 1887~1977)는 일본의 농업경영학자.

마사야스[19] 등 6명이 '만몽개척 청소년 의용군 편성에 관한 건백서(満蒙開拓青少年義勇軍編成に関する建白書)'를 받는 형태로 정해진 '만주 청년 이민 실시 요강(満洲青年移民実施要綱)'에 따라 이듬 해인 1938년부터 모집이 시작된 나이 만 16세부터 19세까지의 남자를 대상으로 한 새로운 이민정책이다. 중일전쟁으로의 병사의 대량 동원과 경기 확대에 따른 노동력의 수요 확대로 인해 성인의 이민 확보가 어려워졌다고도 하지만, 허술한 이민 계획과 더불어 항일 빨치산과의 무장 충돌, 고향을 그리워하는 '둔간병(屯墾病)'이라고 불린 심각한 향수병의 다발 등 성인 이민이 내재적인 문제를 안고 있었기 때문에, "빈곤자이면서 활로를 만주에서" 구할 수밖에 없었고, 또한 "순수한 마음의 연소자"[17]에 의한 개척단으로의 정책을 전환하였다. 1938년 당시 16세라고 하면 「노라쿠로」 연재 개시 시점인 1931년에 9세, 「탱크로」가 연재를 시작한 1934년에 12세, 즉 의용병은 「노라쿠로」와 「탱크로」의 독자와 겹친다. 그것이 다가와와 사카모토가 '동원'된 이유라고 우선 생각된다.

2. 다가와 스이호의 기용

다가와의 의용병 정책 참여

다가와 스이호의 기용이 바로 '국책'이었다는 사실은 시미즈 히사

---

17) 나스 시로시(那須皓, 1888~1984)는 일본의 농학자.
18) 가토 간지(加藤完治, 1884~1967)는 일본의 교육자이자 농본주의자, 검도가.
19) 고사카 마사야스(香坂昌康, 1881~1967)는 일본의 내무관료.

나오(淸水久直) 『만몽개척 청소년 의용군 개요(滿蒙開拓靑少年義勇軍槪要)』의 이하의 기술에서 확인할 수 있다.

> 10, 의용군의 만화선전 · 초등학생을 위해서
>
> 초등학생의 의용군에 대한 관심은 최근 현저하게 고조되어 의용군의 현지 생활 상황을 알려고 하는 노력을 하기에 이르렀기에 척무성에서는 초등학생이 가장 이해하기 쉬운 글과 그림으로 현지 보고서를 제작하기 위해서 만화가 다가와 스이호 선생님(본명 다카미자와 스이샤[高見澤水車])과 협상 중이었는데 최근 승낙을 얻었기에 이번 달 5일부터 한 달에 걸쳐 현지를 방문하시게 되었습니다. 다가와 선생님은 우선 창투(昌図)훈련소에 가신 뒤 하얼빈훈련소를 비롯한 각지의 크고 작은 훈련소를 방문하셔서 겨울의 의용군과 훈련소의 설 풍경을 특기인 글과 만화에 담아 1월 10일경 귀경하실 예정이다.[18]

다가와의 본명을 '수이샤(水車)'라고 표기한 것은 오기일 것이다. 이 책은 의용군에 지원한 청소년들이 2개월에서 4개월간의 훈련을 '내지'에서 받는 이바라키 현(茨城県)에 있는 우치하라(内原) 훈련소의 기록으로써 작성된 것인데 다가와에 대한 협조 요청이 '초등학생'용으로 즉 「노라쿠로」의 독자용으로 이뤄졌음을 알 수 있다.

다가와는 다이쇼 시기 신흥미술운동에 참여하기 이전에는 초등학교를 졸업하고 직장을 전전하다 1919년에 징병되어 21년 만주 지린성(吉林省)에 배속되었다가 그해 제대했다.

의용병 정책에 관여하면서 만주로 건너가게 된 것은 이보다 훨씬 뒤에 만화가로 이름을 알린 뒤이고 만몽 개척 청소년 의용군의 생활 지도원으로서 각지의 훈련소를 돌았다고 한다. 자서전에서는 1939년

6월부터 41년까지 척무성 촉탁으로 세 차례 도만(渡満)한 것으로 회상하고 있다.[19] 앞의 『개요』에 황기 2600년에 맞추어 1940년 후반부터 「보고서」작성을 위해서 만주로 건너갔다는 기록은 세 번째 도만일 것이다.

다가와가 의용병 정책에 관여한 것은 대략 다음과 같은 세 가지 형태로 확인할 수 있다.

1. 권유 지침서 책자 『당신도 의용군이 될 수 있습니다(あなたも義勇軍になれます)』 간행과 의용군에 참가하는 과정을 순서대로 그린 만화 「의용군 기보(義勇軍の義坊)」시리즈를 집필.
2. 의용병 훈련소에서의 의용병에게 만화 창작을 지도.
3. '노라쿠로'가 퇴역한 후 '대륙'에서 활약하는 시리즈를 집필.

이것들이 1939년부터 41년까지 병행해서 이루어지고 있었던 것이다. 물론 3의 「노라쿠로」의 전시 협력에 관해서는 부정적인 시각도 있다. 그 내용은 중일전쟁을 전후해서 '놀이'였던 전쟁이 중국 대륙에서의 리얼한 전쟁으로 세계관의 틀이 변하고 '폭탄 삼 용사'를 모티브로 한 삽화가 보이는 등 전시하의 유행에 민감했다. 그러나 『소년구락부』1941년 10월호부터 정보국의 지도로 연재 중지(9월호는 휴재)가 된다.

'중지'의 직접적인 이유는 고바야시 히데오가 회상하듯 중국인을 돼지의 모습으로 그렸기 때문이다.[20] "황군의 용맹 과감함을 너무 강조한 나머지 지나병을 비상식적으로 희화화", "지나인을 모욕한" 표현을 금지하는 '사변 기사의 취급 방법(事変記事の扱ひ方)'의 항목에 저촉했다고 생각된다.

한편으로는 출판용지의 통제로 직전 호의 실적에 따라 다음 호의 부수가 결정되는 구조였기 때문에 종이 배급을 줄이려면 잡지의 부수를 감소시키기 위해서 인기 작품을 중단시켰다고 당사자는 회상하고 있다.[*21] 직접적인 이유야 어쨌든 간에 「노라쿠로」 휴재 자체가 일종의 본보기였고 만화가나 출판계에게 협조를 요구하는 무언의 압력이었다고 생각하는 것이 타당할 것이다. 하지만, 국책에 협력한 「의용군 기보」도 「노라쿠로」와 같은 타이밍에 연재가 중지돼 있어서 이 문제는 좀 더 검증이 필요하다.

다가와의 의용병 정책에 대한 '협력'은 이미 확인했듯이 그 독자가 의용병에 응모하기 적합한 연령에 접어든 타이밍에 이루어졌다. 만화 표현을 자신의 독자를 서점으로 뛰게 하는 '동원'이 아니라, 전쟁터로 '동원'하기 위해서 사용할 것을 요구한 것이다.

서점에서 전쟁터로

동원을 위해서 다가와는 우선, 『당신도 의용군이 될 수 있습니다』라는 지침서를 1940년에 간행한다. 발행처는 척무성 척북국(拓北局). 이와 별도로 다가와의 이름은 없고, 단지 발행처에 '척무성 척무성'이라고 기재된 판본도 있다. 내용은 '만주 개척의 의의'를 먼저 설명하고 '의용병이 되기까지'로 시작해서 응모서부터 이바라키현 우치하라 훈련소에서의 2개월간의 훈련, 현지에서 1년간의 대훈련소, 2년간의 소훈련소를 거치고 소훈련소에서 그대로 '개척단'으로 이행하기까지의 과정을 그린 16페이지의 소책자이다. 이것과 병행한 것이 만주이주협회가 간행한 『신만주(新滿洲)』(1941년 1월부터 『개척(開拓)』으로 잡지명 변경) 에 연재한 만화 「기보」시리즈이다. '기보(義坊)'의 '기(義)'가 의용군에서 한 글자를 따 온 것은 말할 필요도 없다. 책자에서는 16페이지 분량으로 그려진 내용이 1940년 4월호부터 1941년 12월, 즉 전술한 바와 같이 「노라쿠로」 중단과 거의 비슷한 타이밍까지 연재만화로도 이어졌다.

내용에서 눈길을 끄는 것은 처음 5화분이 「아버지 훈련(親父訓練)」(첫 회에만 「아버지 교육」)이라는 제목으로 기보가 아버지에게 의용병이 되고 싶다고 말씀드리고 갈등하는 아버지를 설득하는 모습이 그려진다. 공원이 되라는 아버지에게 "공장에서 3년 근무하면 어떻게 되는데?"하고 기보가 묻고 "그때마다 달라서 어떻게 될지 내가 어떻게 알 수 있냐."라고 대답한 아버지에게 "의용군은 3년이 지나면 10정보(町步)의 땅 주인이 되요."라고 설득시키고 마지막으로 "집안을 위해서라기보다는 국가를 위해서 가는 것이 당연하다."라고 아버지가 납득하실 때까지를 그린 부모 설득 매뉴얼인 것이 흥미롭다. 기보가 부모 곁을 떠난 뒤로는 만주로 건너가기까지의 훈련, 개척촌에서의 생활을 따라 그려내는, 「노라쿠로」가 고아 강아지에서 군대에서 출세하는 일종의 출세담이었던 것과 평행하는, 소년의 자립이라는 교양 소설적 이야기로 되어있다. 「노라쿠로」에서 다가와가 만화에 도입시킨 캐릭터가 사회 시스템에 따라 「출세」한다는 수법이 청소년 의용군이라는 프로파간다의 내용에 유효했던 것이다. 그러던 것이 갑자기 두 작품 모두 동시에 중단되면서 성장이 멈춘 채로 남아 있다.

두 번째, 다가와의 의용병 정책에 대한 협력은 '외지' 훈련소에서의 만화 창작 교육이다. 이 내용은 다가와의 자서전에도 기재되어 있다.[22] 그리고 의용병 중 한 명이 전후에 회상의 형태로 만화로 그려 남긴 것으로도 증명된다. 소년들이 만화가 되겠다는 야심을 품었다는 게 '웃기'기는 하지만, 만화통신교육의 선문 문구가 "지나로, 만주로, 국내 만화가는 매우 바쁘구나. 나아가라! 신진 만화가!"였던 시대를 감안하면 리얼하기도 하다. 증언으로는 그 밖에도 전후, 미쓰이미이케 광업소(三井三池鑛業所)에서 일하면서 사내보 등에 만화를 집필한 아마기 다로[20])가 훈련소 시절에 다가와로부터 지도를 받았다고 한다.[*23]

이처럼 다가와는 자신의 독자를 의용병이 되도록 권유했을 뿐 아니라 창작지도도 한 셈인데, 그것은 당연히 독자와의 교류라는 미담으로는 수렴되지 않는다. '아마추어' 창작자의 육성은 전시하의 중요 정책이었기 때문이다. 특히 만주에서는 일찍이 만화는 문화공작의 수단으로 인식되어 만주의 문화공작 전문지 『선무월보(宣撫月報)』에서는 "만주의 특수성에 비추어 당국으로서 일만 만화가를 적극적으로 양성할 필요"를 설파하고 있다.[*24] 이것이 사쿠마가 회상한 것처럼 많은 인기 만화가의 시찰, 그리고 현지 기관에 소속된 만화가를 배출했던 전제가 된 것이기도 하다.

이를 위해 '재만 만화가(아마추어 포함)'의 '사상 수교육(手敎育)의 실행'에 더해서 '선전기구 내에 만화부문이 설치되어 만화가 양성과 지도'[*25]가 이뤄져야 한다는 주장도 나왔다. 이 잡지에 초보자용 만화 그리는 법이 실려 있는 것도 그 때문이다. 의용병의 만화지도는 시기적으로는 이 제언 이후에 이루어졌다.

이러한 의용병 지침서 제작이나 의용병의 만화지도를 고려했을 때 같은 시기에 집필된 「노라쿠로」의 대륙편이라고 부를 수 있는 시리즈에 대해서 단지 아이들의 요구에 부응했을 뿐이라는 식의 옹호는 다소 어려워진다.

---

20) 아마기 다로(甘木太郞, 1927~2001)는 일본의 만화가.

「어느 중요한 일」

「노라쿠로」는『소년구락부』1939년 5월호「노라쿠로 대위 환송회 (のらくろ大尉歓送会)」를 끝으로 "생각하는 바가 있어" 혹은 "깊은 생각 이 있어서" 대위의 신분을 마지막으로 퇴역한다. 그 구체적인 '생각' 은 "병정을 그만두고 다른 방면에서 나라를 위해서 힘쓰게 되었다"라 고 말하고 잡지 기둥의 '끌기' 문구에도 "어떤 중요한 일을 하기 위해 서 오랜 기간 근무한 병정을 그만두었습니다"라고 적혀 있다. '개'와 '병정'이라는 아이들이 좋아하는 캐릭터 속성의 한 요소를 버리는 설 정 변경은 앞서 말했듯이『소년구락부』의 부수를 줄여서 종이 배급 을 아끼기 위한 중단 요청이 있었다는 설이 있을 정도이니 인기가 시들해져서 노선을 수정했다고는 보기 어렵다. 그해 6월부터 다가와 가 척무성의 주선으로 만주로 건너간 것을 감안하면 '노라쿠로'에게 내려진 '중요한 일'은 다가와가 의용병 정책에 협력 요청을 받은 것을 반영했다고 봐야 할 것이다. 즉, 이 시점에 이르러 만화가와 캐릭터 모두 동원된 것이다.

「노라쿠로」시리즈는 잡지 연재에서는 출세할 때마다 혹은 작전마 다 제목이 바뀌지만, 퇴역 후에는「노라쿠로 대륙행(のらくろ大陸行 き)」(1939년 6~8월호. 여름의 증간호),「노라쿠로 출발(のらくろ出発)」 (1939년 9월호)이라는 제목으로 출발까지 실로 5회를 사용하고 있다. 기차나 배를 놓치는 것이다. 대륙으로 건너간 뒤에는「노라쿠로 대륙 (のらくろ大陸)」(1939년 10~12월호),「노라쿠로 탐험대(のらくろ探検隊)」 (1940년 신년호~12월호), 도중에「노라쿠로 광산(のらくろ鉱山)」(1941년 신년호)라고 한 편만 다른 제목이 되었다가 다시「노라쿠로 탐험대」 로 돌아가 1941년 2월호부터 갑자기 휴재한 9월호를 건너 10월호까 지 이어진다. 종료 시점이「기보」종료와 겹치는 것은 전술하였다.

『개척』에서는 만화 「기보」 종료 후에도 다가와의 만주 보고는 게재 되었기 때문에 집필을 거부당했다고는 말할 수 없지만, 두 작품이 거의 동시에 중단된 사실은 변함이 없다.

이러한 흐름 속에서 당초 연재 5회에 걸쳐서 출발을 반복하고 있는 것은 어떻게 봐야 할까. 오시로 노보루[21]가 만주의 광물자원에 대한 문화 영화적 작품을 만들 것을 요구받아 '자료'는 모았지만, 도저히 그려지지 않는다는 막후의 이야기로 모두 수십 페이지를 사용한『유 쾌한 철공소(愉快な鉄工所)』(1941)를 국책만화 집필에 대한 '저항'이라 고 필자가 평가한 적이 있는 이상[*26] 다가와도 이런 관점에서 '저항'의 가능성을 찾아보지 않으면 공정하다고 할 수 없지만, 과연 어떨까. 이 출발이 지연된 부분은 대륙편의 연재 도중에 단행본으로 먼저 간 행되 나온『노라쿠로 탐험대(のらくろ探検隊)』(1939)에서도 마찬가지 다. 취재 타이밍을 기다리고 있었다고도 생각된다.

다가와가 그리지 않은 것

대륙으로 건너간 뒤 '노라쿠로'의 행동은 일정하지 않다. 처음에는 '시찰'계 만화가처럼 대륙의 풍속에 대해서 기록한 것이 「노라쿠로 대륙」이고 드디어 광물자원의 국가를 위해서 필요하다는 것을 도서 관에서 알게 된다. 「탐험대」시리즈에서는 '노라쿠로' 와 한반도 출신 의 개, 중국 출신의 돼지, 아마도 만주나 몽골 출신의 염소와 양의 다섯 명, 즉 '오족협화'의 멤버로 이루어진 탐험대가 광물자원을 찾으 러 나선다. 광물자원개발은 전술한 오시로가『유쾌한 철공소』에서

---

21) 오시로 노보루(大城のぼる, 1905~1998)는 일본의 만화가이자 일러스트레이터.

비슷한 시기에 협력을 요청받은 주제이다.

오시로는 철공소를 만드는 대신에 애니메이션 속에서 공장을 짓는다는 스토리 전개로 '저항'을 나타냈지만, 「노라쿠로」은 금광을 발견한다. 도중 단 1화만 제목을 바꾼 「노라쿠로 광산」에서는 예전 상관이었던 분의 두 자녀가 의용군에 가담했다가 노라쿠로를 찾아온다는 에피소드가 삽입되었다가 다시 새로운 광맥을 찾기 위해서 혼자 출발한다. 간첩과 대결하는 등 이야기 전개가 시작되는 와중에 갑자기 개발 회사의 금광에 헤매고 들어갔다가 이 회사의 사장이 된 옛 상관, 불(도그) 연대장을 만나서 한 명의 "산업 전사"로서 "평생을 이 구덩이에 들어가 남몰래 지하자원을 개발할 결심"을 하게 된다. 즉, '노라쿠로'는 마지막에 광산 노동자가 되는 것이다.[27]

이렇게 봤을 때 의용군 입대서부터 개척단까지의 활동을 지침서처럼 그린 「기보」와 비해서 뭔가 결의를 갖고 퇴역한 것 치고는 헤매고 있다. '풍속 소개', '광산 개발', '의용군'이라는 요청받은 테마를 아무렇게나 쓰고 있다. 이는 자신의 독자를 '동원'하는 데서 오는 약간의 갈등이 있었기 때문이라고 선의로 그렇게 읽고 싶지만, 증거는 없다.

한 가지만 말할 수 있는 것은 지침서에도 「노라쿠로」에도 너무나도 열악한 의용병의 현실은 당연하지만 그려져 있지 않다, 라는 점이다. 고바야시 히데오는 만주 시찰의 기록 「만주의 인상(滿洲の印象)」에서 가혹한 자연환경이나 거기에서의 절망적인 생활을 사정없이 그린다. 페치카에 불을 붙이려고 휘발유를 뿌렸다가 타 죽은 사례를 보고 작가는 멈춰 서버린다.[28] 다카미사와 준코[22]의 회상에서 다가와

---

22) 다카미사와 준코(高見澤潤子, 1904~2005)는 일본의 극작가, 평론가, 수필가.

가 그러한 현실을 직시하고 동정한 것은 확인할 수 있지만, 그러한 현실은 그려지지 않았다. 하지만 그리지 않는 것이 바로, 국책이다. 만화는 이러한 '현실'을 그려내지 않고 뭔가 유쾌하고 즐거운 것으로 전환시키는 역할을 한다. 앞에서 언급한 다가와에게 만화를 배운 학생은 전후 같은 회상록에서 글로는 의용군의 가혹한 현실을 쓰면서 동시에 게재된 '만화'에서는 유쾌한 일상을 그리고 만다. 거기에 만화라는 형식의 정치성이 있다.

3. 사카모토 가조의 활동

도만 후의 사카모토

사카모토 가조가 만주로 건너간 것도 다가와와 같은 1939년이다. 둘의 전시 협력은 이미 보았듯이 시기가 같고 요구된 역할도 놀라울 정도로 가깝다. 현지에서 만화지도를 한 점에서도 겹친다. 사카모토 사후에 간행된 『그림과 선(画と禅)』(2004)에는 도만에 대해서 이렇게 쓰여 있다.

> 1939년(쇼와 14) 44세
> 구 만주개척총국의 홍보담당 촉탁으로 1945년까지 근무. 구 만주 전역의 의용대 훈련소를 찾아가 청소년의 정조 교육에 힘쓴다. 또한, 하얼빈, 지린, 청더(承德), 싱룽(興隆) 등 각지를 여행. 저서 『만화 현지 보고(漫画現地報告)』, 『개척 삼대기(開拓三代記)』, 『괭이 병정(鍬の 兵隊)』 등.[29]

만주에서의 신분에 대해서는 '만주 신문사', '몽고신문', '의용대 훈련 본부의 촉탁'이라고 커리어의 변천을 기록하였다. 인용문에 있는 것처럼 만주개척총국의 '홍보담당 촉탁'으로 적혀 있는 자료도 있다.[*30]

주의하고 싶은 것은 도만 직후의 만화집『만주 건설 근로 봉사대 만화 현지 보고(満洲建設勤労奉仕隊 漫画現地報告)』(1939)에 사카모토의 신분이 만주 건설 근로 봉사대 중앙 실천 본부에 '초대되어 중앙 실천 본부원'이 됐다는 점, 그리고 실천 본부의 사무국장이자 개척총국 총무소장인 이가고 마키조(五十子巻三)가 사카모토를 "30년간 믿음을 저버리지 않는 친한 친구"라고 쓴 점이다.[*31] 이가고는 만주 이민정책의 출발점인 농림성 갱생 운동에 처음부터 관여하여 만주 개척 실무의 중심적인 인물 중 한 명이다. 만주국 개척총국장을 거쳐 패전 때는 동만성(東満省)의 성장이었다. 만주로 건너갔을 때, 사카모토에게 예산은 얼마든지 사용해도 호언한 인물이 있다고 하는데, 아마도 그 인물이 이가고일 가능성이 크다. 사카모토도 이가고도 도쿄 부립 제2중학교(현·도립다치가와고등학교[都立立川高校]) 출신으로 30년간의 교류란 고등학교 동참임을 가리키는 것 같다. 그렇다면 사카모토의 도만은 다가와처럼 조직적인 만화가 동원으로 인한 것이 이가고와의 사적인 교류가 배경에 있었고 예산이나 활동의 자유도 이가고의 뒷배로 보증했다고 여겨진다. 그렇다면 재만 만화가들 사이에서의 사카모토의 지위를 알 수 있다. 사쿠마가 "선배"라고 부른 것은 잘나가는 만화가 만주 거주자가 된 것에 대한 동질감만 있었던 것은 아니었을지도 모른다.

사카모토는 도만 후 잡지 등에 의용대나 개척촌에 대한 보고 만화와 글(사카모토는 메이지 말기의 문예지 투고자였다)을 발표한다. 다가와의 「기보」 시리즈와 같은 잡지 같은 호에 기고하기도 했다. 한편으로

'외지'출판사에서 네 권의 저서를 간행한 것이 확인된다.

『만주건설 근로봉사대 만화 현지보고』는 만주로 건너가 처음으로 낸 책이다. 이 책은 1939년 6월부터 일반 청년·학생을 중심으로 약 1만 명이 2개월 반에서 3개월간 개척촌에 근로봉사대로 도만했을 때, 사카모토가 "봉사대의 봉임지를 거의 구석구석 시찰"하고 만화로 표현해서 일본과 만주의 신문, 잡지에 게재한 것을 정리한 것이다. '시찰'계열의 내용이다.

만주에서 출간한 두 번째 책 『개척 삼대기』(1940)는 1939년 만주·일본 양 정부가 발표한 '만주 개척 정책 기본 요강(滿洲開拓政策基本要綱)'을 만화로 해설한 것이다. 이는 일본의 국책이었던 이민사업을 일본·만주의 '일체적인 중요 국책'으로 다시 정의한 것이다. 그중 이민정책의 요체인 만몽개척과 관련해서 청소년 의용군을 '민족 공화의 핵심'이라 언급하고 그 중요성을 강조한 후 운영방침을 상세하게 정했다. 사카모토는 '이 요강의 그림 해설'을 스스로 "생각났습니다"라고 서문에서 쓰고 있지만, 솔직하게 믿는다면 자유로운 활동을 허락받은 사카모토로부터의 제안이 된다.

세 번째 책은 『괭이 병정』(1943). 『만주건설 근로봉사대 만화 현지보고』와 마찬가지로 만화이지만 글이 메인인 인상을 준다. 이 세 저자는 모두 '국책' 만화에 의한 직접적인 선전 활동이다. 『괭이 병정』에서는 이가고의 「서문」이 있어 도쿄 부립 제2중학교 동기인 것, 이토 세이우[23]로부터 일본화를 배웠다는 것이 흥미롭다. 함께 그려진 그림도 캐리커처된 '만화'뿐만 아니라 스케치의 비중이 늘어나면서 글을 포함해서 의용군의 유머 묘사가 아닌 '기록'으로서의 측면이 강

---

23) 이토 세이우(伊藤晴雨, 1882~1961)는 일본의 화가.

해지고 있다. 의용대 만화부대의 활동을 이미 시작한 사실이 이가고의 서문에 있으므로 그 영향이라고도 생각된다.

인상이 크게 다른 것이 네 번째 책 『의용대 만화부대(義勇隊漫画部隊)』(1943)이다. 사카모토는 '편찬자'로 표기되어 있으며, 앞의 세 책과 다른 것은 이 책이 의용병 청소년들이 그린 만화의 작품집이라는 점이다. 다가와가 지도한 의용병의 작품은 전후의 것이 몇 개 확인되지만, 사카모토가 지도한 의용병의 작품은 이 한 권에 250편 정도 남아 있는 것이다.

'일상'을 도려내다

사카모토가 만주에서 최종적으로 선택한 것은 다가와와 마찬가지로 의용군 참가자에 대한 만화 창작 지도였다. 그 경위에 대해서 사카모토는 이렇게 회상한다.

나의 의용대 만화순례는 이런 데서 시작됐다. 만주에서 가장 활발하게 살고 있는 것은 의용대라고 느꼈던 것이다.

"그런데"라고, 나는 말했다. "너희들도 만화를 그려보지 않을래? 만화 같은 건 누구나 그릴 수 있어. 세 살짜리 아기라도 그릴 수 있어." "정말로요?"[*32]

"마음대로 스스로 기획해 자유롭게"해도 좋다는 말을 들었다는 회상과 함께 고려해보면 사카모토의 만화 지도는 그의 아이디어였다고 볼 수 있다. 그러나 앞서 살펴보았듯이 만주에서의 만화지도는 다가와도 했듯이 중요한 '국책'이었다. 다가와의 제자가 어떤 만화를 그렸는지는 모르겠다. 하지만 사카모토는 그 소재를 그들의 '일상' 생활에서 적극적으로 찾게 했다.

　　"선생님"이라고 소년이 말한다. "만화의 씨앗은 어디에 있습니까?"
　　"어디에나 있지. 산더미처럼 있지." 나는 발밑의 개를 가리키며 "이
　　개를 이대로 그리면 만화야."[33]

　이른바 '시찰'계열의 만화가는 현지 풍속이나 생활 등을 만화의 소
재로 한다. 진중 만화도 병사들의 찰나의 일상 체험을 그린다. 사카모
토도 또한 만주, 혹은 '내지' 잡지에서 의용대나 개척촌의 '일상'을 그
렸다. 사카모토는 당초에 "나에게 부과된 일은 오로지 봉사대의 유머
러스한 면을 채집하는 것"이라고 기술한다. 동시에 "봉사대의 생활
속에 익살 따위는 추호도 없다", "그 웃음은 일선에 있는 장병과 같은
긴장 속의 여유"라고 기록한다.[34] 그것들은 일상이나 생활의 밝고 즐
거운 측면만을 도려낸 것으로 그것이 어떻게 '정치'화된 만화 표현인
지를 알 수 있다. 전시하의 '내지'에서는 '일상'생활'은 신체제 용어이
고 익찬회에 참가한 하나모리 야스지[24] 등이 밝고 즐거운 일상을 설
계해서 발신했다.[35]
　그러나 사카모토 역시 고바야시 히데오나 다가와 스이호와 마찬가
지로 개척촌의 냉엄한 현실을 보고 있다. 그때 사카모토의 학생들은
어떠한 '일상'과 '생활'을 그렸을까? 여기서 주의해도 좋은 것이 사카모
토의 연보에는 이 만화지도를 '정조 교육'이라고 쓰고 있다는 점이다.

---

24) 하나모리 야스지(花森安治, 1911~1978)는 일본의 편집자이자 그래픽 디자이너, 저널
　　리스트.

'둔간병'과 정조교육

사카모토는 전후 앞의 '둔간병'에 대해서 회상하고 있다. 정신에 장애가 생겨 칼날을 휘두르는 사람, 도망쳐서 늑대 먹잇감이 된 사례를 보고 들었다. 성인의 '둔간병' 대책으로 잘 걸리지 않는다는 청소년들로 의용군을 만들게 된 측면이 있다는 것은 이미 언급했지만, 물론 속설이고 그래서 자살도 적지 않았다. '둔간병'은 어릴 때부터 정신적 훈련을 쌓는 것으로 해결될 수 없었던 것 같다.

사카모토는 그 실태를 스스로 만화로 하지는 않았지만 적어도 사카모토 만화지도의 주안점이 그런 상황에서 어린 나이에 부모 곁을 떠난 소년들의 정조교육에 있었던 것은 전후의 변명은 아니다. 사카모토는 이런 에피소드를 적는다.

> 어느새 소장님도 나와서,
> "이건 묘안이다."라며 눈을 부릅뜨고 "이런 놀이를 시키면 기숙사 여사감을 괴롭히는 대원은 없어질 것이야."
> "정말 그러네요."라며 언제 그곳에 왔는지 여사감이 웃으며 말한다.
> 기숙사 여사감은 자원해서 의용대에 들어온 헌신적인 젊은 여성이다. 소년들에게는 단 한 명의 어머니이자 보건사이자 영양사이다.
> 그래서 소년들은 이 여사감에게 어리광을 부리거나 괴롭히는 것이다.[36]

'기숙사 여사감'이란 청소년의 '둔간병' 대책으로 20대 후반에서 40대 중반의 부인을 '여자 지도원'으로 파견해서 모성을 심어주자는 정책이었다. 여기서 완곡하게 묘사된 것은 과도한 응석뿐 아니라 청소년 중에서도 연장자가 성희롱적인 것을 여사감에게 한 사례라고 생각된다. '여사감'에 대한 의존이나 그 존재의 크기는 후에 간행된 의용대 작품집 권두에 '그리운 추억'으로 크게 「여사감 선생님」이라는 제목의 작품이 게재된 것에서도 알 수 있다. 사카모토에게 기대한 것은 '여사감'도 줄 수 없는 '정조교육'이고 만화를 그림으로써 마음의 균형을 유지시켜 주는 것이었다.

얼핏 보면 비약한 논리 같지만 실은 의외로 납득이 간다. 전혀 다른 예이지만, 필자 자신도 테러 직후 파리에서 정신적으로 불안정한 소년들을 모아 놓은 시설에서 만화 창작 워크숍을 열었는데, 며칠간이 긴 하지만 그들이 진정되는 것을 경험했다. 근년에는 이민자 후손의 정체성 회복을 위해서 만화를 그리게 하는 워크숍이 북미에서 열려 일정한 효과를 거둔 예도 있다.[37]

때문에, 사카모토가 '정조교육'이라고 표현한 실태는 있었다, 라고 생각해도 좋다. 물론 그려진 만화는 훈련소나 개척촌의 일상을 유쾌하고 즐겁게 그리는 전시하의 표현 영역을 벗어난 것은 아니었다. 괴로움 속에 웃음이 있다는 식의 미사여구로는 표현할 수 없는 너무나도 가혹한 현실이 있었다는 것은 많은 의용병이 증언하고 있다.

만화 지도

사카모토는 지도를 위해서 각 의용대를 순회한 후 신징으로 돌아오면 4페이지 정도의 기관지를 발행했다. 그 잡지명으로 '의용대 만화부대(義勇隊漫画部隊)'라는 이름이 사용된 듯하다. 투고를 접수하여 모든 투고 만화에 첨삭을 해서 되돌려 줬다고 한다. 의용병 중 한 명은 이렇게 회상하고 있다.

그런데 그 만화……실은 저에게도 다소의 그림에 대한 자부심이 있어

서 두세 번 작품을 그려 훈련소 본부의 사카모토 가조 선생님에게 보냈
는데 매번 친절하게도 가조 선생님한테서 달필의 엽서가 돌아왔습니다.

"훌륭한 작품은 일상에서의 훈련에 정성을 쏟는 데서 생깁니다. 자네도
만화에만 정신을 쏟지 말고 평소 작업을 성실히 하도록 노력하세요."[38]

'일상'을 강조하는 점에서 사카모토의 전후 회상과 모순되지 않다.
전람회도 열고 사카모토는 "의용대 훈련 본부의 협력"으로 208명의
출품자를 모으게 됐다.[39]

1943년 간행된 『의용대 만화부대』는 그 전람회 때의 것인지, 아니
면 기관지의 특별판인지는 확실치 않지만, 약 250편의 작품이 수록
되어 중복도 있지만, 의용대 만화부대의 멤버가 200명 규모였음은
틀림없다. 현지 발행 잡지에 특집도 있었다고 한다.

『의용대 만화부대』 수록 작품의 작가 중에는 각 훈련소, 개척촌
소속 이외에 '의용대 만화부대'라는 표기가 있는 자들이 있어 그 작품
의 수준에서 그림 지도를 했던 사람이 일정 수 있었던 것 같다. 그중
'다다 보즈(多田坊主)'라는 필명의 다다 시케노리(多田重徳)는 현지 잡
지에 작품이 실렸다. 다다같은 '외지'와 '내지' 사이에 파묻힌 무명
만화가는 적지 않다.

한편 의용대 만화부대의 성공은 '외지' 거주자들에게 만화 창작을
지도하고 문화공작에 사용한다는 『선무월보』에 나타난 계획을 실
현시켜 가고 있었다고 할 수 있다. 사실 의용대 만화부대만으로 '일개
중대를 편성'한다는 방안도 있었던 것으로 보이며, 아마도 선전공작
이나 프로파간다를 위한 조직화가 실제로 검토되었을 것으로 생각된
다. 하지만, 실현되지 않은 것이 사카모토의 저항인지, 패전 때문인
지, 이유는 확실치 않다.

사카모토는 1942년 12월, 긴자에서 「만주 풍물 사카모토 가조 개인 전람회(滿洲風物 阪本牙城個人展覽会)」를 개최했다고 하지만, 7년간을 만주에서 보냈다. 1945년 '개척총국 직원의 부재 가족 850명이 한꺼번에' 귀국길에 오르지만 북한에서 패전을 맞이하여 구금되었다가 1946년 9월에 귀국한다. 전후에는 만화가로서의 활동은 축소하고 남화가(南画家)로 산다.

만화 표현에 매달리다

'외지'에서의 만화 창작의 지도나 현지 만화가의 조직화는 대만, 조선, 상하이 등지에서 그 흔적을 확인할 수 있다. 작품을 모집해, 도시 지역에서 전람회를 여는 것 등은 루틴이라고도 할 수 있다. 실은 사카모토도 그런 흐름 속에 있었다. 그리고 '외지'의 프로파간다 만화에는 '외지'의 풍속이나 생활기록이 필요하다는 정해진 틀에서 벗어난 작품이 있는 것도 아니다. '유쾌'한 것이 기본이고, 그 명랑함과 밝음으로 '엄격함'을 견디는 모습을 그리는 것이 요구된다. 의용대 만화부대 만화 소년은 그런 국가의 요청에 기운 넘칠 정도로 충실하다. 하지만 그것을 비판하는 것은 너무 가혹하다.

그들은 견디기 힘든 현실 생활을 견뎌내는 기술로 만화 표현에 매달렸다. 사카모토는 '그리는 법'을 획일화하지 않고, 회상이나 엽서에 있듯이 생활에 뿌리를 둔 표현을 요구했다. 이렇게 말하기는 쉽지만 실천하기는 어렵다. 같은 시기, '내지'에서는 전향한 가토 에쓰로[25]가 근로 청년에게 "생산에 직접 종사하는 사람들의 손으로 생산적인 의

---

25) 가토 에쓰로(加藤悦郎, 1899~1959)는 일본의 만화가. 프롤레타리아 미술운동에 참가하여 풍자 만화 등을 그렸다.

도를 갖고 만화"를 그리는 '증산 만화'를 지도했는데, 그것은 프롤레타리아 예술 운동의 프로파간다 양식을 익찬 만화로 전용한 획일적인 표현이 되어 버렸다.

반면 의용대의 작품은 의도치 않게 '생활'의 정확한 기록이 되었다. 치졸함이 오히려 프로 만화가의 양식화된 표현과는 다른 것을 기록할 수 있었다. 예를 들면 「노천 천국(野風呂天国)」이라고 제목을 붙여 정리된 9편의 만화는 노천탕을 소재로 한 것이지만, 입욕 풍경이나 욕조 모양의 차이부터 각 지역의 기후 차이나 물자 상황 등이 전해져 온다. 사카모토는 도만 직후에는 "어느 부대나 풍속이나 작업이 대동소이하고", 자기 만화의 "소재가 유사"한 것이 된다고 말했던 것과 비교하면 대조적이다. 사카모토는 자신이 '대동소이'하다고밖에 보지 못했던 '차이'를 의용대 아마추어 만화가가 그려낸 것에 순순하게 반응하고 있다. 거기에는 정형으로 요구된 즐거운 노천 풍경이라는 스테레오 타입의 '생활' 묘사 너머로 의용병 한 사람 한 사람의 각각의 '생활'이 엿보인다.

물론 의용대 만화에도 국책을 용감하게 이야기하는 작품은 당연히 있다. 그러나 동시에 그 치졸하면서도 생활의 실감이 담긴 작품에 문득 '팔굉일우(八紘一宇)'라는 글자가 겹칠 때, 각각 그려진 하나하나의 '생활'이나 '일상'이 정치에 의해서 한 방향으로 어쩔 수 없이 수렴되가는 모습이 보인다. 그것은 획일화된 전문 프로파간다 만화보다 훨씬 생생하기도 하고 안타깝기도 하다.

이렇게 해서 다가와 스이호와 사카모토 가조라는 두 인기 만화가는 다가와가 동원에 가담한 청소년을 현지에서 사카모토가 키워간다는 기묘한 '협동' 관계에 있었다. 만화가가 국책에 동원됐고 만화가는 자신의 독자를 국책에 동원했다. 그 사실만을 나는 연구자가 아니라,

현재도 현역의 만화 작가로서 '지금'에 대한 마음가짐으로 이를 기록
한다.

원저자 주

*1 山口昌男, 『のらくろはわれらの同時代人──山口昌男·漫画論集』(立風書房, 1990)
에 인용된 『소년구락부』 관계자의 미공개 담화에서 재인용.

*2 旭太郎原作·大城のぼる作画, 『火星探検』, 中村書店, 1941.

*3 宮本大人, 「戦時統制と絵本」, 鳥越信 編, 『はじめて学ぶ日本の絵本史Ⅱ』, ミネル
ヴァ書房, 2002.

*4 日本児童絵本出版協会主催, 『「漫画絵本に就て」の座談会速記録』一, 日本児童絵
本出版協会, 1939.

*5 「昭和十六年五月二十七日 閣議決定 科学技術新体制確立要綱」, 石川準吉, 『国家総
動員史』資料編第四, 国家総動員史刊行会, 1976.

*6 中野重治, 『空想家とシナリオ』, 改造社, 1939.

*7 今村太平, 「漫画映画論」, 『戦争と映画』第一芸文社, 1942.

*8 「익찬일가」에 대해서는 大塚英志, 『大政翼賛会のメディアミックス──「翼賛一家」
と参加するファシズム』(平凡社, 2018)을 참조.

*9 手塚治虫, 「勝利の日まで」, 『幽霊男/勝利の日まで 手塚治虫 過去と未来のイメージ
展 別冊図録』, 朝日新聞社, 1995.

*10 佐久間晃/富山衛, 『絵と文 想い出の満洲』, 恵雅堂出版, 1971.

*11 金子三郎 編, 『決戦漫画輯』, 教学館, 1944.

*12 平松秀三 著, 高城渓水画, 『漫画安全読本』, 文学社, 1942.

*13 坂本守弘, 『陣中漫画 刻む軍靴』, 昭和出版協会, 1940.

*14 三上卯之介, 『陣中漫画とスケッチ 甕風呂』, 三友社, 1939.

*15 藤谷みさを, 『皇國二千六百年史』(大阪毎日新聞社, 東京日日新聞社, 1940)는 공모
로 입선, 간행된 「국사」.

*16 「宣伝の研究(七)」, 『宣撫月報』特集号, 1937.1.

*17 東宮鉄雄, 「第一次武装移民ノ精神動揺状況及第二次以降ノ人選ニ関スル要望」, 上
笙一郎, 『満蒙開拓青少年義勇軍』, 中央公論社, 1973.

*18 清水久直, 『満蒙開拓青少年義勇軍概要』, 明治図書, 1941.

*19 田河水泡·高見澤潤子, 『のらくろ一代記──田河水泡自叙伝』, 講談社, 1991.

*20 小林秀雄, 「漫画」, 『考えるヒント』, 文藝春秋, 1974.

*21 전게 주 19.

*22　전계 주 19.

*23　오무다(大牟田)시립도서관 웹사이트, 「향토의 만화가 아마기 다로(郷土ゆかりの漫画家甘木太郎)」의 '경력, 프로필'에 "의용대의 촉탁, 『노라쿠로(のらくろ)』의 만화로 유명한 다가와 스이호 씨의 판화 시도를 받는다"라고 쓰여있다.
　　　http://www.library.city.omuta.fukuoka.jp/kyoudo/ma-%E7%94%98%E6%9C%A8%20%E5%A4%AA%E9%83%8E.html

*24　今井一郎, 「漫画と宣伝」(上), 『宣撫月報』, 1938.9.

*25　今井一郎, 「漫画と宣伝」(上──その実践に就いて), 『宣撫月報』, 1938.11.

*26　大塚英志, 『手塚治虫と戦時下メディア理論──文化工作·記録映画·機械芸術』, 星海社新書, 2018.

*27　田河水泡, 「のらくろ探検隊」, 『少年倶楽部』, 1941.8.

*28　小林秀雄, 「満洲の印象」, 『改造』 신년호, 1939.

*29　阪本雅城, 『画と禅』, タンクロー出版, 2004.

*30　「タンクタンクロー読本」, 阪本牙城, 『タンクタンクロー』 復刻版付録, 小学館, 2005.

*31　阪本牙城, 『満洲建設勤労奉仕隊 漫画現地報告』, 大陸建設社, 1939.

*32　阪本牙城, 「タンク·タンクロー満蒙を行く──王道楽土建設を夢みて満洲に渡った少年たち」, 『文藝春秋』, 1965.12.

*33　전계 주 32.

*34　전계 주 32.

*35　大塚英志, 『「暮し」のファシズム』, 筑摩書房, 2021.

*36　전계 주 32.

*37　マイケル·ビッツ, 『ニューヨークの高校生、マンガを描く』, 沼田知加 譯, 岩波書店, 2012.

*38　森本繁, 『ああ満蒙開拓青少年義勇軍』, 家の光協会, 1973.

*39　전계 주 32.

제6장

'외지'에서의 일본제 양과자 광고 전략

- 어린이상(象)을 단서로 -

마에카와 시오리(前川志織)

들어가며

전전(戰前) 일본의 제과회사는 구미(歐米)로부터 상품의 제조 기술을 도입했을 뿐 아니라 그 판매 촉진·광고 수법을 탐욕적으로 도입함으로써 대량생산·대량유통 시스템에 기반한 근대화를 추진했다. 제과회사는 사업의 국제적 전개를 도모하며 일본뿐만 아니라 타이완, 조선, 중국, 상하이나 만주 등 '외지'에도 사업을 확대했다. 스즈키 상점(鈴木商店)[1], 모리시타 히로시 상업소(森下博商業所)[2], 고토부키야(寿屋), 나카야마 다이요도(中山太陽党), 쓰무라 준 텐도(津村順天堂) 등 다수 일본 기업의 일본제 상품도 마찬가지였다.[*1] 메이지유신(明治維新)[3] 이후,

---

[1] 1932년부터 아지노모토 본포 주식회사 스즈키상점(味の素本舗株式会社鈴木商店)로 개칭.

[2] 1922년 당시의 이름. 개칭을 거쳐 1935년부터 모리시타 진탄 주식회사(森下仁丹株式会社).

[3] 19세기 메이지 시대, 막부 체제를 타도하고 천황 중심의 지배 체제를 복구한 정치,

일본 정부가 이웃 국가와 지역에 대한 제국주의적 지배를 통해 권익 확대를 추진함에 따라 일본의 경제권역이 '외지'로 확장되었는데, 일본제 상품의 판로 확대를 충분히 의식한 후의 일이었다고 생각된다.

상품을 일본 및 '외지'에 유통시키는 것에 광고가 크게 활용되었다. 타이완, 조선, 중국, 상하이와 만주에서는 일본의 광고가 유용되거나 현지에 맞춰 번안되거나, 현지에서 새롭게 제작되기도 했다.

그런데 광고에는 홍보하는 상품을 구입하게 하는 유일한 목적을 위해, 순식간에 보는 사람의 관심을 끌고 그/그녀들에게 있어서의 동경의 상태나 모습을 알기 쉽게 제시하도록 요구된다. 그 때문에 광고 도안은 종종 사회·문화에서 널리 공유된 기성의 이미지—대중문화에 퍼져있는 이미지군—를 빌려 동경의 상태나 그 모습을 연상시키는 시각적 레토릭을 고안함으로써, 상품의 사회적·문화적 의미를 형성하는 역할을 띤다고 한다.[*2]

본 장에서는 이런 의미에서 당시 대중문화의 일익을 담당했다고 생각되는 일본제 양과자 상품의 '외지'에서의 신문 광고, 특히 그 도안(디자인)에 주목한다. 15년 전쟁기~1931년(昭和6) 만주사변에서 시작되어 1937년(昭和12) 중일전쟁[4] 개전을 거쳐, 설탕 등의 배급 통제에 따른 1941년(昭和16)경의 양과자 광고의 소멸까지—의 '외지'에 있어서, 이러한 상품이 어떠한 광고 전략을 취하고 그 광고가 어떠한 '동경의 모습'을 그리고 발신했는지, 또 그 과정에서 어떤 미디어 간의 연동이 도모되었는지. 모리나가제과 주식회사(森永製菓株式会社)[*3 5]를 중심으로 한 양과

경제, 문화 등의 분야에서 일어난 일련의 개혁.
4) 1937년 7월 일본의 침략으로 시작된 중국과 일본의 전쟁.
5) 1899년(메이지32) 창업. 이하 '모리나가'라고 한다.

자 광고, 특히 어린이상(象)에 초점을 맞추고 15년 전쟁기 이전의 시기와
도 비교하면서, 일본과 '외지'를 둘러싼 제국주의적 네트워크[*4]나, 총동
원 체제와 소비문화의 복잡한 교차[*5]를 주시하면서 확인하고 싶다.

1. 일본제 양과자 상품에 있어서의 '내지'와 '외지'

모리나가의 해외 판매 전략

모리나가 창업자 모리나가 다이치로[6)]는 자신이 만든 양과자를 일
본에 보급시키고 또 해외에도 수출하는 것을, 창업 당초부터의 목표
로 내걸었다.[*6] 영업을 담당하다 후에 2대째 사장이 된 마쓰자키 한자
부로[7)]도 이를 지지하여 '세계의 모리나가(世界の森永)'를 슬로건으로
내걸고 해외 사업에도 주력하게 된다.[*7] 1910년대에는 도쿄·시바타
초(芝田町) 공장에서 수출품 제조를 개시하고, 중국 대륙이나 조선에
서의 특약점 계약이나 외국 판매부 신설을 통해 본격적 수출을 위한
체제를 정돈하여, 제1차 세계대전 시기 유럽의 과자 수출 침체를 계
기로 판로를 국외로 확대했다.

예를 들면, 모리나가 상품을 취급하는 특약점·소매점·자사 종업
원 전용의 홍보지 『모리나가월보(森永月報)』(1923~1926) 제1호의 「창
간사(創刊の辞)」(1923[大正12].5.15.)는 본사가 있는 마루노우치(丸の内)

---

6) 모리나가 다이치로(森永太一郎, 1865~1937). 모리나가제과의 창업자. 아베 신조(安倍
晋三) 전 총리의 아내 아베 아키에(安倍昭恵)의 외조부모.

7) 마쓰자키 한자부로(松崎半三郎, 1874~1961). 모리나가제과 2대째 사장. 릿쿄학원(立
敎學院) 이사장. 대일본제유협회(大日本製乳協会) 이사장, 일본과자공업조합연합회
(日本菓子工業組合連合会) 이사장 등을 역임했다.

빌딩—1923년에 도쿄의 비즈니스의 거점이자 근대화를 상징하는 빌
딩으로서 대대적으로 오픈했다—과 다이치로 등의 얼굴 사진과 함께
다음과 같이 말하고 있다.

> '모리나가'는 역사적이다. 그 사업은 제국의 발전에 바로 비례하며,
> 확실히 국가산업 위에 우월한 지위를 차지하고 있다는, 그 사실을 이제
> 와서 조금의 과장도 더할 필요가 없다.
> 게다가 '모리나가'는 점점 약진해야 할 사명을 가진다.
> 생각하는 근대의 사조는 국제적으로 전세계에 퍼져, 우리의 일은
> 세계인의 입장에 놓여 있다. 그리고 '모리나가'의 사업이 국경을 넘어
> 인생의 취미에 투철한 것은 이윽고 '모리나가'의 진로에 이글대는 광명
> 을 던지는 것이다.
> 그렇다면 시대의 추세가 향하는 곳을 성찰하고, 연구와 조사에 한층
> 더 노력을 더해, 개선에 진보에 만복의 성의를 다해 산업입국의 정신을
> 살리자.

이 문장에서 모리나가가 일본의 식민지 침략을 통한 경제권역 확
대를 충분히 의식한데다가, 자사의 국제적인 전개를 시야에 넣고 있
었음을 확인할 수 있다.

'외지' 진출의 발판이 된 체인스토어 제도

1920년대에는 제1차 세계대전 경기의 반동에 의한 불황이 시작되
어, 양과자의 일본내 소비는 침체했다. 모리나가의 해외진출은 그 타
개책과 연동하고 있던 것 같다. 그 중 하나가 직영점의 설치, 판매
주식회사와 소매점의 조직화에 의해 전매제도를 정비하는 체인스토

어 제도의 도입이었다. 이는 경영진 등이 구미 시찰에서 본 볼런터리 체인과 체인스토어 제도에서 힌트를 얻은 것이다. 이 경영형태는 1910년대부터 30년대에 걸쳐 시세이도(資生堂)나 다카시마야(高島屋) 등 다른 업종에서도 잇따라 채용되고 있었다.[*8]

우선 모리나가는 체인스토어 제도 중, 직영점의 설치에 몰두하여 1923년(大正12) 4월, 자사 제품 판매를 통해 실물을 선전하는 '모리나가 캔디 스토어'를, 본사인 도쿄 마루노우치 빌딩 정면 현관 옆에 오픈했다. 모리나가는 1933년까지 캔디 스토어를 오사카의 해당 빌딩점 등 대도시 중심으로 14개 점포를 설치했다.[8] 그것은 '외지'에도 설치되었다. 홍콩 캔디 스토어(1924년[大正13] 설치)를 시작으로 하얼빈(哈爾濱), 타이베이(台北), 경성(京城), 상하이, 다롄에 개점했다.[표 1]

예를 들어, 1923년 4월 2일 마루노우치점의 개점을 알리는 신문 광고는 세련된 옷차림의 신사가 모던한 마루노우치 빌딩의 가게로 이끄는 기하학적 아르데코 도안과 함께, 문안(광고문)은 서양 유래의 근대적인 '문화생활'에 어울리는 위생적이고 자양 풍부한 동양 제일의 양과자 상품을 제공한다고 구가하고 있다.

1939년(昭和14), 타이베이 캔디 스토어의 개점 광고에는 기하학적이고 추상적 형태의 점포가 그려져 있는데[그림 1], 이는 1935년(昭和10)에 이전 신장된 긴자(銀座)점 광고에서의 점포 외관과 닮았다.[*9] 이 도안에서 '합리적'으로 '건강'을 가져다주는 동경의 '문화생활'을 '외지'에도 가져오도록 기획됐음을 알 수 있다. 우 용메이(吳咏梅)에 의하면 '외지'에서는 일본의 통치로 인해 대량의 서양식 근대제도와 사상, 문화 습속이 근대적 법률 제도, 교육 제도, 도시 건설, 의료 제도, 매스

---

8) 같은 해, 주식회사 모리나가 캔디 스토어로서 분리 독립.

[표 1] 모리나가의 동아시아에서의 사업전개(1924년 이후)

출장소	설치년도		캔디 스토어	설치년도
남양출장소(수라바야)	1924		홍콩 캔디 스토어	1924
홍콩출장소	1924		다롄 캔디 스토어(나니와초)	1924
봄베이출장소	1926		하얼빈 캔디 스토어	1938
상하이출장소	1930		타이베이 캔디 스토어	1939
중앙수출부 북지출장소(톈진)	1938		경성 종로 캔디 스토어	1939
중앙수출부 상하이출장소	1939		상하이 캔디 스토어	1939
			경성 혼마치 캔디 스토어	1940
			다롄 캔디 스토어 (입지 등 상세불명)	1941

모리나가 제품 판매 주식회사	설치년도		공장	설치년도
모리나가 제품 만주 판매(다롄)	1924		다롄 공장(다롄)	1934
모리나가 제품 타이완 판매(타이베이)	1925		경성 공장(경성)	1940
모리나가 제품 조선 판매(경성)	1929		타이난 공장(타이난)	1941
모리나가 제품 사할린 판매(도요하라)	1929		신징 공장(신징)	1941
모리나가 제품 북만주 판매(펑톈)	1939		톈진 공장(톈진)	1942
모리나다 제품 서선 판매(평양)	1939		핑둥 공장(핑둥)	1944

(전거: 모리나가55년사편집위원회편, 『모리나가55년사』, 森永製菓, 1954, pp.464-491. 모리나가제과편, 『모리나가제과 100년사—날개짓하는 엔젤, 1세기』, 森永製菓, 2000, p.112.

미디어, 결혼·연애의식, 건강 위생관, 미의식, 여성관 등의 형태로 현지의 전통적 사회나 조직 단체에 이식되었다고 한다.[10] 이 광고에 부여된 사회적·문화적 의미에서도 일본에 의해 서구문화 유래의 근대적 가치관이 '외지'로 유입되고 정착한 양상을 알 수 있다.[11]

이렇게 1920년대부터 30년대 걸쳐서 모리나가의 판매유통 체제는 체인 스토어 제도에 기반하여 일본 내 주요도시에 설치한 캔디 스토어에 더해, 일본 내외를 망라하는 모리나가 제품 판매주식회사, 유력한 소매점을 조직화한 모리나가 벨트라인 스토어라는 형태로 정비했다.

[그림 1] 『타이완일일일보(台湾日日日報)』1939.2.17.

이러한 노력에 의해 본사는 양과자 상품의 제조·선전광고·특약점이나 소매점 등을 향한 계몽 보급 활동에 전념하고, 판매 주식회사는 소매점의 판매 통제와 재고조정, 소매점은 소매에만 각각 철저하게 전념했다. 그 결과, 양과자 제품 시장은 대도시뿐 아니라 지방도시, 군부(郡部), 한층 더 '외지'로 단번에 확장되어 갔다고 할 수 있다.[12]

모리나가의 '외지'에서의 사업 전개

실제로 캔디 스토어나 판매 주식회사 등, 1920년대 이후 동아시아 지역에서의 모리나가의 사업 거점 전개를 보면[13][표 1], 동사는 본사를 중심으로 한 판매 유통망의 정비를 하나의 발판으로 1920년대 전반부터 동아시아에서의 사업을 본격적으로 전개했음을 알 수 있다.

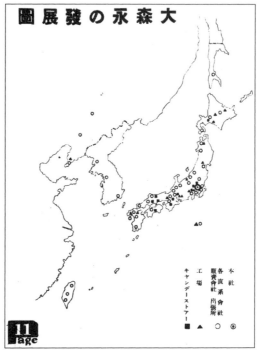

[그림 2] 「모리나가의 발전도」, 『과자가 만들어질 때까지』(森
永製菓, 1936.8.5, 사이타마 현립 도서관 소장 자료)

　예를 들면 『모리나가월보』 제2호(1923년[大正12] 6월 15일)의 기사
「모리나가 제과 주식회사 전속 특약점」에는 일본내의 판매 주식회사
와 특약점 일람 뒤에 '외국 및 식민지 판매부'가 이어져 '외지'가 '내
지'와 같이 계통적 판매 유통망에 편입된 모습을 알 수 있다. 게다가
약 1년 후의 제14호(1924년[大正13] 7월 15일)의 동명 기사와 비교하면
'외국 및 식민지 판매부'의 특약점을 이후 판매 주식회사에 연결된
판매소가 흡수한다는 변화가 보여, 조직화가 진행되고 있음을 알 수
있다. 이 계통적 판매 유통망의 확장과 조직화는 약 10년 후인 1936
년(昭和11)의 「모리나가의 발전도」(책자 『과자가 만들어질 때까지』森永製

菓) 그림에서도 분명하다[그림 2].

덧붙여 같은 업계 타사들도 각사의 특징이나 움직임에 차이나 시차가 있지만, 모리나가의 '외지' 판로 확대와 닮은 움직임을 보이면서 '외지'의 양과자 시장에서 경쟁한 것을 알 수 있다.[*14]

2. '외지'의 일본제 양과자 광고 전략

모리나가는 이러한 조직적인 판매망을 활용해 조선·타이완·상해·만주에서의 광고 선전 활동을 진행한 것 같다.[*15] 본장에서는 조선과 만주에서 발행된 신문 광고를 단서로 현지에서의 광고전략을 확인한다. 또한 광고의 타겟층을 상정할 때, 조선, 타이완, 만주의 도시부에는 일본의 식민지화·반식민지화의 시작과 함께 다수의 일본인이 이주한 것을 유의하고 싶다.[*16]

조선의 모리나가 신문 광고 및 광고 전략

『경성일보(京城日報)』(1906~1945)는 국통감부(国統監府)[9)]가 발간해 '내선융화(内鮮融和)[10)]'를 주창한 일본어 신문으로, 일본인을 주요 독자로 한 것으로 사료된다.[*17] 모리나가의 광고는 1915년(大正4)부터 1939년(昭和14)까지 계속적으로 게재되었고, 1930년대에는 10~20년대에 비해 게재수가 증가하고 있다. 이러한 광고는 다른 일본기업과

---

9) 1910년 조선총독부로 개변.
10) 일본제국이 일제강점기 조선을 일본에 통합하고자 내세운 표어. 조선인의 정체성을 사라지게 하고 일본인으로 강제편입시키려 한 민족말살정책의 일환이다.

마찬가지로 일본어로 게재되어 그 대부분이 일본 광고의 도안·문안으로도 유용(流用)했고, 게재 시기도 거의 같은 시기이다.[*18] 1923년(大正12) 3월 8일『경성일보』에 게재된,『요미우리신문』같은 해 3월 7일 게재와 동일한 광고[그림 3]에서는 초콜릿 상용을 통해 "건강의 열쇠를 잡아라!"라는 명령조의 굵은 문안과 초콜릿 상품 패키지의 도안 배치를 통해 일본 광고와 공통되는 '건강하고 합리적인 서양식 생활'이라는 의미 내용을 연출하고 있다.[*19] 조선인을 독자로 하는 조선어 민간지『동아일보(東亞日報)』(1920~1940, 1945년에 복간되어 현재까지 이어지고 있다)에서도 20년대부터 30년대에 걸쳐 모리나가의 광고가 계속 게재되었는데, 이 광고에서 볼 수 있듯이[그림 4] 도안, 일본어 상품 로고나 세로 형태의 레이아웃은 일본의 광고[그림 3]과 동일하다. 다만 로고에 한글 덧말을 더해 문안을 한자 한글 혼용의 조선어로 거의 직역했다는 변화가 보인다.

좌측부터,
[그림 3]『요미우리신문』 1923.3.7,『경성일보』 1923.3.8.
[그림 4]『동아일보』 1923.3.10.
[그림 5]『성경시보』 1923.3.16.

이처럼 조선에서 모리나가의 신문 광고는 일본에 있는 본사의 관

할 하에서 그 대부분이 본사에서 제작되었고(일부는 현지의 판매소·판
매회사의 직원이나 관계자가 손봤지만), 자국인용은 일본내 일본인용과
거의 같은 디자인으로, 조선인용에는 문안 변경만 더해서 일본과 거
의 같은 의미를 전달하려는 경향이 있었다고 사료된다. 이러한 광고
의 특징에서 본사와 연동한 광고 제작 체제가 조선에 1910년대 후반
부터 20년대에 걸쳐 정비됐음을 알 수 있다. 이는 일본의 동화 정책
등을 배경으로 1924년(大正13)에는 판매소를 마련하고 1929년(昭和4)
에는 판매 주식회사를 설립하는 판매 환경의 정비와 연동하는 형태
로 진행된 것으로 추정된다.[20]

만주의 모리나가 신문 광고 및 광고 전략

만주는 조선이나 타이완과는 조금 양상이 다르다. 『성경시보(盛京
時報)』(1906~1944)는 러일전쟁 이후 1906년(光緒32)에 나카지마 마오[11]
가 성징(盛京)[12]에 창간한 대형 중국어 신문으로 중국 동북부 전역에
유통되어 주요 독자인 중국인에게 큰 영향력을 가진 미디어였다.[21]
1910년대에는 모리나가 광고를 찾을 수 없고, 20년대인 1923~1924
년(民國12~13)에는 산견되는 정도긴 하지만 확인할 수 있다.[22]

그 중 하나인 1923년 3월의 광고는[그림 5] 상품명은 한자로 표기가
변경되었지만 『동아일보』와 같이 상품의 도안이나, 건강을 강조한
세로 형태의 문안이 일본의 광고[그림 3]와 같다. 이 특징에서 만주의
광고도 본사 주도의 제작을 통해 '건강하고 합리적인 서양식 생활'이

---

11) 나카지마 마오(中島眞雄, 1859~1943). 중국 대륙에서 활약한 언론인. 『순천시보(順天
時報)』(1901~1930), 『만주일보(滿洲日報)』(1905~1908), 『성경시보』 등의 신문을 창
간했다.
12) 현 선양시(瀋陽市).

라는 서양의 근대적 가치관에 근거한 의미를 포함하고 있었다.[23]

1930년대에는 괴뢰국가 '만주국'이 성립된 1932년(大同元) 이후 비약적으로 게재수가 늘어난다. 이는 1935년(康德2)에 디자이너 후지모토 미치오[13]가 만주 판매 주식회사의 선전부 창설 당시 본사에서 부임한 것도 요인 중 하나라고 할 수 있다.[24] 『성경시보』의 광고는 1937년경까지는 일본 광고의 번안이 적고―37년 이후, 본사에서 제작된 도안을 사용한 광고가 보인다―일본 광고와 공통되는 광고 메시지에 어느 정도 정확하게 입각해 현지에 맞춰 어레인지한 것이 많았다. 예를 들어 [그림 6]에서는 현대적인 아름다움을 상징하는, 현지의 모던 걸인 차이나 드레스 차림의 여성을 삽화로 채용하고 있다.

[그림 6] 『성경시보』 1936.2.16.

이러한 광고의 특징으로부터 만주에서의 광고 제작은 본사와 제휴를 도모하면서 1924년(民国13)에 설치된 판매 주식회사를 거점으로 판매 환경의 정비와 연동하는 형태로 진행되었다고 생각된다. 게다가 현지에서의 제작은 1932년(大同元) 이후 활발해져 1935년(康德2)의 선전부 설치 즈음에는 한층 내실화가 도모된 것으로 추찰된다.

---

13) 후지모토 미치오(藤本倫夫, 1907~?). 모리나가제과 이사를 역임했던 홍보부 직원.

3. 어린이상으로 보는 '외지'의 양과자 광고

만주사변 이전의 광고에 보이는 어린이상

이처럼 '외지'에서의 일본제 양과자 광고는 조직적인 판매 유통망을 활용한 광고 전략에 근거해, 서양에서 유래되어 일본을 경유한 '양과자는 건강하고 합리적인 서양식 생활을 이끈다'는 의미를 넣는 경향이 있었다.

15년 전쟁기의 일본에서 '어린이'는 총후 표상의 주요한 모티브였는데,[25] '외지'의 일본제 양과자 광고는 '어린이'를 어떻게 그렸으며, 그 과정에서 어떤 미디어 간의 연동이 도모되었을까. 본장에서는 1931년 9월의 만주사변 발발 이전의 시기, 만주사변부터 1937년 7월의 중일전쟁 직전까지의 시기, 중일전쟁 개시부터 1941년경의 양과자 광고 소멸까지의 시기로 나누어, '외지'의 모리나가 광고에서 보이는 '어린이상'을 '내지'와 비교함으로써 확인하고자 한다.

모리나가의 주요 상품 중 하나였던 우유 캐러멜의 일본 광고를 추적하면 발매(1913년[大正2]) 초기부터 어린이나 어린이를 연상시키는 도안을 이용하고 있다. 이를 통해 캐러멜에 서양적이고 위생적이며 자양이 있어, 소비문화의 주역을 담당한 신중간층(新中間層)[14] 아이의 건강과 발육, 그리고 교육에 적합하다는 사회적·문화적 의미를 부여하려고 했던 것으로 보인다.[26] 타이완의 『타이완일일신보』와 조선의 『경성일보』에도 1910년대 후반부터 이러한 일본 광고를 사용한 것이

---

14) 노동자 계급과 자본가 계급의 중간에 있는 프티 부르주아·상인·농민·관공서 종사자 및 근대 산업이나 기술 혁신, 생활 양식의 변화 속에서 대량으로 창출된 샐러리맨층을 이르는 말. 일본에서는 다이쇼 시대부터 성립되기 시작했다.

[그림 7] 『도쿄아사히신문』 1926.
3.21, 『경성일보』 1926.4.3, 『타이
완일일신보』 1926.4.6.

적지만, 산견된다.

다나카 사토시(田中聰)에 의하면 '건강'이란 관념은, 국가나 공동체와의 관계 속에서 사람의 신체는 어떻게 존재해야 하는가 하는 관점에서 근대 이후에 '부국강병·식산흥업'을 목표로 하는 국책 아래에서 '국민'의 이상적인 모습으로 펴져, 병사나 생산자로서 '국민'의 신체는 '건강'할 것을 강요받게 되었다.[27] 또 문명개화 이후 많은 상품의 광고 문안에 세일즈 포인트로 '건강'과 관련된 '자양'이나 '위생'이라는 말이 덧씌워지게 되었다고 한다. 이 견해를 근거로 하면 만주사변 이전의 '내지', '외지'의 모리나가 광고에 있어 '건강'한 어린이상에는 이미 제국일본 '국민'의 이상적인 모습이 착색되고 있었다고 할 수 있다.

1920년대 중반 모리나가의 광고에는 동화풍[28] 어린이상이 등장하게 된다. 동화는 관료 주도에 의한 생활 개선 운동을 비롯한 모더니즘의 합리화 운동과 궁합이 좋아서 동심주의의 무구한 아이를 나타내는 '동경'의 어린이상으로 유포되었는데, 모리나가의 광고는 이러한 특징을 가진 어린이상을 캐러멜에 어울리는 시각적 비유로 차용한 것 같다.[29]

'신체를 튼튼하게 하는 과자'라는 문안을 더한 [그림 7]에는 서양화법의 심플한 선과 데포르메에 의한 모던한 분위기의 서양 복식을 입은 소년이 모형 비행기—국방 사상과 연결되는 항공 사상을 연상시킨 것이기도 하다—를 손에 들고 활발하게 노는 모습이 그려져 있다. 캐러멜은 건강·성장·교육과 같은 합리적 생산성과 연결되는 음식이자, '달콤

[그림 8] 『도쿄아사히신문』 1936.4.1.
[그림 9] 『경성일보』 1937.4.1.

하고 맛있고 즐겁다'라는 몸과 마음의 쾌락—놀이를 연상시키는—을
만족시키는 비합리적인 기호품이기도 했다. 건강하게 성장하고 순진하
게 노는 어린이상은 이러한 캐러멜의 이중적 의미에 호응하는 것으로
선택되었다고 사료된다.[30] 20년대 타이완의 『타이완일일신보』, 조선
에서는 『경성일보』에 추가로 『동아일보』에서도 이러한 일본 광고의
어린이상이 사용된 것을 확인할 수 있다. 다만 만주의 『성경시보』에는
앞서 언급했듯이 같은 특징을 가진 어린이상은 확인할 수 없다.

'건강'하고 '놀이'에 흥미있는 어린이상

1931년 이후에도 '내지'나 타이완·조선의 광고에서 이러한 특징을
가지는 어린이상은 답습된다. "잘 배우고 잘 놀자"라는 문안이 더해
진 [그림 8]의 도안은 동화풍의 간략화된 묘사이다. 3등신의 몸과 둥

좌측부터, [그림 10] 『타이완신민보』 1933.11.30. / [그림 11] 『성경시보』 1935.10.16.

근 얼굴, 검은 색으로 채워진 둥근 눈이 특징인 소년이 웃으며 학생복을 입고 국기를 내건 소학교로 건강하게 입학하는 모습으로 그려진다. 이 어린이상은 1930년대 이후, 특히 캐러멜 광고에 있어서는 기본 아이콘이 되었다.

조선의 『경성일보』 광고[그림 9]도 일본 광고[그림 8]와 닮은 도안이다. 『타이완신민보(台湾新民報)』의 한문 문안이 더해진 [그림 10]에는 "모두가 뛰어드는 이 맛!"이라는 일본의 광고(『도쿄아사히신문』 1932년 [昭和9] 3월 23일)의 어린이상과 닮은, 캐러멜에 뛰어드는 역동적인 아이의 모습이 그려져 있다.

만주의 『성경시보』에는 앞서 확인한 것처럼 현지에 맞추는 어레인지 경향이 있어 『경성일보』나 『타이완신민보』와 비슷한 경향은 확인할 수 없다. 단, 메이지제과(明治製菓)[15]의 광고에는 문안에 '건강'이라는 단어가 있고, 새장이나 발코니가 있는 집에서 세련된 서양식 생활을

보내는 어머니로 보이는 차이나 드레스 차림의 여성, 소년은 모자를 쓰고 있지는 않지만 캐러멜 패키지에 있는 '쇼짱(正チャン)'*31과 비슷한 옷차림을 하고 여성이 들고 있는 캐러멜에 뛰어들고 있다[그림 11].

이처럼 1931년(昭和6) 이후, 일본 및 조선·타이완 광고의 어린이상은 1920년대의 일본의 광고처럼 '건강'이라는 합리적인 생산성에 기반한 의미를 띤 채 제국일본의 '국민'으로 기대된 신체도 시사하고 있었다. 한편, '놀이'에 열중하고 순진하게 캐러멜에 뛰어드는 모습도 보여줌으로써, 보는 사람을 그 소비에 달려가도록 의도된 것처럼 보인다. 다만 만주의 광고에서는 차이나 드레스 차림의 여성을 보여줌으로써 현지 사람들에 대한 소구(訴求)를 보다 의식한 발신이 기획되고 있었다. 여기서 현지에서 일본에 의한 지배와의 갈등 속에서 상권 획득에 궁리가 필요했음을 알 수 있다.

'소국민(小国民)'으로서의 어린이상

1931년 이후 일본의 광고에는 31년 이전과는 달리, 전쟁을 연상시키는 것이 발견된다. 예를 들어 일본의 '캐러멜 예술 대현상 모집' 광고에는 장난감 병정의 도안이 있다[그림 12]. 장난감 어린이, 혹은 장난감 병정라는 점에서 순진한 놀이나 공상을 주조로 하는 옛날 이야기를 방불하고 동화를 연상시킨다. 한편, 병정이라는 점에서는 싸움=전쟁이 상기된다. 이 모티프는 '캐러멜 예술'의 광고에서 자주 사용되었다.

이 행사는 1932년(昭和7)부터 1937년(昭和12)에 걸쳐 실시된, 캐러멜의 빈 케이스를 이용한 공작 대회의 현상(懸賞)으로 사내 홍보지

---

15) 1916년(大正5), 전신인 도쿄과자주식회사(東京菓子株式會社) 설립. 1924년(다이쇼 13), 상호를 메이지제과로 개칭.

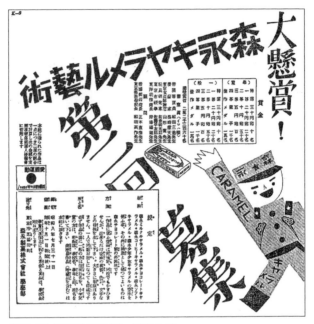

[그림 12] 『도쿄아사히신문』 1933.3.19.

『판매연구(販売研究)』 No.53(1933년[明治8] 12월 5일)에 따르면 제2회 대회에 약 24만 통의 응모가 있었다고 한다. 이는 신문 등의 미디어를 통해 널리 모집되었고, 또 그 입선 작품을 전시하거나 그림 엽서로 만들어져 배포되었다는 점에서 미디어 이벤트의 일종으로 위치 지을 수 있다.[32] 1930년대에는 이처럼 본사 기획에 의한 아이의 동원을 노린 행사와 연동된 광고가 증가했는데 '캐러멜 예술'이 그 전형이었다고 할 수 있다.

이 대회는 아이가 만든 공작 대회로 전국의 소학교 현장을 끌어들임과 동시에 입선 작품의 전시회는 '어린이 제전(帝展)'이라 명명되어 예술성도 어필했다는 점에서, 1920년대 중반 이후의 '교육'과 '놀이'를 겸비한 동화풍 어린이상을 통한 광고와도 연속성을 발견할 수 있

다. 한편, 제1회 대회 모집의 광고(『도쿄아
사히신문』 1932년[昭和7] 9월 30일)에는 이 행
사의 목적을 "소국민의 창조력의 계발과
수공 기술의 향상에 기여한다"고 작지만
굵은 글씨로 표기하여 동원 대상인 아이들
을 '소국민' = '총후의 아이'로 명확히 위치
짓고 있음을 확인할 수 있다.

게다가 제2회 대회 모집의 광고[그림 12]
의 좌측에는, 일장기의 도안 속에 "애국운
동·부상 전사를 위로하자!"라고 적혀 있
다. 이 "부상전사를 위로하자!"는 1932년

[그림 13] 『경성일보』 1933.5.1.

(昭和7)의 제1회 '캐러멜 예술'의 반년 정도
전, 3월에 모집이 시작된 '폐물이용으로 애국운동'이라는 목적을 가
진 행사다(1933년까지 계속됨). 이는 지나사변부상군인후원회(支那事変
傷痍軍人後援会)가 주최하여, 이 후원회에 가맹된 신문사와 모리나가
가 후원한 캠페인으로, 과자의 케이스나 포장지를 전국 가맹 점포
등에서 모아, 그 일부를 모리나가가 매입해 위문금으로 육해군성에
헌납하는 것이었다. 즉, '캐러멜 예술'은 "부상전사를 위로하자!" 캠
페인과 연동된 폐물이용의 행사로 '전장 후방 어린이에 의한 위문'이
라는 목적을 겸한 것으로 보인다.

이 '캐러멜 예술' 현상 모집과 전시회는, '외지'에서도 개최되었
다.[*33] 앞서 언급한 홍보지 『판매연구』 No.53(1933년[昭和 8] 12월 5일)
에 의하면, 응모수는 '내지'의 도쿄에서는 약 6만 건, 간사이(関西)에
서는 약 3만 5천 건, '외지'의 타이완에서는 약 2만 건, 조선에서는
약 6천 5백 건, 만주 및 해외에서는 약 1천 6백 건이었다고 한다. 또

[그림 14] 『도쿄아사히신문』 1937.10.28, 『경성일보』 1937.10.20, 『타이완일일신보』 1937.10.24.
[그림 15] 『도쿄아사히신문』 1939.6.6, 『경성일보』 1939.6.15.

『경성일보』 광고[그림 13]에서는 캐러멜 예술 전시회의 순회전이 경성 미쓰코시(三越)의 갤러리에서 열린 것을 확인할 수 있다. 그 도안은 캐러멜 상자로 만들어진 출품작의 사진으로 보이며, 여러 기장(記章)이 달린 군복과 수염의 풍모로부터 당시 조선 총독이었던 육군 대장·우가키 가즈시게[16]이 모델이 된 것일지도 모른다. 즉, 이 광고는 현지에 맞춰 실재하는 일본인 군인의 도안이 선택된 것이다.[*34]

미래의 '병사' / '위안'을 가져오는 존재로서의 '어린이'

중일전쟁 이후의 '외지' 광고의 어린이상에는 그 이전과 비교해 어떠한 연속성이나 변화가 보여질까.

우선, 일본 광고에서는 분명히 전시색이 진해진다. "공폭(空爆)에는

---

16) 우가키 가즈시게(宇垣一成, 1868~1956). 일본육군사관학교 출신 군인으로 1927년 6대 조선 총독을, 1923~27년과 1929~31년에 육군대사(陸軍大臣)를 역임했다.

캐러멜을 먹자"(『도쿄아사히신문』 1937년[昭和12] 10월 1일), "진심을 전
선에!"(『도쿄아사히신문』 1937년 10월 24일)이라는 문안에서 현저하게
느껴진다. 또 중일전쟁 이전에는 작은 굵은 글씨로 '소국민'이라고
표현하는 정도였던 것에 비해, 『도쿄아사히신문』 1937년 8월 29일의
광고에서는 손으로 쓴 둥근 서체로 "일본의 아이를 강하게 만든다"는
문안이 크게 배치되어 군모를 쓴 소년이 웃고 있는 클로즈업 사진이
오른쪽에 붙어있다. 이 문안과 도안에는 '전장 후방의 국민'으로서의
'어린이'라는 의미가 나타나 있다.

즉, 이 어린이상은 캐러멜의 소비자로서보다 '국민'으로서의 이상
적인 모습을 호소하는 점에서, 프로파간다의 의미가 겹쳐진 것으로
사료된다. "공폭에 캐러멜을 먹자" 광고는 『타이완일일신보』의 같은
해 10월 15일에, "진심을 전선에!" 광고도 마찬가지로 『타이완일일신
보』에 같은 해 10월 31일 날에 게재되었다. 타이완, 그리고 후술하는
조선에서도 중일전쟁 이전과 마찬가지로 일본에서의 광고를 사용하
여 같은 특징을 가지는 어린이상이 나타나고 있음을 확인할 수 있다.

학동그림작품 모집의 광고[그림 14](『도쿄아사히신문』 1937년[昭和12]
10월 29일)는 『경성일보』에 같은 해 10월 20일, 『타이완일일신보』에는
같은 해 10월 24일에 게재되었다. 이 도안은 도쿄고등공예학교(東京高
等工芸学校) 도안과(図案科) 출신으로 1930년에 모리나가 광고부에 소속
된 미쓰이 유노스케[17]가 그린 것으로 보인다. 이 광고에도 동화풍의
간략화된 묘사로 둥근 얼굴과 눈을 가진 건강하고 사랑스러운 어린이
상이 소비문화의 선도역으로 변함없이 이용되고 있다. 그러나 그 모습
에 군모가 씌워지면 '총후의 어린이'로서의 이상적인 모습이 겹쳐져

---

17) 미쓰이 유노스케(三井由之助, 1908~1961).

[그림 16] 『소년』, 제2권 제4호(발행처 불명, 1938.4, 사이타마 현립 도서관 소장)

있다. "군인 아저씨 고마워!" 광고(『도쿄아사히신문』 1937년 12월 10일)에도 익숙한 조형의 어린이가 철모를 쓰고 일장기가 달린 학동복을 입고 손을 흔들고 있는 것처럼 보이는데, 군대식으로 경례를 하고 있는 것 같기도 하다. 이 어린이상은 미래의 군인으로 표현되고 있다. 한편, "군인 아저씨 고마워!"의 문안 옆에 "위문봉투에는 캐러멜 넣어 군인 아저씨에게 활력을 주자"라고 쓰여 있다. 여기에는 전선의 병사를 위문하는 순진한 존재로서의 '어린이'가 겹쳐져 있다.[35]

다만 『도쿄아사히신문』 1939년(昭和14) 6월 6일의 광고에는 운동복 차림과 같이, 어린이상은 때때로 군모를 벗은 모습—언뜻 중일전쟁 개전 이전과 같은 모습—으로 그려진다[그림 15]. '외지'에서도 『경성일보』의 같은 해 6월 15일에 동일한 광고가 게재되었고, 『성경시보』 1940년 2월 1일에는 그 어린이상의 윗부분를 인용한 것이 게재되었다. 『경성일보』 1938년 5월 18일의 학동복 아이, 『타이완일일신보』 1939년(昭和14) 5월 14일에 운동복 차림의 아이도, 같은 특징을 가진다. 상품 광고는 중일전쟁 이후, 총동원 체제나 외지에서 황민화 정책의 움직임이 강해지는 가운데에도, 개전과 함께 단번에 전시색으로 물든 것은 아님을 알 수 있다.[36]

덧붙여서 [그림 14]의 학동그림작품 모집은 '캐러멜 예술'의 특징과 노하우를 계승한 행사 연동형의 광고이기도 했다. 이 행사는 학동이 만든 위문문과 캐러멜 케이스 성명란을 더한 자유 그림을 모집하는 것으로, 학교에서 수집한 작품을 육해군성에 헌납하여 병사를 위문하는 것이었다. 행사의 내용이나 구조에 프로파간다 색이 선명해진 것을 알 수 있다. 이 경향은 1938년의 일독이 친선 그림 현상(日独伊親善図画懸賞) 모집에 계승된다. 이 행사는 일본, 독일, 이탈리아의 방공 협정을 배경으로 기획되어 외무성·문부성·육해군성 등이 후원한 것으로, 일본 신문뿐만 아니라 『경성일보』 등에도 그 모집 광고가 게재되었다.[37] 아이들은 그림의 현상 응모·심사·전시를 통해 동원될 뿐만 아니라 순진한 존재로서 병사를 치유하고, 국제적인 '우호'를 가져오는 역할도 맡았다. 이는 [그림 12]나 [그림 14]의 캐러멜의 박스를 이용한 영리 목적의 모집 방법을 폐지한 점에서도 프로파간다 색이 한층 강해진 미디어·이벤트였다고 생각된다.

이처럼 조선이나 타이완의 광고에는 일본의 광고와 같은 경향이 있었다. 다만 '외지' 광고는 현지 사람들이 '전선(前線)' '후방'의 '일본 국민'으로 자리매김했음을 내포하고 있었다. 조선에서 간행되었다고 생각되는 잡지 광고(『소년』 제2권 제4호, 1938년 4월)에는 한글 문안에 일장기를 내걸고 총을 가진 아이가 서있는 용감한 모습이 그려져 있다[그림 16]. 이것은 조선의 아이들을 향해 미래의 일본병으로서 이상적인 어린이상을 표상한 것으로 생각된다. 여기에는 황민화 정책의 가혹한 메시지가 담겨있다.

한편, 만주에서는 앞서 언급했듯이 1937년(昭和12) 이후, 본사에서 제작된 도안이나 본사의 화가가 그렸다고 생각되는 광고가 만들어지게 되었는데, 앞서 본 것 같은 전쟁을 명확하게 나타내는 문안·도안은 거의 없다.[38] 차이나 드레스를 입은 소녀상이나, [그림 15]와 같은 도안을 사용한 운동복 모습의 소녀상(현지화되어 있지 않다)은 눈에 띄지만, 군인의 모습을 연상시키는 소년상, 제국일본의 '소국민'를 연

[그림 17] 『도쿄아사히신문』 1937.11.1.
[그림 18] 『성경시보』 1938.4.11.

상시키는 어린이상은 그려지지 않는다. 조선·타이완과 만주의 광고
속 어린이상의 차이로부터 현지의 제국주의적 지배의 실태나 그 정
책의 차이가 비쳐 보인다.

마치며 - 〈제국주의적 장치〉로서의 양과자 광고

중일전쟁 이후에는 또 하나의 어린이상이 등장했다. 일본에서는
『도쿄아사히신문』 1937년 11월 1일의 [그림 17]에, 만주에서는 『성경
시보』 1938년 4월 11일 [그림 18]에, 거의 동일한 도안에 의한 어린이
상이 게재되었다. 일본의 [그림 17] 광고에는 미쓰이 유노스케가 그

렸다고 생각되는 친숙한 어린이상이 서양풍의 조형이지만, 중국 옷을 입은 아이가 처음 등장했다. 중앙의 아이가 일본의 국기를 흔들고 ─오족협화(五族協和)[18]의 깃발은 없다─ "캐러멜이 있는 곳, 닿는 곳에 평화가 있으리"라는 후리가나(ふりがな)[19]를 붙인 한문을 높이 내걸고 있다. 이 광고에는 중국의 아이가 일본에 의한 '평화'를 맞이하는 모습이 강조된다. 이는 제국일본이 주장하는 '평화'의 '사자(使者)'로서의 '어린이', 그리고 '평화'의 '사자'로서의 캐러멜이기도 했다.

『성경시보』에도 양쪽에 서 있는 중국 옷을 입은 아이가 오족협화의 깃발과 일본 국기를 흔들며─다만 일본 국기는 소년의 머리 뒤에 반 정도 가려져 있다─, 마찬가지로 중국 옷을 입은 중앙의 가장 키가 큰 아이가 캐러멜을 들어 올리는 것처럼 만세를 하고 있다. 이 아이들도 서양풍의 사랑스럽고 친숙한 조형이지만, 지금까지의 어린이상과 달리 남녀 모두 현지의 옷을 입고 있다. 그리고 그들은 제국일본이 가져다주는 '왕도낙토(王道樂土)'[20]나 '오족협화'를 구가하고 있다. 여기에는 일본에 의해 서양식 근대적 가치관을 익히고, 한층 더 일본이 가져오는 '평화'를 받아들인 '외지'의 어린이상이 나타나고 있다.

이러한 어린이상은 정치적 의도를 포함한 '평화'를 일본·만주 쌍방에 어필했다는 점에서 제국주의의 선전을 강하게 의도한 것이다. 한편, 평온을 가져오는 의미가 어린이에게 맡겨졌다는 점에서 앞서 본

---

18) 일본제국이 만주국을 건국할 때 내세운 이념. 일본인, 한족, 조선인, 만주족, 몽골족의 협력을 뜻한다.
19) 일본어 표기에서 어떤 글자나 단어에 읽는 법을 주위에 작게 써 놓은 것을 뜻한다.
20) 일본제국이 만주국을 건국할 때 내세운 이념 중 하나. 아시아의 이상 국가(낙토)를 서양의 무력에 의한 통치가 아닌 동양의 덕을 통한 통치(왕도)로 만든다는 의미가 담겨 있다.

위문을 통해 치유를 가져다주는 어린이상과의 연속성도 지적할 수 있을 것이다.

이처럼 15년 전쟁기 '외지'의 광고에는 소비 쾌락의 상징으로서의 어린이가 각지의 상황에 맞춰, 전쟁 프로파간다에 이상적인 어린이의 모습으로 변질해 갔음을 알 수 있다. 이 변질은 제국주의에 의한 침략, 그리고 전쟁이 상품 광고라는 소비문화 산업을 이용한 프로세스로 파악된다. 한편, 지금까지 '외지' 그리고 '내지'에서의 일본제 양과자 광고는 제국주의적 지배에 의한 권익 확대를 배경으로, 그것을 이용해 유통한 것을 확인했다. 이러한 광고에는 어린이상을 매개로 하면서 전쟁마저도 캐러멜 상품의 의미 부여에 이용해, 사람들이 소비를 하게 만드는, 상품 광고 본연의 자세가 나타나고 있는 것처럼 느껴진다.[39]

원저자 주

*1 大正イマジュリィ学会国際 シンポジウム報告書編集委員会 編,『大正イマジュリィ 別冊 大正期東アジアにおける 新聞広告の視覚文化論』, 大正イマジュリィ学会国際 シンポジウム報告書編集委員 会, 2017. 및 国際シンポ ジウム報告書編集委員会編 『大正イマジュリィ別冊 戦間期東アジアにおける大衆的 図像の視覚文化論──新聞 広告を中心に』, 国際シンポジウム報告書編集委員会, 2020.

*2 롤랑 바르트(Roland Barthes)는 식품의 문화적·사회적 의미의 형성에 광고가 큰 역할을 했음을 강조한다. Roland Barthes, "Toward a Psychosociology of Contemporary Food Consumption" originally appeared in *Annales: Économies, Sociétés, Civilisations no.5.* September–October 1961, pp.977–986, translated and reprinted in Carole Counihan & Penny Van Esterik, *Food and Culture: a Reader*(New York: Routledge, 1997, pp.20–27. 岸文和,「大正期広告研究の視座 ──ヴィジュアル·レトリックを中心に」, 전게 주 1, 2017, pp.13–38.

*3 당초 모리나가서양과자제조소(森永西洋菓子製造所)로 칭하며, 1910년(明治43) 주 식회사 모리나가상점(株式会社森永商店) 설립을 거쳐, 1912년(大正元)부터 모리나 가제과 주식회사로 개칭했다.

*4   조던 샌드(Jordan Sand)는 전간기 일본과 그 지배를 받은 동아시아 각 지역을
       비대칭 만남의 장이 만들어내는 거대한 네트워크로 파악하여, 제국의 회로를 통해
       이동한 '것'이 '어떻게 제국과 연결되어 있었는가'를 질문함으로써 물자의 이동,
       유용, 소비를 통한 제국주의의 살아 있는 경험의 역사를 묻는 의견를 제시했다.
       본장은 이 입장을 참조했다. ジョルダン・サンド, 『帝国日本の生活空間』, 天内大樹
       訳, 岩波書店, 2017.

*5   藤木秀朗, 「総力戦とトランスメディア的消費文化──「国民」の再定義と矛盾をめ
       ぐって」, 『JunCture 超域的日本文化研究』 9, 2018.3, pp.148-162.

*6   제과업의 일본내 보급과 해외 진출의 배경 중 하나로 제당업의 내실화를 들 수
       있다. 청일전쟁 이후 일본이 타이완을 통치함으로써 제당업을 중심으로 한 산업
       육성이 진행되었다. 1898년에 고토 신페이(後藤新平, 1857~1929)가 타이완 총독부
       민정국장에 취임한 이후, 1900년에 타이완제당주식회사(台湾製糖株式会社), 1906
       년에 메이지 제과의 모체가 되는 메이지제당주식회사(明治製糖株式会社)가 설립되
       었다. 생산된 설탕의 대부분은 통치국인 일본에 수출되어 일본내 제과업이 비약하는
       계기가 됐다. 여기에서 제과업과 식민지적 근대의 깊은 관계를 볼 수 있다.

*7   모리나가 창업부터 동아시아에서의 상품 판매·판매 촉진 전략의 발자취에 대한
       상세한 내용은 다음을 참조. 森永製菓 編, 『森永製菓一〇〇年史──はばたくエンゼ
       ル、一世紀』, 森永製菓, 2000, pp.56-65, pp.83-87, pp.112-113. 森永五十五年史
       編輯委員会 編, 『森永五十五年史』, 森永製菓, 1954, pp.464-491. 다음 문헌도 적절
       히 참조. 野秋誠治「戦前期における森永製菓の東南アジアへの事業展開」(https://
       angel-zaidan.org/contents/morinagasoutheast20180420/)(최종검색일:
       2021.7.31.)

*8   平野隆, 「戦前期日本におけるチェーンストアの初期的発展と限界」, 『三田商学研
       究』 50-56, 2008, pp.177-181.

*9   긴자점은 1935년에 르·코르뷔지에(Le Corbusier, 1887~1965) 계보에서 이어지
       는 모더니즘 건축가·마에카와 구니오(前川國男, 1905~1986)에 의해 이전 신장되
       어, 그 신문 광고도 그 기하학적으로 추상화되어 세련된 분위기를 가진 점포 건축
       의 외관을 단적으로 전하고 있다. 마에카와는 1938년에 타이완 모리나가 매점(캔
       디 스토어든), 1939년에 모리나가 벨트 라인 상하이 매점, 1941년에 모리나가 제
       과 주식회사 펑톈(奉天) 매점의 점포 설계를 다룬 것으로 알려져 있다. 生誕一〇〇
       年・前川國男建築展実行委員会監修, 『建築家　前川國男の仕事』, 美術出版社,
       2006, p.87.

*10 呉咏梅, 「日本商品が作った幸福の形」, 전게 주 1(2017), p.111.

*11 기시 후미카즈도 동아시아에서 발행된 신문 속 일본제 상품의 광고는 일본의 경우
       와는 다른 표상이 많은 한편, 일본의 광고와 마찬가지로 서구문화 유래의 근대적
       가치관에 근거한 '문화생활'이라는 말로 집약되는 근대적인 생활양식이 이상적인
       상태로 표상되고 있는 것은 아닌가 지적한다. 전게 주 1(2017), pp.7-13, pp.21-25.

*12 足立眞理子,「奢侈と資本とモダンガール」, 伊藤るり, 坂元ひろ子, タニ・E・バーロ
ウ 編,『モダンガールと植民地的近代——東アジアにおける帝国・資本・ジェンダー』,
岩波書店, 2010, p.38. 볼런터리 체인 형식을 취한 시세이도와 상세한 구조는 다르지
만, 체인 스토어화를 통해 일본뿐만 아니라 외지에서 시장 확대를 도모했다는 점에서
는 두 회사가 유사하다.

*13 전게 주 7, p.112.

*14 明治製菓社史編集委員会編,『明治製菓の歩み——創立から五〇年』, 明治製菓, 1969,
p.80. 江崎グリコ株式会社編纂,『創意工夫——江崎グリコ七〇年史』, 江崎グリコ,
1992, pp.228-230. サトウツタヱ,『菓子店経営の繁昌秘訣』, 新高製菓奉仕部,
1930.

*15 '외지' 각지의 신문 광고 조사 방법이나 조사 결과에 대한 자세한 내용은 본문
말미에 기재한 초출을 참조.

*16 1942년의 각 식민지 도시부의 일본인 비율은 13%에서 28%를 차지했다고 한다.
橋谷弘,『帝国日本と植民地都市』, 吉川弘文館, 2004, pp.66-67.

*17 岸文和,「広告図像の視覚文化論——京城三越のメディア戦略」, 전게 주 1, 2020,
p.41.

*18 1915년(大正4)부터 1945년(昭和20)까지 각 해 각 월 1, 15일을 조사한 결과에 근거
한다.

*19 『타이완일일신보』 1923년 3월 13일자에도 동일한 광고가 게재되었다.

*20 타이완에 대해서는 지면의 형편상 생략하지만, 관견을 말하자면 일본 정부 산하의
2개 국어 신문『타이완일일신보』의 모리나가 광고는 1915년부터 확인할 수 있고
그 특징은『경성일보』와 비슷한 경향이 있다. 1925년 타이완판매주식회사 설립을
탄력의 여세로 삼아, 조선과 마찬가지로 본사와 연동한 광고 제작 체제가 1910년대
후반부터 20년대에 걸쳐 정비되었다고 생각된다. 또『타이완일일신보』한문 페이
지와 민간지『타이완신민보』에서는『동아일보』와 마찬가지로 문안만 한문으로
번역한 광고를 확인할 수 있다.

*21 전게 주 10, p.111. 창간 당초부터 일본 정부의 원조를 받아 1926년 남만주철도
주식회사(南満洲鉄道株式会社)의 산하에 놓였다고 한다. 華京碩,「佐原篤介と満鉄
子会社時期の『盛京時報』」,『龍谷大学大学院研究紀要 社会学・社会福祉学』 20,
2012, p.26.

*22 1913년(民国2)부터 1944년(康徳11)까지 각 해 각 월1, 15일을 조사한 결과에 근거
한다.

*23 우 용메이도『성경시보』속 쓰무라준텐도의 중장탕(中将湯) 광고를 검토한 논문에
서 같은 점을 지적한다. 전게 주 10, pp.117-120.

*24 藤本倫夫・椎橋勇,『広告野郎五〇年』, カオス書館, 1978, pp.22-43. 후지모토의
회상록에 따르면 다롄은 당시 자유항에서 무관세였기 때문에 일본제 양과자는
구미제에 압도되었고 중국인용 싸구려 비스킷, 캐러멜, 드라이 밀크의 시장 개척으로

겨우 숨 쉬던 것이 현실이었으며, 이를 타개하고 현실에 즉응한 생산과 판매, 광고로 새로운 판로를 개발하기 위해 선전부가 설치됐음을 밝히고 있다. 만주 판매 주식회사(満洲販売株式会社)는 중국인 소매점 상대의 만상(満商)과 일본인 소매점 상대의 일본상(邦商) 두 부류로 나누어져 있어, 당시의 광고 매체는 현지 발행의 『만주일보』, 『요동신보(遼東新報)』 등의 일간 일본어 신문과 『성경시보』와 같은 일간 한자 신문, 간판이나 중국 특유의 벽서를 이용한 옥외 광고가 주체였다고 한다.

*25 Sabine Frühstück, *Playing War: Children and the Paradoxes of Modern Militarism in Japan*, University of California Press, 2017, pp.19-164.

*26 前川志織, 「キャラメルの喩えとしての『子ども』――戦間期日本の洋菓子広告と童画風図案」, 大塚英志 編, 『運動としての大衆文化――協働・ファン・文化工作』, 水声社, 2021, pp.93-112.

*27 田中聡, 『健康法と癒しの社会史』, 青弓社, 1996, p.14, pp.20-21. 메이지 시대부터 러일전쟁이나 제1차 세계대전 시기 등의 모리나가 광고에는 병사의 도안이 산견된다. 비스킷이 원래 군수품으로서 보급된 점이나 보존이 편하고 휴대할 수 있고, 자양도 있는 식품으로서 군대에 적합했던 것이 배경에 있다고 생각된다. 本田和子・西村和代, 「『子ども』と『洋菓子』の物語」, 本田和子 編著, 『ものと子どもの文化史』, 勁草書房, 1998, p.144. 이러한 점에서 메이지 시대부터 양과자와 전쟁은 접점을 가지고 있음을 알 수 있다.

*28 동화란 아이를 위해 그려진 회화의 총칭임과 동시에, 다이쇼 시대 이후의 아이를 위해서 그려진 회화를 의미하는 역사적 개념이다. 본 논문에서는 후자의 의미에서 이 단어를 사용한다. 동화는 1910년대 후반부터 20년대에 걸친 동화나 동요의 흥류를 배경으로, 아이를 순진무구한 것으로서 이상화하는 동심주의의 영향을 받아, 서양화법에 근거하는 모던한 소재와 생기있는 색채로 그림의 독립성을 추구하는 것을 특징으로 했다. 大阪国際児童文学館 編, 『日本児童文学大事典』第二巻, 大日本図書, 1998, pp.437-438. 上笙一郎, 「童画」, 日本児童文学学会 編, 『児童文学事典』, 東京書籍, 1988, pp.503-504.

*29 전게 주 26, pp.104-106.

*30 전게 주 26, pp.104-106.

*31 만화 『쇼쨩의 모험(正チヤンの冒険)』(가바시마 가쓰이치[樺島勝一] 그림, 오다 쇼세이[織田小星] 글)의 주인공 쇼쨩의 캐릭터가 붙어 있는 캐러멜(1929년 발매). 이 만화는 『아사히신문』 1923~1926년 게재를 통해 인기를 얻은 연재 만화의 선구자이다.

*32 吉見俊哉, 「メディア・イベント概念の諸相」, 津金澤聰廣編著, 『近代日本のメディア・イベント』, 同文舘出版, 1996, pp.3-30.

*33 예를 들어 『경성일보』 1932년 10월 5일과 『타이완일일신보』 1932년 1월 9일자에서 일본의 광고와 동일한 제1회 캐러멜 예술현상 모집 광고를 확인할 수 있다.

*34 마찬가지로 전쟁을 연상시키는 행사 연동형 광고 선전에는 '캐러멜 대장'이 관련되어 있다. 이는 본사 광고부가 기획해 1933년 및 1935년경에 캐러멜의 속 박스용으로

제작된 '만화판 캐러멜 대장'에서 시작한 것이다. 또 한반도 출신의 전 씨름꾼
·백두산을 '과자나라의 육해군 장관 캐러멜 대장'으로 기용하고 캐러멜 판매와
광고 선전을 위해 일본 각지의 벨트 라인 스토어를 주요 무대로 순회하는 행사를
연동시켰다. 1934년부터 1936년에 걸쳐 '캐러멜 대장'은 일본 각지와 조선, 타이완,
만주를 순회했다. 『판매연구』 No.65(1935.4.5.)의 기사에는 타이완 출장이 호평을
얻은 모습을 일러스트를 더해 극명하게 쓰여져 있다. 이 행사 연동형 광고에 대해서
는 다음을 참조. 酒井晶代, 「森永製菓の児童文化関連事業(二)キャラメル大将(昭和
八年~一一年)の事例を手がかりとして」, 『愛知淑徳大学大学院文化創造研究科紀
要』 4, 2017, pp.1-17.

*35 　전게 주 25, pp.118-132.

*36 　과자와 마찬가지로 기호품에 속하는 화장품 광고도 중일전쟁 이후, '전쟁'을 의식한
광고가 만들어지는 한편, 그 이전과 변함없이 화려한 광고가 게재되었다고 한다.
(石田あゆう, 『図説 戦時下の化粧品広告〈1931-1943〉』, 創元社, 2016.)

*37 　이 행사에 대한 자세한 내용은 다음을 참조. 池田信一 編, 『日独伊親善図画』, 森永
製菓株式会社, 1939. 이와 관련하여 다음 연구는 순진무구한 어린이 이미지가 15년
전쟁기의 일만친선교류에서 식민지 정책하의 평화·우호라는 국제적 이미지 전략
으로 이용된 것을 다루고 있다. 是澤博昭, 『軍国少年·少女の誕生とメディア——子
ども達の日満親善交流』, 世織書房, 2018.

*38 　전차 도안의 광고(『성경시보』, 1940.8.15.)를 확인할 수 있다.

*39 　『도쿄아사히신문』 1942년 4월 3일 광고는 모리나가 제품 취급점을 향해 지금까지
의 광고 철회를 부탁하는 내용인데, "과자는 아시는 바와 같이 배급통제되어 소비자
각자에게 자유로운 선택을 부탁할 수 없게 되었으므로, 광고가 완전히 필요없어졌
습니다"라고 말하고 있다. 여기에 상품 광고의 운명이 다한 것이 쓰여 있다. 1940년
모리나가 광고부를 비롯해 상업 광고에 종사한 기예(気鋭)의 선전기술자 멤버들이
전쟁 프로파간다를 담당한 보도기술연구회(報道技術研究会)에 참가한 것은 주지
의 사실이다. 이에 대한 자세한 내용은 다음을 참조. 山名文夫, 今泉武治, 新井静一
郎 編, 『戦争と宣伝技術者——報道技術研究会の記録』, ダヴィッド社, 1978.; 難波
功士, 『「撃ちてし止まむ」——太平洋戦争と広告の技術者たち』, 講談社, 1998.

※ 초출알림

「戦間期東アジアにおける森永製菓の販売促進·広告戦略と新聞広告」, 国際シンポジウム
報告書編集委員会編, 『大正イマジュリィ別冊 戦間期東アジアにおける大衆的図像の視覚
文化論—新聞広告を中心に』, 国際シンポジウム報告書編集委員会, 2020, pp.168~183.;
「戦間期東アジアにおける森永製菓の新聞広告と広告戦略」, 石上阿希, 山田奨治編著, 『文化
·情報の結節点としての図像——絵と言葉でひろがる近世·近代の文化圏』, 晃洋書房, 2021,
pp.122~132. 본장은 위의 졸고를 대폭으로 가필 수정한 1·2절에, 3절을 새롭게 더한 것이다.

제7장

이른바 제관양식(帝冠樣式)과 중국 현대 건축사

- 구 만주, 신징(新京)의 관아를 단서로 -

이노우에 쇼이치(井上章一)

1. 구단회관(九段会館)[1]을 어떻게 받아들일 것인가

'제관양식'과 군국주의

구단회관은 도쿄 지요다구(千代田区)에 있다. 우시가후치(牛ヶ淵)[2]의 해자(垓子)[3]를 끼고 서쪽의 일본무도관(日本武道館)[4]과 마주보고 있다. 곧 대폭적인 재건축이 이루어진다.[5] 고층 빌딩이 새롭게 세워질

---

1) 도쿄 지요다구 구단미나미(九段南)에 소재한 시설. 강당 및 레스토랑, 숙박 시설을 등을 갖추어 결혼식이나 이벤트 등에 사용되었으나 2012년 4월 폐업했다. 2017년 재무성 관동재무국(関東財務局)이 실시한 일반 경쟁 입찰에서 도큐부동산(東急不動産)이 낙찰받은 후, 재건축을 실시했다.

2) 도쿄 지요다구의 기타노마루(北の丸) 공원 동측의 시미즈문(清水門) 밖에 있는 해자.

3) 성 주위에 둘러 판 못.

4) 도쿄 지요다구에 있는 무도관. 일본 전통 무도 보급을 장려하고 심신연마의 도장으로서 역할을 담당하기 위해 설립되었다. 현재는 실내경기장, 다목적 홀로서 많이 이용되고 있다.

5) 2022년 9월 8일 재건축을 완료하고 10월 1일 구단회관 테라스라는 이름으로 재개업했다.

예정이다. 다만 이전 건물도 부분적으로는 보존되도록 결정되었다.
예전의 모습도 온존될 예정이다.

1934년 준공 당시에는 군인회관(軍人会館)으로 불렸다. 주로 퇴역
군인들이 모이는 장소로서 지어진 시설이다.

이른바 '제관양식'의 전형적인 예라고 여겨져 왔다. 건축사(建築史)
상의 주제가 될 때도 종종 있다. 구(旧) 만주국의 신징에 지어진 관청
건축과의 유사성은 말할 것도 없다.

이 논고는 대일본제국이 구식민지에 세워 온 건축군(群)의 전체적
인 파악을 목표로 한다. 지금은 창춘(長春)으로 이름을 바꾼 신징의
관청도 당연히 분석한다. 우선은 그들과의 공통점을 찾기 쉬운 구단
회관부터 살펴보도록 하자.

이 건물에는 기와지붕을 씌운 곳이 있다. 그곳은 오래된 성곽의
천수각(天守閣)[6]이 연상되기도 한다. 그리고 그 모습은 재건축 후에도
보존될 예정이다. 디자인상 중점이 되는 부분이며 없앨 수 없다고
판단했을 것이다.

설계안은 1930년에 실시된 경기설계(競技設計)[7]로 결정되었다. 그
모집요항은 이렇다. "용모는 국수의 기품을 갖출" 것이라고(『군인회관
경기설계도집[軍人会館競技設計図集]』, 1931)

과거의 군인회관은 건축가들에게 '국수'주의(国粋主義)를 요구했다.
그 요구에 따라 전통적인 천수각 같은 기와지붕이 있는 도안을 제출
한 사람이 있었다. 그리고 그것이 1등으로 선정되었다. 이 경위는 후
세에 부정적으로 논의되기 쉽다. 일본의 군국주의는 건축의 기본도

---

6) 일본 전통 건축물 성의 중심부에 3층 또는 5층으로 제일 높게 만든 망루.
7) 복수의 설계자로부터 안을 모집하고, 심사에 의해 적절한 설계안을 선정하는 일.

모르고 멍청하게 빌딩에 기와지붕을 얹었다고 말이다.

사실 1930년대부터 비슷한 빌딩이 각지에 세워졌다. 건축 표현상이 스타일은 약간 유행했다. 그리고 이 현상도 대일본제국의 군국주의와 관련지어 논의되는 경향이 있다. 군화의 발소리가 커짐에 따라 건축이 이런 민족주의로 물들어 갔다고 말이다.

그러한 건축계의 일반 통념은 틀렸다. 일본식 기와지붕을 가진 빌딩의 증가와 군국주의는 이어지지 않는다. 민족주의를 고취한 시류도 건축을 기와지붕을 선호하는 경향으로 바꾸지는 않았다. 애초에 제국 육해군이 건축에서 있어 그런 지시를 한 적은 한 번도 없다.

나는 1980년대부터 이렇게 주창해왔다. 가능한 한 실증적으로 지금까지의 일반통념이 성립되지 않았다는 것을 검증해왔다고 생각한다. 그 세부적인 것은 반복이 되기 때문에 자세한 서술은 하지 않겠다. 관심이 있는 분은, 구저(旧著)『아트·키치·재패네스크(アート·キッチュ·ジャパネスク)』(1987)를 봐 주었으면 한다.

무너지는 클래식

다만 약간의 중복이 되지만, 이후 서술할 두 가지만큼은 여기서도 확실히 해두고 싶다. 하나는 '제관양식'이 왜 1930년대부터 퍼졌는가 하는 점. 그리고 또 다른 하나는, 구군(旧軍)의 건축관을 어떻게 파악할 수 있는가 하는 점이다.

우선, 전자부터. 반복하지만 '제관양식'의 건축은 일본식 기와지붕을 얹고 있다. 그리고 오로지 그 부분에만 주목이 집중됐다.

하지만 거기서 아래쪽의 골조 부분도 보고 싶다. 대개 약식의 클래식한 형식으로 만들어져 있다. 구 군인회관도 그 예에 해당된다. 거기에도 간략화된 클래식이 채용되고 있었다. 아르데코(art deco)[8]화된 주두(柱頭)[9] 등에서 그 경향을 확실히 알 수 있다.

클래식은 고대 고전을 규범으로 삼은 서양 건축의 기본형이다. 유럽에서는 아카데미가 형성된 이후, 이 형식이 규범이 되었다.

그러나 19세기 중반경이 되자 그 구속력은 약해졌다. 건축가들은 보다 자유로운 디자인을 생각하게 된다. 그 흐름은 소나타의 형식이 무너지고, 화성(和声)의 구성이 복잡해져 가는 음악의 역사와 통한다.

지금의 빌딩은 대부분 철과 유리, 콘크리트로 스퀘어를 조형한다. 두부를 자른 모양으로 형용되는 형태로 만들어져 있다. 그리고 그런 양식은 20세기에 부상했다. 1920, 30년대에는 이 새로운 표현이 구양식을 대체해갔다. 바로 그 조짐이 나타난 시대였다.

그런 신시대의 도래를 앞두고 클래식 양식에 동요의 정도가 강해진다. 본래 클래식에는 있을 수 없는 형태도 시도할 수 있게 된다. 약식화된 클래식의 출현도 이러한 예에 포함된다. 또 그런 표현에 종종 고딕 디자인도 섞이기 시작했다. 혹은 이슬람이나 인도의 그것도.

본래는 있을 수 없는 혼돈이 약식 클래식의 표면에 감돌기 시작했다. 클래식의 해체라고도 할 수 있는 이 징후는 극동에 다다른다. 동시대의 일본에서도 무너지는 클래식을 체현하는 건축이, 수많이 세워졌다. 천수각풍의 기와지붕이 쏟아지는 약식 클래식의 등장 같은 것도 재촉한 것이다.

물론 이 시기에도 완고하게 클래식을 지켜낸 건축은 있었다. 은행을 비롯한 금융시설은 그럼에도 불구하고 단정한 형태를 지켰다. 그

---

8) 1920~1930년대 파리 중심의 장식 미술. 이전의 아르누보(art nouveau)가 수공예적인 것에서 나타나는 연속적인 곡선의 선율을 강조한 반면, 아르데코는 공업적 생산 방식과 미술을 결합해 기능적이고 고전적인 직선미를 추구하였다는 특징이 있다.
9) 건축에서의 기둥의 머리 부분.

리고 그러한 건물에 고딕 등의 이물질은 거의 섞이지 않는다. 물론 일본식 기와지붕도.

'제관양식'을 만든 것은 무엇보다 클래식이라는 규범의 쇠약이었다. 아카데믹한 낡은 룰의 교착이야말로 그것을 가능하게 한 것이다.

군국주의나 민족주의의 고양이 사태를 바꾼 것은 아니다. 그런 시류에 건축이 관여할 여지가 있었다면 지금 말한 사정 때문이다. 사실 당당한 클래식 건축은 민족적인 디자인의 진입을 허용하지 않았다. 무너진 건축만이 그랬다. 그것을 받아들인 것은.

이 논고를 읽을 인문학계의 사람들 앞에서 구태여 쓴다.

아카데믹한 학술 논문에서는 농담을 보기 어렵다. 하지만 편한 분위기의 수상(隨想)이라면, 그러한 문장도 섞일 수 있다. 구 군인회관을 비롯한 '제관양식'의 건축은 편한 분위기의 그것이었다. 클래식을 다루는 기술이 요구되는 아카데미즘의 본 무대가 아니었던 것이다. 그리고 1920, 30년대에는 구 양식의 아카데미가 퇴폐기(頹唐期)를 맞이하고 있었다.

대일본제국 육해군의 건축관

이어서 전전기의 군대에 대해서도 살펴보자. 과거의 군대는 일본에 서양적인 생활을 가져온 그 추진의 모태(母胎)였다. 일본 남자들은 군대에 들어가 처음으로 구두를 신었다. 혹은 양복에 몸을 감쌌다. 침대에서 자고 일어나는 것도 입대 후의 일이었다.

정신적 측면에서는 야마토혼(大和魂)[10]의 주입 같은 것도 시도 되었

---

10) 외국에 비해 일본 본래의 것으로 생각되는 정신이나 지혜 등을 가리키는 용어.

지만. 그러나 생활면에서는 군대야말로 많은 인민 남자에게 서양식의 그것을 가르쳐주었다.

건축도 그 예에서 빠지지 않는다. 근대일본은 19세기 이후 가능한 한 서양건축으로 군시설을 지었다. 봉건시대의 성곽 등을 보존하기 위한 노력도 육군이 약간 보여주긴 한다. 그러나 성곽 건축을 현역의 군사 거점으로 만들려고 하지는 않았다. 중심이었던 군사(軍舍)는 서양건축의 형태로 정비되도록 노력해왔다.

1931년의 일이었다. 오사카에 주둔했던 육군 제4사단은 그 사령부 청사를 오사카성(大阪城) 공원 내에 설치했다. 같은 부지에 오사카시는 오사카성의 천수각을 철근 콘크리트로 재건했다. 그것과의 균형을 고려해 청사 건축에는 일본 느낌을 가미해 주었으면 했다. 오사카시는 육군에 그렇게 부탁했다.

하지만 제4사단 측은 이 의뢰를 거절했다. 약식의 클래식이지만 영국 중세 성곽풍이기도 한 형태로 신청사를 마련했다. 군은 일본적인 조형에 구애되지 않았다. 오히려 반대였다. 일본풍으로 해달라는 요청을 군 측이 거절했다.

1937년에는 그 오사카 제4사단이 오사카용 군인회관을 설영했다. 그 조형은 모던한 인터내셔널 스타일이었다. 1920, 30년대에 발흥한 새로운 표현을 과시하고 있었다. 전전의 군이 일본식에 집착했다고는 생각되지 않는다. 기본적으로는 건축면에서도 서양화, 국제화를 목표로 하고 있었던 것이다.

다만 구 군인회관은 군의 지휘명령계통에서 약간 벗어난 지점에 있었다. 퇴역군인용 시설이었던 것이다. 그렇기 때문에 구단에 "국수의 기품"도 허용되었을 것이다. 장난기가 있다고 할 수 있는 건축으로서. 오사카의 군인회관이 세련된 국제풍으로 치장된 것도 같은 사정에 기인했다고 생각한다.

이런 나의 주장이 바로 인정받은 것은 아니다. 근대건축사 전문가들은 비교적 빨리 납득해 주었다고 생각한다. 적어도 일반통념에 대한 대항설로서는 인식하고 있을 것이다.

하지만 그 이외의 사람들에게는 아직도 잘 전달되지 않았다. '제관양식'에 대해서는 이름과 개략적 특징 정도라면 다들 알고 있다. 그러한 사람들은 여전히 옛 오해와 함께 존재한다. 그것은 전전에 세워진 군국주의 건축일 것이다. 이러한 같은 코멘트를 그들에게서 자주 듣는다.

그러나 그들과 싸우는 것을 나는 포기했다. 내가 아무리 열심히 해도 어쩔 수 없을 것이다. 그러니까 『아트·키치·재패네스크』의 논의를 더 이상은 계속할 수 없다.

다만 이 구저에는 내가 예상하지 못한 비판도 있었다. 다음과 같은. 그리고 이에 대해서는 검토해야 할 과제가 있다고 생각한다.

구 만주국에서 만들어진 '제관양식건축'에 관한 한 이노우에 씨의 입론에 반하여 이 '일본적인' 양식의 파쇼성(중략)을 의심할 수 없다. '제관양식'은 분명히 국가를 '장식'하기 위한 도구였다(이노 마사히토[飯野正仁], 「국가와 건축―'제관양식' 건축의 파시즘성을 둘러싸고(国家と建築――『帝冠様式』建築のファシズム性をめぐって)」, 『교토대학신문(京都大学新聞)』, 1988년 9월 16일).

2. 중화(中華)라는 카무플라주(camouflage)

신징의 관아는 무엇을 목표로 했는가

구 만주국은 1932년에 세워졌다. 의심의 여지없이 일본의 괴뢰국가로서. 수도는 신징으로 정해졌다. 이 새로운 수도에는 건국하자마자 관아가 세워졌다. 국가의 수도로서 체재를 조속히 정비하는 것이 목표였다.

그들 중 상당수는 전통적 경사(傾斜)의 지붕을 얹었다. 골조는 서양식이지만 지붕은 민족적인 형태였다. '제관양식'과 통하는 그런 디자인으로 새로운 관아들이 세워졌다. 일단 그 대표적인 것을 열거하면 다음과 같다.

> 관동군(関東軍) 지령부 청사[그림 1] 1934년 준공
> 국무원(国務院) 청사[그림 2] 1936년 준공
> 사법부 청사 1936년 준공
> 교통부 청사 1937년 준공
> 합동법원청사 1938년 준공

일본내의 '제관양식'에 대해서는 이노우에의 논의도 어느 정도 타당성이 있을 것이다. 그러나 구 만주국의 청사군(群)은 다르다. 거기에는 대일본제국의 의도가 담겨 있다. 이노우에는 그걸 놓치고 있다. 먼저 인용한 나에 대한 비판은 그렇게 논하고 있었다.

신징에 있는 몇 동의 정부 건축물이 마찬가지로 민족양식을 두르고 있다. 그 모습을 바라보면 그들에게 정치적인 의도 같은 건 없었다고는 말할 수 없다. '제관양식'과 닮은 모습에 어느 정도 어필이 담겨

위에서부터,
[그림 1] 현 중국 공산당 지린성 혁명위원회 청사·구 관동군
사령부 청사(이노우에 쇼이치[井上章一, 1955~] 모사)
[그림 2] 현 지린성립 백구은 의과대학 기초의학연구소·구 만주
국 국무원 청사(이노우에 쇼이치 모사)

있었을 것이다. 그 일을 부정하고 싶지는 않다.

그러나 이러한 청사는 '일본적인' 양식을 현지에 강요했던 걸까.
아무리 해도 그렇게 생각되지는 않는다. 오히려 중화 건축을 흉내낸
것처럼 보인다. 중국 건축사에서 모본을 찾는 것 같은 시설이 건축되
었다고 나는 파악한다.

현지 양식

당시 신징에서 일한 건축가 중 마키노 마사미[11]라는 사람이 있다. 그 마키노가 신징에서의 조형 정책에 불만을 말했다. 이런 식으로.

> 만주국의 관청 건물을 보면 전부다 한민족(漢民族) 문화의 상징인 휘어진 지붕을 얹고, 그 장식의 마디마디마다 중화의 냄새가 감돌고 있다. 아무래도 이것은 한민족에 너무 영합(迎合)한 것은 아닌가(「일본 문화의 진출을 기대하다(日本文化の進出を期待す)」, 1940[『만주건축 수상(満洲建築随想)』, 1944]).

마키노도 거기서 '중화의 냄새'를 느끼고 있었다. '일본적인' 양식의 강제와는 정반대의 의지를 읽고 있다. 완전히 반대로 '한민족에 영합'한다고 비난한 것이다.

마키노에 의하면 이런 양식을 좋아한 것은 '중국인 관료'들인 듯하다(「건국 훈년과 건축 문화(建国拾年と建築文化)」, 1942, 앞의 책). 그렇다면 현지 사람들을 기쁘게 하는 디자인은 왜 선택되었는가. 구 만주국의 영선수품국(営繕需品局)[12]에 근무하며 합동법원의 설계를 담당했던 마키노는 이렇게 말한다. 구 만주국의 '제관양식'과 관련된 건축가 본인의 발언이다.

---

11) 마키노 마사미(牧野正巳, 1903~1983).
12) 영선수품국은 국가의 영선(건축물을 새로 짓거나 수리함) 및 수품에 관한 사무를 관리한 국무총리대신 직할의 국무원외국(国務院外局)이었다.

건국의 원동력이 된 일본계는 지도세력으로서 유막(帷幕) 속에 있고, 오로지 만주계만 표면에 세우고 있는데 그 정치적 형태가 건축 디자인에도 의식적으로 표현됐다고 봐야 할 것이다(앞의 책).

구 만주국의 기구를 좌지우지하는 일본인 관료는 그다지 앞으로 나오려 하지 않는다. 표면적으로는 현지 사람들을 내세웠다. 그 자세가 건축에도 투영되고 있다는 것이다. 오족협화의 포즈를 겉꾸미는 연출이 건축에 담겨져 있다고.

마키노의 문장이 역사연구에 있어 일급사료가 될 것이라 생각하지는 않는다. 본래라면 구 만주국의 행정 문서 등에서부터 타당한 데이터를 찾아내야 할 것이다. 그러나 이런 기미를 느낀 관계자의 언급은 마키노밖에 없다. 유력한 반증이 나올 때까지는 이 견해를 신뢰해야 할 것이다.

또 다른 사람, 건축가 사토 다케오[13]의 회상을 소개하고 싶다. 사토는 말한다. 남만주철도 주식회사(이하, 만철)[14]의 엘리트들은 현지 사람들을 명백하게 깔보고 있었다. 자신들은 정복민이고 너희들은 피정복민이라는 태도를 과시해 왔다. 그러나 신징는 다르다고 이렇게 말한다.

---

13) 사토 다케오(佐藤武夫, 1899~1972).
14) 러일전쟁 이후인 1906년 설립되어 1945년 패전까지 만주에 존재했던 반관반민의 특수 일본회사이다. 러일전쟁 이후 포츠머스 강화조약에 따라 일본이 러시아로부터 양도받은 철도와 부속지 경영을 목적으로 설립되었다. 일본은 이 회사의 이름으로 식민침탈하며 다방면에서 많은 식민통치의 유산을 남겼다.

그런데 신징 이데올로기 쪽은 그 녀석을 부정하고 있다. 내실은 어떤지 모르지만 표면적으로는(중략) 식민지 의식이라고 할까, 그런 것은 절대 가져서는 안 된다는 원칙이 있다(「대륙건축좌담회(大陸建築座談会)」『현대건축(現代建築)』1940년 1월호).

수도 신징의 일본인 관료는 현지인을 신경 쓰고 있었다. 일본인으로서의 우월의식 등이 표면적으로 나오지 않도록 주의 받았다. 역시 신징의 관아을 바라본 건축가에게는 그렇게 보인 것이다.

사토는 여행자로 대륙을 돌아다녔다. 마키노와 달리 신징 건축기구의 내정을 잘 알지는 못했다. 그러나 동시대 건축가들은 사태를 똑같이 파악했다. 신징의 민족양식은 중화를 드러내며 일본을 숨기고 있다. 그 때문에 입혀진 위장(僞裝)으로 비쳐졌던 것이다.

구 만주국에서는 '제관양식'이 '일본적인' 양식으로서 국가를 '장식'했다. 내 구저에 친숙한 논객은 이렇게 썼다.

분명 '제관양식' 청사는 무언가를 사람들에게 호소하고 있었다. 그것이 비정치적이었다고 말할 생각은 없다. 일본의 구 군인회관 등과 동렬로, 이쪽까지 정치색이 없다고 하는 것은 무리이다. 그러나 '일본'을 어필하는 것은 전혀 없었다고 생각한다.

탈아(脫亜)의 모습인가 동양인가

신징의 '제관양식'은 반대로 중화 건축사에 바짝 다가서 있었다. 사실은 일본인이 정부의 중추를 지배한다는 그 내실을 가리는 역할이 맡겨졌다.

통치의 실질적 측면에는 현지 사람들을 그다지 관련시키지 않는다. 이걸로 그들이 일본인을 원망할 가능성이 있었다. 그렇기 때문에 청사 표현에는 그들의 분개를 진정시키는 역할이 요구되었다. 신징은 적어도 건축에 관해서는 이만큼 중화의 전통을 존중하고 있다. 이와 같은 남을 위하는 체하며 실속을 차리는 것이 목적이었던 것이다.

만일을 위해 말해둔다. 지금 신징의 관청군은 일본이 아니라 중화의 표현을 목표로 하고 있었다고, 그렇게 썼다.

그러나 관동군 사령부 청사에 관해서는 다른 가능성도 있다. 이것만은 예외적으로 일본적인 성곽이 연상되는 구조를 가지고 있다. 그 연출을 처음부터 노렸다는 것도 부정할 수 없다.

다만 아즈치모모야마(安土桃山)[15] 시대에 출현한 성곽의 누각은 원래 중국의 성루와 닮았다. 일본 건축사상의 천수각을 포함한 누각도 그러한 영향으로 성립했을지 모른다. 이 점에 대해서는 단정은 피하겠지만, 둘 사이의 유사성은 부정할 수 없을 것이다.

비록 관동군 사령부의 지붕이 일본의 성곽과 닮았다 하더라도 라고, 가정을 해보자. 이 경우에도 현지의 중국인 관료가 이것을 일본적이라고 간주할지 어떨지는 모른다. 다른 청사와 마찬가지로 중국적인 건축물로 받아들일 가능성이 높다고 생각한다. 마키노가 말하는 '한민족에 너무 영합'한 건축으로서.

구 만주국의 '제관양식'에서 일본의 자랑을 읽는다. 후세의 그런 논자들은 관찰력이 얕다. 신징의 일본인 관료는 더 영악하고 만만찮았다. 그 점을 잘못 봐서는 안 된다. 뭐, 현지의 주민은 '제관양식'의 위장 같은 건 간파하고 있었던 것 같다는 생각도 들지만.

자신들이 지배하는 도시의 중심 시설을 피지배자의 전통에 따라

---

15) 1573~1603년 일본의 오다 노부나가(織田信長)·도요토미 히데요시(豊臣秀吉)가 천하의 정권을 잡았던 시대.

[그림 3] 구 조선총독부 청사(이노우에 쇼이치 모사). 단, 지금은 존재하지 않는다.

안배한다. 신징에서의 이 수순은 예외적이다. 대일본제국의 식민지 통치에서는 유례가 없다.

예를 들어 타이완의 수도, 타이베이시(台北市)의 사정을 살펴보자. 주지하다시피 1895년 시모노세키(下関) 조약[16]에 따라 타이완은 청나라에서 일본으로 할양(割讓)되었다. 그 중심 도시인 타이베이에 일본은 통치 거점을 두었다. 그와 관련된 건축도 수많이 세워졌다.

1901년에 완성된 타이완총독관저도 그 하나로 꼽힌다. 단정한 네오바로크(néo-baroque)[17] 형식으로 완성된 건물이다. 클래식의 현대판

---

16) 청일전쟁의 전후처리를 위해 1895년 4월 17일 청나라와 일본이 일본 시모노세키에서 체결한 강화조약.

17) 19세기 후반부터 20세기 초기에 유럽과 미국 등에서 부활한 바로크 양식. 대표적인 작품으로는 루부르 궁전의 신관을 비롯해 파리의 오페라극장(1861~1875), 베를린의

이라고도 할 수 있다. 나중에 세워진 아카사카 이궁(赤坂離宮, 1909년 준공)[18]이 생각나기도 한다.

바로 근처에 타이완총독부청사(1919년 준공)가 있다. 이쪽도 네오바로크의 일례로 꼽을 수 있다. 클래식의 규범에서는 조금 벗어나있다. 그러나 서양 고전 건축 구조를 갖고 있는 것은 틀림없다.

한반도를 대일본제국이 병합한 것은 1910년부터이다. 서울에 식민지 지배의 거점을 둔 일본은 같은 곳에 관련 시설을 건설해 나갔다. 조선총독부 청사([그림 3], 1926년 준공)는 그 대표적인 예시이다.

이것도 넓은 의미에서의 클래식에 포함될 수 있다. 정통적인 그것도 아니지만, 서양 고전 건축의 틀에서 벗어난 것은 아니다.

이건 명확하다. 대일본제국은 식민지 도시에 일본의 민족적인 모습을 보여주려고 하지는 않았다. 천수각풍이나 황궁(御所)풍의, 예를 들면 총독부청사를 세우지는 않는다. 서양에서 배운 형태의 건축을 잇달아 세웠다.

결국 보여주고 싶었던 것은 서양화에 성공했다는 일본상(像)이다. 동아시아의 일원인 것 같은 느낌은 들지 않도록 계획되었다. 일본의 민족색도 겉으로 드러나지 않게 애쓰고 있다. 건축물에 담긴 것은 탈아를 이긴 일본의 모습인 것이다.

그 열의는 특히 다롄의 도시 건축에서 강하게 엿볼 수 있다.

러일전쟁이 끝날 때까지 이 도시는 러시아 제국의 정치 판도에 사로잡혀 있었다. 1898년에 러시아가 본격적인 도시 건설에 착수했다. 대일본제국은 러일전쟁의 승리로 그런 다롄을 조차지(租借地)로 삼게

독일 국회의사당을 들 수 있다.
18) 도쿄 미나토구(港区)에 있는 일본의 영빈관.

되었다. 1905년의 일이지만, 이후는 일본이 같은 다롄의 도시 정비를 진행해 갔다.

이미 러시아 측이 거리 풍경을 만들어 내고 있었다. 그런 장소에 일본이 나중에 올라탔다. 거리 만들기 수준도 당연히 러시아와 비교될 수 있다. 보기 흉한 건물은 세우지 않는다. 그런 기세로 다롄의 시정을 맡은 일본인은 좋든 말든 부추겨졌다.

예를 들어 다롄 야마토호텔(大和ホテル, [그림 4])은 상당히 훌륭한 고전 양식의 건축물이다. 구 만철이 1914년에 준공시킨 호텔인데 완성도가 매우 높다. 지금도 다롄빈관(大連賓館)으로서 이용되고 있다. 만철이 이 건물에 건 의욕의 정도를 알 수 있다.

[그림 4] 현 다롄빈관·구 다롄 야마토호텔(교토대학 부속 도서관 소장)

러시아와 경쟁하는 정신은 그래서 전쟁 승리 이후에도 유지되었다. 건축과 도시계획으로 필드를 옮긴 러일전쟁이 이후에도 펼쳐졌

다. 식민지 건축사 연구의 제1인자 니시자와 야스히코(西澤泰彦)는 그
렇게 확언했다(『바다를 건넌 일본인 건축가(海を渡った日本人建築家)』
1996). 정곡을 찌른 지적이자 훌륭한 비유라고 생각한다.

신징의 '제관양식'은 식민지 건축 중에서도 매우 예외적이다. 방금
전에 그렇게 말했다. 이 함축도 자연스럽게 이해될 것이다.

식민지에서 행정의 중추를 담당하는 건축은 대부분 서양 건축의
유파에 따라 세워졌다. 그럼에도 불구하고 신징만은 민족적인 표현
을 할 수 있는 '제관양식'을 취했다. 중화의 디자인을 꼭대기에 내세
웠다. 구 만주국도 동아시아의 일원인 것처럼 건축에서는 치장하고
있었다.

일본의 제국주의적 해외 통치의 예외로 신징을 자리매김하고 싶다.
적어도 건축물에서는 이렇게 밖에 보이지 않는다.

3. 타이페이, 난징, 베이징

타이베이에서 마주 본 두 세계

구 타이완총독부청사는 지금도 타이완총통부청사(台湾総統府庁舎)
로 이용되고 있다. 타이베이 공원[19]의 서쪽에 위치한다. 그 동쪽에는
방금 말한 총독관저가 있다. 이곳은 타이베이빈관(台北賓館), 즉 영빈
관(迎賓館)으로 활용되어 왔다.

그밖에도 이 근처는 대일본제국의 공적인 시설을 몇 개 보존하고

---

19) 현 228 화평기념공원(二二八和平紀念公園).

있다. 이하, 이들을 열거하면 다음과 같다.

민정부 식산국 부속 박물관(民政部殖産局付属博物館) 1915년 준공
타이베이 병원 1920년대 준공
타이베이 지방법원 청사 1934년 준공

전부 오늘날까지 사용되고 있다. 그런대로 사용할 수 있다고 판단한 듯하다. 또 그들은 모두 서양의 역사 양식에 따라 형태가 완성되어 있다. 박물관은 심지어 고전주의 골법까지 취하고 있다.

총독부의 청사와 총독관저가 서양의 유파에 따라 설계되었단 것은 이미 설명했다. 이 구획에는 그러한 건축이 모여 있다. 일본의 타이완 통치시대를 건축으로 회상할 수 있는 지역인 것이다. 그리고 그 구획에는 서양적 교육을 받은 건축가의 표준적인 작품이 줄지어 서있다. 서양화(西洋化)가 통치의 자세임을 알게 해주는 지역이기도 하다.

원래 여기에는 청나라 시대 중국인이 세운 타이베이성이 있었다. 거기에 대일본제국은 규모가 큰 서양 건축을 밀고 들어간 것이다. 서양화에 성공한 일본의 모습을 현지 사람들에게 과시한다. 그런 의도가 담겨있었음을 의심하지 않을 것이다.

이 지역에서 조금 남동쪽으로 가면 또 다른 경관이 보인다. 그곳은 초대 타이완총통인 장개석(蔣介石)을 기념하는 공간이다. 정면의 정측패루(正側牌楼)[20] 문을 지나면 본존 중정기념당(中正紀念堂)[21]으로

---

20) 패루란 예전에 중국에서 큰 거리에 길을 가로질러 세우던 시설물이나 무덤, 공원 따위의 어귀에 세우던 문을 말한다.
21) 신해혁명 이후 손문(孫文, 1866~1925)과 함께 자유중국을 수립하고자 노력했던 중화민국 초대 총통 장개석을 기념하기 위해 건립한 기념당. 2007년 국립타이완민주기념관

갈 수 있다.

기념당은 장개석의 사후에 그를 기리기 위해 만들었다. 준공된 것은 1980년이다. 중화민국의 국가적인 프로젝트였다. 디자인은 패루를 포함하여 중화 건축을 현대화했다. 민족정신을 확실히 내세운 건축이라고 할 수 있다.

이른바 '제관양식'이 아니다. '제관양식'은 민족적 기와지붕을 지지하는 골조가 약식의 클래식 양식이다. 화양(和洋), 혹은 한양(漢洋)의 절충적 표현이 채용된다. 그러나 중정기념당은 그 전체가 중화의 양식에 기인하고 있음을 알 수 있다. '제관양식'이 아니라고 말할 수 있는 이유이다.

중화와 서양이 대항해 싸우다

그런데 중정기념당과 정측패루는 하나의 축선으로 묶여있다. 그 축선은 식재의 방법임을 명확하게 알 수 있다. 그리고 그 축선과 마주보는 대칭적인 위치에 두 동의 건축물이 세워져 있다. 국가음악청(国家音楽庁)과 국가희극원(国家戯劇院)[22]이다. 그들도 장개석을 기념하는 공간을 구성한다고 간주해도 좋다.

음악청과 희극원은 서로 매우 닮아있다. 둘 다 청나라의 자금성(紫禁城)[23], 중화 궁전을 본뜬 것 같은 형태이다. 예전 중화민국 초기에는

(國立臺灣民主紀念館)으로 이름이 바뀌었다가 마잉주(馬英九, 1950~) 총통 시대에 들어서 다시 원래 이름으로 바뀌었다.

22) 국가음악청과 국가희극원의 2동을 합쳐 국가양청원(國家兩廳院)이라고 한다. 타이완 타이베이시에 있는 종합예술문화시설로 1987년 개관했다.

23) 베이징의 중심에 있는 명청 왕조의 궁궐이다. 그 규모는 궁궐로는 세계 최대 규모를 자랑한다.

'궁전식'이라 불리는 스타일을 도입했었다.

이쪽 구획에는 중화의 양식을 드러내는 건물만 세워져 있다. 서양적인 디자인은, 한양 절충이라는 형태로도 찾아낼 수 없다. 민족적 기색이 넘치는 장소가 되었다. 그것이 장개석의 기념건물에 요구된 중화민국의 자세이기도 했을 것이다.

대일본제국의 타이완 통치를 담당한 건축군은 모두 서양식으로 완성되었다. 구 타이베이 성터에는 타이완총독부청사를 비롯한 그 전형적인 예가 모여 있다. 그리고 그 바로 옆에서 고(故) 장개석을 기리는 중화 양식이 늘어 서있다.

서북측에는 일제 지배가 서양을 내세우고 있다. 동남방면에는 장개석 메모리얼이 중화의 모습으로 태세를 갖추고 있다. 그런 두 구역이 경계선을 접하면서 이웃해 있다. 타이완의 역사를 건축을 통해 되돌아볼 수 있는, 대단히 정취있는 곳이라고 생각한다.

실제로 철도 타이베이역에서 내려서 중정기념당에 가는 사람은 적지 않을 것이다. 그리고 그러한 코스에서 지름길을 선택하면 어쩔 수 없이 구 일제구역을 통과하게 된다. 서양적 대건축군을 통과하지 않으면 중화의 공간에는 다다를 수 없다. 아무리 해도 둘을 대비적으로 바라보게 된다.

뭐, MRT 중정기념당역에서 하차하면 구 일제구역을 피할 수 있긴 하다만.

난징에서 타이베이까지

앞서도 언급했지만 중화민국 초기에는 '궁전식'의 건축이 많이 시도되었다. 나중에 타이완으로 도망간 장개석은 원래 대륙에서 중화민국을 이끌고 있었다. 1927년에는 그 수도를 난징으로 제정했다.

그 난징 토지에 정권은 여러 청사를 세워갔다. 그 대부분이 민족양
식을 표현에 담고 있다. 예를 들어 국민당(国民党)[24)의 당사 사료 진열
관(党史史料陳列館)은 전형적인 '궁전식'이었다. 자금성 궁전의 미니어
처 같은 구조를 내세우고 있다.

교통부 청사 등은, 간략화된 클래식과 중화풍의 큰 지붕을 조합했
다. 그 외관은 도쿄의 구군인회관과 비슷하다. '제관양식'과 같은 범
주의 건축이라 할 수 있다.

난징의 장개석 정권은 상하이도 직할 도시로 편입시켰다. 그리고
이 도시에서도 난징과 같은 건축계획을 단행했다. 민족정신을 체현
한 듯한 건물을 도시 곳곳에 세웠다.

[그림 5] 현 상하이 체육학원 교사 · 구 상하이시 청사

구 상하이시 청사(上海市庁舎, [그림 5])는 1933년에 세워졌다. 지금

---

24) 손문에 의해 창단된 중국국민당은 삼민(민족 · 민주 · 민생)주의를 바탕으로 청나라 제정
   을 무너뜨리기 위한 혁명조직에서 출발했다.

은 상하이 체육학원이 교사(校舍)로 사용하고 있다. '궁전식'의 전형적인 예이다. 구 상하이시 도서관은 현재 상하이시 양푸구(楊浦区)의 도서관(신관)이 되었다. 1935년에 준공된 이 건물은 '제관양식'에 가까운 예라고 할 수 있다.

물론 중화민국 정권이 신축관사를 모두 중화색으로 물들인 것은 아니다. 그러한 예가 적지 않았을 뿐이다. 그러나 중국인 관료들이 민족색의 강조를 좋다고 한 것은 분명할 것이다. 그리고 이 방식은 타이완의 중화민국으로도 이어졌다고 생각한다.

당시 중국에는 서양의 열강이 각지에 서양 건축물을 세웠다. 이에 대항하는 움직임이 중화민국의 각 방면에서 일어났다. '중화문명부흥운동(Chinese Cultural Renaissance)'[25]라고 불리는 추세가 일어나고 있었다. 중국 건축사에 자세한 무라마쓰 신(村松伸)은 그 열기가 건축에 다다른 사정을 설명한다(『도설 상하이(図説 上海)』 1998).

이 해석이 타당한지 여부에 대한 판단은 보류한다. 다만, 그렇게 비치는 사태가 장개석 정권 아래에서 추진되고 있던 것은 확실할 것이다.

어쨌든 중화민국에서는 관청건축의 민족화가 받아들여졌다. 중국 관료들이 이 경향에 위화감을 느끼고 있었다고 보이는 흔적은 찾을 수 없다.

다시 한 번 반복하겠다. 구 만주국의 수도 신징에서도 관아의 민족화, 한화(漢化)가 진행되었다. 그와 관련된 건축가 마키노 마사미는 이렇게 말했다. 저걸 선호한 것은 중국인 관료였다. 신징의 관청 건축은 한민족에 너무 영합하고 있다고.

---

25) 중화민국에서 중국의 문화대혁명에 대항해 일으킨 문화 운동.

난징이나 상하이 근처의 모습을 보는 한 이는 충분히 납득이 간다. 이 지적이 빗나갔다고는 생각되지 않는다. 마키노가 쓴 것은 신뢰할 수 있다고, 다시 말해 둔다.

그리고 베이징에서도

중화인민공화국은 1949년에 설립됐다. 실은 이 정권도 민족색이 강한 공공건축을 종종 만들고 있다. 1954년에 생긴 베이징 우의빈관 (北京友誼賓館) 근처가 그 빠른 예라 할 수 있을까. 약식의 클래식에 중화풍의 지붕을 가진 '제관양식'풍의 건축이다.

1959년에 중화인민공화국은 건국 10주년을 맞았다. 그것을 축하하기 위해 베이징에서 이른바 10대건축(十大建築)의 건설을 시작한다. 그리고 그 대부분 역시 민족색으로 물들여졌다. 전국농업전람관(全国農業展覧館), 베이징역(北京駅), 민족문화궁(民族文化宮) 등이다.

소련의 스탈린[26]이 민족문화에 기인한 사회주의를 목표로 한 것은 잘 알려져 있다. 소련에서는 1956년부터 이른바 스탈린 비판이 시작되었다. 그러나 중국 공산당은 오랫동안 스탈린의 공적을 계속 높이 평가했다. 그런 자세가 민족적인 건축 표현을 지지했다는 견해도 있다고 들었다.

하지만 이런 정치정세만이 건축 표현을 크게 좌우했다고는 생각되지 않는다. 20세기 중국에서는, 중화민국이나 구 만주국도 같은 일을 하고 있었던 것이다. 정치의 이념 등을 넘는 공통의 건축관이 중국에

---

26) 이오시프 스탈린(Иосиф Виссарионович Сталин, 1878~1953). 1923년 4월 30일부터 1924년 1월 21일까지 소비에트 연방 레닌 시대의 제2인자 겸 실권자였으며 1924년 1월 21일부터 1953년 3월 5일까지 소비에트 연방의 최고 권력자였다.

는 있었다고, 이것을 파악하고 싶다.

한편 근대일본은 공공건축에 민족정신을 투영시키려고 하지 않았다. 적어도, 관료주의 속에서 그러한 열정은 찾아볼 수 없다. 혹은 정치 지도자에게서도. 건축 표현은 대체로 건축가들의 재량에 맡겨져 왔다고 생각한다. 결과적으로 그들은 제국일본과 탈아의 꿈을 서로 나누며, 그 일익을 짊어졌다.

그런 건 없다. 일본에서도 '제관양식'은 적극적으로 도입되었다. 전통일본을 호소하는 군인회관 등의 예를 보라고 하는 사람이 있을지도 모른다. 여전히.

그런 분에게는 『아트·키치·재페니스크』를 한 번 읽어보실 것을 추천하고 싶다. 기존의 '제관양식' 이론이 성립되지 않음을 철저하게 전부 논했다고 생각한다.

제8장

전시하의 국민생활과 체육·스포츠

스즈키 후타(鈴木楓太)

들어가며

중일전쟁부터 아시아·태평양전쟁[1]에 걸쳐 총력전을 지지하는 '인적자원'으로서 국민의 '체위향상(体位向上)'은 중요한 정책과제가 되었다. 이는 육군성 의무국장(陸軍省医務局長)에서 이후 후생대신(厚生大臣)[2]을 맡은 고이즈미 지카히코[3] 등이 제창한 '국민체위' 저하 문제를 단서로 1938년 1월에 후생성(厚生省)[4]이 설립된 것, 문부성(文部省)[5]에서도 1941년 1월에 체육과(課)가 체력국(局)으로 확장된 것에도

---

1) 1941년부터 1945년까지 일본과 연합국 사이에 벌어진 전쟁. 1941년 12월 8일 일본이 하와이 진주만을 습격하면서 시작되었다. 1942년 미드웨이 해전에서 미국이 승리하며 전세가 역전되었다. 1945년 8월 미국이 히로시마(広島)와 나가사키(長崎)에 원자폭탄을 투하하고 일본이 15일 무조건 항복하며 종료되었다.

2) 과거 일본에 존재했던 행정기관 후생성(厚生省)의 수장을 말한다. 2001년 후생성과 노동성(労働省)이 통합됨에 따라 후생노동대신으로 지휘체계의 수장도 통합되었다.

3) 고이즈미 지카히코(小泉親彦, 1884~1945). 도쿄제국대학(東京帝国大学) 의학부를 졸업하고 근위 사단 군의관 부장 등을 거쳐 1934년 육군성 의무국장에 취임했다.

4) 1938년부터 2001년까지 존재한 일본의 행정기관으로 과거 대한민국의 보건사회부와 유사한 역할을 수행하였다. 주요 업무로는 의료, 보건, 사회 보장을 담당하였다.

단적으로 나타난다. 체육국은 학교체육을, 후생성 체력국[6]은 그 이외 전반을 소관했다. 이렇게 모든 국민의 체위향상을 촉진하는 수단으로서 체육은 사람들의 삶에 크게 관련되었다.

전시기에 체육을 매개로 국가가 국민의 신체나 일상생활에 작용할 때, 주로 두 개의 루트가 있었다. 하나는 직접적인 심신단련을 통한 체력동원이고, 다른 하나는 위안·후생을 통한 체위향상 효과를 기대한 '건전오락'의 장려이다. 대상자의 연령, 성, 직업 등에 따라 단련과 위안을 병용하면서, 체육을 통해 국민 한 사람 한 사람의 신체를 전시체제에 편입시키는 체위향상을 기획한 것이다.

본장에서는 이러한 정부에 의한 위에서부터의 체육 장려와 통제를, 전시기의 대중의 체육·스포츠 경험을 규정한 큰 틀로 참조하면서 사람들의 생활 속 다양한 형태로 드러난 체육·스포츠의 여러 모습을 그린다. 그렇게 하면 군국주의 체육하에서 규율훈련화된 신체라는 학교체육 이미지와는 다른 측면도 보일 것이다. 덧붙여 본장에서는 '체육'을 신체의 교육이나 교화를 목적으로 한 활동이라는 의미로 사용하며, 한편 '스포츠', '무술', '체조' 등은 운동의 형태에 대응한 호칭으로서 사용한다.

---

5) 1871년부터 2001년까지 존재한 일본의 행정기관. 교육, 학술, 스포츠, 문화 정책 등을 소관하고 있었다. 현재는 문부성과 과학기술청(科学技術庁)이 통합되어 문부과학성(文部科学省)이 되었다.

6) 1941년 8월부터 인구국(人口局), 1943년 11월부터 건민국(健民局)으로 개칭

1. 체육·스포츠의 대중화와 사회정책화

스포츠의 확대

우선 전시기의 체육·스포츠의 전제로서 전간기(戰間期) 체육·스포츠의 대중화와 사회정책화에 대해서 다카쓰 마사루(高津勝)나 사카우에 야스히로(坂上康博) 등의 연구를 참조하면서 개관해 두고 싶다. 전간기 대중소비사회의 출현으로 이제까지 일부 엘리트층의 문화였던 스포츠는 도시중간층을 중심으로 일정한 확산을 보였다. 1924년 문부성 조사에 따르면 중등학교의 운동부 설치율(%)은 남자 검도(73.2), 테니스(72.5), 야구(59.3), 육상경기(51. 8), 유도(51.1)로 이미 50%를 넘었으며[*1][표1], 진학자 수 증가와 함께 스포츠 인구의 확대를 가져왔다. 또 이 시기에는 종목통괄단체(種目統括団体)나 부현체육협회(府県体育協会)의 설립이 잇따르며 다양한 종목의 경기대회가 개최되게 되었다.

[표 3] 남녀의 중등학교에서의 운동부 설치율 추이

종목	여자			남자		
	1924년	1932년	1941년	1924년	1932년	1941년
테니스	36.8	63.2	78.1	72.5	91.9	75.0
걷기	21.1	—	—	19.5	—	—
육상경기	18.2	54.5	69	51.8	92.6	88.9
탁구	16.7	44.7	82.6	1.0	7.9	17.9
수영	13.3	21	32	35.9	63.5	56.7
배구	10.4	59.3	92.5	0	29.5	49.7
등산	10.1	—	23	7.6	—	31.2
농구	9.2	47.5	76.8	0.4	35.9	71.6
궁도	7.7	13.9	54.6	14.1	33.5	45.1
축구	3.6	0	0.1	26.8	35.4	38.3
럭비	—	—	0	—	4.0	8.0
야구	3.4	0.2	0.1	59.3	75.8	57.4

체조	3.4	—	10.8	0.8	—	51.1
스키	3	5.9	21	7.5	12.1	20.3
나기나타[7]	2.3	—	7.2	0	—	0
스케이트	1.8	0.8	6	1.0	1.7	8.5
유도	0.3	0	0.1	51.1	80.1	84.6
검도	0.1	0.1	1.0	73.2	95.8	92.2
스모	0	0	0	26.2	26.1	46.6
보트	0	0.3	0.2	14	12.3	8.7

(스즈키 후타, 「전시기의 스포츠와 젠더-문부성의 '중점주의' 정책의 검토를 중심으로」의 [표 1]을 토대로 작성. 숫자는 퍼센트. '—'는 해당하는 조사항목이 없었던 것을 나타낸다.)

한편, 신문사가 판매부수 확대 전략의 일환으로 활발히 스포츠를 보도하고, 경기대회를 적극적으로 주최·후원한 것은 '보고' '읽는' 오락으로서의 스포츠 소비문화 형성에도 큰 역할을 했다. 전전을 대표하는 종합 스포츠 잡지『아사히 스포츠(アサヒ·スポーツ)』(1923)를 비롯해 야구 이외의 전문지가 잇따라 창간된 것도 1920년대이다. 문학도 다양한 수사를 통해 스포츠를 말하고 변주했다.[*2]

게다가 최신 미디어였던 라디오와 스포츠의 궁합은 발군으로, 1927년 여름 고시엔(甲子園) 대회[8]에서 시작된 스포츠 방송은 불과 2년 후인 1929년에는 야구를 중심으로 연간 381회에 이르고, 그 후 1930년대 중반까지 계속 증가했다.[*3] 게다가 베를린 올림픽의 '마에하타 힘내라(前畑ガンバレ)'[9]를 비롯해 일본 국민을 열광시킨 실황 방

---

7) 나기나타(薙刀)는 언월도(偃月刀), 왜장도(倭長刀)를 사용하는 무술을 말한다.
8) 아사히신문사와 일본고등학교야구연맹의 주최로 매년 8월 약 2주 간의 일정으로 효고현(兵庫県) 니시노미야시(西宮市)의 고시엔 구장에서 열리는 전국 고등학교 야구 선수권 대회.
9) 1936년 8월 11일. 나치 집정하의 베를린에서 열린 올림픽 여자 200m 평영 종목에 출전한 마에하타 히데코(前畑秀子, 1914~1995)는 독일 선수를 제치고 1초 차이로 일본 여성 최초의 금메달리스트가 되었다. 당시, 가사이 산세이(河西三省, 1898~1970) 아

송의 녹음은 그 후 레코드로 판매되어 당시의 흥분을 여러 번 추체험
할 수 있게 했다.[*4]

도시와 농촌, 계층, 젠더

이처럼 스포츠 대중화의 중심 담당자는 도시 중간층이었는데, 청
년단을 중심으로 농촌 청년이 스포츠를 실시하는 기반도 형성되고
있었다.[*5] 그렇다고는 해도 야구나 수영, 탁구, 테니스도 어느 정도
보급되어 있던 도시의 청년단과 비교하면, 군부(郡部)에는 오직 육상
경기와 무도, 스모(相撲), 등산 등에 한정되었다. 또 종목 사이에는
명확한 계층차가 있었다. 나가노현(長野県) 시오지리무라(塩尻村)를
케이스로 한 다카쓰의 연구에 따르면, 1919년부터 1933년 사이에 마
을을 대표해 경기 대회에 출전한 선수가 차지하는 중등학교 졸업자
의 비율(%)은 테니스(86.7), 야구(58.6), 검도(41.7), 육상경기(29.0), 스
모 및 총검도(0.0) 순으로, 출신계층의 분포도 이에 부합했다.[*6] 이처
럼 스모나 무도를 포함한 광의의 스포츠는 종목간의 현저한 지역차
와 계층차를 내포한 채 정착해 있었다.

다만 이러한 상황이 여성에서는 상당히 달랐다. 1920년대는 고등
여학교의 과외활동을 기반으로 한 '여자스포츠'의 여명기이며 1940
년경에 걸쳐 몇몇 종목으로 운동부의 설치율은 크게 상승했는데[표
1], 기본적으로는 여학교 문화의 틀 안에 머물렀다. '건강한 모체' 획
득이라는 여자스포츠 장려의 대의명분은 '모체' 획득 후 여성의 스포

나운서의 "마에하타 힘내라"고 외치는 실황 방송이 유명하다. 국제연맹을 탈퇴하고,
군사 태세를 강화해 가던 당시 일본에게 있어 올림픽은 국가의 위신을 나타내는 모습의
장소, 국위선양의 장이었기 때문에 출전 선수들이 강한 중압감을 느끼고 있던 가운데에
이룬 쾌거였다.

츠 계속에 대해서는 억제적으로 작용했다 할 수 있다. 어쨌든 여학교 시절의 스포츠 경험은 경기장에서의 스포츠 관전과 미디어를 통한 스포츠 소비에 연결되었을 가능성이 높다. 예를 들어, 1930년 전후에 도쿄에서 개최된 경기대회 관객의 5~12% 정도를 여성이 차지하는 등, 비교적 높은 계층의 여성 사이에서는 스포츠를 '보는' 일이 드물지 않게 되었다. 사카우에가 지적하듯 그녀들에게 있어서 경기장의 흥분에 몸을 두는 경험은 때때로 가부장제하에서의 '억압적인 생활로부터의 해방의 계기'[7]가 될 수도 있었을 것이다. 또 1933년 시점에서 라디오 스포츠 실황의 청취자 3할 가까이가 여성이었던 것[8]은 라디오라는 새로운 미디어의 출현이, 여러 사회적·물리적 조건을 뛰어넘어 스포츠와 여성을 연결했음을 시사한다.

한편 일본방송협회가 1932년에 실시한 조사에 따르면, 다양한 프로그램 속 스포츠 실황에 대한 '기호상황'은 남성에겐 4위였음에 비해 여성에게서는 17위였고, "남녀사이에 그 기호가 현저하게 다를 수 있는" 것이라고 쓰여 있다.[9]

덧붙여 이 시기의 농촌에는 라디오가 아직 본격적으로 보급되지 않았다. 여성이 즐기는 스포츠 공간은 남성 이상으로 도시적이고 계층적, 한정적이었다고 할 수밖에 없다.[10]

사회정책으로서의 체육·스포츠

국가도 사람들의 스포츠 욕구에 주목해 학교체육에 한정하지 않는 광의의, 사회정책의 대상으로서 스포츠를 위치짓게 된다. 제1차 대전 이후의 국제정세 속에서 서양 열강에 견주는 총력전단계의 국가건설을 담당하는 국민의 건강증진과 '불건전'한 사회주의 사상에 대처하는 '사상선도' 효과가 기대되었기 때문이다. 황실 또한 군주제의 세계적

위기에 대처하는 황실 개방 정책의 일환으로 우승컵 하사나 황족의 관람, 그리고 때로는 황태자 히로히토[10] 스스로 플레이하는 모습을 보여줌으로써 스포츠 지지자로서의 메시지를 발신했다.[11] 게다가 1924년 파리 올림픽 참가시 6만 엔의 정부 보조금이 지급된 것은 스포츠의 국가적 의의를 명확히 보여주는 동시에, 국제무대에서 일본대표선수의 활약에 대한 사람들의 관심과 기대를 환기시켰다.[12] 이렇게 내셔널리즘과도 연관된 스포츠의 인기는 이윽고 1930년대의 두 번의 올림픽(로스앤젤레스, 베를린)에서의 '열도를 흔드는 열광'을 낳게 된다.[13]

한편, 학교체육의 틀을 넘은 '사회체육'의 진흥은 정책으로서 큰 성과를 올릴 수 없었다. 문부성은 일반국민에 대해 학교체육과 같은 지도(指導)망을 갖고 있지 않았기 때문이다. 내무성(內務省)[11]계의 산업복리협회(産業福利協会)나 각 도부현(道府県) 공장과에 의한 체조지도가 '공장체육'으로 일정한 성과를 거두고 있었지만, 스포츠의 진흥은 실질적으로 민간기업이나 스포츠 단체에게 맡겨져 있었다.[14] 그 결과, 스포츠의 대중화는 청년남성을 중심으로 전국적인 확산을 이루는 한편, 젠더나 계층, 도시와 농촌 등의 여러 조건에 의한 상기와 같은 편향이 크게 변화하지는 않았다.

국민의 '체위향상'이 절박한 과제가 되어, 국가에 의한 체육·스포츠의 이용, 통제, 동원이 강화된 전시기의 체육·스포츠와 사람들을 둘러싼 문화상황은 어떻게 전개되었을까.

---

10) 쇼와 천황, 본명은 히로히토(裕仁, 1901~1989).

11) 1873년부터 1947년까지 존재한 일본의 행정기관. 내정과 민정을 담당하였으며 수장인 내무대신은 총리대신 다음에 해당하는 부총리의 지위를 가지고 있었다.

2. 체력 동원과 '건전오락'의 장려

'인적자원'의 체력 동원

중일전쟁기 국민의 체위향상에 대한 국가의 요청이 급격하게 강해지는 가운데 등장한 것이 '인적자원'이라는 개념이었다. 이는 1938년 5월에 시행된 국가총동원법에서 국가에 의해 통제·운용되어야 할 자원으로서 국민의 노동력을 위치 지은 개념이다. 1938년 1월 후생성 설립을 새 기점으로 한 전시의 '국민체육' 정책의 주안은 이 '인적자원' 강화에 있었다. 모든 국민은 '인적자원'으로서 일정 수준의 체력을 유지할 것이 의무화된 것이다. 그 중에서도 병력과 노동력의 공급원인 남자 청소년의 체력 향상에 중시되었고, 재빠르게 체력장 검정(体力章檢定, 1939)이나 국민 체력법(国民体力法, 1940)의 대상으로 되었다. 전쟁국면이 악화되어 식량 사정이 극도로 어려워지는 시기에도, 1943년부터는 국민체력법의 검사에서 '근골박약자(筋骨薄弱者)'로 판정된 남자 청소년을 건민수련소(健民修鍊所)에 모아 최대 2개월간의 훈련을 실시하고, 1944년에는 학교 교육에서 군사 교련이 한층 확충되는 등, 강도 높은 단련을 통한 신체 강화의 방침이 관철되었다.

이 '인적자원'이 유지해야 할 체력의 표준치를 나타낸 것이 남자는 1939년, 여자는 1943년부터 실시된 체력장 검정이다. 현재 문부과학성 '신체력 테스트(新体力テスト)'와 비슷한 이 검정은 남녀 다른 종목이 채용되었으며 상급, 중급, 초급의 3단계 합격 기준을 충족한 자에게는 체력장(남자)과 여자 체력장(여자)이라 불리는 배지가 지급되었다. 더욱이 병사에게 필요한 운동 능력을 나타낸 남자 검정에 비해, 여자 검정에는 '건강한 모체'를 기준으로 한 종목이 선정되었다. 이는 당시 초안은 남자와 같은 25세였던 검정 대상 연령의 상한이, "낳아라 번식하라"라

는 전시 인구정책의 평균 초혼연령 목표치에 맞춰 21세로 낮아진 점에
서도 드러난다.[*15] 이 검정의 제정에 종사한 후생성 체육관 구리모토
요시히코[12)]는 "여자에게 있어 임신이야말로 바로 체력장 상급 이상의
것"이라고 말하고 있다. 전시하의 체력 테스트는 단순히 체력의 표준치
를 나타낼 뿐만 아니라 성별화된 '인적자원'으로서의 신체 구축을 통해
여성을 '국민화'하는 역할을 담당한 것이다.

[표 1] 체력장 검정에 채용된 종목

	연령		종목
남자 1939년~	15~25	기초검정	100m 달리기, 2000m 달리기, 멀리뛰기, 투포환 던지기, 운반
		특수검정	수영(수영거리, 수영시간, 수영속도) ※1942년부터
여자 1943년~	15~21	기초검정	1000m 경보, 줄넘기, 막대 던지기, 운반, 체조
		특수검정	수영(수영거리, 수영시간, 수영속도), 행군

이러한 상황에서 사람들은 좋든 싫든 자신의 체력에 대한 의식을
환기했다. 기타노(北野) 중학 시절 약 한 달간의 건민수련소 생활을
경험한 미시마 유이치[13)]는 당시를 회상하며, 주위에서 불어넣은 체력
콤플렉스는 아무리 체육 수업 때 활약해도 전혀 불식되지 않았다고
말한다.[*16] 한편, 요코하마(橫浜)의 철도원이었던 고나가야 사부로(小
長谷三郎)는 1942년 10월의 일기에 '훌륭한 남자의 체력을 상징'하는
체력장을 옷깃에 붙인 자신에 대한 청소년들의 부러움을 느낀 것을

---

12) 구리모토 요시히코(栗本義彦, 1897~1974). 일본의 체육 지도원. 1934년 도쿄고등사범
    학교에 전임하여 문부성 위생관을 겸무했다.
13) 미시마 유이치(三島佑一, 1928~2016). 일본 근대문학 연구자, 작가, 시텐노지(四天王
    寺) 대학 교수를 지냈다.

적었는데, "이 작은 신체에 넘치는 체력은 결코 남들에게 지지않는다고 자랑하고 싶다"는 서술에는 자부심과 열등감이 상반되는 미묘한 심정이 엿보인다.[17] 같은 요코하마의 조선소 직원이었던 모리 신타로(森新太郎)는 1943년 후반 들어 지인의 소집 소식을 접할 때마다 "체력단련을 통감"한다고 했다. 컨디션 난조로 도나리구미(隣組)[14] 운동회나 해수욕을 쉬기도 했던 30대 중반의 모리에게 슬며시 다가오는 소집 소식은 자신의 체력에 대한 강박관념을 동반한 것이었다.[18]

체육의 '생활화'와 '건전오락'

'인적자원'의 체위향상 방법으로 스포츠도 유효성을 인정받았지만 그것은 이미 일상적으로 스포츠에 친숙했던 경우에 한해서이며, 원래 체육 습관이 없었던 계층에게 새롭게 장려된 것은 모두가 쉽게 실시 가능한 도보 운동, 체조, 수영, 무술 등이었다. 매년 8월 국민심신 단련운동 등을 기회로 일 년 내내하는 단련 실천, 즉 체육의 '생활화'가 요구된 것이다.[19]

이 중에서 일상적인 체육실천으로 가장 일반적으로 침투한 것은 아마 라디오 체조로 국민정신총동원운동과도 관련된 라디오 체조 모임은 상당한 동원력을 지니고 있었다.[20] 다만 사람들이 자진해서 참가하고 있었는지는 의문이다. 1938년부터 44년 사이에 라디오 체조에 관한 기록이 있는 10세부터 59세까지의 16명의 일기, 총 54건을 분석하면 그 중에서 42건이 국민심신단련운동 기간 전후인 7월부터

---

14) 에도(江戸) 막부 시대부터 성립된 일본의 행정조직. 다섯 가구부터 열 가구에 이르는 인원을 하나의 조직으로 편성해 상호 협력 및 감시의 목적 아래 형성된 소단위 조직을 말한다.

8월에 집중되어 있다. 여기에다가 5월 건민운동 주간 등 다른 관제 캠페인 기간 중이었던 5건을 더하면 전체의 87%에 달한다. 전시(戰時)에는 다종다양한 체조가 학교나 공장에서 항상 실시되어, 말그대로 '체조의 시대' 양상을 띠었던 것은 확실하지만[21] 학교나 직장의 강제력이 작용하지 않은 경우까지 좋아서 한 것은 아니었던 것 같다.

[그림 1] 교토시 세이토쿠진조소학교(成德尋常小学校), 『라디오 체조 출석표(出席票)』(1939, 필자 소장). 심신단련에 관련된 9종류의 도안 스탬프가 찍혀있다. 덧붙여 개인 이름이 기재된 개소는 검은색으로 칠했다.

다음으로 전시기 체육장려의 또 다른 틀은 '불건전'한 도시대중문화의 시정을 목표로 한 '건전오락'이었다. '건전오락'을 통한 도시 노동자의 활력 배양과 생산력 향상을 목표로 한 것이 일본후생협회(日本厚生協会)가 주도한 후생운동이다. 거기에는 하이킹이나 등산, 해수욕을 포함한 체육·스포츠가 그 유효한 수단으로 자리매김했다.[22] 그리고 이것은 스포츠 자체의 존속에도 큰 의미를 가지고 있었다. 청소년에 대한 실전적인 단련으로서 스포츠의 정당성이 점차 손실되는 가운데, 스포츠계는 체력장 검정 등의 체력동원정책에 적극적으로 협력하면서 일반국민의 '건전오락'으로서의 공헌을 보여주는 것을 통해 그 명맥을 유지하려고 했기 때문이다.

3. 전시기의 오락으로서의 체육·스포츠

영화에 이어 인기

아사히신문 중앙조사회(朝日新聞中央調査会) 편, 『지방오락조사자료
(地方娯楽調査資料)』(1941)는 본사의 전국 통신망을 통해 사할린(樺太)을
포함한 내지의 전체 도부현 149지역의 조사결과를 정리한 자료이다.
여기에는 '대중의 오락 또는 위안'에 대한 개황(概況)이 성별(남·여),
연령별(청소년층·장년층·노년층),   지역별(농촌·산촌·어촌·지방도시)로
지방마다 24개 구역으로 구분하여 보고되었다. 조사결과는 구분이
판연하지 않는 기록 등을 제외한 2328개 사례[*23]의 양적 분석과 현상
및 대중 희망에 관한 개설(이하, '개설'), 조사를 담당한 통신원 등의
제언집으로 구성되어 있다. 여기서는 지방별로 조사방법이 통일되지
않은 점에 유의하면서 성별이나 연령, 지역차 관점에서 본 오락으로
서의 체육·스포츠의 경향에 대해 파악하고자 한다.

우선, 전체 2328개 사례에서 사람에게 있어 오락으로서 가장 많이
보고된 것은 영화(842건)이었지만, 그 뒤를 이은 것은 스포츠(653건)
였다. 다만, 이 '스포츠'에는 스모(195건)나 낚시(98건), 하이킹(58건),
무술(12건), 사냥(7건) 등도 포함되어 있었다. '체위향상에 관한 모두'
를 일괄한 카테고리였다. 이 '스포츠' 개념 자체가 국민의 체위향상을
담당하는 '건전오락' 장려 정책에 따른 것은 분명하다.

3위 이하로는 라디오(601건), 연극(391건), 제전행사(381건), 나니와
부시(浪花節, 303건), 도서(203건), 본오도리(盆踊, 181건), 바둑장기(177

건), 음악(107건), 학교행사(85건), 무용(38건), 민요(34건) 순으로 이어졌다. '스포츠'의 653건은 스모나 하이킹 등이 개별적으로 기재된 경우도 모두 합친 숫자이기 때문에 영화나 라디오와 같은 기준으로 집계하면 이보다 적다. 그래도 '개설'의 다양한 보고 사례를 참조하면 '스포츠가 오락으로서 민중 속에 침투해 큰 비중을 차지하고 있었다'는 사카우에 야스히로(坂上康博)의 평가[*24]는 『지방오락조사자료』 속 광의의 '스포츠'에 관한 한 대체로 수긍할 수 있다.

남편과 걷는 하이킹

다만 영화, 라디오, 연극 등과 비교했을 때 『지방오락조사자료』에 나타난 '스포츠'의 가장 큰 특징은 남성 533건인 것에 비해 여성이 120건이라는 극단적인 남녀차이에 있었고, 기본적으로는 젊은 남성이 즐기는 것이었다[그림 2·3]. 대조적으로 생활 속에 전혀 오락이 없다고 대답한 '무오락(無娛樂)'은 남성 24건에 비해 여성은 157건에 달했다. 교토(京都)의 야마시나(山科)로 시집가 폐쇄적인 지역사회에 사는 여성의 갈등을 쓴 시데이 도시코[15]의 일기에는 아픈 이웃의 '며느리'가 요양도 허락받지 못하고 쇠약해지는 모습이 다음과 같이 기록되어 있다. "여자(女)가 집(家)을 짊어진 굴욕적인 모습이 며느리(嫁)라는 글자다. 어머니는 사아정진(捨我精進)이라는 말을 좋아하시는데 그것은 건강한 사람에게만 통용되는 것이다. (인용자주: 고베[神戸]의) 학창시절 테니스 선수였다는 마사코(昌子) 씨는 여자인 탓에 집에게 죽임 당하고 있다"[*25] 여기에서는 도시적이고 진보적인 테니스와 인습적인 '집'·지

---

15) 시데이 도시코(四手井淑子, 1917~2020). 버섯연구가, 에세이스트. 남편은 삼림생태학자 시데이 쓰나히코(四手井綱英).

역사회가 대치되어 있는데, 후자 앞에서 전자는 너무 무력했다.

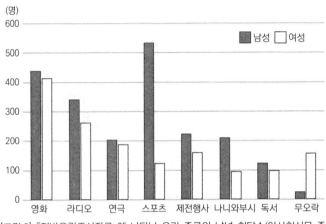

[그림 2] 『지방오락조사자료』에 나타난 오락 종류의 남녀 회답수(아사히신문 중앙조사회 편, 『지방오락조사자료』, 1941을 토대로 작성)

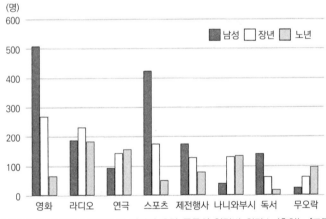

[그림 3] 『지방오락조사자료』에 나타난 오락 종류의 연령별 회답수 (출처는 [그림 2]와 동일)

　다음으로 농산어촌과 도시를 비교하면 스모와 스모관람(농산어촌 195건/전체 231건)이 몇 안 되는 농산어촌형의 오락으로 눈길을 끄는 한편, 스키·스케이트, 야구, 정구, 탁구(도시 54건/전체 77건) 등, 이른바 외래 스포츠는 도시에 집중되어 있었다. '하이킹'(도시 46건/전체 58건)과 '낚시'(도시 69건/전체 98건)도 도시형 오락이었는데 '낚시'의 90% 이상을 남성이 차지한 한편 '하이킹'은 남녀 거의 같은 비율로 특히 도시 여성의 '스포츠' 전체의 약 3분의 1을 차지했다.

앞서 언급한 시데이 도시코는 1940년 9월에 남편·쓰나히코와 구라마산(鞍馬山)을 산책했다. "하이킹. 구라마산 안쪽으로. 산의 아름다움은 설렌다. 주변의 가게에서 먹은 모로코(もろこ)[16] 덴푸라(てんぷら) 맛있다. 도치모치(とち餠)[17]를 사서 돌아오는 길에 남편은 왜 내가 좋냐고 묻자, 불완전한 점, 제멋대로인 점, 고지식한 점이라고 한다. 전혀 칭찬이 아니다"[26] 이듬해 건강증진운동 기간인 5월 5일 요코하마의 소학교(小学校) 교원이었던 모리 다마에(森玉江)에게도 남편 신타로(新太郎)와의 미하라산(三原山) 등산은 '기념일'이 되었다. "나는 조용한 기쁨으로 가득했다. 남편과의 여행은 인생 그 자체 같은 생각이 들었다. (중략) 나는 평생 이 사람과 이렇게 어깨를 나란히 죽음의 끝까지 계속 걸어갈 수 있다고 커다랗고 풍요로운 편안함을 절실히 느꼈다"[27] 두 여성을 둘러싼 '집'이나 지역사회 상황은 다르지만 그녀들에게 하이킹이 단순한 위안이나 기분전환 이상의 의미를 가졌다는 것은 확실하다.

스포츠 보도와 일본의 윤곽

'건전오락'의 장려는 베를린 올림픽 전후로 피크를 맞은 후, 급속히

---

16) 잉어과 담수어.
17) 돗토리현(鳥取県)의 특산품인 칠엽수의 열매를 섞어서 찧은 떡.

감소했던 스포츠 방송의 내용에도 영향을 미쳤다. 1940년 일본방송 협회는 시국에 응답한 스포츠 방송의 대상으로서 '국가적 행사'나 '대중성과 지도성'이 있는 것을 선택해, 장난스럽거나 '흥미본위, 선정적' 요소를 배제한 방송을 통해 체위향상과 '건전오락'에 기여하는 것을 주장한 '스포츠 방송 신체제' 지침을 책정했다.[28] 이러한 스포츠 보도는 필연적으로 국가가 발신하는 메시지를 효과적으로 매개하게 된다.

이 점은 전전 최대의 종합경기대회에서 찾을 수 있다. 1939년부터는 후생성 주최의 관제(官製) 이벤트가 된 메이지신궁 국민체육대회(明治神宮国民体育大会)[18]는 바로 체육행정의 메시지를 국민에게 보여주는 장소가 되었다. 국방적 경기의 중시나 참가자층의 확대에 추가로 전시기 대회에서는 기존의 선수권주의를 대신해 부현(府県) 대항경기에 중점이 놓였는데 여기에는 조선, 타이완, 만주 등의 '외지'와 '내지'의 각 부현이 절차탁마(切磋琢磨)하여 발전하는 일본의 모습을 경기장 안에 유사적으로 출현시키는 효과가 있었다. 또 건국신화의 진무동정(神武東征)[19]에 의거한 미야자키-우네비 역전 경주(宮崎畝傍間駅伝競走)나 '천람연기(天覧演技)'[20] 등, '만세일계(万世一系)'[21]의 역사와 제국일본의 공간적 확산이 여러 형태로 연출되고 있었다.

이렇게 국민통합의 장치로서의 메이지신궁대회의 효과는 라디오

---

18) 일본에서 1024년 메이지신궁 경기대회라는 이름으로 시작하여 1943년까지 14회에 걸쳐 열렸던 체육대회. 1942년부터는 메이지신궁 국민연성대회(明治神宮国民錬成大会)으로 개칭되었다.

19) 일본 신화에서 초대 천황인 진무 천황(神武天皇)이 양지를 떠나 야마토(大和)를 정복하고 가시하라 궁에서 즉위하기까지를 기록한 설화.

20) 천황이 관람하는 예술.

21) 일본 황실의 혈통이 한 번도 단절된 적이 없다고 주장하는 견해.

나 신문, 뉴스영화 등의 미디어를 통해 증폭되어 사람들 속에 제국일
본의 윤곽을 떠올리게 한 것일 것이다.[*29] 신문은 지역대표의 활약이
나 다른 부현과의 교류를 활발히 보도했다.[*30] 제국의 확산을 스포츠
를 통해 확인시키는 스포츠 미디어 본연의 자세는 후타바야마 사다
지[22)]의 인기에 열광하는 오즈모(大相撲)[23)]나 야구의 외지 순회 흥행
보도에서도 지적되고 있다.[*31]

하지만 사람들이 국가와 미디어의 메시지를 단순히 받아들인 것은
아니다. 앞서 언급한 『지방오락조사자료』에서는 라디오나 영화에 드
러난 노골적인 시국색에 대한 기피감이 일부 존재했음을 알 수 있다.
예를 들면, "시국적인 것을 다루는 것은 좋지만 어디까지나 위안의
범위를 벗어나지 않았으면 한다"(홋카이도[北海道])와 같은 식이었다.
그렇지 않아도 '최근 라디오 재미없다'는 것이 사람들의 솔직한 반응
이었다.

4. 공장체육의 전개

활기를 띠는 기업 내 스포츠

이상의 분석에서 스포츠가 도시에 편향되는 상황은 전시기에도 변
하지 않았고, 스포츠의 정당성이 후생운동의 문맥으로 좁혀지는 가
운데 그 경향은 한층 더 강해졌다고도 생각된다. 이러한 도시 사회체

---

22) 후타바야마 사다지(双葉山定次, 1912~1968). 오이타현(大分県) 출신의 전 스모 선수.
　　현재도 깨지지 않는 69연승의 스모 기록을 수립하고 일본에서 국민적 인기를 얻었다.
23) 일본스모협회가 흥행하는 스모 대회.

육의 기반이었던 것이 기업의 운동부나 체육시설이었다. 전간기에 직원 복리후생의 일환으로 흥했던 공장 스포츠는 그 명목을 시국에 응답해 체력연성으로 갈아 끼웠긴 하지만 전시기에도 활기를 띠고 있었다. 특히 독자적인 시설을 가진 대기업에서는 기구 부족 등의 제약을 받으면서도 1943년경까지 상당히 활발한 활동을 보인다. 예를 들어, 회장의 가타오카 나오마사[24]가 앞장서 발족한 체위향상회(体位向上会)에 많은 직원이 속했던 오사카가스(大阪ガス)에는 1942년 한 해 동안 대외경기를 포함해 정구 310건을 필두로 야구(22건), 검도(18건), 배구(16건), 유도(15건) 등, 매달 행사가 개최되었다. 그 중에서도 정구와 배구의 사내대회는 각각 약 1천 2백 명의 참가자를 모은 놀라운 규모를 자랑하고 있었다.[*32]

체조는 강제 참여

하지만 이 사례를 일반화할 수는 없다. 『산업복리(産業福利)』(산업복리협회[産業福利協会]→협조회산업복리부[協調会産業福利部])나 『체육일본(体育日本)』(대일본체육협회[大日本体育協会]→대일본체육회[大日本体育会]) 등의 관련 잡지에 게재된 실천보고나 좌담회를 통해 기업 규모나 경영자의 방침에 따라 실태가 크게 다른 것을 알 수 있기 때문이다. 다소 오래됐지만 여기서는 1938년 말의 조사 결과를 정리한 후생성 노동국 편, 『일본의 공장체육운동조사(本邦ニ於ケル工場体育運動調査)』(1940)를 통해 전시기 공장 스포츠의 전체적인 경향을 파악하고자 한다. 직원 50명 이상의 전국 6395곳의 공장을 대상으로 한 이 조사에

---

24) 가타오카 나오마사(片岡直方, 1882~1949). 다이쇼부터 쇼와 시대에 활동한 실업가, 정치인.

는 '체육운동의 종류'를 8개의 카테고리(체조, 무술, 야구와 정구, 육상경기, 공놀이, 유희, 강건술, 기타의 체육)으로 분류하고, 회사 규모에 따른 실시율이나 참가율 등이 나와 있다.

[표 4] 직원규모별로 보는 각 종목의 실시율과 직원 참가율

(A) 각 종목을 실시하는 공장의 비율(%)								
직원규모	체조	무술	야구정구	육상경기	공놀이	유희	강건술	기타
50~100명	55.0	10.3	24.3	3.6	5.2	23.7	0.7	16.4
100~500명	67.7	20.6	45.5	9.1	15.3	40.9	1.4	25.9
500~1000명	85.5	48.7	68.7	25.5	42.5	66.7	4.3	49.7
1000명 이상	88.4	73.5	84.0	52.0	57.8	68.0	1.9	62.0

(B) 각 종목을 실시하는 공장의 직원 참가율(%)								
직원규모	체조	무술	야구정구	육상경기	공놀이	유희	강건술	기타
50~100명	81.0	26.9	29.2	44.7	41.0	41.8	68.0	65.7
100~500명	76.0	16.4	16.8	33.2	28.0	30.8	75.8	60.8
500~1000명	72.4	8.0	10.7	18.3	19.3	25.0	71.5	49.3
1000명 이상	61.3	6.9	7.8	14.4	9.1	14.8	73.0	35.4

(C) 조사공장의 전직원을 분모로 한 경우의 직원 참가율(%)								
직원규모	체조	무술	야구정구	육상경기	공놀이	유희	강건술	기타
50~100명	50.5	3.5	8.1	2.0	2.5	11.5	0.5	14.3
100~500명	56.3	4.9	8.9	3.8	5.5	14.3	1.5	20.2
500~1000명	54.0	4.8	7.0	6.4	7.3	14.4	2.7	22.8
1000명 이상	55.0	5.6	7.6	9.6	5.6	9.9	1.5	27.2

(후생성노동국 편, 『일본의 공장체육운동조사』[1940]을 토대로 작성)

첫 번째로 가장 폭넓게 실시되었던 것은 체조로, 근무시간 전후나 휴식시간에 10~20분 정도 행해지는 것이 일반적이었다. 체조를 실시했던 공장은 전체의 64%로, 직원 500명 이상에서는 85.5%까지

상승한다. 그 후 단체 체조가 1940년대 초반에 걸쳐 매우 융성하는 등 공장체육 속 체조의 존재감은 점점 강해졌다.[33]

또 실시 공장의 76.2%는 체조 참여가 강제 또는 반강제였다. 앞서 언급한 『지방오락조사자료』에서 '대중오락 또는 위안'으로 체조가 보고된 경우가 거의 없었다는 것을 감안하면 사람들에게 있어서 체조는 자발적으로 즐기는 것이 아니라, 거꾸로 말하면 비일상적인 요소를 느낄 수 없을 정도로 '생활화'되어있었다고 할 수 있다.

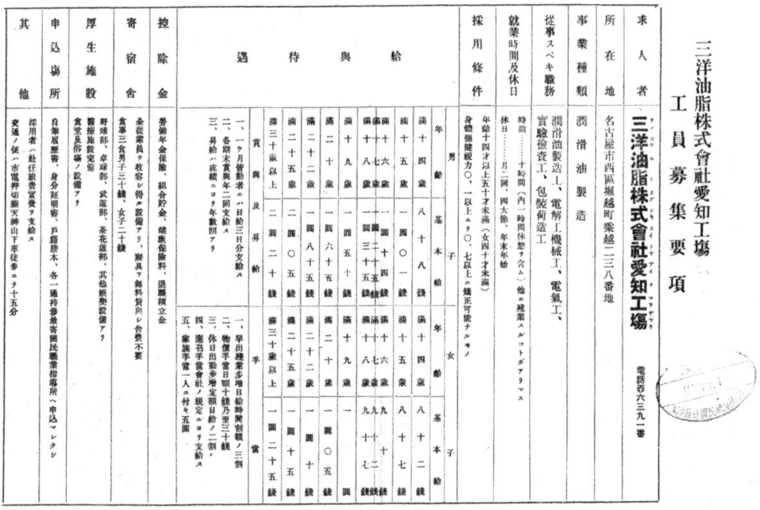

[그림 4] 산요유지주식회사(三洋油脂株式会社) 아이치(愛知) 공장의 공장모집 지라시(필자 소장) 나고야북국민직업지도소(名古屋北国民職業指導所)의 1943년 11월 1일 도장이 찍혀있다. '후생시설' 란에 '야구부, 탁구부, 차화도부(茶華道部), 오락시설 있음'이라고 적혀있다.

스포츠 종목 선택지

두 번째로 체조와 실시율이 극단적으로 낮은 '강건술'(건포마찰이나 호흡법 등)을 제외하고, 공장의 규모가 커질수록 실시율은 현저히 높아지는 한편, 실시하는 경우는 참여율이 낮았다. '야구정구'를 예로 들면,

중소공장에는 그다지 야구나 정구 팀이 없지만 만약 팀이 있는 경우에는 참가율이 높고, 반대로 큰 공장은 대부분 야구나 정구 팀이 있지만 극히 일부의 직원밖에 참가하지 않았다는 것이다. 이 경향은 직원 50명 미만의 소규모 공장을 대상으로 한 오사카시(大阪市)의 조사결과를 더해도 크게 변하지 않는다.[34] 다만 야구 이외의 구기종목은 전무했기 때문에 소규모 공장의 복리후생 틀 안에서 여성이 스포츠를 할 기회는 거의 없었다고 생각된다. 이상으로 밝힌 바와 같이 공장의 규모는 '체위향상' 관련 활동의 실시율에는 그다지 영향을 주지 않았지만 스포츠 종목 선택지에는 다소는 결정적인 영향을 미쳤다.

5. 남녀노소가 참가하는 운동회

지역의 항례 행사

전시기의 '국민체육'정책은 남녀노소 모두를 사정거리 안에 두었지만 '건전오락' 중에서 가장 그 취지에 알맞았던 것은 운동회였다고 할 수 있다. 운동회는 앞의 『지방오락조사자료』에서도 도시와 농촌, 그리고 젠더 편향이 비교적 적고 스모와 함께 농촌부의 몇 안 되는 오락 중 하나이기도 했기 때문이다. 예를 들면 홋카이도 유바리군(夕張郡) 가쿠다무라(角田村)[25]에서 인쇄소를 운영하고 있던 데무라 린조(出村林蔵)는 도나리구미·경방반장(警防班長)으로서 전장 후방 지역 활동에 적극적으로 참가하면서 오오즈모와 6대학 야구(六大学野

---

25) 현 구리야마초(栗山町).

球)[26], 도내의 스포츠 뉴스를 일기에 적는 스포츠 팬이었는데 1941년을 마지막으로 그 기록에서 야구는 사라진 반면, 스모와 운동회는 1944년까지 변함없이 등장한다.

흥미로운 것은 데무라와 그 가족이 거주하는 지역뿐만 아니라 인근의 교구나 이웃마을의 운동회를 신경 쓰고, 구경하러 발길을 옮겼다는 것이다. 예를 들어 1941년의 운동회 시즌(5월 하순부터)은 "비 또 비 때문에, 운동회는 전부 연기거나 우천이라 재미가 없다"(5월 30일)는 상황에서 오늘도 연기인가, 내일은 할까 하고 신경 쓰고 있다. 또 본인이 결석한 7월 1일의 도나리구미 정기모임에 오는 '상공회 주최 운동회 화제로 대화 꽃이 핀' 것을 적고, 이것이 무사 거행된 5일 후에는 경찰서관 내의 산업보국회(産業報国会)의 '대운동회'가 현지의 소학교 교정에서 행해진 것이 기록되어 있다.[*35]

단기적으로 개최할 것

한편 정부도 '건전오락'으로서의 운동회의 유효성에 주목해 민중에 대한 체육진흥의 기회로 자리매김했다. 이를 상징하는 것이 1939년에 시작된 메이지신궁 국민체육대회 '지방대회(地方大会)'의 개최이다. 메이지신궁 국민체육대회(추계대회)의 마지막 날, 11월 3일의 명치절(明治節)에 소학교구나 반상회를 단위로서 개최된 이 전국적인 이벤트에서 가장 중시된 것은 남녀노소가 참가하는 것과 단란한 분위기였다. 이 '지방대회'의 모델이 된 미야기현(宮城県) 시라이시초(白石

---

26) 와세다대학(早稻田大学)·게이오기주쿠대학(慶應義塾大学)·메이지대학(明治大学)·호세이대학(法政大学)·도쿄대학(東京大学)·릿쿄대학(立教大学)의 6개 대학 야구부 간의 리그. 프로야구의 인기가 높아지기 전까지 일본 야구 인기의 중심적 존재였다.

町)의 주민체육대회에는 전통산업이나 가족제도 등의 요소를 도입한 종목을 늘리고, 베를린 올림픽이나 중일전쟁 등 시국적인 요소도 프로그램에 반영시키면서 남녀노소의 참가를 실현했다. 거기서 자라는 애향심과 단결심이라는 효과가 국민정신총동원운동의 맥락에서 주목받았고, 또 체위향상과 국민통합이라는 후생성의 정책과제와도 일치한 것이다.

1943년 7월에 정부외곽단체인 대일본체육회가 편찬한『운동회 지침(運動会の指針)』에는 전국적으로 받은 응모 약 500건에서 채용된 51개의 프로그램이 '남녀청장년'용, '회사, 공장, 일반'용, '부락회, 반상회'용으로 분류되어 있었는데 남녀별 종목의 명칭은 전장을 연상시키는 '기마진군(騎馬進軍)', '대포뺏기(大砲奪ひ)', '해양진군경쟁(海洋進軍競争)', '결사의 전령(決死の伝令)', '격침경기(撃沈競技)', 국제관계를 반영한 '삼국교환(三国交驩)', '추축연맹협력경주(枢軸連盟協力競走)'(이상 남성), 방공연습을 연상시키는 '들것경주(担架競走)', '방공경기(防空競技[공습 등])', '아, 경보다(すは、警報だ[준비경기])', 미래의 '인적자원'을 책임질 '자식부대(子宝部隊)'(이상 여성) 등, 전선과 후방이라는 젠더 분업을 반영시킨 것이 많다.

한편 절반 이상의 28종목이 남녀혼합이며, 연령층의 밸런스도 고려되고 있었다. 여기는 다섯 연령대 남녀 각 1명씩 출전하는, 그 이름도 '총동원계주(総動員継走)'를 비롯해 '호조경주(互助競走)', '경보전달(警報伝達)', '가정원만경주(家庭円満競走)', '삼대계주(三代継走)', '회람판계주(回覧板継走)', '효도경주(親孝行競走)' 등 도나리구미나 가족제도를 포함한 것이 다수 있었다.

[그림 5] 일본교육그림연극협회, 『미야기현 시라이시초의 민중체육 – 거리는 쾌청』, 1938(필자 소장) 메이지신궁 국민체육대회 지방대회의 모델이 된 미야기현 시라이시초의 체육대회를 그린 것. 총 30장. 오른쪽 상단은 구 번사(藩士)가 증정한 '민중체육의 종', 왼쪽 하단은 '부모자식삼대계 주', 오른쪽 하단은 '잉꼬경쟁(おしどり競争)'에서 우승해 우승컵을 받는 주인공 부부.

　　이들은 실제로 같은 해 11월의 '지방대회'에서도 전국의 회장에서 실시되었고, 기혼여성들의 '물뿌리기경기(注水競技)'나 '장보기경기 (買い物競技)'가 종종 주목의 대상이 되어 '친척들의 열광적 응원'이나 '폭소의 물결'을 일으켰다.[*36] 74세의 '노파'가 주위의 설득을 뿌리치고 50미터 달리기에 참가했다는 시라이시마을의 에피소드[*37]는 과연 예외적 사례라고 해도, 전시체제를 지지하는 동원조직이나 젠더 분업 등 일상생활의 여러 관계를 도입해 재편한 운동회에서 기혼여성을 포함한 폭넓은 연령대의 참여가 촉진된 것은 틀림없다.

　　이처럼 전시기에 위로부터 장려된 운동회는 사람들의 자발성을 이용한 동원장치이기도 했지만, 그것은 귀중한 위안의 기회가 되는 단관적인 행사여야만 가능했던 것이다.

무엇보다 위로부터의 운동회 장려가 '체위향상'의 기회로서 경기 참가를 전제로 한 것에 대해 데무라의 일기에 보이는 것처럼, 많은 사람들은 다소 적어진 '보는' 오락으로서 이것을 즐기고 있었다고 생각된다. 『운동회의 지침』은 운동회의 다양한 의의와 존재를 인정한 다음 '쾌락'에 빠지지 않도록 못 박고 있지만 폐회 후에 일반적으로 행해졌다는 위로회의 '술자리에 마음 쓰는 자기만족'을 억지로 제지할 필요가 있을 만큼, 실제로는 그러한 '불건전함'과 연속되어 있었고, 그렇기 때문에 사람들의 즐거움일 수 있었던 것은 아닐까.

6. 전쟁 말기의 일상 스포츠

조직적인 스포츠의 종말

아시아태평양 전쟁기에는 국수주의나 실전대응의 단련을 최우선으로 하는 입장에서 외래 스포츠에 대한 비판이 한층 더 공세를 강화하는 가운데, 1943년 3월 문부성이 책정한 「전시학도 체육훈련 실시요강(戦時学徒体育訓練実施要綱)」와 같은 해 9월의 통첩 「학도 체육훈련 실시에 관한 건(学徒体育訓練実施ニ関スル件)」에 따라 학생의 조직적인 스포츠는 사실상 부득이하게 활동정지 당하고, 본격적으로 근로동원이 시작되었다. 또 6월 『아사히 스포츠』 폐간을 비롯해, 할당되는 종이가 부족함에 따른 체육·스포츠 잡지의 통폐합이 잇따른다. 이러한 역풍속에서 스포츠계와 가까운 후생성은, 같은 해 5월을 통제로 일반국민에 대한 스포츠 장려의 방침을 밝히고 인구국 연성과장(錬成課長)인 미야와키 린(宮脇倫)을 비롯한 후생관료도 업계지나 상업 잡지에서 위

안과 후생에 있어 스포츠의 효과를 설명했다. 1943년 8월의 『월간요미우리(月刊読売)』에 전해진 「야구 좋아 정구 좋아(野球よし庭球よし)」라는 제목의 논설에서 미야와키가 견제한 세간의 자숙 분위기와 물자 결핍 속에서, 이러한 위에서부터의 스포츠 장려의 영향은 제한적이었다고 생각된다. 그렇다 해도, 적어도 1943년까지는 대일본체육회에 의한 운동 도구의 생산·배급이나, 지역 레벨(관동[関東], 규슈[九州] 등)의 경기대회의 개최를 통해 실행에 옮겨지고 있었다.*38

1944년 이후에도 운동회나 '후생적 종목'에 의한 위안 장려가 완전하게 버려지진 않았지만, 그 내용은 스포츠에서 간이적인 '후생 유희'로 옮겨졌다. 1945년 5월 대일본체육회가 발행한 산업 노동자용의 책자 「후생유희(厚生遊戱)」는 패전일인 8월 15일에 1만 부가 증쇄되었는데, 이 단계에서는 '건전오락'을 통한 후생운동의 한계는 이미 분명하며, 이 책자에서도 위안뿐만 아니라 말 그대로 '휴양' 그 자체가 장려되었다. 배고픔 앞에서는 체육은커녕 라디오 체조가 고작인 실정이었다.*39

할 일이 없는 시간에 스포츠를 하다

이러한 말기적 상황에도 산발적인 스포츠 활동이 완전히 사라진 것은 아니고, 예를 들면 해군 관계 조직은 종전에 가까운 시기까지 비교적 스포츠 활동을 계속할 수 있었음이 알려져 있다.*40 필자가 수집한 일기 속에도 종종 이러한 스포츠의 한 칸이 기록되어 있었다. 그 중에서 흥미로운 것은 전쟁경제 붕괴로 인해 생겨난 시간적 공백 속에서 스포츠가 행해지고 있었다는 것이다. 본토 공습이 치열해지는 가운데 근로동원 때문에 예전처럼 일이 없어 생긴 빈 시간에 스포츠를 하는 것이 그들에게 그다지 특별한 감동을 동반한 것은 아니었던 것 같다.

예를 들어, 도쿄의 구제중학(旧制中学) 2학년이었던 후지타 히데오 (藤田秀雄)의 8월 6일은, "오늘부터 계속 전시 주택부지 정리 중. 등교 도중, 공습발령이 있었기 때문에 학교에 가서 야구 등을 하고 있자 10시쯤 해제되어 오후부터 작업을 시작했다. 각 조 한 곳씩 만들고 돌아왔다. 귀가해도 조금도 할 일이 없기 때문에 형에게 빌린 『일평 전집(一平全集)』을 읽었다"[41]는 하루였다. 3월에 나다(灘中)를 졸업한 다카세 미나토(高瀬湊)도 4월 이후 매일같이 '빈' 시간에 야구나 수영 을 하고 있었다.[42] 이런 가운데 8월 1일 밤 시즈오카현(静岡県)에서 앞바다에 미함대의 존재를 느끼며 수영한 스즈키 고지(鈴木光治)의 일 기는 인상적이다.

> 요즘은 일이 왠지 이전보다 훨씬 편해져 시간도 많다. 이 정도면 비행기의 생산수도 상상할 수 있다. 일에 쫓기고 있던 때가 더 의욕 있었다. 빈둥거리니 점점 우리들은 무엇을 위해 살고 있는지 알 수 없게 된다. (중략) 무라카미 녀석도 자는 걸 포기한 것 같다. 그래서 '헤엄치 지 않을래'라고 초대했다. (중략) 물은 처음 썰렁하고 차가웠지만, 곧 부드럽게 나를 감쌌다. (중략) 짧은 시간이었지만 땀을 상쾌하게 흘린 매우 기분이 좋은 수영이었다.[43]

스즈키는 학교 수영장에서 한가롭게 놀던 1년 전을 추억하며 공장 에 울리는 무기질적인 기계음 속에서 작업하는 현실에 눈물 흘리지 만, 그 현실도 패전으로 끝을 고하려 하고 있었다.

나가며

이상으로 본장에서는 전시 체육정책에 의한 통제·탄압과 그것에 대한 저항이라는 전통적인 도식에서 떨어져 체육·스포츠와 전시의 일상이 접점을 가지는, 그 양상에 주목해 논했다. 『지역오락조사자료』에 나타난 것처럼 사람들 사이에는 광의의 '스포츠'에 대한 욕구가 폭넓게 존재하고 있었다. 한편, 가장 보편적인 체육이었던 체조는 '즐거움'으로 간주되지는 않았다. 국가는 후생운동이나 운동회를 장려해 사람들의 욕구를 '선도'하려고 했지만, 사람들은 광의의 '스포츠'에 즐거움을 발견하면서 오락성이 배제된 훈련적 행사와는 별개의 자세로 참가했던 것 같다.

문화로서의 스포츠의 특징은 도시와 농촌이나 계층 차이에 더해, 그것이 매우 젠더화된 영역이었으며 여성의 스포츠 참가 최대의 장벽은 가족제도와 관련 있었다. 전시기 '건강한 모체'에 대한 요구는 이 경향에 박차를 가한 한편, 성별 역할을 반영한 운동회 종목이나 '모체'육성을 내건 여자 체력장 검정을 통해, 적지 않은 수의 여성들이 광의의 '스포츠'에 포섭됐다. 한편, 그 목적이 병사 양성이라는 한 지점에 수렴한 남자 청소년의 체육에 있어 탁구나 연식 테니스, 배구 등의 스포츠는 '연약'이라는 낙인이 찍혔다. 그 결과, 학생 대회에서 일부 스포츠는 여성 경기만 존재하는 '역전 현상'이 나타났지만, 반대로 '연약'한 신체로서의 여성을 구축한 점에서 양의적이었다.[44]

반복되는 공습과 보급로 상실에 따른 전쟁경제의 붕괴는 전체주의적 스포츠의 기반을 소멸시켰다. 그러나 거기서 생긴 시간적 공백에 산발적이지만 자발적인 스포츠 활동의 여지가 태어났다. 스포츠는 전쟁 말기에 조용히 부활하고 있었던 것이다. 그 활동에 반드시 저항이나 해방 등의 상징적 의미가 담겨 있던 것은 아니지만, '기분 전환으로 운동한다'는 젊은이들의 존재는 일본에서의 스포츠 침투를 이야기하는 자연스러운 증거가 아닐까.

원저자 주

*1 文部大臣官房衛生課, 「運動団体に関する調査」, 『文部時報』 208, 1926.

*2 疋田雅昭·日高佳紀·日比嘉高 編著, 『スポーツする文学——1920—30年代の文化詩学』, 青弓社, 2009.

*3 高津勝, 『日本近代スポーツ史の底流』, 創文企画, 1994.

*4 坂上康博, 「一九二〇~四〇年代のスポーツ史像と民衆」, 『民衆史研究』 98, 2020.

*5 坂上康博, 『権力装置としてのスポーツ——帝国日本の国家戦略』, 講談社, 1998.

*6 전게 주 3.

*7 전게 주 5.

*8 전게 주 3.

*9 日本放送協会 編, 『ラヂオ年鑑』, 昭和九年版, 1934.

*10 전게 주 3.

*11 전게 주 5.

*12 佐々木浩雄, 「「日本代表」の誕生(1912-24)——オリンピックへの参加とスポーツの国家的意義」, 有元健·山本敦久 編著, 『日本代表論』, せりか書房, 2020.

*13 전게 주 5.

*14 栗本義彦, 『体力向上と体育運動』, 龍吟社, 1940.

*15 鈴木楓太, 「女子体力章検定の制定過程——戦時下の体力動員に関するジェンダー視点からの分析」, 『体育史研究』 30, 2013.

*16 三島佑一, 『昭和の戦争と少年少女の日記』, 東方出版, 1995.

*17 横浜の空襲を記録する会 編, 『横浜の空襲と戦災二 市民生活編』, 1975.

*18 전게 주 17.

*19 鈴木楓太, 「戦時期の体育政策における対象者の区分と奨励種目——厚生省の四三年方針を中心に」, 『民衆史研究』 98, 2020.

*20 전게 주 3.

*21 佐々木浩雄, 『体操の日本近代——戦時期の集団体操と〈身体の国民化〉』(青弓社, 2016)를 참조.

*22 '건전오락'에 대해서는 高岡裕之, 「戦争と大衆文化」, 『岩波講座 日本歴史』 18(岩波

書店, 2015)를 참조.

*23 농촌 108, 산촌 92, 어촌 72, 지방도시 116, 합 388의 사례가 남녀와 연령 각 6개 부문으로 나뉘어 보고되었다.

*24 전게 주 4.

*25 四手井淑子, 『山科の家——夫·四手井綱英と私の戦中日記』, 講談社, 2010.

*26 전게 주 25.

*27 전게 주 17.

*28 日本放送協会 編, 『ラヂオ年鑑』, 昭和一七年版, 1942. 전게 주 3도 참조. 덧붙여서 대표적인 스포츠·미디어 이벤트인 고시엔 대회의 신문보도는 중일전쟁기까지 오락성을 유지했다.(西原茂樹, 「関西メディアと野球——戦時下の甲子園大会を中心に」, 坂上康博·高田裕之 編著, 『幻の東京オリンピックとその時代』, 青弓社, 2009.)

*29 鈴木楓太·束原文郎, 「応援する日本——奉納儀礼としてのスポーツ」, 『体育の科学』 70-6, 2020. 신궁대회를 통한 제국일본의 실체화에 대해서는 高嶋航, 『帝国日本とスポーツ』(塙書房, 2012)도 참조.

*30 1942년 제3회 대회의 현지 특파원용으로 아사히신문사가 작성한 취재 매뉴얼(지지부노미야 기념 스포츠 박물관[秩父宮記念スポーツ博物館] 소장)에는 향토색이 드러난 기사나 다른 라이벌 부현과 재회한 에피소드 등이 애호의 취재 대상으로 여겨졌다.

*31 佐藤彰宣, 『スポーツ雑誌のメディア史——ベースボール·マガジン社と大衆教養主義』, 勉誠出版, 2018.

*32 体位向上会 編, 『体力』, 1942.

*33 전게 주 21.

*34 大阪市社会部 編, 『小工場に於ける福利施設の概況』, 大阪市社会部庶務課, 1942.

*35 出村鴻子 編, 『戦中戦後を刻んだはんこ職人の日記』, SK出版, 2018.

*36 鈴木楓太, 「戦時期における市町村民運動会——明治神宮地方大会の考察」, 『一橋大学スポーツ研究』 33, 2014.

*37 「これは驚く七十四婆さん五十米出場」, 『仙南日日新聞』, 1941.10.31.

*38 坂上康博, 「太平洋戦争下のスポーツ奨励——一九四三年の厚生省の政策方針、運動用具および競技大会の統制」, 『一橋大学スポーツ研究』 29, 2010.

*39 전게 주 21.

*40 高嶋航, 『軍隊とスポーツの近代』, 青弓社, 2015.

*41 藤田秀雄, 『戦中戦後少年の日記』, 同時代社, 2014.

*42 高瀬湊, 『ある中学生の戦中日記』, 東方出版, 1991.

*43 鈴木光治, 『学生、戦時下の強制労働——私の学徒勤労動員日記』, 本の泉社, 2015.

*44 鈴木楓太, 「戦時期のスポーツとジェンダー——文部省の「重点主義」政策の検討を中心に」, 『一橋大学スポーツ研究』 31, 2012.

제9장

전쟁과 관광

- 전전(戰前) 일본여행회의 만주여행 -

가오 위엔(高媛)

들어가며

　세계의 지도 위에 하나의 신기원을 그려 신국가로 수립하자 만주국!

　우리 일본과 가장 깊은 인연 아래 새로 건설된 만주국!

　왕도의 낙토로서 그 장래를 강구하지 않을 수 없는 만주국!

　함께 협력하여 그 장래를 말하지 않을 수 없는 형제가 살고 있는 만주국!

　우선 한 번 봐 두어야 하는 것은 만주국의 지금입니다.

　이것은 1933년 1월에 작성된, 민간 여행사 '일본여행회(日本旅行会)'[1]가 같은 해 5월에 실시한 '왕도국가 만주국 왕방단(王道国家満洲国往訪団)'의 모집용 리플릿[그림 1]의 일부분이다.[*1] 이 여행 2년 전 9월, 일본

────────

1)　현 주식회사 일본여행(株式会社日本旅行)

의 관동군(関東軍)이 만주사변을 일으키고, 약 5개월 후인 1932년 3월
에는 '왕도낙토', '오족협화'를 슬로건으로 하는 '만주국'을 독립시켰
다. 모집문에 있는 일본과 만주(중국 동북부)와의 '가장 깊은 인연'이란
청일전쟁(1894~1895), 러일전쟁(1904~1905)부터 만주사변에 걸쳐 만주
가 몇 번이나 일본인의 피로 씻어진 특별한 땅이라는 것을 암묵적으로
가리키고 있다.

[그림 1] 리플릿 『왕도국가 만주국 왕방단』(일본여행회, 1933.1.)

전전, 군인이나 정치가, 실업가, 종교인, 문학가, 교육자 및 학생
등, 다양한 일본인 여행자가 만주로 계속 투입되었다. 단체객으로 한
정하면 학생이 전체의 대부분을 차지하고,[*2] 그 이외의 일반단체 중
주류는 각 도부현(道府県)의 교육회나 상공회의소, 조합 등이 주최한
시찰단이다. 이들 시찰단 참가자는 주최단체에 소속된 동업자가 많
았고, 여비의 전부 혹은 일부를 주최단체 등이 보조하는 일도 자주
있었다.

일반단체 중 일반모집형 만주여행은 결코 많지 않았다. 그러나 이런
종류의 여행에는 폭넓은 지역, 세대, 계층의 남녀가 참여하고 있었고

이들이 만주에 대한 인식 형성에 미치는 영향은 무시할 수 없다. 또 주최자로는 일본여행회, 행정관청인 철도원(鉄道院)[2] 관하의 각 철도국, 남만주철도주식회사(이하, 만철) 선만안내소(鮮満案内所), 반관반민의 여행기관인 재팬·투어리스트·뷰로(JTB), 신문사 등을 들 수 있다. 이들 단체나 기관은 흥미·관심을 환기하는 수법을 구사함으로써 불특정 다수의 사람들을 향해, 만주여행을 매력적인 상품으로서 선전했다. 한편 역이나 백화점 등의 도시공간에서, 혹은 신문잡지와 같은 미디어를 통해 만주여행 광고를 접한 사람들이 잠재적인 소비자가 된다. 즉, 일반모집형의 만주여행은 만주 투어리즘 속에서 도시의 소비문화나 미디어문화, 나아가서는 사람들의 여행욕구와 가장 깊게 연결되어 있는 여행 형태라고 할 수 있다.

　　최근 전시하 혹은 식민지 시대의 문화 현상에 대한 주목도가 높아짐에 따라 일본인의 만주 관광에 관한 연구가 진행되어 왔다.[*3] 그러나 일반모집형의 만주여행에 관해서는 1906년 7~8월의 도쿄와 오사카, 두 아사히신문사(朝日新聞社) 주최의 만한순유선(満韓巡遊船)[*4]과, 만주사변 이전인 1931년 5월의 도쿄철도국(東京鉄道局) 주최의 선만여행[*5]이라는 2개의 사례 연구에 그치며, 전시하의 신문사나 철도국 주최 이외의 일반모집형 만주여행에 대해서는 아직 충분히 검토되지 않았다. 본장에서는 일반모집형 만주여행 주최의 대표격이라고 할 수 있는 일본여행회에 초점을 맞춰 1927년부터 1943년까지, 장기간에 걸쳐 단속적(断続的)으로 만주여행을 모집해 온 활동을 통해 일반모집형 만주여행의 실태를 파악하고자 한다.

---

2)　1920년에 '철도성(鉄道省)'으로 개편.

1. 일반모집형 만주여행의 시대

만철의 여행홍보

일반모집형 만주여행의 시작은 1906년 7~8월 도쿄·오사카 아사히신문사가 주최한 만한순유선(379명)으로 거슬러 올라갈 수 있다. 다만, 당시의 만주에는 아직 군대가 배치되어 있었기 때문에 운송에서 식사, 숙박, 관광에 이르기까지 거의 모든 것이 육군의 지시에 의한 것이었다. 따라서 쾌적한 관광여행과는 거리가 멀고, 거의 '행군'과 같은 형태로 이루어졌다. 이러한 이례적인 행군식 여행 스타일은 1906년 11월 일본의 만주경영을 담당하는 반관반민의 국책회사인 만철의 탄생에 따라 크게 바뀌게 되었다.

만철의 사업은 러일전쟁의 승리로 일본이 러시아에게 이어받은 뤼순·창춘 간 동청철도(東淸鉄道) 남부지선의 철도 경영을 비롯하여 토목, 교육, 위생, 항만, 광업, 전기, 기와, 창고, 여관 등 광범위하게 걸쳐져 있었다. 창업 당초에는 철도의 광궤 공사나 호텔 시설 등의 인프라 정비를 서두르면서, 철도 연선의 여행 정보에 충실할 것에 힘쓰고 있었다. 1918년 7월, 일본 '내지'를 위한 관광 유치에 본허를 넣은 만철은 손님을 늘리기 위해 도쿄 지사 내에 수수료 무료의 여행 상담 기관인 선만안내소를 신설했다.[*6]

1923년 9월에 일어난 간토 대지진은 뜻밖의 형태로 만철의 여행 선전에 일대호기를 가져왔다. 관동대지진으로 도쿄 여행을 앞두고 있던 규슈, 중국(中國)[3] 방면의 관광객을 만주로 초대하기 위해, 만철은

---

3) 관동지역과 관서지역 사이에 있는 일본의 지역.

1924년 2월부터 한 달 동안 4만 엔을 들여 '만몽선전대'를 투입햇다. 주요 도시에서 강연회, 사진 전람회, 활동 사진회, 음악회, 관광 회화전을 개최하고, 그 자리에서 만선여행의 신청을 받는 등 여러 방면을 궁리했다. '만몽선전대'는 예상 이상으로 큰 반향을 불러 일으켰으며 만주 관광은 1920년대 중반부터 흥류를 보이기 시작했다.[7]

일본여행회, 만선여행에 나서다

1927년 5월, 도쿄시에서 가고시마시(鹿児島市)까지 총 266명의 참가자를 모은 만선순유단이 실시되어, 일반모집형 만주여행의 본격적인 붐의 도래를 고했다. 주최는 미나미 신스케(南新助: 1885~1972)가 시가현(滋賀県) 구사쓰역(草津駅) 앞에 창설한 일본에서 가장 오래된 여행사 '일본여행회'다.

미나미는 여행을 좋아하는 할아버지의 영향으로 단체 여행 케어를 생각하고, 1905년에 고야산(高野山)이나 이세신궁(伊勢神宮)에 참배단 여행을 알선하면서 여행사업을 시작했다. 1908년 철도원에서 임시 열차를 빌려 정원의 배를 넘는 응모자 900명을 모아, 두 번에 나누어 7일 간에 걸친 젠코지(善光寺)[4] 참배단의 여행을 성공시킨다. 이것이 일본에서 철도원 전세 열차를 활용한 단체 여행의 시초라고 알려져 있다. 다이쇼 초기, 미나미는 정식으로 상호를 '일본여행회'로 정하고 종교 참배 단체 여행뿐만 아니라, 일반 관광여행이나 상점 등의 단골손님 초대 여행도 적극적으로 다루면서 약진의 길을 걸어나갔다.[8]

1927년에 일본여행회가 만주여행 주최에 나서는 배경으로, 1925년도부터 철도성이 수익을 늘리기 위해 본격적으로 여객 유치 운동을

---

4) 일본 3대 사찰 중 하나. 642년에 창건되었다.

전개한 것을 들 수 있다.[*9] 그 일환으로 내세워진 것은 운임이 2000엔
에 이르는 장거리 여행단체(학생, 노동자 및 외국인 관광단 등을 제외)를
모집하는 시중꾼에게 상당한 수수료를 교부하는 것 외에, 모집에 필요
한 경비까지 내주는 새로운 제도였다.[*10] 장기간의 고액 여행 상품을
자랑하는 일본여행회에게는 이 이상 없는 좋은 기회였다. 이 무렵
이미 일본 '내지'의 주요 관광지를 거의 망라한 일본여행회는 '외지'로
불리던 '만주와 조선'(만선)을 다음 여행지로 정했다.

　일본여행회가 가장 먼저 만선에 눈을 돌린 요인 중 하나로 만선행
여행자를 위한 우대 정책의 존재가 있다. 러일전쟁 이후 일본은 요동반도
(遼東半島) 남단의 관동주(関東州)의 조차권(租借權)을 손에 넣음과 동시에
대한제국을 보호국으로 삼고, 1910년에 한일합병으로 조선반도를 완전
히 식민지화했다. 만주와 조선에서 일본의 지배권이 신장함에 따라
철도원, 조선총독부 철도국, 만철과의 연락 수송 체제가 정비되어 일본
과 조선, 만주 사이의 왕래를 편리하게 하는 다양한 연락 할인 티켓이
발매되었다. 그 중 하나, 1914년경 이미 발매되고 있던 '만선 순유 단체
왕복 티켓'은 조선을 경유하여 '내지'·만주간 왕복, 오사카상선주식회사
(이하, 오사카상선)의 다롄 항로를 경유하여 '내지'·만주간 왕복, 또는
편도로 조선 경유 편도 다롄 항로 경유로 만주를 순유하는 20명 이상의
단체에 대해, 철도원선(線), 조선총독부 철도국선, 만철선은 모두 운임
의 50% 할인, 오사카상선은 30% 할인, 통용 기간 60일간이었다.[*11]

　이렇게 높은 할인율의 우대책인 철도성선과 '외지'의 각 철도선간의
연락 할인 티켓 제도는 만선행의 여행자만의 특전이었다. 동시대 타이
완행 여행단에 대해서는 타이완총독부 교통국 철도부가 독자적으로
마련한 단체 할인은 있었지만[*12] 철도성선 쪽 연락 할인 서비스는 없었
다. 실제로 1927년 일본여행회의 만선순유단의 참가비는 15일간 130엔

으로 하루에 약 8.7엔이었다. 이는 일본여행회가 1929년에 주최한 타이완시찰단(16일간에 150엔, 하루에 약 9.4엔)[*13]보다도 하루당 참가비가 저렴했다.

이렇게 1927년 5월 일본여행회는 철도성 오사카운수사무소, 조선 총독부 철도국, 만철 이 세 곳을 후원사로 두고, 최초의 해외여행으로 만선여행을 실시하게 되었다. 이를 시작으로 일본여행회는 1943년 9월까지 간헐적으로 만주여행을 계속 모집했다.

2. 일본여행회, 만선에 가다

[표1]은 일본여행회의 모집한 주요 만선여행 단체 여행 일람이다. 그 변천은 대략 네 시기로 나눌 수 있다. 제Ⅰ기는 1927년 5월부터 만주국 건국(1932.3.) 전까지, 제Ⅱ기는 만주국 건국 후부터 중일전쟁 개전(1937.7.) 전까지 제Ⅲ기는 중일전쟁 개전 후부터 '지나'(중국 본토)로 의 도항 제한령이 내려진 1940년 5월까지, 제Ⅳ기는 그 이후이다.

제Ⅰ기(1927년 5월~1932년 2월)

제Ⅰ기에 실시된 1927년과 1929년 2회의 여행 코스는 모두 관부연 락선(関釜連絡船[5])을 통해 한반도를 경유하고 만주 지역에서는 안동 (安東)·펑톈 사이의 안봉선(安奉線)이나 다롄·펑톈 사이의 만철 본선 연선(沿線)을 중심으로 돌았으며, 만철과 동청철도의 환승역인 창춘 역을 거쳐 러시아의 풍치 있는 하얼빈까지 발을 뻗었다.[*14]

---

5) 시모노세키와 부산 사이를 연결하는 연락선.

[표 1] 일본여행회가 모집한 주요 만주 단체 여행(1927~1943)[15]

시기 구분	번호	시기	단체명	참가비	참가자수 (그중 여성수)
제I기 (1927년 5월~ 1932년 2월)	1	1927년 5월 8일 ~22일(15일간)	만선순유단	130엔	266명 (47명)
	2	1929년 5월 11일 ~27일(16일간)	선만시찰단	도쿄출발 165엔, 오사카출발 150엔	300명 (35명)
제II기 (1932년 3월~ 1937년 6월)	3	1933년 5월 4일 ~19일(16일간)	왕도국가 만주국 왕방단	190엔	185명
	4 A반	1937년 5월 6일 ~22일(17일간)	만선(북지)의 여행	도쿄출발 241.50엔, 교토·오사카·고베출발 226.50엔	68명 (12명)
	4 B반	1937년 5월 6일 ~26일(21일간)		도쿄출발 332엔, 교토·오사카·고베출발 317엔	78명 (16명)
제III기 (1937년 7월~ 1940년 5월)	5	1938년 5월 6일 ~28일(23일간)	선만북지의 여행 황군위문·전적순례	도쿄출발 387.50엔, 교토·오사카	50명 (9명)
	6	1938년 10월 5일 ~25일(21일간)	선만북지의 여행 황군위문·전적순례	도쿄출발 372엔, 교토·오사카·고베출발 357엔	50명
	7	1939년 4월 1일 ~24일(24일간)	선만북지의 여행 황군위문·전적순례(제3회)	도쿄·요코하마발 418엔, 교토·오사카·고베출발 400엔	35명
	8	1939년 6월 5일 ~25일(21일간)	선만북지 시찰단 전적순례 경제시찰단	도쿄출발 388엔, 오사카출발 370엔	55명
	9	1940년 3월 21일 ~4월 4일(15일간)	주부와 남녀학생을 위한 선만견학단	도쿄출발 300엔, 교토·오사카출발 285엔	21명
	10	1930년 4월 5일 ~22일(18일간)	전선전만시찰단	도쿄출발 335엔, 교토·오사카출발 320엔	30명
	11	1940년 5월 7일 ~28일(22일간)	산둥(山東)·북지·몽강·러허 시찰 여행	420엔	43명
제IV기 (1940년 6월~ 1943년 9월)	12	1940년 10월 4일 ~24일(21일간)	전선전만시찰단	380엔	25명
	13	1941년 4월 14일 ~27일(14일간)	선만시찰단	300엔	불명
	14	1941년 8월 2일 ~11일(10일간)	여름의 선박여행 붉은 석양의 만주로 러일전쟁순례	도쿄출발 91엔, 교토·오사카·고베출발 82.50엔	불명
	15	1941년 9월 7일 ~23일(17일간)	선만일주시찰의 여행	366엔	불명
	16	1941년 10월 3일 ~26일(24일간)	올 만주국 전모 시찰의 여행	556엔	불명
	17	1941년 9월 3일 ~24일(22일간)	경축 만선 전일주 시찰단 우방 만주국 건국 10주년 기념	도쿄출발 810엔, 교토·오사카·고베출발 785엔	불명
	18	1943년 9월 2일 ~23일(22일간)	선만산업시찰과 단풍의 금강산으로	도쿄출발 848엔, 교토·오사카·고베출발 827엔	불명

코스	후원자
구사쓰-교토-오사카-고베-시모노세키-부산-경성-평양-푸순-뤼순-다롄-진저우-하얼빈-궁주링-펑톈-안동-인천-부산-시모노세키-구사쓰	철도성오사카운송사무소, 조선총독부철도국, 만철
도쿄-교토-오사카-고베-시모노세키-부산-경성-평양-푸순-뤼순-다롄-진저우-탕강쯔-안샨-랴오양-하얼빈-궁주링-펑톈-안동-인천-부산-시모노세키-고베	철도성오사카운송사무소, 조선총독부철도국, 만철, 일본여행협회(관동), 센다이철도국(관동)
교토-오사카-고베-시모노세키-부산-경성-평양-안동-푸순-펑톈-궁주링-신징-지린-신징-하얼빈-랴오양-안샨-탕강쯔-뤼순-다롄-투먼-고베	조선총독부철도국, 만철, 오사카상선주식회사
도쿄-교토-오사카-고베-시모노세키-부산-경성-청진-나진-웅기-투먼-지린-신징-하얼빈-푸순-펑톈-안샨-펑톈-웅악성-뤼순-다롄-투먼-고베	조선총독부철도국, 만철, 만주국철로총국, 오사카상선주식회사
도쿄-교토-오사카-고베-시모노세키-부산-경성-청진-나진-투먼-웅기-지린-신징-하얼빈-푸순-펑톈-산하이관-베이핑-톈진-펑톈-뤼순-다롄-투먼-고베	
도쿄-교토-오사카-고베-시모노세키-부산-경성-평양-펑톈-푸순-펑톈-청더-구베이커우-베이징-장자커우-베이징-톈진-펑톈-신징-하얼빈-신징-라오양-다롄-뤼순-다롄-투먼-고베	없음
불명	없음
도쿄-나고야-교토-오사카-시모노세키-부산-경성-평양-펑톈-푸순-펑톈-신징-하얼빈-펑톈-탕강쯔-구베이커우-베이징-장자커우-칭룽차오-베이징-톈진-펑톈-다롄-뤼순-다롄-투먼-고베	없음
도쿄-나고야-교토-오사카-시모노세키-부산-경성-평양-펑톈-뤼순-펑톈-신징-하얼빈-펑톈-톈진-베이징-장자커우-베이징-펑톈-다롄-뤼순-다롄-투먼-고베	없음
도쿄-교토-오사카-시모노세키-부산-경성-평양-펑톈-하얼빈-신징-다롄-뤼순-다롄-투먼-고베	없음
도쿄-교토-오사카-시모노세키-부산-평양-경성-나진-투먼-지부리-자무쓰-무단강-하얼빈-신징-펑톈-다롄-뤼순-다롄-투먼-고베	없음
고베-투먼-칭다오-지난-톈진-베이징-장자커우-다퉁-베이징-청더-펑톈-다롄-뤼순-다롄-투먼-고베	없음
도쿄(전날)-교토-오사카-고베-시모노세키-부산-불국사-경주-경성-평양-경성-원산-청진-나진-투먼-이야사카-자무쓰-무단강-하얼빈-신징-궁주링-펑톈-푸순-탕강쯔-다롄-뤼순-다롄-투먼-고베	없음
교토-오사카-고베-시모노세키-부산-경성-평양-펑톈-푸순-펑톈-신징-하얼빈-탕강쯔-다롄-뤼순-다롄-투먼-고베	없음
고베-투먼-다롄-뤼순-다롄-투먼-고베	없음
도쿄(전날)-교토-오사카-고베-시모노세키-부산-경성-평양-안동-펑톈-신징-하얼빈-펑톈-푸순-펑톈-탕강쯔-다롄-뤼순-다롄-투먼-고베	없음
도쿄(전날)/고베-오사카-교토-마이바라-쓰루가-청진-나진-투먼-이야사카-자무쓰-무단강-하얼빈-신징-지린-펑톈-진셴-청더-펑톈-푸순-펑톈-랴오양-탕강쯔-진저우-다롄-뤼순-다롄-투먼-고베	없음
도쿄-교토-오사카-고베-시모노세키-부산-경성-청진-나진-지린-신징-하얼빈-치치하얼-네넨-펑톈-푸순-펑톈-진셴-탕강쯔-펑톈-다롄-뤼순-다롄-투먼-고베	없음
도쿄-교토-오사카-고베-시모노세키-부산-평양-안동-푸순-펑톈-다롄-뤼순-다롄-신징-하얼빈-자무쓰-무단강-투먼-원산-외금강-내금강-경성-부산-시모노세키	없음

왕복 모두 한반도 종단 루트가 선정된 이유로 철도성이 운영하는
관부연락선이 매일 아침, 저녁 하루 2회 운항되어 접근성이 좋았던
점[*16]과 후원사인 철도성, 조선총독부 철도국 및 만철이 특별히 편의
를 봐준 점, 그리고 숙박비용을 최소한으로 줄이기 위한 전세 임시열
차의 이점을 최대한 활용할 수 있었던 점 등이 있다. 실제로 15일간
여정의 내역은 '내지' 2일, 조선 5일, 만주 8일로 구성되어 있는데,
만주에서의 8일 동안 여관에서 숙박한 것은 다롄(2박)과 펑톈(1박) 단
3박만이었고 그 이외는 모두 차안에서의 숙박이었다.

1927년 2월의 모집 전단지에는 침대가 설치된 전세 열차의 쾌적함
과 번거로운 환승이 일절 없는 편리함에 더해, "기차는 특별히 준비
되어 매우 청결하고, 조선·만주인 특유의 불쾌한 냄새는 조금도 없
습니다"라고 청결함을 강조하고 있다.[*17] '조선·만주인=불결하고 냄
새남'이라는 것은 원래 청일전쟁 당시 병사들이 종군 체험 속에서 쌓
아 올린 한국과 청나라에 대한 차별 인식 중 하나로, 병사들의 편지나
종군 일지 등을 통해 일본 국내로 퍼져 나갔다.[*18] 일본여행회의 '매우
청결'한 여행 공간의 우위성 강조는 '불쾌한 냄새가 나는 조선·만주
인'이라는 선입관을 재생산함과 동시에 그들과는 다른 '우리=청결함
을 좋아하는 일본인'이라는 의식의 재확인을 촉구하는 것이었다.

일본인으로서의 의식·자각은 첫 만선여행을 계기로 처음으로 만
들어진 일본여행회의 깃발 모양에도 상징화되었다. '해외를 시찰하
는 일본인 여행단의 의식 표명과 동시에, 일본인의 자부심을 상징하
고, 또 해외에서 활약하는 동포를 위문 격려하도록 강력한 인상을
준다'는 의도 하에 깃발은 '히노마루(日の丸)'에 일본여행회의 이름을
넣은 디자인이 되었다.([그림 1]의 왼쪽 밑)

깃발에 새겨진 히노마루의 의도는 특히 1929년의 제2회의 만선여

행에 현저하게 나타나 있다. 예를 들어 러일전쟁의 전적(戰跡)으로 유명한 뤼순은 일본여행회의 의뢰로 사전에 백옥산 납골사(白玉山納骨祠) 앞에 분향대나 향로 등이 준비되었고, 여행단이 도착하면 러일전쟁 중 전사한 일본인 장병을 위한 추도법회가 시작되었다. 미나미 신스케의 추도사에 이어 스태프 중 한 사람인 시가현 시가군 재향군인 연합분(滋賀県滋賀郡在郷軍人連合分) 회장이 제문을 읽고, 독경이나 여행자 대표, 러일전쟁 관계자 또는 재향군인 단원의 분향이 순서대로 행해졌다.

법회 이후, 단원인 시가현 출신의 스님으로부터 유지의 기부금으로 뤼순 납골사에 참배 기념물을 헌납하자는 발의가 있었다. 이에 따라 일본여행회는 만철에 조회해 300엔의 비용을 들여 뒤에 '일본여행회 제2회 선만시찰단'이라고 새겨진 등롱(灯籠) 한 개를 봉납했다.[19] 또 일본여행회는 등롱 디자인이 그려진 만철의 응답서를 여행 이후 발행한 기념 사진첩에 끼워 참가자들에게 나눠주었다.

국기와 닮은 '히노마루' 마크의 깃발을 가지고 다니면서 뤼순에서 추도법회를 준비하고 '일본여행회 제2회 선만시찰단'의 명의로 등롱을 헌납하는 등의 행동은 여행단의 결속을 굳히고 일본여행회와 단원 사이의 상호작용을 촉진하면서, 단원들에게 러일전쟁의 희생이라는 국민적 기억을 불러일으키며, 추도와 기념을 통해 일본인의 의식을 공유·증폭시키는 계기를 주었다.

제 Ⅱ 기(1932년 3월~1937년 6월)

만주국이 탄생한 1932년 3월, 일본여행회는 회지 『여행계(旅行界)』에 "과연!!! 이 계획!!!/일본여행회 약진!!/만주시찰여행 결행!!!"이라고 재빨리 신흥만주국으로의 여행계획을 선보였다.[20] 같은 시기에 발행된 모집용 리플릿에 따르면 여행기간은 같은 해 5월 2일부터 17일까지이며 모집정원은 250명이었다. 가는 길은 제Ⅰ기와 마찬가지로 한반도를 경유했고, 돌아오는 길은 새롭게 후원사가 된 오사카상선의 다롄 항로를 이용하게 되었다. 또 여행 범위를 '동부 몽골 및 지린(吉林)'까지 넓혔고, 중국 측이 경영권을 잡고 있던 길장선(吉長線)[6]과 사조선(四洮線)[7], 조앙선(洮昂線)[8] 등의 철도에 '만철의 열차를 그대로 도입한다'는 장대한 계획이 그려져 있다. 다만 신경 쓰이는 점은 "덧붙여 본 여행회의 만주 주재원에게 조사하게 하기 즈음에는 비적을 거의 소탕해 여행에 어떠한 불안한 일을 확인할 수 없고 안심할 수 있으니 참가가 많기를 갈망한다"고 치안에 대한 우려를 불식하려는 문언이 담겨 있는 부분이다.[21] 당시 만주에서는 '비적(匪賊)'이라 불리는 반만항일 무장집단의 저항이 심했기 때문에 여행의 안전성을 의심하는 목소리가 뿌리 깊게 남아 있었다.

결국 이 여행은 '연기해 마지않기'에 이른다. 다음 1933년 1월, 일본여행회는 『여행계』에 "올해는 마점산(馬占山)도 소병문(蘇炳文)의 토비(土匪)떼도 소탕되어 만주 측의 보증도 받았으므로, 타이완주 건국 축하 방문의 뜻에 따라 국민적 대여행을 하게 되었습니다"라며, 올해야말로 개최하겠다는 의욕을 피력했다.[22] 그 의욕은 본장의 모두에 언급한 '왕도국가 만주국 왕방단' 모집문에도 나타나있다. 여행 코스는 전년도에 예정하고 있던 '동부 몽골'을 생략하고, 치안 등의 설명도 "이미 만철 당국과 협의 도중, 위험하지 않도록 저희 일행의

---

6) 지린-창춘.
7) 쓰핑(四平)-타오난(洮南).
8) 타오난-앙앙시(昂昂溪).

열차에는 그 선구로서 특별 기관차를 달리게 하고, 그밖에 충분한 안전을 기하기 위해서 보호받게 되었습니다"고 강조하며, 불안 해소를 위해 노력하고 있다.[*23] 그 결과, 185명이 참가하였고 무사히 개최되었다.

1933년 5월의 만주여행에서 특기할 점은, 일본여행회가 아닌 '다이마이 여행회(大毎旅行会)'의 이름으로 개최된 점이다. '다이마이 여행회'는 교토시의 『오사카매일신문』(이하, '다이마이[大毎]')의 전매점 조직인 '다이마이 교토연합점'(大毎京都聯合店)[9]가 설립한 여행 단체이다.[*24]

일본여행회와 다이마이 교토판매점 사이를 알선한 중요한 인물은 시가현 구사쓰초에서 대형 전매점을 운영하면서 미나미 신스케의 오른팔로 일본여행회에서 일했던 기무라 시지로(木村七郞)이다.[*25] 1927년의 제1회 만선여행 실시 전에 기무라는 지인인 오사카시의 노포 신문 판매점 주인 고바야시 기타로(小林喜太郞, 『다이마이』와 『오사카아사히신문』을 함께 판매)와 함께 미나미를 따라 만선지방으로 사전답사를 떠났다. 나중에 이 여행의 여행사 직원 11명에 기무라, 고바야시와 함께 다이마이 교토연합점의 간부 2명, 총 4명이 더해졌다.[*26] 기무라와 고바야시를 통해 일본여행회는 『다이마이』 교토연합점과 관계를 갖게 된 것으로 추측된다.

1929년의 제2회 만선여행을 위해 작성된 여러 종류의 전단지 중 하나는 '가장 가까운 신청소'가 교토시 산주도리(三條通) 미유키초(御幸町)에 있는 '다이마이 교토판매점'이라고 적혀 있다.[*27] 이 전단지는 다이마이 교토판매점이 취급하는 「다이마이」의 광고로 구독자에게

---

9) 1916년 설립, 1928년 9월 '다이마이 교토판매점'으로 변경.

배포된 것으로 보인다. 또 제2회의 만선여행의 여행사 직원 17명 중, 다이마이 관계자는 총 5명이었다. 그 내역은 제1회에 이어 참가한 기무라, 고바야시 외에 다이마이 교토판매점의 간부 두 명 및 다이마이 신문기자 나카무라 이소이지로(中村五十一郞)였다. 여행 후, 일본 여행회가 발행한 기념 사진첩『선만순유(鮮満巡遊)』에 나카무라는 이른바 기록 담당으로 16페이지에 걸친「일본여행회 주최 제2회 선만 시찰 여행단지(日本旅行会主催第二回鮮満視察旅行団誌)」를 집필했다.[28] 1929년의 만선여행은 후원사로 직접 이름이 나오지는 않았지만 다이마이 교토판매점의 강력한 백업을 배경으로 실시된 것이다.

다이마이 여행회와 협력관계가 더욱 긴밀해진 것은 1933년 1월부터이다. 같은 달에 간행된『여행계』에 "원래 오사카매일신문 게이한신 판매점에게는 특별한 원조를 받아왔습니다만, 이 이상 본 여행회에 후원의 의지를 갖고 '다이마이 여행회'로 직접 사무를 맡게 되었습니다. 이 조직에 따르면 광고비의 부담을 막대하게 절감할 수 있고, 실질적인 경비를 통해 전국적으로 지점 출장소가 있는 것처럼 도움받는 의의가 있으므로 향후 다이마이 여행회의 명칭 아래 여행 계획이 있을 때는 일본여행회와 같은 것으로서 성원해주세요"라고, 다이마이 여행회와 직접적 업무 제휴가 보고되고 있다.[29]

이런 배경 아래 1933년 5월, 다이마이 여행회가 단독 주최자로서 만주여행을 실시하게 되었다. 또 그 2년 후인 1935년 5월, 다이마이 여행회와 도니지 여행회(東日旅行会)[10]의 공동개최로 '제2회 만주국 시찰단'이 실시된다.[30] 모집용 리플릿에 일본여행회의 이름은 등장하지 않지만 1933년과 마찬가지로 일본여행회도 관여하고 있었을 가

---

10)『다이마이』의 계열지인『도쿄일일신문사(이하 도니지)』산하의 여행 단체.

능성이 있다.

그리고 1937년 5월, 다시 일본여행회의 주최 아래 '선만(북지[北支])
의 여행'이라는 이름을 내건 146명의 여행이 실시되었다. 모집 광고
에 다이마이 여행회의 이름은 없지만 여행사 직원 8명 중, 다이마이
교토판매점 관계자가 한 명 포함되어 있었다. 여행 이후 미나미 신스
케의 인사에도 협력해 준 단체 중 하나로 '교토 다이마이 여행회'의
이름을 언급하며 감사를 전했다.[31] 이러한 점을 고려하면 일본여행
회는 다이마이 여행회나 다이마이 교토판매점으로부터 변함없이 지
원을 받고 있었음을 알 수 있다.

이 여행은 2반으로 나뉘어 만주에 머무는 코스와 베이핑(北平)[32]과
톈진 등 '북지'(중국북부)로 불리는 지역까지 가는 코스, 두 가지가 준
비됐다. 만주로 들어가는 경로는 기존의 안동 경유가 아니라 경성에
서 한반도 북부의 청진항(清津港)으로 직진해, 거기서 만선국경의 투
먼(図們)으로 들어가 경도선(京図線)으로 지린을 거쳐 만주국 수도인
신징(新京)에 이르는 경도선 경유 루트를 채택했다. 경도선은 만주국
건국 이후 1933년 9월에 전선 개통한 '일만교통의 최신길'이었다. 경
도선 루트는 전술한 1935년 5월의 다이마이 여행회·도니지 여행회
공동 개최 '제2회 만주국 시찰단'도 이용했다. 다만 이 여행 직전인
1935년 5월 2일, 경도선에 '비적'에 의한 열차 전복 사건 일어나 세상
에 큰 충격을 주었다.[33] 이를 의식했는지 1937년의 여행 모집문에는
경도선에 대해 "이전에는 비적의 횡행이 심했지만 지금은 전혀 그
그림자도 보이지 않고 매우 안전하다"[34]고 특별히 덧붙여져 있다. 위
험시되어 온 경도선의 안전성 확보는 그대로 만주국의 통치기반이
안정되어 왔다는 증거이며, 만주국의 약진을 어필하는 즐거움의 재
료가 되었다.

또 모집문에 "오랜 세월 동안 그저 막연히 '붉은 석양'의 감상이나 '마적과 황야' 등 음란한 인상을 주고 있던 만주도 지나간 사변을 계기로 일전에 마치 오족협화의 왕도낙토가 되어, 일본의 배나 되는 8만 4천 방리의 땅에는 지금 신흥약진의 기운이 가득하다"[*35]고 호소하는 것처럼 이 여행의 주안은 '약진한 만주'의 모습을 파악하는 데에 있었다. 만주국의 약진을 가장 상징하는 장소로 기대된 것은 만주국의 수도 신징이었다. 만주국의 건국 전까지는 하얼빈으로 가는 환승역 정도로 취급받던 창춘이 1932년 3월에 수도 신징으로 제정되자 일약 만주여행의 새로운 중심이 되었다. 1937년의 여행단도 이 땅에서 하루 묵고, 신징 신사를 비롯하여 관동군 사령부, 충령탑, 국도건설국, 국무원, 만주사변의 새로운 전적(戰跡) 난링(南嶺) 등을 견학하며, "그 수도건설의 대공사가 곳곳에서 일본인의 손에 따라 착착 진행되고 있음"[*36]을 확인한 것이다.

제Ⅲ기(1937년 7월~1940년 5월)

1937년 7월부터 시작된 중일전쟁을 계기로 일본여행회는 '총후의 여행(銃後の旅)', '여행보국(旅行報国)'을 내걸고 경신숭조(敬神崇祖)[11]나 체력향상 등, 시국에 맞는 테마 여행을 적극적으로 기획했다. 기존의 만주여행도 범위를 북지까지 확장해 제Ⅲ기 여행 전 7회 중 5회는 이른바 '만지여행(満支旅行)'이었다. 또 전시하의 일본 국내 및 북지에서의 철도 수송 사정 등에 의해, 제Ⅲ기부터는 일본여행회가 오랫동안 실시해 온 고액의 전세 열차 단체 여행을 그만두고 1년에 여러

---

11) 신을 공경하고 조상을 숭배함.

번에 걸친 소액 여행으로 분산 실시하는 방침으로 전환하게 되었다.

1938년 3월 일본여행회는 북지에 주둔하는 병사들 위문을 중심 목적으로 하는 여행 기획을 발표했다. '선만북지여행 황군위문·전적순례(鮮満北支の旅　皇軍慰問·戦跡巡礼)'라는 슬로건을 내건 이 여행은 1938년 5월부터 같은 해 10월, 1939년 4월에 잇따라 3회 실시되었다.

제1회의 모집문에서 일본여행회는 "이번 여행은 황군위문과 전적순례를 겸한 시찰 견학 여행이기 때문에 조선·만주·북지에 활약 중인 황군 용사에게 전장 후방의 열성을 담은 위문대(慰問袋)[12]를 보내줍시다"고 호소한 후 "도중에 부패하거나 취급하기에 위험이 없는 것", "여행 참가자 한 사람 당 반드시 2개 이상"이라고 위문대의 내용이나 개수까지 세세하게 지정하고 있다.[37] 1939년 4월의 제3회 여행에 이르면 위문대에 관해 통관상의 번잡함을 피하기 위해 "이번에는 성의를 금전으로 저희 회사에 맡겨주시면 적시에 좋은 상품을 구매해 위문하겠습니다"고 규정을 바꾸고 일본여행회 쪽에서 위문대의 조달을 도맡아 하게 되었다.[38]

또 제3회 여행의 모집문에는 "특히 이 시국의 이 여행이야말로 전장 후방에 있는 국민에게 가장 의미 깊은 여행이라고 올해는 한층 호평을 받고 있습니다. 거국일치(挙国一致), 신동아 건설에 매진할 때, 과거 선배 부형이 소중한 피와 땀을 흘려 쌓아 올린 우리의 생명선을 시찰하고, 성전(聖戦)으로 신지나(新支那)에 지금 여명을 고하는 북지의 신천지에 황군의 분투와 선무의 흔적을 찾아 걷는 것은 확실히 의의 깊은 일입니다"고 관광유람과는 선을 긋는, 이 여행이 가지는 시국적 의의를 강조하고 있다.[39]

---

12) 위로의 뜻으로 보내는 물품을 넣은 주머니.

한편, 중국 전선의 확대에 따라 북지나 중지(中支, 중국 중부) 방면에
위문단이 쇄도하면서 현지 일본군의 임무 방해나 일본 통화 유출 등
의 폐해가 속출했고, 특히 군대 쪽에서 비판의 목소리가 높아졌다.
1939년 6월 23일, 육군성은 '중국시찰단'(위문이나 휼병 포함)에 대한
지원 또는 허가에 관한 요령을 정해 "북지, 중지, 몽강에 국책상 필요
하다고 인정되거나 군 사업에 관계있는 것" 외에 시찰단에 도움을
주지 않는다고 한 뒤, "특히 이기적 저의를 숨기거나 매명(売名) 행위
가 있다 판단되는 등 유해함이 인정된 자에 대해서는 관계부처와 협
의하여 적시에 이것을 금지하는 조치를 취한다"고 규제를 명확히 하
고 있다.[40]

마침내 1940년 5월 7일 일본 정부는 일본 통화 유출 제한이라는
국책적 관점에서 "당분간 신지나 건설에 직접 적극적으로 협력할 수
있는 사람 외 일반 시찰 여행자의 지나방문(渡支)을 금지한다"라는 이
른바 '지나방문 제한령(渡支制限令)'을 발표하고 같은 해 5월 20일부터
실시했다.[41] 그 결과 1940년 5월의 여행이 일본여행회의 북지 방면
으로의 마지막 여행이 되었다.

제Ⅳ기(1940년 6월~1943년 9월)

'지나방문 제한령' 이후 일본여행회에서는 만주여행의 기운을 식
히기는커녕 오히려 그 라인업에 한층 더 충실하게 힘을 쏟게 되었다.
회지 『여행과 카메라(旅とカメラ)』 1940년 9월호에서 미나미 신스케는
"중국으로의 단체 여행은 완전히 금지되었습니다. 그러나 선만으로
의 여행은 종래대로 허가되어 있습니다. 이 기회를 놓치지 말고 선만
의 인식을 깊게 해주십시오"라고 회원에게 호소했다.[42]

제Ⅳ기 여행의 모집 내용을 개관하면 기간은 10일간부터 25일간,

참가비용은 도쿄 출발의 경우는 911엔에서 848엔, 만주로 가는 루트
도 안동 경유, 다롄 경유, 경성→청진(清津)→경도선 경유라는 종래의
세 가지 루트에, 새롭게 쓰루가(敦賀)에서 청진까지 직항하는 동해 루
트가 더해지는 등, 다양한 여행 플랜이 갖추어져 있음을 알 수 있다.
덧붙여서 1941년~1943년까지 6번의 여행은 행사 인원수가 확인되지
않아, 예정대로 실시되었는지 여부가 불명한 것에 양해를 구한다.

한편, 제Ⅳ기 여행의 특징 중 하나는 동만주와 북만주의 농촌에 입
식(入植)[13]한 일본인 개척지와 만주개척 청년 의용대가 자주 등장하고
있다는 점이다. 만주의 농촌으로 일본인의 이주가 본격화된 것은 만
주국 건국 이후이다. 1932년 10월, 척무성(拓務省)이 제1차 무장이민
단을 조직해, 1937년까지 5회에 걸쳐 시험적으로 북만주 오지에 입식
시켰다. 1936년 8월 일본 정부는 '20개년 백만 가구 송출계획(二十カ
年百万戸送出計画)'을 기획해 대규모 만주개척이민사업을 추진했다.
거기에 1938년부터 미성년 남자로 구성된 만주개척 청년 의용대도
보냈다. 만주개척이민이라는 국책 수행에 따라 척무성과 농림성을
비롯한 각 부처의 농업회나 교육회 주최의 개척지 시찰단이 급증했
다. 1938년에는 '이주지 시찰단' 등으로 명명된 여행단이 불과 7개
단체 총 204명이었는데, 1940년에는 812개 단체 총 1516명으로 급증
했다. 단체 수로는 11배, 인원으로는 7배 이상이다.[43] 덧붙여 단체명
에 '이주지 시찰'이나 '개척지 시찰'이 없어도 유명한 개척지나 의용
대 훈련소를 돌아다니는 여행단도 적지 않았다.

일본여행회의 만주여행에서 개척지가 처음 등장한 것은 제Ⅲ기 말
인 1940년 4월이지만, 제Ⅳ기에 들어서 등장 빈도가 늘었다. 1940년

---

13) 식민지 개척을 위해 다른 나라나 지역에 들어가 사는 것, 혹은 들어가 살게 하는 것.

10월과 1941년 10월은 두 번 모두 제1차 무장이민단의 정착지·이야
사카(彌栄)를 방문하게 된다. 이야사카는 역사가 가장 오래되고, 도가
선(図佳線)[14]을 따라 있어서 제2차 무장이민의 입식지·지부리(千振)와
함께 개척지 시찰의 메카로 알려져 있다. 또 1942년에는 만주개척
청년 의용대 훈련소 중 하나로 만철이 운영하는 네넨(寧年) 철도 자경
촌 훈련소 견학이 예정되어 있었다.

다만 여기서 주목할 것은 개척지에서의 체류 시간이다. 1940년 10월
이야사카에서는 4시간 40분, 견학 및 '사정에 따라 좌담회를 개최'하기
에는 결코 여유 있는 일정이라고 할 수 없다.[44] 또 1941년 이야사카에서
의 시간은 3시간 39분으로 전년보다도 1시간 정도 단축되었고[45] 1942년
네넨에서의 체류 시간은 불과 2시간 40분이었다.[46] 1943년에는 심지어
기차의 차창에서 '이야사카 지부리의 개척 농촌의 풍경'을 바라보기만
하고 개척지에 들르는 것은 예정되어 있지 않았다.[47] 즉, 일본여행회는
개척지를 자주 코스에 도입했지만 실제로는 맛보기 여행이나 차창
견학 정도에 그쳤고, 여행 전체에 차지하는 비중은 적었다.

그럼 본래라면 개척지 시찰이 필요없을 일본여행회까지 일부러 왜
개척지를 여행 코스에 넣었을까. 불요불급의 행락 여행에 대한 단속
이 강해지는 전시하에 "대륙국책을 현지에서 보라!"는 개척지 시찰이
가진 국책적 의미는 한층 두드러진다. 개척지 시찰은 대의명분으로
서 일본여행회의 만주여행에 필요했던 것이다.

---

14) 투먼-자무쓰(佳木斯)

3. 일본여행회의 집객 방법

제1절에서 전술한 것처럼 일본여행회는 원래 종교 단체 참배단에서 출발한 여행 알선회사였다. 때문에 고정적 고객층의 기반은 종교 참배객이었으며 그 중에서 만주여행의 광고를 접해 참가한 사람가 어느 정도 있다고 생각된다. 실제로 1927년 제1회 만선여행의 참가자 266명 중 13명은 미국 거주의 로스앤젤레스 혼간지 불교 청년회(本願寺仏教青年会)의 회원으로, 원래 모국 일본 혼간지에 참배를 갔는데, 이후 일본여행회의 만선여행에 참가해 만주까지 갔다.[48]

또 제1회의 참가자는 서일본 사람들이 대부분이었던 것에 비해, 2년 후인 제2회는 이미 홋카이도(北海道)에서 규슈까지 그 참가자가 전국으로 확대되었다. 그 요인 중 하나는 새로운 후원자로 '일본여행협회'와 관계를 맺었기 때문이다. 일본여행협회는 1924년에 도쿄에서 발족한 일본여행문화협회(日本旅行文化協会: 교통업체와 여행 애호자 단체의 합동조직)를 1926년 11월에 개칭한 조직으로, 일본여행문화협회가 1924년 4월에 창간된 월간 여행 잡지 『여행(旅)』을 이어서 발행했다. 『여행』의 1929년 4월호와 5월호에는 일본여행회의 선만여행 모집 광고를 두 번 게재했는데, 거기서 일본여행협회는 후원자로 이름을 올릴 뿐만 아니라 도쿄의 일본여행협회 본부와 오사카의 동 협회지부가 각각의 지역에서 이 선만여행의 신청소 중 하나로 지정되었다.[49] 당시 일본여행회는 시가현 구사쓰에 본부가 있을 뿐이었고 1929년에서야 교토에 최초의 사무소를 열었으며, 오사카와 도쿄에 사무소를 마련하기까지는 각각 1932년과 1934년까지 기다려야 했다.[50] 일본여행회에게 잡지에서의 광고 선전은 물론, 신청 창구를 맡아 주는 일본여행협회는 고마운 존재였다.

하지만『여행』의 광고 게재도 일본여행협회로부터의 후원도 1929
년 한 번 뿐이었다. 보다 지속적이고 강력한 지원을 준 것은 제2절
제Ⅱ기에 상세히 설명한 다이마이 교토판매점과 다이마이 여행회이
다. 동시에 도니지 여행회도 1938년 1월의 "선만북지의 여행 황군위문
· 전적순례" 후원을 맡으며 일본여행회의 일에 관련되어 있다.[51] 다이
마이·도니지─두 신문을 합친 발행 부수는 1937년 1월 347만 부[52]─의
구독자, 혹은 다이마이 여행회, 도니지 여행회의 여행 경험자는 일본
여행회 참가자와 어느 정도 겹쳤던 것으로 생각된다. 실제로 도쿄에
거주하는 56세의 남성 회사원이 1936년 8월에 도니지 주최의 홋카이
도 일주 여행에 참가해 단체 여행의 장점을 실감한 후, 다음해 1937년
5월 일본여행회의 만주여행에 참가했다.[53]

일본여행협회나 다이마이, 도니지 등의 힘을 빌렸을 뿐만 아니라
일본여행회는 스스로 월간지『여행계』와『여행과 카메라』, 월간
이나 격월 간행 팜플렛『여행 뉴스』를 발행하여 정기적으로 회원들
에게 여행 정보를 전달했다. 1932년~1933년에 발행된『여행계』는
국화(A5) 사이즈, 분량은 8페이지~32페이지, 정가 5전~10전이었다.
만철이 촬영한 만주 사진을 비롯해 만철 선만안내소 광고, 만철 도쿄
선만안내소 직원의 기고가 게재되는 등 만철과의 긴밀한 관계를 엿
볼 수 있다. 한편, 1937년~1940년에 발행된『여행과 카메라』는 46판
(B6), 46배판(B5), A3판으로 사이즈는 달랐으며, 분량은 16페이
지~64페이지, 정가 5전~30전이었다. 읽을거리 중심인『여행계』와
비교해『여행과 카메라』는 여행 광고에 중점을 두고 여행지를 둘러
싼 기행문이나 수필 등을 더한 구성이었다. 예를 들어 1940년 2월호
는 3월부터 5월에 출발 예정인 3개의 만주여행 모집 안내와 함께 일
본여행회 사원이 쓴「선만의 풍속(鮮満の風俗)」을 게재했다. 여기에

야마구치 세이시(山口誓子)의 구집 『황기(黃旗)』에서 만주 풍물을 읊은 하이쿠를 발췌하는 등 만주로의 여행을 촉구하고 있다.*54 덧붙여 모집 중인 여행 일람표나 참가 희망란, 지인 소개란 등이 인쇄된 신청용 엽서가 매월 끼워져 있어 단골 손님 유지와 신규 고객의 획득에 활용되었음을 알 수 있다.

팜플렛인 『여행 뉴스』는 B5판, 분량은 4페이지~16페이지, 비매품이다. 내용은 여행 모집 안내가 대부분이었고 1941년~1943년에 발행되었음이 확인됐다.

4. 만주여행 참가자

일본여행회의 만주여행 참가자는 어떤 계층의 사람들이었을까. 1927년의 제1회 여행의 참가비는 130엔인데, 동시기의 급료 생활자와 노동자의 한 가구 한 달 평균 실수입이 113엔 62전인 것을 생각하면 서민에게 결코 손이 닿지 않는 호화스러운 것은 아니었다고 할 수 있다.*55 그 후 여행 일수의 증가나 북지까지 확대된 여정 및 전시하의 여객 수송 제한 등으로 여비는 서서히 200엔대, 300엔대로 올라 1939년에는 400엔대에 돌입해, 태평양 전쟁 개전 이후인 1942년과 1943년에는 단숨에 800엔대까지 치솟았다. 1940년~1941년의 일본의 급료 생활자와 노동자의 한 가구 한 달 평균 실수입이 124엔 95전이었기 때문에*56 800엔은 그 6배를 넘는 고액이었다. 즉, 만주여행은 점점 구입할 수 있는 고객층이 한정된 고액상품이 되었다.

이하, 1927년 5월, 1929년 5월, 1937년 5월, 1938년 5월이라는, 현재 확인할 수 있는 4회 여행의 참가자 명부([표1] 및 각 15[1][2][4]

〔5〕참조)를 토대로 참가자의 특징을 보다 구체적으로 검토하겠다.

참가자의 지역 분포는 일본여행회의 본부가 있는 시가현이나 교토시, 오사카시 등 간사이(関西) 지방을 중심으로 하면서, 서서히 도쿄시나 나고야시 등 다른 도시권으로 확대되고 있음을 알 수 있다.

참가자의 직업은 직물상, 재목상 등의 상업이나 주조업, 제과업 등의 제조업에 종사하는 사람이 대부분을 차지했고, 회사원이 그 다음, 농업자, 스님, 학생 등도 소수 존재했다. 또 도쿄시나 요코하마시(横浜市)의 철강 상인 14명, 도쿄 구단(九段) 지역의 삼업조합(三業組合)[15] 18명처럼 동업 단체나 동업 조합이 단체로 참가한 경우도 있었다.

참가자의 연령대는 50대 혹은 40대를 필두로 하여, 60대와 30대가 뒤를 잇고 그 다음에 20대, 70대, 10대의 순서로 분포하고 있다. 또 여성만 봤을 때, 연령대는 40대에서 60대에 집중되어 있어 참가자 전체의 연령층의 경향과는 큰 차이가 없다.

남녀 구성비는 상술한 네 번의 여행의 여성 비율이 각각 17.7%, 11.7%, 19.2%, 18.0%였다. 1할에서 2할에 육박하는 여성 고객의 높은 비율은 거의 남성만으로 구성된 교육회나 상공회의소 주최의 일반 단체 여행에서는 볼 수 없는, 일반 모집형 만주여행만의 특징이라고 할 수 있다. 또 여성 고객의 참가 형태를 자세히 보면, 남편이나 자매와 함께 참가하는 '가족 동반형'이 약 절반을 차지하고, 나머지는 3업 조합과 같이 직장 동료와 참가하거나, '종이집', '우산집', '대필업', '요식업' 등 일하는 여성의 개인 참가, 무직여성의 개인 참가 등 다양한 형태가 있었다. 여성이 학창시절 수학여행이나 가족 동반의 소규모 여행 이외에는 거의 여행 참가 기회가 없었던 전전에 비해,

---

15) 요정(料理屋)·유곽(芸者置屋)·대합찻집(待合) 세 가지 업종의 조합.

일본여행회의 여행의 주요 고객이 여성이 된 것은 주목할 만하다.

그렇다면 참가자는 무엇을 목적으로 만주에 갔을까. 예를 들어, 앞서 언급한 1937년 남성 회사원은 본인의 참가 목적을 세 가지 들고 있다. 첫째는 러일전쟁에 종군한 경험에서부터 한 번 만주에서 전사한 전우를 애도 싶은 것. 둘째는 "우리나라(일본)의 생명선이자 세계가 주목하는 신흥 만주국의 현재"을 올바르게 인식하고 싶은 것. 셋째는 "현재 군수공업 관계 사업"에 종사하고 있는 관계상, "만주국 자체의 공업 발전 현황을 충분히 시찰하고 싶다"는 것이었다.*57 여기서 말하는 여행 동기는 바로 일본여행회의 모집 광고지에 쓰인 "약진 만주가 초대하는 흥미와 실익과 감격의 삼중주"*58라는 표어와 공명하고 있다.

또 여행 후에 쓰인 감상문에서 1938년 5월의 참가자(오이타현[大分県] 거주의 35세 남성 변호사)는 "조국과 멀리 떨어져 외국에 있는 몸에는 조국의 고마움이 강하게 배인다", "가장 큰 기쁨은 천황의 위대한 상황군 용사에게 깊이 감사하고 조국 발전에 앞으로를 맹세하는 것" 등 곳곳에서 조국 일본의 위대함과 유난함을 떠올리는 감격을 말하고 있다. 한편, 랴오양(遼陽) 역에서 "화장실에 가면 '일본인 화장실', '만주인 화장실'이라는 종이가 붙어있었다. 민족협화 오족일치로 향해갈 만주국으로서는 그다지 좋은 느낌은 아니었다"라고 민족협화의 목소리와 괴리하는 만주국의 현실에 대한 의문의 목소리도 쏟아졌다.*59 이러한 여행기는 일부 다른 참가자의 단카, 센류, 사진과 함께 일본여행회가 간행한 기념 책자에 수록되었다. 기념책자는 참가자 전원에게 배포되며 추억을 공유하였다.

나가며

1905년에 종교 참배단의 알선에서 시작한 일본에서 가장 오래된 여행사·일본여행회는 1927년 첫 해외여행인 만선여행을 주최해 성공시켰다. 이후 1943년까지 16년에 걸쳐 간헐적으로 만주여행을 계속 모집해 왔다.

여행 코스의 변천을 살펴보면 만주국 건국 전인 제Ⅰ기 두 번의 여행은 모두 안봉선이나 만철본선의 연선 도시를 중심으로, 동청철도의 거점 도시인 하얼빈까지 가는 과정이었다. 만주국 건국 이후의 제Ⅱ기는 '신흥만주'의 상징인 수도 신징이 일약 만주여행의 중심이 되었고, 중일전쟁 개전 이후인 제Ⅲ기는 '황군위문·전적순례'를 내걸고 북지 방면까지 확장한 코스가 급증했다. 또 '중국 방문 제한령' 발포 이후인 제Ⅳ기에는 만주여행 기획에 충실을 도모해, 만주이민 국책의 최전선인 개척지나 의용대 훈련소도 자주 코스에 등장하게 되었다.

한편 일본여행회의 집객 방법도 독특했다. 철도성, 만철, 조선총독부 철도국, 오사카상선, 일본여행협회 등을 후원으로 두었고, 다이마이 교토판매점과도 관계를 구축해 다이마이 신문 광고라는 강력한 광고 툴을 손에 넣었으며 다이마이 여행회와 직접 제휴도 했다. 이와 동시에 자사 미디어로서 『여행계』, 『여행과 카메라』 및 『여행 뉴스』를 잇따라 발행해 적극적으로 여행 정보를 발신했다.

이렇게 모집한 만주여행의 참가자는 간사이를 중심으로 하면서 도쿄시나 나고야시 등 다른 도시권으로도 확대되었고, 상업과 제조업 종사자가 대부분이었으며 연령대는 50대와 40대가 가장 많았다. 또한 여성 고객은 전체의 10%에서 20% 가까이까지 비율이 오르며 참가 형태도 가족 동반, 직장 동료 동반, 개인 참여 등 다양했다. 참가자의 감상에는 애국심의 발로가 많이 보이는 한편, '오족협화'를 외치면서도 이상과 모순된 실태에 대한 비평도 적혀 있었다.

일본여행회의 만주여행은 1927년부터 시작되어 만주사변, 중일전쟁, 태평양전쟁까지 그때마다 유연하게 여행내용을 조정해 시국에 적합한 국책적 의미를 부여하면서 1943년까지 실시되었다. 일반 모집형 만주여행 주최자의 대표격으로 일본여행회가 전전 여행사(旅行史)에 남긴 발자국은 결코 작지 않다.

원저자 주

*1 『王道国家満洲国往訪団』, 日本旅行会, 1933.1.

*2 高媛, 「戦前日本における満鉄の観光誘致」, 千住一・老川慶喜 編, 『帝国日本の観光──政策・鉄道・外地』, 日本経済評論社, 2022.

*3 2012년 이전의 일본 국내에서의 만주관광에 관한 연구 상황에 대해서는 千住一, 「日本統治下台湾・朝鮮・満州における観光に関する研究動向」, 『奈良県立大学研究季報』 22-2(2012)을 참조하고 싶다.

*4 有山輝雄, 『海外観光旅行の誕生』, 吉川弘文館, 2002, pp.18-88.

*5 荒山正彦, 「戦前期における朝鮮・満洲へのツーリズム──植民地視察の記録『鮮満の旅』から」, 『関西学院史学』 26, 1999.3.

*6 만철 선만안내소의 활동 내용에 대해서는 전게 주 2를 참조.

*7 高媛, 「一九二〇年代における満鉄の観光宣伝──嘱託画家・眞山孝治の活動を中心に」, 『Journal of Global Media Studies』 17・18, 2016.3, p.174.

*8 『日本旅行百年史』, 株式会社日本旅行, 2006, pp.30-45.

*9 『日本国有鉄道百年史 通史』, 日本国有鉄道, 1974, pp.253.

*10 「団体旅行を纏めると手数料を出します」, 『旅』 2-8, 1925.8, p.83.

*11 『満洲巡遊案内』, 南満洲鉄道株式会社運輸部営業課, 1914.6. 그 후, 만선순유단체 왕복표의 적용 조건은 몇회 개정되어 1929년 즈음에는 10명 이상 20명 미만의 일반단체는 이등 또는 삼등의 차선(車船)의 등급에 한해 철도성선(관부연락선을 포함), 조선총독부 철도국선, 만철선은 모두 운임의 30%할인, 20명 이상의 일반단체에서는 5%할인, 오사카상선은 인원수를 불문하고 일률적으로 10% 할인이었다.

또 감독자는 각 철도 및 관부연락선 운임에 한해서 20명 이상 50명까지는 1명, 51명 이상은 50명씩 증가할 때마다 1명씩 무임으로 탈 수 있는 특전도 주어졌다. 1941년 들어서는 이 티켓의 운임이 50명 이상의 일반단체의 경우 철도성선, 조선총독부 철도국선, 만철선의 운임은 모두 30%, 50명 이상은 40%, 100명 이상은 50% 할인으로 개정되었고, 무임으로 탈 수 있는 제도도 폐지되었다. 덧붙여서 이 할인제도는 1944년 1월까지는 계속되었던 것으로 확인된다. 南満洲鉄道株式会社 編, 『南満洲鉄道旅行案内』, 南満洲鉄道株式会社, 1919, pp.197-198. 『大陸旅行通報』 6, 1941.5, pp.7-8. 東亜交通公社満洲支社 編, 『満支旅行年鑑 昭和十九年版』, 東亜交通公社満洲支社, 1944, p.352.

*12 1927년 타이완총독부 교통국 철도부에서는 일본 '내지'나 만선, 사할린에서 타이완행, 또는 타이완에서 '내지'·만선·사할린행의 20명 이상 단체 손님에게 이등차와 삼등차에 한해 운임의 50% 할인이 적용됐다. 台湾総督府交通局鉄道部 編, 『台湾鉄道旅行案内』, 台湾総督府交通局鉄道部, 1927, p.273.

*13 『台湾視察団説明書』, 日本旅行会, 1929.

*14 제Ⅰ기에는 1927년 5월과 1929년 5월의 2회 이외에 1929년 9월과 1930년에도 일본여행회 주최의 단체가 만주를 방문했다. 1929년 9월의 여행은 경성에서 개최된 조선박람회의 구경이 주목적이었지만, 그 후 단체의 일부(250명)는 만주까지 여행했다. 또 1930년 여행의 참가자는 50명이라는 기록이 남아 있지만 자세한 것은 불명하다. 전게 주 8, p.73. 『満洲日報』, 1939.9.22, 1판, p.4. 宮崎県立都城商工学校鮮満旅行記編輯部, 『白い着物と黒い衣裳』, 宮崎県立都城商工学校, 1931, p.251.

*15 출처는 이하와 같다. (〔 〕는 [표 1]의 번호) [1]『新緑萌ゆる朝鮮と満州視察』, 日本旅行会, 1927. 桑田次郎 編, 『日本旅行会 満鮮巡遊記念帖』, 桑田次郎, 1927. 〔2〕「朝鮮と満洲へ」, 『旅』 六-四, 1929. 『鮮満巡遊』, 日本旅行会, 1929, pp.1-16. 〔3〕전게 주 1, 『만몽시찰단 연락표』, 1933.5, 南満洲鉄道株式会社東京支社, 『日本内地発鮮満視察団体 昭和八年中』, 南満洲鉄道株式会社東京支社, p.15. 〔4〕「視察と見学 鮮満(北支)の旅 会員募集」, 日本旅行会, 1937. 『快適明朗な旅……躍進満洲は招く興味と実益と感激の三重奏』, 日本旅行会, 1937. 南新助 編, 『昭和十二年五月 鮮満(北支)の旅 記念写真帳』, 日本旅行会, 1937, pp.14-15. 〔5〕『旅とカメラ』 2-3, 1938.3, pp.8-11. 南新助 編, 『鮮満北支の旅 皇軍慰問·戦跡巡礼(昭和十三年五月)』, 日本旅行会, 1938, pp.10-11, pp.15-44. 〔6〕『旅とカメラ』 2-8, 1938.8, pp.17-18. ジャパン·ツーリスト·ビューロー満洲支部 編, 『満支旅行年鑑 昭和十五年』, 博文館, 1940, p.92. 〔7〕『旅とカメラ』 2-12, 1938.12, pp.8-9. ジャパン·ツーリスト·ビューロー満洲支部 編, 『満支旅行年鑑 昭和十六年』, 博文館, 1941, p.199. 〔8〕『鮮満北支視察団募集』, 日本旅行会, 1939. 전게 주 15, 『満支旅行年鑑 昭和十六年』, 1941, p.299. 〔9〕『旅とカメラ』 4-2, 1940.2, p.26. 전게 주 15, 『満支旅行年鑑 昭和十六年』, 1941, p.299. 〔10〕전게 주 15, 『旅とカメラ』 4-2, 1940.2, pp.32-33. 東亜旅行社満洲支部 編, 『満支旅行案内 昭和十七年版』, 博文館, 1942, p.327. 〔11〕전게 주 15,

『旅とカメラ』4-2, 1940.2, p.42-43. 南満洲鉄道株式会社東京支社, 『日本内地発鮮満支向団体調 昭和十五年』, 南満洲鉄道株式会社東京支社, 1940, p.35. 〔12〕『旅とカメラ』4-9, 1940.9, pp.26-27. 전게 주 15, 『満支旅行年鑑 昭和十五年』, 1940, p.35. 〔13〕『鮮満視察団募集趣意書』, 日本旅行会, 1941. 〔14〕『夏の船旅 赤い夕日の満洲へ 日露戦蹟巡礼』, 日本旅行会, 1941년으로 추정. 〔15〕『旅行ニュース』, 1941.8, pp.8-9. 〔16〕전게 주 15, 『旅行ニュース』, 1941.8. 〔17〕『慶祝満鮮全一周視察団 友邦満洲国建国十周年記念』, 日本旅行会, 1942년으로 추정. 〔18〕『旅行ニュース』, 1943년으로 추정, p.4. 덧붙여서 1941~1943년의 정보는 모집 전단지나 『여행뉴스』에 근거한 것으로 실제 여행이 실시 되었는지 여부는 확실하지 않다.

*16 이 시기 또 하나의 일만 연락 루트인 오사카상선이 경영한 다롄항로는 일주일에 두 번 모지(門司)와 다롄 사이를 발착했다. 『鮮満見学旅行日程』, 満鉄鮮満案内所, 1928.8.

*17 전게 주 15, 桑田次郎.

*18 松崎稔, 「兵士の日清戦争体験——東京府多摩地域を事例に」, 檜山幸夫 編, 『近代日本の形成と日清戦争——戦争の社会史』, 雄山閣出版, 2001, pp.385-389.

*19 전게 주 15〔2〕, 『鮮満巡遊』, pp.7-8.

*20 『旅行界』1-3, 1932.3, pp.30-31.

*21 『満蒙視察団』, 日本旅行会, 1932.3.

*22 「年頭の辞にかへて」, 『旅行界』二-一, 1933.1, p.3.

*23 전게 주 1.

*24 川上富蔵 編, 『毎日新聞販売史——戦前・大阪編』, 毎日新聞大阪開発株式会社, 1979, pp.174-146, pp.315-316, p.336.

*25 전게 주 8, p.45.

*26 전게 주 24, p.174, p.249, p.275, 전게 주 15〔1〕, 桑田次郎.

*27 『鮮満巡遊』, 日本旅行会, 1929.5.

*28 전게 주 15〔2〕, 『鮮満巡遊』, 1929, pp.1-16.「第二回鮮満視察団員芳名録」, pp.1-7. 전게 주 24, p.336.

*29 전게 주 22, p.4.

*30 『帝政一周年北鉄接収記念 第二回満洲国視察団』, 大毎旅行会・東日旅行会, 1935.4.

*31 전게 주 15〔4〕, 南新助, p.1, p.15.

*32 '베이핑(北平)'은 1927년에 장개석이 난징에 수립한 국민정부가 1928년에 베이징(北京)을 개칭한 것이다. 1937년 10월 일본군 점령하의 베이핑에서 친일 행정조직 '베이핑지방유지회(北平地方維持会)'가 다시 '베이징'이라 개칭했다. 『東京朝日新聞』, 1928.6.29, p.2・1937.10.13, p.2.

*33 『大阪朝日新聞満洲版』, 1935.5.4, p.5.

*34 전게 주 15〔4〕, 『視察と見学 鮮満(北支)の旅 会員募集』.

*35 전게 주 15〔4〕, 『視察と見学 鮮満(北支)の旅 会員募集』.

*36 結城彌太郎, 「鮮滿北支見聞記」, 전게 주 15 〔4〕, 南新助, p.3.

*37 전게 주 15 〔5〕, 『旅とカメラ』 2-3, p.11.

*38 『鮮滿北支の旅 經濟視察·戰跡巡禮 御旅行の御注意』, 日本旅行會, 1939.4.

*39 전게 주 15 〔7〕, 『旅とカメラ』 2-12, p.9.

*40 第九類軍司行行政警察/支那視察團に對する陸軍としての支援許可に關する件[防衛省
防衛研究所藏, JACAR(アジア歷史資料センター)Ref.C13070818900], 제1-2화상.

*41 『讀賣新聞』, 1940.5.8. 석간, p.1.

*42 전게 주 15〔12〕, 『旅とカメラ』 4-9, p.26.

*43 林重生 編, 『滿支旅行年鑑 昭和十四年 康德六年』, ジャパン·ツーリスト·ビューロー
滿洲支部, 1938, pp.97-99. 전게 주 15 〔6〕, ジャパン·ツーリスト·ビューロー滿洲支
部編, pp.90-91, 전게 주 15 〔10〕, 東亞旅行社滿洲支部編, pp.326-331.

*44 전게 주 15 〔12〕, 『旅とカメラ』 4-9, p.17.

*45 전게 주 15 〔15〕.

*46 전게 주 15 〔17〕.

*47 전게 주 15 〔18〕.

*48 『滿洲日日新聞』, 1927.5.14. 석간, p.2.

*49 전게 주 15 〔2〕, 「朝鮮と滿洲へ」.

*50 전게 주 8, pp.85-86.

*51 전게 주 15 〔6〕, 『旅とカメラ』 2-8, pp.17-18.

*52 전게 주 24, pp.416-417.

*53 岡村好治, 전게 주 15 〔4〕, 南新助, p.12·15.

*54 전게 주 15 〔9〕, 『旅とカメラ』 4-2, pp.24-26·30-33·42-43.

*55 內閣統計局, 『家計調査報告 自大正十五年九月至昭和二年八月 第二卷 給料生活者
及勞働者の部 上』, 東京統計協會, 1929, pp.22-23.

*56 內閣統計局, 『家計調査報告 自昭和十五年九月至昭和十六年八月』, 東京統計協會,
1942, pp.8-9.

*57 岡村好治, 「鮮滿(北支)の視察を了へて 吾が所感を述ぶ」, 전게 주 15 〔4〕, 南新助,
pp.10-11.

*58 전게 주 15 〔4〕, 『快適明朗な旅…… 躍進滿洲は招く 興味と實益と感激の三重奏』.

*59 近藤新, 「鮮滿北支見聞記」, 전게 주 15 〔5〕, 南新助, p.11·p.26·p.37·p.44.

제10장

'외지'의 대중문화

- 잡지 『여성만주(女性滿洲)』에 나타난 패션 -

왕 즈송(王志松)

들어가며

월간잡지 『여성만주』는 1942년 1월 관동주 다롄에서 창간되어, 1945년 7월까지 총 41호 발행되었다.[*1] 전시하였지만 여성지인 이 잡지는 표지 그림, 사진, 기사, 평론, 강좌, 좌담회, 광고 등에 패션과 관련된 내용이 많다. 해당 잡지에 게재된 '양재 강좌(洋裁講座)'는 주로 만주의 양재점 경영자가 집필한 것으로 대륙기후에 적합한 옷 디자인을 소개하고 있다. 또 '성전(聖戰)'을 위해 갱생복을 제창하거나 몸뻬나 앞치마를 결혼의상으로 추천하는 논설이 있는 한편, 전시하 절약의 중요성을 알면서도 좌담회에서 젊은 여성들은 입을 모아 앞치마 모습의 결혼식에 반대했다. 표지에 "만주 유일의 여성문화지"를 구가한 이 잡지는 널리 읽혔기 때문에 이러한 좌담회나 강좌, 논설 등은 당시의 '외지' 패션 상황을 관찰하는 데 있어서 중요한 자료가 된다. 본장에서는 이러한 관련 담론을 전시하의 젠더나 일본 식민지 지배 등의 문제와 관련시키면서 옷을 중심으로 '외지' 패션의 단면을 고찰하고자 한다.

1. 잡지의 이면성

발행인 온다 아키라(恩田明)

『여성만주』 창간호의 속표지에는 관동주청장관 야나이 요시오(柳井義男)가 쓴 「창간축사」가 게재되어있다.

> 다이쇼 12년 이래 발행되어온 만주부인 신문을 새롭게 고치고 비약한 『여성만주』를 창간해, 이 전통일관의 이상적인 만주여성문화의 고양촉진 실천을 더욱더 확충하고 강화하게 된 것은 매우 축하할 일이다. 게다가 주재자가 관동주 흥아봉공 연맹 문화부(関東州興亜奉公聯盟文化部) 부부장인 온다 아키라군인 것은 매우 적재적소하다. 본디 온다군은 만주에서의 30여 년 본업과 함께 사회사업에, 또 문화사업에 기여 공헌한 바가 적지 않다. 특히 오랫동안 여성문화 고양에 몸 바쳐온 공적은 주지의 사실이다.
> 황국은 지금은 유사(有史)이래의 큰 시련에 돌입해 이것을 타개하고 극복함으로써 대동아건설의 대업을 완성해야 할 중대 과정에 있는, 여성문화 고양을 추축으로 동아전국의 문화 발전고양을 촉진하기 위해 『여성만주』의 장래의 노력과 발전을 간절히 기대하는 바이다.[2]

이 「창간축사」에서 두 가지를 알 수 있다. 하나는 발행인 온다 아키라가 관동주 흥아봉공 연맹 문화부 부부장이라는 직함을 갖고 있다는 것이다. 관동주 흥아봉공 연맹은 1941년 대련의 신체제 운동을 담당하는 조직으로 결성된 단체로, 그 중앙본부는 관동주청에 설치되어 만주국 주차특명전권대사(滿洲国駐箚特命全權大使)가 총재를, 관동국 총장이 부총재를, 관동주청장관이 회장을 맡았다. 온다가 이와 같은 단체의 문화부 부부장을 담당하고 있는 이상, 익찬체제(翼贊体制)[1])에 적극적이었을 것은 상상하기 어렵지 않다. 또 하나는 『여성만주』의 창간이 이전의 『만주부인신문』을 새롭게 고친 것이라는 점이다. 이 『만주부인신문』의 경영자도 사실 온다 아키라 본인이었다.[*3] 즉 『여성만주』 창간 당시 온다는 이미 부인지 신문 등의 미디어를 경영한 경험을 꽤 갖고 있었다. 이 두 가지는 잡지의 편집 방법이나 내용과 깊이 관련되어 이 잡지의 특색을 만들어 냈다.

국책적 특징

첫 번째 특색은 머리말, 시국 해설, 사진, 논설 등에서 국책이 전면적으로 선전되고 있다는 점이다. 온다 아키라는 창간호 머리말 「대일본 여성에게 기대하는 것(大日本の女性に期待するもの)」에서 다음과 같이 말했다. "대동아건설의 성업(聖業)에 매진할" 때 일본 여성이 집을 지키고 나라를 지키는, 숨은 큰 힘이 된다. 구체적으로 말하면 전장에 가서 "남자가 남긴 모든 일을 용감하게 한다" "어느 나라의 여자가 일본 여자를 따라할 수 있습니까? 단연코 타의 추종을 불허하는 기품과 유순함, 우아함, 건강함을 갖추고 있는 것이 일본의 부인입니다. 일본의 여성이 그 마음가짐을 잃지 않는 이상 일본은 영원무궁한 생

---

1) 대정익찬회를 중심으로 태평양 전쟁하에서의 군부의 방침을 추인하여 지원하는 체제. 대정익찬회는 1940년 10월 12일부터 1945년 6월 13일까지 존재했던 일본제국의 관제 국민통합 단일기구이다. 1940년 무렵부터 고노에 후미마로(近衛文麿)를 중심으로 거국정치 체제를 목표로 한 신체제운동이 계획되고 있었다.

명을 가지고 천지와 함께 번성할 것을 믿습니다"*⁴라고 재만(在滿) 일본 여성에게 '성전'에 헌신할 것을 호소하고 있다.

이 호소에 호응하는 형태로 '시국 해설란'이나 논설 등의 내용이 배치되었다. "전만(全滿)의 여성이여 지금이야말로 조국을 위해 일어나자"라는 문구의 반복으로 장식된 창간호의 '시국 해설란'에 마쓰다이라 구스오(松平九州男)의 논설 「대동아전쟁과 여성의 각오(大東亜戦争と女性の覚悟)」가 게재되어있다. 이 논설은 중국 침략과 태평양전쟁을 백인 통치로부터의 해방으로 정당화하고, '성전' 수행을 위해 "항상 자녀의 가장 좋은 지도자이며, 제매(弟妹)를 위해서 모범을 보여야 할 모자(母姉)"로서의 책임 자각을 촉구하고 건강한 아이를 생육할 것을 호소하고 있다.*⁵

'일하는 여성의 마음가짐에'라는 코너에 게재된 다케다 노부코(竹田伸子)의 「강하게 바르게 밝게 살다(強く正しく明るく生きむ)」는, "이 시대의 요구는 옛 여성관을 일축하고 여성을 성벽 깊은 안쪽 한가정의 여자에서 일약 길거리로 나가게 해 젊은 여성 모두가 국가 사회인으로서의 직장을 분담할 수 있게 되었다.(생략) 직장은 국민으로서 나라에 만드는 신성한 전장과 같다"고 말하고 있다.*⁶ 저자 다케다 노부코는 여성이고 '국제운수 주식회사'라고 소속이 명기되어 있기 때문에 이 발언은 여성이 직접 말하는, 일하는 마음가짐의 표명이기에 여성들 사이에서 보다 더 공명을 불러일으켰을 것이다. 여성이 일하는 모습의 사진도 거의 매호 게재됐다.

상업적 성격

하지만 주의할 것은 이 잡지에는 다른 목소리도 섞여 있었다는 점이다. 시인 하루야마 유키오²⁾는 「엽서 답변 만주의 여성에게 한 말씀

드립니다(ハガキ回答 満洲の女性に一言申上げます)」에서 다음과 같이 말하고 있다.

첫째, 대륙의 생활양식을 내지의 연장이 아닌, 모든 것이 새로운 창조이자 창안인 점을 고려하여 새로운 형태의 양식을 만들고 실행하기 바랍니다.

둘째, 대륙에 매력을 느끼고, 그 매력이 내지에도 울리도록 감성을 가져주세요.

셋째, 문화조직에 가능한 한 참가하고, 자신을 위해 그리고 환경을 개선하기 위해 일해주세요.[7]

하루야마의 '한 말씀'은 시국에 대한 언급은 없고 단순히 인간으로서 여성의 성장에 대한 희망이다. 또 일본의 생활양식을 기준으로 그 연장선을 요구하는 것이 아니라, 만주에서의 새로운 문화 창조를 격려했다. 평론가 니이 이타루[3]도 '엽서 답변'에서 "쾌활하고 명랑한 마음가짐으로 생활하는 것입니다", "그녀의 쾌활함은 대륙적으로 대범하고, 밝으며, 일하는 즐거움은 자연이나 환경과는 관계가 없습니다. 아니, 변화가 있기 때문에 오히려 재밌는 것이겠죠"라고 말하고 있다.[8] 여기서도 역시 개성의 신장과 대륙에서의 새로운 생활 스타일의 창조를 기대하고 있다. 이런 인간으로서의 생활을 소중히 여기고 개성을 중시한다는 발언은 명백히 '성전'에의 헌신이라는 온다의 호소와 모순된다 봐도 될 것이다.

---

2) 하루야마 유키오(春山行夫, 1902~1994). 일본의 시인, 수필가, 편집자.
3) 니이 이타루(新居格, 1888~1951). 일본의 문필가, 정치인.

이런 이질적인 목소리가 잡지 안에 섞인 원인으로 이 잡지의 전반기 편집인 다무라 가즈오(田村和夫)가 시인이었던 것을 들 수 있다.[*9] 하루야마 유키오와 니 이타루는 모두 문학가였다. 다무라가 집중했던 문예란에는 국책 선전시(詩)도 있고, 아키라 후미(晶埜ふみ)의 「백탑(白塔)」처럼 어두운 현실을 그린 작품도 있다.

더욱 중요한 것은 잡지 경영자 온다 아키라의 재량일 것이다. 『여성만주』는 관동주 흥아봉공 연맹과의 긴밀한 관계로 정부로부터 금전적 원조를 어느 정도 받았을 것으로 추측된다. 그러나 광고가 많이 게재되었던 것을 보면 그 경영적 측면도 빼놓을 수 없다. 창간호부터 이 잡지가 일관되게 중시한 것은 '양재 강좌', '화장 강좌', '요리 강좌', '보건 강좌', '꽃꽂이 강좌' 등 재만 일본 여성독자를 위한 생활·교양 관련 내용이었다. 1942년 7월, 대련의 일본인 인구는 약 19.5만 명으로, 그 중 여성은 9.3만 명을 차지했고 신경 거주의 일본인 여성은 약 15.2만 명이었다.[*10] 이 잡지의 발행이 패전 직전인 1945년 7월까지 계속된 것을 보면, 현지에서 꽤 인기가 있었을 것이다. '독자통신' 코너에는 "본지를 손에 넣고서부터 오늘까지 매일매일 일에 휴식이 생기면 한 줄도 남기지 않고 두 권의 『여성만주』를 다 읽었다"[*11]는 독자의 소감이 있다. 여기에 선전 요소가 없었던 것은 아니지만 "밤이 되면 역시 무언가를 읽고 싶다는 충족되지 않은 독서욕에"[*12] 사로잡혀 이 잡지를 소중히 읽었다는 것은 당시 많이 독자가 공통적으로 가지고 있던 큰 동기였던 것도 부정할 수 없다. 이러한 독자 중시성이 이 잡지의 제2의 특색이라고 해도 좋다. 후자의 특색은 때로는 전자의 국책적 이데올로기를 극복하기도 했다.

2. 서양옷과 일본옷의 이원대립

서양옷과 여성의 사회진출

여성지가 독자를 끌어들이는 정석 중 하나는 말할 필요도 없이 패션 관련 소개와 기사이다. 『여성만주』에도 패션 관련 이야기는 폭넓게 모자, 화장, 헤어스타일, 옷 등 다방면에 걸쳐있었다. 그 중 옷에 관련된 내용이 가장 많았고, 그것도 '서양옷' 중심이었다. 그 원인으로 대륙의 기후와 전시하 여성의 사회진출을 들 수 있다. 배우 오기와라 세센스이[4]는 "재만 여성은 앞서 일본 기모노(着物)의 사락사락한 긴 소매나 옷단에 대한 애착을 청산해야 합니다. 북풍이 휘몰아치는 가운데 팔꿈치나 정강이를 드러내고 구부정하게 걷는 것은 결코 융성한 일본의 모습이 아니며, 하물며 개척정신과는 완전히 상반되는 것입니다"라고 말하고 있다.[*13] 이러한 사고방식은 꽤 대표적인 것이었고 이 잡지의 논설이나 '양재 강좌' 등에서도 자주 볼 수 있다.

여성의 양장은 메이지시대 문명개화의 풍조 속에서 일본에 들어왔는데, 1920년대까지는 주로 부유층이 입었고, 1920년대부터 서서히 일반인 속으로 침투했다. 이는 사회 각 방면에 직업부인들의 진출이 시작되어, 그녀들의 복장이 활동적일 것을 요구되었던 점에서 서양옷의 기능성이 인식된 것이다. 다른 한편으로는 외국 영화나 번역극, 아사쿠사(浅草)의 오페레타 등의 영향으로 일본영화에도 양장의 히로인이 등장하는 등, 이러한 풍속의 변화에 대한 비판도 있었기 때문에 기모노와 양장은 이원대립 구도로 인식되었다. 기모노는 검소한 것

---

4) 오기와라 세센스이(荻原井泉水, 1884~1976). 자유율 하이쿠(自由律俳句) 시인.

이었고 그에 비해 양장은 호화스러운 것이라, 동경하는 것은 허영이라는 견해다.[14] 그러나 전쟁확대에 따라 일하는 여성이 늘어나면서 양장에 대한 이미지도 변화하지 않을 수밖에 없었다.

『여성만주』속 양장에 관한 담론도 기본적으로는 이러한 시대의 흐름 속에서 전개되었다. 나카야마 유리코(中山百合子)는「만주의 양장은 어디로 가는가―양장 시평(滿洲の洋裝は何処へ行く――洋裝時評)」에서 1942년의 패션 현상에 대해 "일본옷조차도 몸뻬, 겐로쿠 소매(元祿袖)[5], 폭이 좁아진 오비(帶)[6] 등등 상당히 불필요한 부분이 없어지고 대부분 양장화되는 느낌이 듭니다. 특히 대륙에 진출해있는 우리는 서양식 건물 안에서 진취적인 생활을 해야 하기 때문에 언제까지고 아름답다든가 정서적이라든가 하는 옷자락이 거슬리는, 비방한적이고 비활동적인 일본옷에 집착해서는, 주부는 입는 것에 시달리고 빨래, 다림질, 재봉에 쉴 틈 없어 발전성 등을 전혀 기대할 수 없습니다"라고 논평했다.[15] 여기서 논자는 옷의 기능성에 주목해 양장에서 진취적인 생활태도를 발견하고 있다. 게다가 향후의 유행에 대해서 "바지 형태의 스커트나 후드 모자, 슬랙스 등은 일시적 유행이 아니라 필요에서 태어난 복장이기 때문에, 앞으로 더욱 이런 형태의 남성복에 가까운 운동성 있고 활발한 복장은 많아질 것이라 생각합니다"라고 전망하고 있다.[16]

니헤이 미사코(二甁未紗子)는「전시하의 복장미(戰時下の服裝美)」에서 몸과 옷의 관계를 통해 일본옷과 양장의 아름다움을 다음과 같이 비교하고 있다. 일본옷은 일정한 유형이 있어 개개인의 육체에 맞춰 재단된 것이 아니기 때문에, 육체가 기모노의 형태에 맞춰가야 한다.

5) 길이가 짧고 배래가 동그란 소매.
6) 기모노의 허리 부분에서 옷을 여며주고 장식하는 띠.

따라서 옷이 중심이고 육체가 그것을 따라 가는 방식이다. 이에 비해 서양옷은 육체의 미세한 치수에 맞춰서 그 자유로운 운동을 방해하지 않게 개별적으로 만들어지므로 육체가 중심, 옷은 그 다음이다. 일본옷은 정적이면서 육체의 아름다움을 숨기고, 그 자연적 아름다움 대신 인위적인 아름다움이 있지만, 서양옷은 반대로 활동적이며 자연의 아름다움을 어떻게 강조할 것인가에 무게가 놓여있다. 확실히 기모노는 육체를 감싸고 숨기기 때문에, 체격이 나빠도 몸통이 너무 길어도, 다리가 불편하게 구부러져 있어도 옷차림에 의해 교묘하게 보완할 수 있지만, 필자는 "옷의 진정한 아름다움은 역시 육체의 건강과 활동성 위에 있는 것이기 때문에 우리 부인들도 육체의 아름다움에 눈을 돌려야 합니다"라고 결론 내리고 있다.[*17]

일본옷 비판

서양옷 긍정론과 함께 일본옷 비판이 많이 있다. 제일서방(第一書房) 사장 하세가와 미노키치[7]는 재만 일본 여성의 야무지지 못한 기모노를 다음과 같이 공격하고 있다.

만주에 가서 가장 이상하다고 느낀 것은 일본 여성의 기모노이다. 외출 때만, 이건 아무래도 법령에 색과 형태를 일정하게 정할 필요가 있다고 믿는다. 지금처럼 마음대로, 차라리 무식한 색채의 기모노를 놔두는 것은 일본인의 위신이 걸린 문제라 생각한다. 내지에 있을 때는 환경이 전부 그렇기 때문에 괜찮지만, 대륙은 풍토적으로 일본의 여성

---

7) 하세가와 미노키치(長谷川巳之吉, 1893~1973). 일본의 잡지·책 편집자, 실업가. 출판사 제일서방을 창업했다.

기모노가 개정될 필요가 있음에도 불구하고, 지도자 계급이어야 할 일
본 부인의 풍속이 저급 저속해 보이는 색채로, 어떤 통일도 없는 것은
경멸될 외형 중 하나다. 외형을 존중하는 만주인 및 중국인의 심리상,
이는 단연코 개량해야 한다.[18]

하세가와는 '만주'의 일본 부인이 입는 기모노는 현지의 풍토에 맞
지 않고 무식하게 보이기 때문에 일본인의 위신에 관계되는 문제라
고 하고 있다. 여성사회 활동가 아베 시즈에[8]도 '일본옷의 추함'은
'외지'의 나라망신이라고 말했다.[19] 이러한 부정론의 근저에는 기모
노의 불편한 활동성에 대한 인식이 공통적으로 있었다. '만주'의 복장
은 기본적으로 바지 형태였기 때문에 활동성이라는 점에서는 일본의
기모노보다 뛰어나다고 할 수 있다. 그러나 현지의 풍토에 맞게 복장
을 개량해야 한다는 하세가와와 아베의 주장은, 결코 현지의 의복
요소를 도입하는 것이 아니라 서양옷 형태의 "복장 개량을 통해 만주
인 여성에게 일본 정신을 불어넣도록 노력해야 한다"[20]고, 식민지에
서 일본인의 우위성을 유지하려는 발상에서 온 것이다.

3. 개성 중시의 '양재 강좌'

옷의 아름다움이란

그러나 옷에 관한 위의 논의는 잡지 내에서 그친 것이 많다. 실제로

---

8) 아베 시즈에(阿部静枝, 1899~1974). 일본의 가인(歌人), 사회평론가.

어떻게 옷을 선택하고 입을 것인가 등의 지도는 '양재 강좌' 칼럼에서 이루어졌다. '양재 강좌'는 전시하를 의식하면서, "입기 좋고 아름답게 입는 법을 생각하자"*21는 관점도 잊지 않았다.

나카야마 마리(中山マリ)는 '양재 강좌'에서 아름답게 입는 전제 조건으로 각자 몸의 상황을 파악할 필요가 있다고 말한다.

> 우선 처음에 아무도 없는 곳에서 알몸이 되어서, 거울에 비친 본인의 몸을 보고 장단점을 확인해주세요. 그걸 잘 이해하고 기억해두면 서양 옷 형태를 선택할 때 매우 도움이 되어서 누구나 입는 옷이 아니라, 당신만이 입는 옷이 완성됩니다.
> 가령 어떤 독창적인 디자인이라도 그것이 당신의 단점을 가리고 장점을 보여주어서, 보다 더 당신의 아름다움을 발휘하게 만드는 것이 아니면 안 됩니다.*22

이른바 만인공통의 아름다운 옷은 존재하지 않는다. 특정 사람에게 아름다운 옷은 그 사람몸의 장점을 발휘시켜 단점을 숨기는 것이다. '양재 강좌' 단골 집필자인 나카야마 마리는 기본적으로 이 관점에서 지도한 것이었다. 예를 들면, 다음의 두 가지 예이다.

> ①봄의 드레시한 코드, 중년 분들의 외출복에 너무 폭 넓지 않은 울로 가슴과 소매, 스커트에 파일(pile) 계열의 천이나 모가 짧은 모피 등을 붙여 강조합니다. 스커트의 플레어와 소매의 크기는 몸과 비교해 적당히 정합니다. 하이넥의 옷깃은 목이 긴 분은 높게 올려도 되지만, 짧은 분은 너무 올리지 말고 버튼은 허리까지 합니다.
> 벨트는 너무 굵지 않게, 그림처럼 묶어도 버클을 채워도 좋습니다.*23

②얼굴도 몸도 큰 분을 위한 옷. 체크풍(타탄체크풍의)의 큰 옷깃은 당신 얼굴의 단점을 눈에 띄지 않게 해 줄 것입니다. 그 옷깃과 균형이 잡히도록 허리에 큰 패치 포켓을 붙이고, 역시 체크풍으로 봉투처럼 폭을 넣어 띄웁니다. 스커트의 주름은 한가운데로 단단히 고정하고 전체를 조입니다. 여기에 모자도 통일하면 따뜻한 봄날에는 원피스 한 벌만 입고도 걸을 수 있습니다.[24]

예시 ①은 중년 여성의 원피스로, 간단한 용무가 있을 때의 외출복이다. 목의 길이에 따라 옷깃의 세우는 방법의 차이나, 벨트의 매는 방법 등을 구체적으로 어드바이스하고 있다.[그림 1] 예시 ②의 원피스는 "얼굴도 몸도 큰 분을 위한 옷"이다. 큰 옷깃이 이 원피스의 포인트이며, "당신 얼굴의 단점을 눈에 띄지 않게 해 줄 것"이라고 한다.[그림 2]

좌측부터,
[그림 1] 『여성만주』 제1권 제2호, 1942, p.62.
[그림 2] 『여성만주』 제1권 제2호, 1942, p.63.

패션이라는 것은 종종 유행을 모방하는 것으로 오해
되기 쉽다. 이러한 현상에 대해 니헤이 미사코는 유행
한 폭 넓은 바지를 예로 다음과 같이 설명하고 있다.
추위가 심한 '만주'에서 비약적인 기세로 바지가 유행
한 것은 당연한 현상이다. "그러나 그림과 같이 너무
폭이 넓은 바지는 우리들 일본인에게는 맞지 않습니
다. 그 폭은 역시 그 사람의 키와 비례해서 만들어져야
합니다. 너무 넓으면 키가 작아보여서 큰 손해입니
다"*25라고 지적하고 있다.[그림 3] 또 짧은 길이의 스커
트 유행을 즉시 모방해서는 안 된다고, 오바나와 기요
코(小花和喜代子)는 "스커트의 길이 등은 다른 사람에게
배워서 정할 것이 아니라 자신의 다리 굵기에 따라,
자신의 다리에 맞춰서 정해야할 것입니다. 그러므로

[그림 3]
『여성만주』 제2권
제1호, 1943, p.81.

만약 바닥에서 스커트까지가 긴, 즉 스커트 길이가 짧은 것이 유행했
지만, 다리가 두꺼운 분, 또는 다리 모양이 나쁘신 분 등은 결코 스커
트 길이를 짧게 해서는 안 됩니다"라고 친절하게 충고하고 있다.*26
복장의 아름다움과 추함은 입는 목적의 적합성이나 주변 환경 등
과도 크게 관련 있다. 예를 들어 실크 스커트는 물론 고급스럽지만,
하이킹 할 때 "팔랑거리는 실크 스커트와 블라우스에, 그 외출복이라
고 생각하는 옷을 입고 등에 무거운 백팩을 짊어진 모습은 너무나도
비상식적으로, 보는 사람에게 불쾌한 느낌을"*27 주기 때문에 피하는
것이 좋다는 조언도 있다.

패션의 지역화
이처럼 '양재 강좌'의 내용은 모두 옷에 관한 세세한 코멘트이며,

게다가 비슷한 내용도 많다. 그러나 이러한 내용 반복을 통해 품위 있는 복장 훈련이 쌓여갔다고 할 수 있다. 나카야마 유리코는 「만주의 양장은 어디로 가는가─양장 시평」에서 1940년대 '만주'의 여성 양장에 대해 "개인의 취향을 드러낸 복장이 눈에 띄고 많아졌다고 생각합니다"라고 평하고 있다.[28] 이 관찰은 다음 좌담회의 발언에서도 뒷받침된다. 「남성이 본 만주 여성관─만주의 여성을 말한다」에서 어느 게스트가 "다롄, 신징, 하얼빈 주변에서 서양옷 입은 사람을 보면 매우 세련되었고, 자신의 몸에 잘 맞고 또 개성에 맞는 색깔과 모양을 분별해서 각자 특징에 어울리는 옷을 입은 사람을 많이 본다고 합니다. 양장의 단정한 점에 있어서는 내지의 도시인 정도라 해도 손색없어 보입니다"라고 말하고 있다.[29]

말하는 김에 보충하지만 「만주의 양장은 어디로 가는가」의 필자인 나카야마 유리코는 나카야마 마리의 딸이며, 엄마 딸 둘이서 자주 '양재 강좌' 집필을 담당하고 있었다. 어머니 나카야마 마리는 다롄의 연쇄가(連鎖街)[9] 나카야마 부인복 가게의 주인이었다. 부인복 가게를 경영하고 있었기 때문에 극단적인 논의로 세상을 놀라게 하기보다 옷의 지역화를 도모하고 팔리게 하는 것이 본업이었다. 따라서 서양옷과 일본옷의 관계에 대해 보다 유연하게 파악하고 있었다.

서양옷은 경제성과 기능성이 있음에도 불구하고, 왜 툭하면 비판받는 처지가 된 것일까. 나카야마 마리는 그 원인을 "미국의 복장을 똑같이 그대로 모방했다"는 부분에서 찾으면서 일본인의 몸에 잘 어울리는 세련된 서양옷의 재봉이 중요하다고 주장했다. 그 경우 "우리나라(일본)도 옛날부터 일하는 사람의 복장을 보면 농부, 직장인 등

---

9) 다롄의 상점가.

모두 가장 서양옷에 가까운 형태를 도입하고 있다"는 것도 유의해서 일본옷의 요소를 도입해야 한다고 말한다.[30] 서양옷을 긍정하면서도 일본옷을 완전히 부정하는 것은 아닌, 양자의 융합을 모색해 일본적인 스타일을 확립해야 한다는 주장을 전개했다. 이 잡지에 게재된 대련 연쇄가 나카야마 부인복 가게의 광고에는 "만주 스타일을 낳는 가게라고 호평 받고 있습니다 나카야마를 꼭 이용해 주세요"(제1권 제2호)라는 문구가 있다. 이렇듯 나카야마 모녀는 이 잡지의 패션을 지도할 뿐만 아니라, 이러한 옷을 제공하는 것에도 노력하고 있었던 것이다.

4. '만주 아가씨(滿州娘)'라는 문제

'야마토 나데시코(大和撫子)'[10]에 대한 희구

전쟁 말기가 되자 『여성 만주』에서 일본옷의 전통성, 그러니까 정신이 강조되는 논조가 다시 높아졌다.

호시 나오토시(星直利)는 이 초비상시, 전시 체제하의 일억총진군 때에는 "그 방향을 고려해 장래를 위해 옛날로 돌아가야 한다"고 주장하고 있다. 서양옷의 유행은 극단적인 아메리카리즘의 영향이며, "남장 미인이 요새처럼 많이 나오는 것을 여성 본래의 아름다움 측면에서 봤을 때 과연 어떤가 라고 생각합니다"[31] "아무것도 서양식을 흉내낼 필요가 없기 때문에 일본의 기모노의 비상시적인 부분을 개량하면

---

10) 현모양처와 같은 전통적으로 이상적인 일본의 여성상.

된다"며 "좌식으로 돌아가자"고 호소하고 있다.[32] "원래 여성이 앉는다
는 것은 예로부터 일본의 축복해야 할 미풍으로 일본인에게 필요한
습관이라고 생각합니다. 일본인, 특히 일본 여성은 하루에 몇 번이고
앉고, 일어나고 앉고 일어나는, 다리 관절의 굴신운동을 합니다. 이것
이 가장 필요하고 광휘 있는 운동이라고 생각합니다"[33] 라는 식으로
상식을 무시하면서까지 이른바 일본 '좌식'의 전통적인 광휘를 만들어
내려고 했다. 본디 서양옷 제창과 보급의 주요한 원인 중 하나는 많은
여성의 사회 진출에 있다고 여겨진다. 따라서 '좌식으로 돌아가라'는
것은 즉 '가정으로 돌아가라'는 것이다. 확실히 여성의 활동이 가정
내로 한정되어 있는 한 '아무것도 서양식을 따라할 필요가 없'다.

　이런 상식을 벗어난 논조가 나온 배후에는 여성에게 '일하는 여성'
과 '가정부인'을 동시에 요구하고자 한 남성 측의 모순된 초조감이
있었다. 이상적인 여성상으로 양쪽을 겸비하는 '야마토 나데시코'를
원했을 것이다. 다케다 노부코(竹田伸子)는 상기한 「강하게 바르게 밝
게 살다」라는 글에서 여성의 사회 진출을 권하는 한편, "직장 일 틈틈
이 재봉, 요리, 육아 등 가정생활을 위한 준비를 끼워 넣는다. 근무를
마친 뒤 바로 가정의 사람이 될 수 있도록 사설이나 시설의 모든 설비
를 이용하자"고 말한다. 또 "우리는 언제나 가정인의 입장에 있다.
전통을 자랑하는 우리나라(일본)의 가족주의 생활 중에는 부모 형제
에 대한 예의를 통해, 그 안에 인간 완성의 길이 갖추어져있다"고 설
득하고 있다.[34] 이런 이상적인 여성상은 이 잡지의 만화로, 직장에서
는 남자와 어깨를 나란히 하며 척척 일하는 서양옷 차림이지만 집에
돌아가면 부드러운 일본 옷차림이 된다는 듯이 구상적으로 표현되어
있다.[35] [그림 4].

[그림 4] 『여성만주』제1권 제3호, 1942, p.39.

'만주 아가씨'

하지만 현실에서 일하는 여성과 가정부인의 역할을 양립하는 것은 상당히 어렵다. 이를 현상화한 것이 '만주 아가씨' 문제였다. 이 말은 "원래부터 살고 있는 만주국 여성이 아니라, 결혼 적령기에 있는 내지인 여성이라는 뜻이다. 그리고 이 만주 아가씨는 내지 여성과는 달리 결혼에 적합하지 않다." 어디가 적합하지 않냐하면 "멋지고, 보기 좋고, 낭비벽이 있고, 향락적이고, 야무지지 못하고, 게다가 부모나 윗사람의 말을 듣지 않는다"고 한다.[36] 가나사키 겐(金崎賢)은 이 현상 뒤에 개인주의와 자유주의의 범람이 있다면서 '만주 아가씨'의 개인주의와 자유주의는 "실은 그렇게 깊은 이론적인 사상을 많은 사람들이 갖고 있는 것이 아니라, 말하자면 제멋대로인 생활을 바라는 것에

불과하다"고 엄격히 규탄하고 있다.[*37]

물론 '만주 아가씨'를 옹호하는 사람도 있었다. 나카미조 신이치(中溝新一)는 「만주 아가씨의 결혼 문제(滿洲娘の結婚問題)」에서 여성교육가 이마니시 쓰네노(今西ツ子ノ) 이야기를 소개하면서 다음과 같이 말하고 있다. 이마니시 쓰네노는 현지에서 교사로 일하면서 '사치스럽다'라는 악평에 대해 "가끔 학생들의 용돈을 조사해 보면 낭비는커녕 감탄할 정도로 절약가다"라는 사실을 발견했다. 이 이야기를 근거로 '만주 아가씨'는 "겸양의 미덕과 같은 것이 전혀 없고 감사를 모르고, 일반적으로 대범하며, 정서적으로 제로에 가까운 사람도 드물게 있다"고 부정적으로 말하면서도 전체적으로 보면 역시 "진취적이고 결단력 있는 점은 간과할 수 없으며, 무엇보다도 건강하고 힘이 넘치며 외적으론 화려한 복장이라고도 생각되지만, 내적으로는 꽤나 소박하다"고 긍정하고 있다. 그러나 이렇게 이해하는 사람도 비상시국이라는 것을 생각해 앞치마 차림의 결혼 등을 제언하고 "그것이 비상시 아래 국민이 해야 할 봉공의 단면이기도 하다"고 설교하고 있다.[*38]

그렇다면 결혼이나 결혼 의상에 대해 당시의 젊은 재만 일본인 여성들은 어떻게 생각하고 있었을까. 「온다 에이 여사를 둘러싼 좌담회 아가씨의 마음을 말하다(恩田ゑい女史を囲む座談会　娘ごころを語る)」의 토론에서 그 단면을 엿볼 수 있다.

사회자: 그럼 결혼식 말인데요, 최근 매우 간단한 협화복(協和服)[11]에
　　앞치마 차림 등을 하던데 이걸 어떻게 생각하시나요.
구리키(栗木): 남성의 협화복은 그렇다 쳐도 앞치마 차림의 신부는 결

11) 만주국 남성들이 입던 국민제복.

코 반대예요. 새로운 인생 출발의 아름다운 순간에 앞치마에 몸뻬는 아무리 전시하라고는 해도, 너무 없는 느낌이 들어요. 저런 건 천박한 시국주의의 발로가 아닐까요….

마츠오(松尾), 아키카제(秋風), 시오(潮), 나가노(長野): 맞아요, 적어도 도메소데(留袖位)[12)로…. 앞치마 차림에는 반대입니다.(찬성하는 사람 없음)[*39]

이 좌담회의 중심인물 온다 에이 여사는 발행인 온다 아키라의 부인으로, 잡지 발행 후기 편집인이다. 좌담회의 본래 목적은 국책 협력을 위한 교육이었지만 참가자들은 일제히 앞치마 차림의 결혼 의상에 반대를 표명하는, 예상외의 전개가 일어났다. 거기서 온다 에이는 당황해 "신분, 경우에 맞게 대응하는 건 당연하겠지만, 소위 상위 계급 사람들부터 세상의 지도자격이 되어 시국에 맞게 절약하고, 큰 모범을 보여주셨으면 좋겠습니다. 앞치마 차림은 시대를 생각하지 않고 불필요하게 화려한 결혼 의상에 도전한 하나의 현상이라고도 생각되는데, 반드시 이게 아니더라도…"[*40]라고, 덧붙여 앞치마 추천을 견지하면서도, 많은 반대 앞에 말끝을 흐릴 수밖에 없었다.

문제는 앞치마 결혼의 당부에 있을 뿐만 아니라 결혼상대를 선택하는 기준, 거기에 포함된 인생태도에도 있었다. 전시 중 인구 증가 외에 부상병사의 결혼 문제도 국책의 중요한 과제 중 하나였다. 부상병사와의 결혼에 관한 사회자의 질문에 대해 "나라를 위한 훌륭한 봉공이라고 생각합니다"라고 대답한 사람도 있지만, "그러나 부상병사에게 시집을 간다는 건 쉽게 생각해서는 할 수 없어요"나 "일시적

---

12) 기모노의 한 종류.

인 감정이나 동정심으로 결혼하는 것이라면 끝까지 오래 지속되지 않을 것 같아요"[41] 등, 당혹해하던 사람이 많았다. 이런 대답에 대해서도 온다 에이는 역시 불만이었던 것 같다. 젊은 여성들이 당혹해하는 원인을 고려하지 않고, "많은 간호사 분이 나서서 그런 분들과 결혼하시는 사실을 생각해보면 뭔가 배울 점이 있습니다"면서 반강제로 국책을 유도하려 했다.[42]

직장 체험

이런 것도 국책이나 사회여론, 전통적 인습보다 개인의 행복을 중시하는 재만의 젊은 여성이 '만주 아가씨'라고 불리게 된 한 원인일 것이다. 다만 이러한 개인주의의 획득은 추상적인 사상의 영향이라기보다 국책 선동에 의해 사회로 진출한 여성들이 직장에서 체험한 복잡한 인간관계와 크게 관련되어 있음을 놓칠 수 없다. 사회자가 직장에서의 경험을 물어보자 대답은 다음과 같다.

> 아오카와(碧川) : 친절한 듯 다들 의외로 이기적이라 놀랐어요.
> 요시다(吉田): 저도…. 즐겁고 달콤한 꿈을 안고 있던 학창시절의 기분과는 상당히 달라요. 근데 이걸로 괜찮아요. 우리 직업부인의 모든 생활 자체가 수양하는 경험이 되니까요….
> 마쓰노(松野): 저도 회사에 들어가서 사람과 사람 사이의 대립 감정 문제 같은 걸 보고 있자니 어쩐지 한심하고 씁쓸한 마음이 들었어요.
> 야마다(山田): 학창시절에는 회사의 중역 등이 학교의 선생님처럼 절대적인 것이라고 믿었는데, 그렇게 다르지 않다는 걸 깨달았어요. 또 꿈같이 생각했던 회사에서 우리 여자들도, 여기에 오면 역시 하나의 여성으로 취급되어 소문나거나 하기 때문에 방심할 수 없고 수양하

지 않으면 안 된다고 생각해요.*43

　직장에서 "하나의 여성으로 취급"되는 것은 여성성의 역할이 요구
되므로 언제나 '소문'이 나는 입장에 서 버리는 것을 의미한다. "친절
한 듯 다들 의외로 이기적이라", "방심할 수 없고 수양하지 않으면"
안 된다. 이런 의미에서 젊은 여성들의 이른바 '개인주의'는 혹독한
직장에서 부득이한 자기방어라고 해도 좋다. 이러한 현상은 사실 '만
주'에만 국한된 것이 아니라 '내지'의 도시에 사는 아가씨도 똑같아
서, 시대의 흐름으로 파악한 견해도 있다.*44

나가며

　태평양 전쟁에 들어서며 일본에서는 일상과 전생의 구별이 없는,
이른바 총력전 체제하의 신생활에 맞는 여성 국민복이 제창되어, 그
제정이 모색되었다.*45 '만주'에서 식민지 지배 이데올로기의 긴급 과
제로 "대동아 지도자 자격에 어울리는 면목을 갖출"*46 것이 기대되었
던 것이다. 여기에는 일본 여성의 복장을 정점으로 한 패션의 식민지
주의적 계층화가 보인다.

　그런데 국민복 제정이 좀처럼 진행되지 않은 것이 실상이었다. 그
큰 원인 중 하나는 화복(和服)13)론과 양복론의 대립에 있었다고 할 수
있다. 단순하게는 절약성이나 활동성, 또 '만주'의 풍토를 생각하면

---

13) 일본옷.

서양옷 스타일을 채용해야 한다. 위에서 언급했듯이 옷의 보급은 여성의 사회 진출과 크게 관련되어 있다. '양재 강좌'에서 목적이나 계절, 연령, 신체 등에 맞는 옷의 선택과 착장에 대한 세세한 조언이 있었지만 지도의 근본적인 이념은 각자의 육체미를 드러내고, 개성을 중시하는 것이다. 그러나 이렇게 개성을 중시하는 착장과 그 배경에 있는 여성의 자기주장은 '만주 아가씨'로 문제화됐다. 가정생활에 알맞지 않다고 선언된 '만주 아가씨'는 남성의 '자기(自己)'를 위협하는 존재로 파악되었던 것이다. 또 일본의 전통성을 주장하는 목소리도 계속 꿋꿋하게 계속되었다. 이러한 두 논조의 대립이 국민복 제정을 늦추었을 것이다. 국민복이 간신히 『여성만주』에 게재된 것은 1945년 5월이라[47] 패전 직전의 혼란으로 더 이상 실시될 형편이 아니었다.

원저자 주

*1 西原和海監修, 『復刻版『女性満洲』──「全満唯一の女性文化雑誌」』, 金沢文圃閣, 2018~2020.
*2 柳井義男, 「創刊祝辞」, 『女性満洲』 1-1, 1942, p.11.
*3 「西原和海「解題 大連で生まれた『女性満洲』の意義」, 『別冊 女性満洲』, 金沢文圃閣, 2020, pp.10-11.
*4 恩田明, 「大日本の女性に期待するもの」, 『女性満洲』 1-1, 1942, p.11.
*5 松平九州男, 「大東亜戦争と女性の覚悟」, 『女性満洲』 1-1, 1942, p.14.
*6 竹田伸子, 「強く正しく明るく生きむ」, 『女性満洲』 1-1, 1942, p.42.
*7 春山行夫, 「ハガキ回答」, 『女性満洲』 1-1, 1942, p.36.
*8 新居格, 「ハガキ回答」, 『女性満洲』 1-1, 1942, p.41.
*9 전게 주 3, p.13.
*10 전게 주 3, p.10.
*11 柳田エミ子, 「読者通信」, 『女性満洲』 1-3, 1942, p.77.
*12 一女性, 「読者通信」, 『女性満洲』 1-3, 1942, p.77.

*13 荻原井泉水, 「ハガキ回答」, 『女性満洲』 1-2, 1942, p.41.

*14 昭和女子大学被服学研究室 編, 『近代日本服装史』, 近代文化研究所, 1971, pp.439-440.

*15 中山百合子, 「満洲の洋装は何処へ行く——洋装時評」, 『女性満洲』 1-1, 1942, p.61.

*16 전게 주 15, p.61.

*17 二瓶未紗子, 「戦時下の服装美」, 『女性満洲』 1-2, 1942, p.45.

*18 長谷川巳之吉, 「ハガキ回答」, 『女性満洲』 1-1, 1942, p.59.

*19 阿部静枝, 「ハガキ回答」, 『女性満洲』 1-1, 1942, p.36.

*20 전게 주 18, p.59.

*21 会田美恵子, 「「美」と言ふことと贅沢と言ふこと」, 『女性満洲』 2-12, 1943, p.66.

*22 中山マリ, 「洋裁講座」, 『女性満洲』 1-3, 1942, p.66.

*23 전게 주 22, p.62.

*24 전게 주 22, p.63.

*25 二瓶美紗子, 「洋裁 簡単に誰にでも出来る更生服」, 『女性満洲』 2-1, 1943, p.81.

*26 小花和喜代子, 「洋裁 初夏の洋装」, 『女性満洲』 2-6, 1943, p.66.

*27 전게 주 26, p.66.

*28 전게 주 15, p.61.

*29 「男性から見た満洲女性観——満洲の女性を語る[満鉄旅客専務座談会]」, 『女性満洲』 1-4, 1942, p.60.

*30 中山マリ, 「洋裁 緑陰の洋装」, 『女性満洲』 2-7, 1943, p.70.

*31 星直利, 「眼を将来に注ぎ思いを昔に帰せ」, 『女性満洲』 1-3, 1942, p.29.

*32 전게 주 31, pp.28-29.

*33 전게 주 31, p.29.

*34 전게 주 6, p.42.

*35 杉田八太郎, 「漫弾」, 『女性満洲』 1-3, 1942, p.39.

*36 中溝新一, 「満洲娘の結婚問題——戦時下女性の解剖」, 『女性満洲』 1-1, 1942, p.16.

*37 金崎賢, 「在満女性の結婚問題」, 『女性満洲』 2-9, 1943, p.18.

*38 전게 주 36, pp.16-17.

*39 「恩田ゑい女史を囲む座談会 娘ごころを語る」, 『女性満洲』 2-1, 1943, p.53.

*40 전게 주 39, p.53.

*41 전게 주 39, p.54.

*42 전게 주 39, p.54.

*43 전게 주 39, pp.48-49.

*44 가나사키 스구루는 전게 주 37, p.18에 "일본에서 일본적 전통에 자란 아가씨라 봤자 내지에도 요즘에는 그런 아가씨는 많지 않다. 만주 아가씨와 대동소이한 것이다. 특히 도시에 살고 있는 사람은 만주에 사는 아가씨보다도 더 일본적 전통을 잃어버린 것은 아닌가"라고 지적하고 있다.

*45 호시 나오토시는 전게 주 31, p.29에서 이미 "최근 여성 국민복이 각지에서 고찰중
     이라고 들었습니다"고 말하고 있다.
*46 沼田剛, 「東亜を導く人の服装──科学的に経済的により美しく」, 『女性満洲』 38,
     1945, p.44.
*47 전게 주 46, pp.44-45.

식민지 대중문화 연구란 무엇인가

- 영화 「상하이의 달」과 미디어믹스 -

오쓰카 에이지(大塚英志)

들어가며

다가와 스이호의 『노라쿠로』 시리즈의 전시하 최종권 『노라쿠로 탐험대』(1939)에는 '금강 군(金剛君)'이라는 캐릭터가 등장한다. 주인공 '노라쿠로'와 마찬가지로 개 캐릭터다. 또 "만주, 지나, 몽고 등에서 난 군(蘭君), 포 군(包君), 땀 씨(汗さん)"가 합류해 탐험대가 결성된다. 난 군은 양, 포 군은 돼지, 땀 씨는 염소의 모습으로 그려진다. 동물로 가정한 명백하게 '오족협화'를 구성하는 캐릭터다. 이 작품에는 만주 이민 정책에 다가와 스이호가 관여했음이 배경에 있는 한편, 일본군 출신 라쿠로와 조선 출신의 금강군이 같은 '개'인 것은 조선총독부가 '본적지를 조선에 둔 일본신민'으로 추진하는 '창씨개명'을 근거로 하고 있다. 자세한 것은 본서 제5장을 참조하길 바라며, 『노라쿠로 탐험대』는 시리즈 중에서 유일하게 노골적인 '문화공작'의 측면을 강하게 지닌다.

이 점에서 흥미로운 것은 포군의 특기는 '선전', 즉 문화공작이나 프로파간다라고 하는 설정으로, 이것이 다가와의 자조나 장난인지는 알 수 없다. 다만 전시하의 '선전'(프로파간다)이나 '문화공작'은 일상에 가깝기 때문에 지금 느끼는 위엄과는 뉘앙스가 다름에 주의가 필요하다.

만주에 한해서도 만화 표현은 식민지 통치에 관련된 '선전'으로 그려진 것이 적지 않다. 또 다가와 스이호가 세 번 만주로 건너가고, 사카모토 가조가 전시하를 의용군의 만화 창작 교육을 위해 만주에서 지낸 것처럼, 만화가의 활동도 '내지'에 그치지 않는다. 시찰이나 단기적 부임이 아니라 가족을 데리고 상하이로 건너간 가토 미노스케(可東みの助)처럼 '외지' 거주자가 된 만화가도 많다. 사카모토가 키운 의용군 중에는 전시하에 만화가로 활동한 사람도 있다. 그리고 당연하지만 '외지' 출신 만화가도 있다. 예를 들어 조선이라면 조선인 만화가뿐만 아니라 조선에 거주한 일본인 2세 만화가도 있었다. 창씨개명으로 일본인 이름을 걸고, '내지'에서 집필 활동을 한 사람도 있다. 그리고 각각 만화 작품이 있다. '대동아공영권'이라고 독선적으로 부른 지역이 '일본' 통치하에 있던 이상, 거기에는 '일본만화'가 있었던 것을 하나의 책임으로서 '일본만화' 연구, 혹은 그것을 포섭하는 '일본대중문화' 연구는 우선 인정해야 한다. 구태여 '일본'이라는 이름으로 묶인 유일한 의미는 거기에 있다고 해도 과언이 아니다.

이때 중요한 것은 '대동아공영권'의 소멸로 인해 국가와 국가 사이에서 어디에도 속하지 않게 된 작가나 작품, 문화활동이 역사에서 소외된 것이다. 그리고 그 대부분은 '문화공작'에 관여하고 있다. 즉 '일본'과 '식민지'와 '지배지', '내지'와 '외지', '외지'와 '외지'를 '대동아공영권'으로 매개하려는 '문화공작'과 '문화공작자'가 어느 쪽에서도 혹 역사로서 망각된 것이다. 오해가 없게 미리 말해두지만 나는 그 작가나 작품을 무비판적으로 평가하라는 것이 아니다. 다만 그들을 빼놓은 '역사'는 있을 수 없다고 말하는 것이다.

한편 아카데믹 연구자 중 일부는 애니메이션이나 만화의 국제적 전달력에 편승해, 자신들의 연구가 해외에 전해지지 않을까 하는 무임승차적인 기대가 있다. 이 대중문화연구프로젝트의 의의를 거기서 발견하는 사람도 있다. 하지만 도대체 문화가 국경을 넘어 '전해진다'는 것은 무엇인가. 대중문화라고 해서 쉽게 이국에 '전해지는' 것인가. 거기에는 당연하지만 '넘고' '잇는' 방법이나 거기에 살던 사람이 있다. 무임승차를 기대하기 전에 그것을 연구하는 영역이 필요하지 않은가?

그걸 나는 일단 '식민지 대중문화연구'라고 구태여 정치적인 이름으로 부르고 싶다. 여기서는 상세하게 다루지 않지만 '대중문화'는 실은 전시하 용어로 선전된 역사가 있다. 그것은 선무공작을 포함한 '문화공작'의 도구로서 기대가 있었기 때문이다. 즉 '식민지 대중문화연구'와 '문화공작연구'는 인접한 영역에 있다고 할 수 있다.

이른바 포스트콜로니얼 연구는 종주국과 식민지의 담론 사이에 지배·피지배의 흔적을 읽는 것인데, '대동아공영권'에 이르는 '일본'의 비대와 축소 속에서 각각의 나라·지역의 '사이'로 들어가서, 역사로 귀속이 모호해진 '대중문화'의 작가나 작품이 구체적으로 있음을 파고드는 것부터 '식민지 대중문화연구'는 시작해야 한다. 최근 '트랜스내셔널'적 연구도 선전되지만 국가와 국가의 '월경(越境)'에서 앞서 언급한 사람들, 혹은 그들의 작품이 전후, 국가와 국가 '사이'에 방치되었다는 것은 그 역할이 전시하에 '내지' '외지'의 각 지역을 '공영권'으로 '잇는' 역할을 맡았기 때문이다. 그것은 '팔굉일우(八紘一宇)'[1]나 '오족협화'라는 슬로건을 싣고 발신하는 어마어마한 '선전'과는 양상이 약간 다르다.

말 그대로 '사이'를 '잇는' 것이다.

이 장에서는 그 '잇는' 구체적 양상을 '사람'과 '방법'을 통해 개관한다. 즉, '잇는' 존재로서의 '문화공작자', '잇는' 방법으로서의 '문화공작'을 최초의 문제계로 하지 않는 한 '식민지 대중문화연구'는 성립할수 없다. 그리고 '잇는다'는 것은 당연히 미디어의 역할이기도 하다. 따라서 '식민지 대중문화연구'에는 전시하의 미디어론이 당연히 관련된다.

그 일례로 영화 「상하이의 달」을 둘러싼 미디어믹스를 추적해 문제계의 소재를 밝히고 싶다.

1. 도호(東宝)와 중국 영화

암살된 '문화공작'자

본서에서 상해에서의 도호의 위장 중국 영화 제작에 대해 친 강이 상세하게 보고했다.[*1] 일본군의 상하이 통치에 즈음해, 중국 측의 자본·작품을 치장해 군과 함께 도호 프로듀서 마쓰자키 게이지가 실시한 말 그대로 '문화공작'이었다. 목적은 상해의 영화인들을 회유하기 위함이었으며 동시에 선무공작용 영화 제작의 의미도 있었다. 이 위장 중국 영화에 대해서는 가와키타 나가마사의 중화영화회사에 당시 재적했던 일본 영화인의 대부분은 말을 흐리며, 마쓰자키의 독단처

---

1) 일본 제국이 태평양 전쟁 당시 제국주의 침략 전쟁을 합리화하기 위해 내세운 구호로 '전세계가 하나의 집'이라는 뜻을 담고 있다.

럼 여겨져 왔다. 그러나 그것이 군의 원조를 받은, 도호의 상해에서의 영화 이익 확보·담보하려 했던 '공무'였던 것은 「이치카와 문서」로부터 상세하게 확인할 수 있다.[*2] '공무'는 문화공작과 비즈니스 양면에서, 위장 영화 제작을 통해 일본과 통치하의 상해를 '잇는' 것이었다. 그래서 영화 그 자체는 제작 경위가 누출되어 중국에게 비난·규탄 받았지만, 그 내용은 만듦새는 제쳐두고 어쨌든 '항일'적이지도 않지만 선전적이지도 않았다. 그 첫 번째 영화인 「동백의 여인」은 알렉상드르 뒤마 피스의 『춘희』의 번안이라기보다 조지 큐커[2] 감독 「춘희」(1937)를 방불케 하고 상당히 사랑받은 소재였지만, 선무공작 영화라기엔 너무 미국적이라는 비판도 있었다.[*3] 이 영화의 시나리오는 현존하기 때문에 검증을 통해 보이는 것도 많이 있겠지만, 중요한 것은 이러한 위장 영화가 어떻게 중·일을 접속시키고자 했는지 그 '공작'의 구체적인 양상, 즉 '문화공작'에 있다.

「동백의 여인」이 간신히 영화사에 기억된 것은 그 내막이 중국에서 규탄 받고, 일본 내에서도 군의 관여가 공공연하게 말해졌기 때문만이 아니다.[*4] 영화 제작의 배경, 즉 '문화공작' 자체가 '미디어믹스'라고 밖에 할 수 없는 수법을 차용하고, 상해에서 일본으로 발신되어 그 당사자의 이름을 기억하려는 시도가 있었기 때문이다.

그 당사자의 이름은 류찬보[3]이다.

도호의 위장 중국 영화의 중심인물 마쓰자키 게이지는 문화공작으로서 네 편의 위장 영화(하나는 착수되지 않았다)에 관여한 후, 또 하나의 작품, 본인의 저서 『상하이인문기(上海人文記)』(1941)를 '원작'으로

---

2) 조지 큐커(George Dewey Cukor, 1930~1981). 미국의 영화 감독.

3) 류찬보(劉燦波, 필명 류납구[劉吶鷗], 1905~1940).

중화영화회사와 도호의 합작영화에 제공했다. 그것이 나루세 미키오 감독의 「상하이의 달」(1941)이다.

그리고 이 영화는 류찬보라는 중·일의 틈을 살았고, 암살된 '문화공작'자의 추모로서 육군 보도부도 휘말리는 '미디어믹스'가 준비된 것이다.

중·일합작으로 설립된 중화영화회사는 가와키타 나가마사의 판단에 따라 일본 측이 제작하는 영화는 '문화영화'로 한하고, 극영화는 중국 측 프로듀서 장선곤에게 맡겼다고 한다. 그러나 「상하이의 달」은 극영화이며, 도호와의 제휴작품이기는 하지만 일본 측은 중화영화의 스튜디오를 사용했다.

중화영화의 설립에 이전의 마쓰자키는 위장 중국 영화를 제작했고, 설립 후에는 '문화영화'의 담당이 되었다. '문화영화'는 '문화공작'용 계몽영화로, 시초를 말하자면 가와키타가 한때 독일의 우파 (UFA)사 교육 프로파간다 영화 「Kulturfilm(문화 영화)」에 있다. 즉 마쓰자키는 중화영화에서는 '문화공작' 담당이었다. 마쓰자키는, 가메이 후미오[4] 감독 「싸우는 군대(戦ふ兵隊)」(1939), 구로사와 아키라 감독 「스가타 산시로(姿三四郎)」(1943)의 기획·각본(각본은 아오키 요시히사 명의)을 비롯해, 전시하의 일본 영화사에 큰 이름을 남기지만, 동시에 '문화공작' 당사자임을 숨기지 않았다. 중화영화에 관여한 일본 측 영화인도 자신의 행동을 '문화공작'이라고 부르는 것이 적지 않았지만, 어디까지나 중국 측을 존중한 평화적인 것이라는 문맥에서 말해졌다.

그 중에서 마쓰자키가 「상하이의 달」의 '원작'이라고 칭한 『상

---

4) 가메이 후미오(亀井文夫, 1908~1987). 일본의 영화 감독.

하이인문기』는 상하이에서의 자신의 활동의 회고록인 동시에, 현지에서 '문화공작'에 관련된 사람들을 그리는 군상극이다. 과연 위장 중국 영화를 제작한 상세한 내용까지는 언급하지 않았지만, 상하이에서의 영화 제작에 관련된 본인의 제언(아마도 「지나 영화계의 어제, 오늘(支那ノ映画界ノ昨日、今日)」이라는 보고서)을 증명하기 위해서 '두세 편의 영화를 만들 것'을 명령받았다고 암시했다.

그리고 『상하이인문기』의 중심적 인물 중 한 명이 타이완 출신의 영화이론가이자 신감각파 작가 류찬보인 것이다. 당시 그는 중국어 소설을 몇 편 간행했다. 군인 가네코 슌지(金子俊治) 소령의 소개로 마쓰자키를 위해 현지에서의 생활을 정돈했다. 류는 리샹란의 연인으로 전후 세간을 떠들썩하게 했지만[*5] 1940년 9월 3일에 마쓰자키 등의 눈앞에서 암살된다. 범인은 불명이며 매국노로 지목 당했기 때문이라는 등 동기도 여러 설이 있다.

「상하이의 달」이라는 '문화공작'을 이해할 때 중요한 것은 그것이 다층적인 '이야기'로 이루어져 있다는 것이다. 거기에는 영화나 원작도 당연히 포함되지만, 그것이 이야기되는 가운데 가상화된 '장'이나 언어 공간 나름의 노골적인 소재에 주의가 필요하다.

아름다운 여자 첩보원

마쓰자키의 『상하이인문기』는 자신이 '문화공작'에 관여했음을 암시할 뿐만 아니라, 앞의 류 이외에도 중·일 틈새에 서서 간첩의 역할을 맡은 여성들이 등장한다. 예를 들면 대지화(戴志華)라는 스파이가 그렇다. 그녀는 고노에 후미마로[5)]의 아들 후미타카(文隆)와의 로맨스 설도 있고, 잡지의 표지를 장식했을 정도의 미녀였던 정평여[6)]가 모델이라 생각된다. 확실히 리샹란이나 가와시마 요시코[7)] 등 전시하 '외

지'의 아이콘을 떠올렸을 때 『상하이인문기』에 등장하는 여성들이
반은 허구화되었음을 이해할 수 있다. 우선 그러한 언어 공간이 상하
이의 영화 잡지나 가십 잡지 안의 세상 물정과 함께 성립되어 있어,
마쓰자키는 그 스테레오 타입의 '세상 물정'을 이용하려고 했다. 마쓰
자키가 중화영화에서 제작에 참여한 '문화영화'는 오히려 이런 스테
레오 타입의 중국상(像)이 대중공작의 방해가 되기 때문에 이를 수정
하는 것이 목적이었다. 그래서 본장에서는 파고들지 않겠지만 왜 마
쓰자키가 『상하이인문기』에서 철저히 반문화영화적인 수법으로 류
의 죽음을 그리려고 했는지는 흥미로운 문제다.

이런 중·일 사이에 서있는 '아름다운 여자 첩보원'이라는 이미지가
『상하이인문기』에는 활발하게 아로새겨져있다. 이때 주의해야 하는
것은 그녀들도 류도 중·일을 '잇는' 아이콘으로 그려져 있는 점이다.

'아름다운 여자 첩보원'은 스테레오 타입화된 이미지이자 '외지'의
현실이었다. 「동백의 여인」에 출연한 후, 스스로도 스파이로 활동했
고 같은 스파이였던 연인·평조인(平祖仁)이 처형되자 자살한 영인[8],
마찬가지로 영화배우였던 이려[9] 등, 이 시기의 중국 영화사에 등장하
는 여배우들은 비슷한 운명을 살았다. 한편, 그녀들은 영화 잡지의
가십 재료가 되고 심지어 만화의 소재가 되기도 했다. 『만주영화(滿洲

---

5) 고노에 후미마로(近衛文麿, 1891~1945). 일본의 정치가. 제34·38·39대 일본 내각총
   리대신을 지냈다.
6) 정평여(鄭蘋如, 1918~1940). 중화민국 대륙 시기의 간첩. 장애령(張愛玲)의 소설 『색,
   계』와 그것을 원작으로 한 영화의 모티브가 되었다.
7) 가와시마 요시코(川島芳子, 1906~1948). 청나라 황족으로 청조부흥을 위해 일본에게
   협력하다 제2차세계대전 이후 스파이 혐의로 처형되었다.
8) 영인(英茵, 1916~1942). 중화민국 대륙 시기의 영화배우.
9) 이려(李麗, 1910~2002). 중화민국 대륙 시기 항일 스파이로 활동한 영화배우.

映画)』에 게재된 후지이 즈무(藤井図夢) 「촬영소 대박(撮影所大当)」은 납치된 여배우를 영화 스탭이 찾으러 간다는 이야기인데, 그 이름이 리샹란을 생각나게 한다. 작자는 만주에 거주하는 만화가로 '버마 전선에서 종군중 폭사'했다고 한다.[*6] 역시 '틈새'에 서서 망각된 만화가이다.

2. 전시하의 문화공작

'문화 전사'를 애도하다

하지만 「상하이의 달」의 프로듀서 다키무라 가즈오는 제작 의도에 대해 마쓰자키의 원작을 "죽은 친구 류찬보 씨와 신동아 건설의 길 위에 쓰러진 문화전의 희생양을 위해 심혈을 기울여 집필한 한 편"이라고 평가했다.[*7]

후술하는 바와 같이 영화 「상하이의 달」은 류 일행의 위장 영화 공작을 직접적으로 소재로 하지는 않는다. 류를 모델로 하는 캐릭터도 등장하지 않는다. 그럼에도 불구하고 제작 측은 잡지나 신문기사, 광고 등 모든 발신 기회를 활용해 영화가 류를 위한 추도임을 철저히 강조한다.

같은 기사에서 다키무라는 류의 경력을 구체적으로 이 정도로 상세하게 소개한다.

> 그가 「현대영화」에 쓴 「영화 템포론(映画テムポ論)」 「영화 작가의 태도에 대해(映画作家の態度に就いて)」 「카메라 각도 연구(カメラの角度研究)」 등의 논문은 그의 영화에 대한 깊은 조예를 이야기해준다. 그가 관여한 영화는, 연출한 작품으로 난징중영화촬영장(南京中電影

撮影場)의 극영화 「전신암호서(密電碼)」, 이화영화사의 「첫사랑(初恋)」 등 여러 종류의 기록영화와 시나리오를 쓴 명성영화사(明星公司)의 「영원한 미소」(호접[10] 주연), 펄 벅의 「어머니」를 개편한 광밍영화사의 「대지의 여자」 등이 있다. [8]

이 시점에 류는 몇 편의 소설도 썼지만 영화인으로서의 평가는 없었다. 그러니까 이 한 문단에서 일본의 영화인은 류찬보라는 존재를 아마 처음 알았을 것이다. 류는 위장 중국 영화 네 편을 '감제(監製)' 즉 프로듀스할 예정이었지만, 그 이름이 공개적으로 나오지는 않았다. 그러나 다키무라는 그가 단순한 '문화공작'의 뒷면이 아니라 뛰어난 이론가이자 영상작가임을 『기네마 순보』 잡지에서 다시 말한다. 마치 '일본' 영화사에 이름을 기억시키려는 듯이.

게다가 류가 위장 중국 영화를 위해 설립한 광명공사에서 제작된 위장 중국 영화 중 한 편인 「어머니」와의 관계를 공언했다(마쓰자키는 류의 암살 후, 이 작품을 류의 작품으로 공표하려 하고 있다).

중국어 신문에서도 마쓰자키 게이지가 "죽은 문화전사 류찬보 전 제작부국장을 추모하기 위한 목적이다"라고 명백하게 말하고 있다. [9] 히로인 역 중 한 사람, 왕양(汪洋)도 류의 유지(遺志)를 잇는 취지의 발언을 한다.

「상하이의 달」은 류찬보의 추모 영화다, 라는 것을 이렇게 제작 측에서는 일관했다. 다만 제휴한 중화영화는 반드시 '제작 측'에 포함된 것은 아니고, 어느 정도 거리를 두고 있던 인상이 있다. 이번에 이에 대해 파고들 여유는 없다.

---

10) 호접(胡蝶, 1907~1989). 중화민국 대륙 시기의 영화배우.

영화의 선전으로 일본에서는 1941년 7월 공개에 앞서, 6월 중순부터 신문광고가 실렸는데 첫 광고에도 '제작 의도'가 이렇게 기록되어 있다.

> 총력전에서의 문화전—특히 중요한 일익을 담당하는 라디오 방송에 의한 선전 계몽전의 의의와 중요성을 널리 세상에 소개하고자 한 것으로 사변 직후 상하이를 무대로 항일 가짜 방송을 분쇄하려고 항일 테러의 마수와 맞서 싸우면서 새로운 동아시아의 일화(日華) 양민족의 공존과 공영을 목표로 방송국 건설의 고투를 이어간 문화 전사들의 활약을 주제로 일본인, 새로운 중화인의 협력과 우정의 모습, 난징 함락 전후 상하이에서의 항일운동 패배, 외국 조계지 내의 적대감 등을 묘사합니다.[*10]

이어지는 6월 26일의 광고에는 "이 한 편을 건설의 희생양에게 바친다!!"라고 써있다.

류찬보의 이름은 없고 '선전계몽전'에 희생된 '문화 전사'라는 틀을 제시함으로써 반대로 류의 죽음이 공공화된다. 공개가 가까운 시기에 간행된 『영화순보』 1941년 여름 특별호에는 그래프 몽타주풍의 광고도 기사와 함께 좌우 양 페이지에 게재되는데, "이 영화를 장개석 정권의 마수에 쓰러진 동아민족의 귀한 희생양에게 바친다!!"라고 큰 글씨로 선전 카피가 내걸려 있다.

이렇게 문화공작의 '희생양'에게 바쳐진 영화라는 공공의 이미지가 만들어지고 거기에 류의 이름이 겹쳐 갔다. 즉, 이 영화 자체가 '선전전'이라는 문화공작을 소재로 하는 일종의 메타적인 문화공작의 양상을 띠는 것이다.

이때 문화공작을 위해 구체적인 미디어 기술로 이용되는 것이 '미디어믹스'이다. 말할 필요도 없이 『상하이인문기』와 「상하이의 달」은 원작과 영화라는 미디어믹스의 관계에 있다. 다만 『상하이인문기』의 간행은 영화 공개 종료 이후이다.

미디어믹스라는 말은 이 시점은 아니지만, 서적·영화·음악의 연동이 기쿠치 간의 원작 작품에서는 전쟁 이전부터 이미 루틴이 되어 있었다.[*11] 「상하이의 달」도 우선 주제가가 레코드화되었다. 중국어로 황량(黃良)이 가사를 붙이고, 이를 일본어로 번역, 사이조 야소[11])가 작사해 「모란의 곡(牡丹の曲)」이라고 타이틀을 붙여, 히로인 역 중 한 명인 야마다 이스즈의 노래로 콜롬비아레코드에서 영화 공개에 맞추어 릴리스 되었다. 여기까지라면 평소의 미디어믹스라고 할 수 있다.

상하이 방송국에서 캐스트진이 낭독하는 이 영화의 라디오 드라마, 가부키자(歌舞伎座)에서 '호화 어트랙션'의 실연 등, 상하이에서 사전에 캠페인도 화려하게 진행해진 것은 본서의 제4장에서 상세히 다루고 있다. 이 중 출연 배우들의 라디오 드라마는 상하이에서 제작되어 일본에 방송되었다. 『요미우리신문』 1941년 4월 18일자의 라디오 란에는 "라디오 드라마 상하이발 「상하이의 달」"이라고 나와 있고, 야마다 이스즈, 왕양 등의 영화 출연자에 더해 "【연출】나루세 미키오"라고 적힌다. 게다가 "영화 「상하이의 달」촬영을 위해 지나에 간 도호영화 일행이 드라마를 만들어 현지에서 선전방송을 한다"는 설명이 있다. 밤 7시 4분부터 8시까지의 20분 방송이었다.

사소한 사례이지만 중국어 가사의 선행 등을 포함해 「상하이의

---

11) 사이조 야소(西條八十, 1892~1970). 일본의 시인, 작사가.

달」에는 상하이와 '내지' 사이에서 양자를 연결하는 적극적인 미디어믹스가 계획됐음을 알 수 있다.

그렇다면 당초 리샹란의 출연이 보도된 것도 트랜스내셔널한, 혹은 '공영권'간의 미디어믹스의 의도가 있었기 때문이 아닐까 생각된다. 「상하이의 달」은 중화영화와 도호의 합작이자 『만주일일신문』의 보도에 따르면 만영(満映)[12]의 참가도 당초에 전해졌다. 만영의 간판 여배우 리샹란의 참가도 일본·지나·만주의 협동체제 강조라는 측면이 있었을지 모른다. 그 제작체제 자체가 '외지'와 '내지'를 매개하는 '문화공작'으로 설계되었을 가능성이 있다.

다다 유케이의 『장강 삼각주』

하지만 류찬보가 암살되는 발단이 된 '문화공작'에는 마쓰자키 등 제작 측의 원작인 『상하이인문기』 간행으로 수렴해 가는 흐름과는 의외로 다른 정치가 있었다고 생각된다. 즉, 상하이 영화 문화공작을 둘러싼 또 다른 미디어 발신이 동시 진행으로 이루어졌기 때문이다.

그것이 다다 유케이의 소설 『장강 삼각주』이다. 이 소설은 전시하의 아쿠타가와상 수상작이었기 때문에 겨우 그 이름을 문학사에 남겼지만, 문화공작자에 의해 문화공작의 일환으로서 문화공작적 사상으로 쓰인 소설이었다.

류가 암살된 직후, 이틀에 걸친 추도문을 『대륙신보』에 게재한 것은 류나 마쓰자키와 같이 중화영화에 소속된 다다 유케이였다.[*12] 다다는 암살 전, 류를 찾아온 청년에 류가 사원으로 소속됐음을 인정했

---

12) 만주영화협회(満州映画協会). 1937년 설립된 만주국의 국책영화회사.

다고 넌지시 말한다. 이틀에 걸친 추도문이면서 마쓰자키와 같은 북받치는 감정은 없다. 이 근처에 다다와 류라기 보다, 마쓰자키 등 중화영화 설립 이전부터의 문화공작자와 가와키타가 이끄는 '평화적' 문화공작을 표방하는 그룹의 사이에, 어떠한 괴리가 있었던 것을 알 수 있다.

다다 역시 중화영화의 문화공작 전문가였단 사실은 태평양 전쟁 개전 당일 이후, 군의 보도부 및 가와키타 나가마사 등이 숙련되게 '영화공작'을 실시하는 모습이 논문 「상해 조계 진주와 문화공작(上海租界進駐と文化工作)」에 보고된 것을 통해 알 수 있다. 다다 자신이 그 중심인물 중 하나로 일본 영사관의 소네(曾根) 영사에게 진언한 것이 자랑스럽게 기록되어 있다.[13]

다다는 사건 이듬해인 1941년 상해에서 간행되던 종합지 『대륙왕래(大陸往来)』에 소설 「장강 삼각주」를 발표한다. 다다는 요코미쓰 리이가 젊은 작가에게 하이쿠를 가르쳤을 때, 요코미쓰의 제자였기 때문에 상하이행을 요코미쓰에게 보고하는 정도의 관계에 있었지만, 영화인으로서의 길은 쇼치쿠주식회사, 도와상사와 걸어왔다.

소설 「장강 삼각주」는 상하이의 '대지(対支) 문화공작' 기관인 '중일문화회사(中日文化会社)'에 부임해 온 일본인 청년 '사부로(三郎)'의 관점에서 이야기가 진행된다. 성은 작중에 나오지 않는다. 그 청년과 함께 행동 하는 사람이 홍콩 출신 원천시(袁天始)이다. 원은 「상하이의 달」의 히로인 원로사(袁露糸)와 성이 같고, 천시라는 이름은 류와 함께 위장 영화공작에 관련된 황천시와 겹친다.

'중일문화회사'에 대한 묘사는 그 소재지 등이 중화영화의 세부사항과 일치한다는 지적도 있다. 그런 점에서 일종의 다큐멘터리가 아닌가 하는 해석도 있다.[14] 히로인 원의 언니는 망명 유대인 연인은 항일운동에 몸을 던지는데, 동생은 일본 측의 문화공작에 참여하는 것을 마음 아파하고 있다.

소설은 사부로와 원이 테러를 만나는 장면에서 시작된다.

> 권총을 들이대고 있는 푸른 지나복(支那服)의 청년이 두 사람—총알은 금속의 차체에 튀어 올랐다. 총성에 거리의 사람들은 돼지처럼 도망치기 시작했다. 자동차는 비명을 지르며 급커브했고, 직각에 있는 한 대의 인력거를 치고 멈췄다. 원이 문을 밀어젖히고 사부로도 이어서 길거리로 굴러갔다. 두어 걸음 앞서 달리는 원의 다리와 그 그림자가 사부로의 인상에 비쳤다. 총성은 다시 울렸다.
>
> 원은 길거리에 자신의 그림자를 안듯이 허든거리며 쓰러졌다. 문 쪽에 배치되어 있는 수십 명의 수위들이 하나가 되어, 저격범을 쫓으려 달렸다. 그러나 헛된 기백이었다.
>
> 원이 오른쪽 다리를 총에 맞아 피가 낙숫물처럼 오후의 햇빛에 빛났다. 문지기들은 그를 들쳐 메고 어둡고 좁은 차가운 회사 안으로 옮겼다.[*15]

이 차 안에서의 테러 장면은 거리에서의 습격이라는 점에서 「상하이의 달」 속 두 암살 장면 중 하나인 양미영(陽美英) 살해 장면과 겹친다. 그러나 보도된 류의 암살 장면과는 겹치지 않는다. 원래 문화공작의 미션은 구체성이 부족하다.

무엇보다 '현실'과의 차이는, 이 소설에서 원은 상처를 입지만 살아남는다는 점에 있다. 원이 어떤 '문화공작'을 했는지에 대한 자세한 내용은 그려지지 않으며, 누이의 스파이 활동의 모습도 역시 나오지 않는다. 모티프는 중·일에 찢어진 원의 누이·효명(孝明)의 자살을 둘러싼 원과 '사부로'라는 중·일 청년의 감상 공유에 있다.

그렇지만 상해의 독자에게는 이 소설은 류의 사건을 방불케 했을 것이다.

게다가 작가는 『대륙신보』에 류의 추도문을 기고한 중화영화의 내부자이다.

앞서 언급했듯이 마쓰자키의 『상하이인문기』가 간행된 것은 1941년 10월 20일 영화가 공개된 이후이다. 따라서 시계열로 따지면 류를 둘러싼 트랜스미디어적인 '공식' '이야기'는 사실 「장강 삼각주」가 먼저이다.

타이밍을 통해 생각할 수 있는 것은 역시 이 소설이 「상하이의 달」과 링크하듯이 정치적으로 의도된 것은 아니었는가 하는 것이다.

기획된 아쿠타가와상 수상

「장강 삼각주」는 1941년 7월 29일, 제13회 아쿠타가와상 수상이 결정된다. 주의해야 할 것은 수상 타이밍이다. 프리미어 시사 당일, 8월 1일은 상해에서 공개된 「상하이의 달」의 상영일과 딱 겹치는 날이었다.

실제 「상하이의 달」 광고가 연일 게재된 『대륙신보』의 1941년 8월 2일자에 「현지 문학계의 자랑(現地文学界の誇り)」이라는 제목으로 「장강 삼각주」 수상이 보도되었다. 이 작품은 8월 초에 발매된 『문예춘추(文藝春秋)』에 재록되어 상해와 '내지' 서점에 화려하게 진열되었다.

이 때의 나오키상은 기무라 소주[13] 「운남 수비병(雲南守備兵)」이다. 기무라는 만주에서 신문기자와 만몽평론사(満蒙評論社)의 경영을 하

---

13) 기무라 소주(木村荘十, 1897~1967). 일본의 소설가.

고 1931년에 귀경했는데, 이런 '외지' 경력이 있는 작가임은 우연이라
고 할 수 있을까.

하지만 아쿠타가와상의 선평*16만 읽으면 「장강 삼각주」의 평가는
좋지 않다. 결론부터 말하면 거의 문학작품으로 평가되지 않았다.
심사위원은 사토 하루오, 무로 사이세이[14], 우노 고지[15], 기쿠치
간, 사사키 모사쿠[16], 다키이 고사쿠, 가와바타 야스나리[17], 요코미
쓰 리이치, 구메 마사오, 고지마 마사지로이다. 기쿠치, 구메, 가와바
타는 결석이었기에 전보로 선평을 전했다. 후보작 중에서는 당초 하
니하라 이치조[18] 「하직인(下職人)」, 아이노다 도시유키[19]의 「메아리
(山彦)」의 평가가 높았다. 「장강 삼각주」를 포함한 세 작품을 중심으
로 논의되었는데, "구석구석까지 신경쓰지 않았다"(사토), "문학적 정
신은 높지 않다"(우노), "저널리스틱"(고지마)이라며 평이 좋지 않다.
"저널리스틱"이라는 것은 류의 암살이 그 바탕에 있다는 정보가 사전
에 있었다고도 해석된다. "풍경 묘사가 잘 쓰여있다"는 다키이의 평
가를 우노는 "상식적"이라고 딱 잘라버리는 것도, 사건이 배후에 보
였다 안 보였다 하는 것에 대한 반응일 것이다.

그 「장강 삼각주」의 열세를 뒤집은 것은 요코미쓰 리이치였다.
요코미쓰 「장강 삼각주」는 이만큼의 대화를 할 수 없는 사람은 앞

---

14) 무로 사이세이(室生犀星, 1889~1962). 일본의 시인, 소설가.
15) 우노 고지(宇野浩二, 1891~1961). 일본의 소설가.
16) 사사키 모사쿠(佐佐木茂索, 1894~1966). 일본의 소설가, 편집자, 실업자.
17) 가와바타 야스나리(川端康成, 1899~1972). 일본의 소설가, 문예평론가. 1968년 『설국
    (雪国)』로 일본인 최초의 노벨문학상을 수상했다.
18) 하니하라 이치조(埴原一亟, 1907~1979).
19) 아이노다 도시유키(相野田敏之, 1917~1982).

으로 지나의 중심에 뛰어들 수 없음을 보여주고 있는 것 같은 생각이
든다.[*17]

즉 '외지'로 진출하는 사람들에게 널리 읽게 하고 싶다는 정치적
평가다. '내지' '외지'를 매개한다는 정치적 기능이 강조되는 것이다.

그렇게 흐름이 바뀌고 "잘 쓰는가 하는 건 놔두고, 추천한다면 지
금 요코미쓰 군이 말한 정치적인 의미로 찬성"(고지마), "(상해의 잡지게
재작을) 여기서 아쿠타가와상으로 선정하는 것도 이 기회에 좋다"(다
키)라며 다른 심사위원이 요코미쓰의 의도 속 '정치적 의미'를 받아들
여 지지하는 흐름이 생겨났다. 우노만이 "앞으로 잘 쓸 수 있을까요",
즉 앞으로도 소설을 계속 쓸 수 있을까 하며 지지에 저항했다.

그러나 요코미쓰는 "새로운 문학"이라고까지 말하며, 마지막에는
"지금 같은 때의 시국은 더 이상 시국이 아니다. 일상이 되었다", 즉
수상은 시대의 추세라고 단언했다. '정치'의 다음은 '시국'이다. 무로
는 "하나의 소설이 아니라 하나의 시대"에 대한 상이라며 설득되었다.

결석한 기쿠치 간이 "삼각주도 별로지만 메아리도 안된다"라고 두
작품을 다 부정했고, 구메 마사오는 "현지 문학의 싹"이라며 추천한
다는 전보를 보내며 결국 수상이 정해진다. 요코미쓰의 열변에 강행
된 형태였다. 요코미쓰의 발언은 하나하나가 길고 대부분이「장강
삼각주」에 대한 옹호였다. 문학적으로 낮은 평가는 전원 일치했고,
요코미쓰가 슬쩍 비친 '정치'에 강행된 수상이었던 것이다. 이것은
다다와의 사제 관계나 요코미쓰의 상해 체험에서 오는 추억 등과 결
부하는 것은 아니다. 하물며 류가 타이완에서 신감각파로서 요코미
쓰의 영향을 받고 있던 것 등은 조금도 고려되지 않았을 것이다.

정치적 이용과 미디어믹스

이 아쿠타가와상 전형에서의 요코미쓰의 '공작원' 태도는 이듬해, 일본문학보국회(日本文学報国会)의 대동아문학자대회(大東亜文学者大会) 에서 '대동아 전쟁 완수, 대동아 공영권 확립'을 위한 '아세아 문학자 의 대 사명'을 말하는 요코미쓰의 모습과 당연히 겹쳐진다. 이 아쿠타 가와상 심사 당시에도 일본문학보국회와 관계있는 문예총후운동(文 芸銃後運動)[20]에 기쿠치 간 등과 참가하고 있다. 따라서 요코미쓰의 주장은 어디까지나 「장강 삼각주」에서 '내지'·'외지' 청년을 매개하 는 작품으로서의 정치적·시국적 의미를 찾아내는 것이다. 심사 중에 「장강 삼각주」가 "다른 상을 수상한다"는 소문이 있는 것을 사사키가 슬쩍 말하고 있듯이, 이 작품을 둘러싼 어떠한 '정치'가 있었다고 암 시하고 있다. 이것은 영화 「상해의 달」에 대한 '내지'에서의 평가로서 이이지마 다다시[21]가 "알기 쉬운 하나의 정치적인 목적을 가지고 있 고, 그 의미에서는 안정적인 태도를 보여준다"[*18]고, 이것이 문화공작 이라는 '배경'의 소재를 암시하고, 그 문맥에는 협조적인 태도와 비슷 하다. 후일에 간행된 「장강 삼각주」는 띠의 앞면 및 뒷면에 '아쿠타가 와상', 뒤표지에는 "우리나라 최초의 현지 문학"이라고, 요코미쓰가 명확하게 말했던 수상 이유 그대로의, 아쿠타가와상의 정치적 이용 방식이 역연한 것이 되었다.

사실 「장강 삼각주」에는 속편 「무지개 날의 조계 진주 12월 8일 상하이(租界進駐 十二月八日の上海)」가 있다. 「장강 삼각주」의 '사부로'

---

20) 문학자의 익찬운동을 실시하는 조직으로 1940년 기쿠치 간의 발안으로 설립되었다. 적국 각지에서 강연회를 열었으며, 이후 일본문학보국회로 이어졌다.
21) 이이지마 다다시(飯島正, 1902~1996). 일본의 영화 평론가.

가 등장해, 태평양 전쟁 개전 당일, '사부로'가 육군 보도부장들과 주
고 받으며, 하북(河北: 가와키타 나가마사가 모델)들과 향후의 영화공작
방침을 세우는 모습이 노골적으로 그려진다. 논문과 소설의 차이기
는 하나, 전술한 「상해 조계 진주와 문화공작」과 같은 내용이다.

이 '속편'은 1942년 1월의 『문예춘추』에 게재된다. 그러나 정확
하게 말하면 류 암살의 미디어믹스는 아니다. 같은 해 1월 2일, 전년
도 1941년 12월 8일의 태평양 전쟁 개전시 '개전조칙'이 발행된 것과
관련해, 매월 8일을 '대조봉대일(大詔奉戴日)'[22]이라고 하는 각의결정
(閣議決定)이 이루어졌다. 이를 토대로 다양한 잡지에 '12월 8일'에 연
관된 문학 작품이 같은 타이밍에 게재, 같은 테마의 레코드 공작을
포함한, 이른바 '날짜' 미디어믹스가 행해졌다.[*19] 다카무라 고타로[23]
는 시 「기억하라, 12월 8일(記憶せよ、十二月八日)」을 『부인아사히(高村
光太郎)』 1942년 1월호, 다자이 오사무[24]는 「12월 8일(十二月八日)」을
『부인공론(婦人公論)』 1942년 2월 호에 발표해, 모두 '12월 8일' 날짜
를 명확하게 제목에 포함하고 있다. 똑같이 날짜를 포함한 소설인
「무지개 날의 조계 진주 12월 8일 상해」는 이 흐름에 속한다. 어느
쪽이든 다다의 '문학'은 시국의 다(多)미디어 전개 중 하나였다.

덧붙여서 미디어믹스 측면에서 「장강 삼각주」는 이 작품이 재록된
후인 10월 1일부터, 메이지좌(明治座)[25]에서 사사키 다카마루[26]가 연출

22) 진주만 공습 기념일.
23) 다카무라 고타로(高村光太郎, 1883~1956). 일본의 시인, 가인, 조각가, 화가.
24) 다자이 오사무(太宰治, 1909~1948). 일본의 소설가. 대표작 『인간실격(人間失格)』,
　　『달려라 메로스(走れメロス)』.
25) 도쿄에 있는 극장.
26) 사사키 다카마루(佐々木孝丸, 1898~1986). 일본의 배우, 프롤레타리아 작가, 연출가,

한 신파극으로 무대화 되었다. 광고에는 "아쿠타가와상 수상작(문예춘추 9월호에 실림)"이라는 문구가 있었다.[*20] 지금과 달리 아쿠타가와상 작품이 바로 미디어믹스 되는 시대가 아니었다. 사사키는 '인터내셔널가[27)]'의 가사 번역으로도 알려진, 일본 프롤레타리아 극장 동맹의 초대 집행위원장이다. 그 전향작이라 할 법한 것이었다고 생각된다.

이러한 관련 콘텐츠의 전후하는 공개 및 릴리스가 미디어 전개로 유효한 것은, 영화 「상하이의 달」이나 레코드의 광고에 섞여 이 신파의 광고가 신문에 매일, 연속적으로 게재되었기 때문이다. 그리고 마지막은 「장강 삼각주」의 서적 광고로 이어진다. 그런 시각적인 '흐름'을 독자는 신문광고의 연속 안에서 감지한다. 신문광고는 미디어믹스를 가시화하는 장치인 것이다.

3. 류의 암살과 미디어

암살의 극장화

이러한 류 암살을 둘러싼 상해와 '내지'의 '미디어믹스'는 사실 사건 직후부터 시작되었다고 생각된다.

류 암살의 제1보는 암살 다음날의 조간으로, 일본에서도 보도되고 있었다.

극작가,

27) 인터내셔널가(L'internationale)는 노동자 해방과 사회적 평등을 담고있는 민중가요이다.

영화기사 죽음을 당하다

상하이의 테러

【상하이 특전[28] 3일발】 3일 오후 2시 상하이 공동 조계계 4마로의 요정(料亭) 행화루(杏花楼)에서 점심 모임을 개최했던 중화영화회사 일행이 연회를 마치고 방을 나온 순간, 계단 아래에 숨어있던 괴한이 일행 중 동회사 제작부의 차장 류찬보 씨를 노리고 권총 2발을 발사, 흉부와 복부를 관통시킨 후 도주했다.

류 씨는 그 자리에서 즉사했는데, 그는 타이완 타이난시(台南市) 출생, 아오야마학원(青山学院)출신의 청년으로 장개석 정부 시대에 남경의 중앙촬영소(中央撮影所) 감독, 상해예화영편공사(上海芸華影片公司) 감독을 거쳐 중화영화 창립과 함께 평화 문화 영화공작에 착수해 활약하고 있던 사람[*21]

표제에는 단지 '기사(技師)'라고만 나와있고 이름은 없다. 한편, 경력에 "중화영화 창립과 함께 평화 문화 영화공작에 착수해 활약"이라고 류의 경력을 '문화공작자'로서 소개하고 있다. 이것이 류에 대한 '내지'와 상해의 평가 차이이다. 따라서 이 표제와 본문의 '괴리'를 메우는 것이 마쓰자키 등의 사적인 '문화공작'이라고 말할 수 있다.

현지에서는 사건이 「중화영화의 류찬보 씨 테러의 흉탄에 쓰러지다!(中華映画の劉燦波氏 テロの兇弾に斃る!)」라는 기사가 마쓰자키의 담화를 포함해『대륙신보』1940년 9월 4일자 석간에 크게 보도된다. 실은 '내지'보다 반나절 늦다.

하지만 기묘한 것은 사실 이것은 제2보이고, 9월 4일자 조간에 "몸

28) 주로 외국 특파원이나 해외 통신사로부터 받는 특별 뉴스.

을 위험에 노출시키면서", "문화공작에 짧은 일생", "지금은 죽은 류찬보 씨"라는 논평이 선행한다. 즉, 사건 자체에 대한 상세한 내용보다 '문화공작'의 희생자로서 류를 대대적으로 자리매김하는 '정치'가 선행한 것이다. 1936년 가을 무렵부터 일본인뿐만 아니라 '공작자'에 대한 암살이 계속되었고, 그것은 조계의 각국 영사가 협의를 시작한 직후로, 타이완 출신의, 즉 '일본인'인 류의 암살은 일본에게 있어 프로파간다로 이용하기 쉬운 타이밍이었다. 그 결과 상해에서는 류를 '문화공작'의 순직자로 자리매김하는 논조가 만들어져 갔다.

중화영화가 문화공작 기관인 것은 공공연한 사실로, 류의 신분도 공적으로는 당사에 있었다고는 해도 그 전에는 마쓰자키와 위장 중국 영화 제작이라는 분명한 '문화공작'을 담당해왔다. 비밀리에 진행되어야 할 '문화공작'의 중심인물이 그 죽음을 통해 표면에 드러나 버린 것이다.

류의 암살 전후, '내지'에서는 1940년 7월 26일, 고노에 신체제, 이른바 익찬체제(翼贊体制) 성립을 향한 「기본국책요강」이 각의결정, 상하이에서도 류의 암살 직전에 이미 '신체제'란 글자가 신문을 장식하기 시작했으며, 아직 그 이름이 정해지지 않은 새 조직(대정익찬회)에 대해 어마어마하게 보도된다.

그런 문맥 속에서 류의 암살은 우선 상하이에서 '극장화'로 미디어 믹스 된다.

거기에는 두 개의 의도가 있었던 것이 아닐까 생각된다.

하나는 마쓰자키 개인의 감상이나 사정. 즉, 류를 향한 우정이나 중·일의 틈을 살았던 여성들에 대한 감상. 그리고 위장 영화를 만들면서까지 상하이의 영화 이권의 기초를 만들면서도 주도권을 잡을 수 없었던 중화영화에 대한 보복. 마쓰자키는 「상하이의 달」 공개

이후 발표한 상하이 문화공작 회상록, 「프로듀서의 수첩(プロデュー サーの手帳)」속에서 문화공작을 위한 극영화에 대해 "저돌의 용기를 내어 수많은 실패를 했다"는 만영과 "영화제작을 회피해서 사업적으로는 성공하고 있다"는 중화영화를 대비시키며, "아무리 어려운 사정이 있어도 영화는 제작되어야 한다"고 일본 측이 극영화를 다루지 않는 가와키타 영화공작을 넌지시 비판한 후, 가와키타 이전에 위장 중국 영화 제작에 분주했던 류를 회상한다.[*22]

이러한 입지는 프로듀서 다키무라 가즈오 등과는 공유된 것이다.

또 하나는 '문화공작'이나 거기에 관련된 사람들을 '선전'하는 움직임이다. 「노라쿠로」에 '선전' 공작을 자랑으로 하는 캐릭터가 등장하듯, 중일전쟁 이후 '선전'과 '문화공작'의 소재 자체는 공연한 것이었다.

그래서 주의해야 할 것이 상하이에서 류의 죽음을 전하는 최초의 기사, 9월 4일 조간 기사에 「문화테러의 척결이 필요 마부치 보도부장 말씀」이라는 제목으로 장식된 점이다.

육군 보도부장의 의도

마부치는 마부치 이쓰오를 말한다. 이때 지나 파견군 참모·보도부장의 직책에 있었다. 같은 해 12월에는 대본영 육군 보도부장에 취임했다. 마부치는 육군 선전전의 중심인물이며, 중일전쟁 개전부터 태평양 전쟁 개전까지의 4년 5개월을 작전 참모로서는 이례적으로 보도부 외길을 걸었다. 히노 아시헤이나 나토리 요노스케[29]를 군의 선

---

29) 나토리 요노스케(名取洋之助, 1910~1962). 일본의 사진가, 편집자.

전 보도에 끌어들인 인물이기도 하다. 태평양 전쟁 개전 이후 조금 지나서 도죠 히데키[30] 등이 그 화려한 미디어 노출을 꺼려하자, 실각했다.[*23]

마부치는 1939년 8월 육군 차관 앞으로 「선전 조직 강화 확충 골자(宣伝組織強化拡充大綱)」라는 문서를 제출했는데, 거기에 첨부된 조직도는 그 자체가 미디어를 통합적으로 관리하는 거대 미디어믹스 기관이다. 이 구상에 어디까지 실체가 있었는지는 제쳐두고, 이런 구상 속에 「상하이의 달」을 둘러싼 미디어마다 각각 전개가 있었던 것은 염두에 두어야 한다.

류에 대한 테러는 '보도', 즉 중국에서의 정보전이나 '문화공작'을 통괄하는 보도부의 톱에게 있어서 자신들의 직역(職域)에 대한 도전에 다름없었을 것이다. 마부치는 그 이전부터 상하이 조계에서 일어난 항일테러에 대해 나가에 하야토(長江逸人)라는 필명으로 이를 우려하는 칼럼을 몇 편 썼으며, 이 마부치를 끌어들임으로써 「상하이의 달」은 마쓰자키의 '사정'이 '공'연해졌다고 할 수 있다.

그 마부치는 M대령으로 마쓰자키의 『상하이인문기』에 등장한다. 스파이 대지화와의 만남이 전해진 뒤의 대목이다.

××일, 아침, 상하이에서 회사 관계의 일행이 급행차를 타고 있었다.
홍아원의 문화부에서, 이 회사의 설립에 산파역을 계속 맡아온 T중령, M조사관, 군 보도부장의 M대령, 그리고 만주에서 특별히 참석한 네기시 간이치(根岸寬一) 씨, 그 외에 중화영화의 전무에 취임한 가와

---

30) 도죠 히데키(東條英機, 1884~1948). 일본 제국의 군인이자 정치인. 태평양 전쟁을 일으킨 A급 전쟁범죄자이다.

키타 나가마사 씨 등등. 각자의 얼굴은 새로운 것이 탄생한다는 기대에 빛나고 있었다.

하지만 그 보다 한층 더 감개와 기쁨에 떨면서, 우리들은 열차의 한 구석에 모여 있었다.

우리들—즉, 류찬보, 황천시, 황겸(黃謙), 그리고 나 네 명이었다. [24]

차 안에는 마쓰자키·류·황 형제 이렇게 네 명이 있다. 여기에 목시영[31]을 더한 다섯 명이 『상하이인문기』에서 중화영화 설립 전, 위장 중국 영화 만들기를 담당한 문화공작의 맹우이다. M대령(마부치)과 이들이 중화영화 설립 식전(式典)에 참가하기 위해 같은 열차에 타는 것이 『상하이인문기』의 시작 장면이다. 생각보다 '이야기'의 발단으로서 잘 만들어져 있는데, 마부치에 대해서 이 이상 묘사가 없는 것이 마쓰자키나 류와 마부치의 거리를 의외로 정확하게 말하고 있는 것처럼 보인다. 이 책은 류의 암살로 시작되는 일련의 미디어믹스의 마지막에 간행되는 것으로, 즉 다양한 트랜스미디어 스토리텔링에서 마쓰자키의 '사정'이 수렴하는 곳이기도 하다.

하지만 아쿠타가와상도 휘말린 이 미디어믹스에는 이미 언급한 것처럼 또 하나의 의도가 있다.

그것은 상하이에서의 '문화공작' 자체의 '선전'이라는 의도이다.

그것을 주도한 것이 마부치가 아니었는가. 혹은 마부치의 셀프 선전이라는 측면이 있었다고 할 수 있을지 모른다.

마부치는 이미 전술한 대로 같은 해 12월에는 대본영 육군 보도부장으로 취임했다. 즉, 한번은 일본군 '보도'의 톱이 되는 것이다. 그

---

31) 목시영(穆時英, 1912~1940). 중국의 소설가.

마부치가 전성기에 스스로 '선전 보도'의 커리어를 회상한 것이 1941
년 8월에 간행된 『보도전선(報道戰線)』이다. 「상하이의 달」공개 타이
밍, 「장강 삼각주」아쿠타가와상 수상 타이밍과도 겹친다. 이 책의
광고는 아쿠타가와상 발표가 게재된 『문예춘추』 1941년 9월호에도
게재되고 있다. 마부치는 『문예(文藝)』 같은 해 3월호에 「문학자에게
바란다」라는 제목으로 "국민과 국민의 정신적 접촉"을 그리는 것이
"문화의 투쟁"이라고 말하고 있어 묘한 일관성이 있다.

　이 두 가지 의도가 어떤 과정에서 영화 「상하이의 달」이 되어
갔는가.

선전공작과 보도

　「상하이의 달」제작에 대한 보도는 상하이의 신문이 아닌 만주가
먼저였다. 나루세 미키오가 감독을 맡고 만영·중화영화·도호의 공
동제작이라는 기획 취지가 『만주일일신문』 1940년 12월 2일에 게재
되었다. 이것이 '삼사제휴' 작품으로서 「상하이의 달」이라는 제목과
함께 『만주일일신문』 1941년 2월 16일에 보도된 시점에는 플롯이 "대
륙방송 업계의 중요성과 스파이의 암약을 그린다"고 굳어져 있었다.
한편, 앞서 언급했듯이 캐스팅에는 리샹란의 이름이 있다. 동시에
"전(前) 중화영화 제작부 차장·류찬보를 비롯해, 문화전(文化戰)에 희
생된 사람들"에게 바치는 작품으로 그 취지가 명시되어 있다. 마쓰자
키의 '신작'을 야마가타 유사쿠(山形雄策)가 '각색'했다고도 한다.

　마쓰자키의 『상하이인문기』는 1941년 10월 20일, 다다의 「장강 삼
각주」는 1941년 2월 발매된 『대륙왕래』 게재였기 때문에, 늦어도 전
년의 11월이나 12월에는 쓰여져 있었을 것이며, 「상하이의 달」은 『상
하이인문기』 속 「서소저의 로케트(徐小姐のロケット)」와 플롯이 겹치

는 부분이 있다.

게다가 상하이에서의 라디오 관련 문화공작이 무대가 된 것은 마부치의 존재가 작용했다고 생각된다. 마부치의 '선전공작' 중에서도 중요한 경력이, 점령지에서의 방송국 설치 등 전파공작이기 때문이다. 이는 최종적으로 '일지방송사업(日支放送事業)의 합작'이 된다. 중국에서의 라디오 공작에 대한 상세한 내용을 기록할 여유는 없지만, 1937년 11월 상하이 점령 이후, 일본군은 대상하이방송국(大上海放送局)을 설립해, 일본군이 관리하고 있던 방송사업은 1941년에 발족한 '중국방송협회(中国放送協会)' 설립에 따라 난징방송국을 중앙방송국으로 상하이·한커우·항저우·소주(蘇州)·닝보(寧波)·쉬저우 각 방송국이 소속된다. 마부치의『보도전선』에는 상하이 점령 후 보도부의 가네코 소령과 일본방송협회·도모야스 요시타카(友安義高) 등에 의한 방송국 설립, 또 이에 이어 아사노 가즈오(浅野一男) 소령의 파견에 대해 상세하게 기재되어 있다. 이것이 「상하이의 달」 플롯의 밑받침이 된 것이다.

아사노는『상하이인문기』에서는 서두에 A소령이란 이름으로, 류의 죽음을 애도하는 말을 마쓰자키에게 말한다. 가네코 소령의 소개로 대상하이방송국에 여성 공작원을 영입한 것이 아사노였단 것도 이야기되었다. 가네코나 아사노가 마쓰자키와 함께 주인공 청년의 기조가 되고 있다는 인상이다.

「상하이의 달」이 상하이에서의 라디오 공작을 베이스로 한 것은 이처럼 마부치의 공적을 홍보하기 위해서는 아니었을까. 그렇게 함으로써 마쓰자키의 '사정'인 류 추도 영화 제작이 가능해진 것이 아닐까.

이는 앞에서 언급한 다키무라의『기네마 순보』글이 '육군 보도부장 마부치 이쓰오 대령'의 발언을 길게 인용하는 것으로 뒷받침할 수

있다. 다키무라는 마부치를 글 속에서 상하이에서 로케이션 하고 있
던 1941년 3월 5일에 발족한 '중국보송협회(中国報送協会)'의 '창시자'
라고 치켜세우며 신문에서 마부치의 발언을 끊임없이 인용한다. 다
키무라 글의 3할 정도가 통째로 마부치 발언의 인용인 것이다. 마부
치의 발언은 상해에서 자신의 전파공작 경위와 자화자찬, 같은 편의
칭찬이다.

그리고 마지막으로 마부치는 이렇게 덧붙인다.

그 외에 감연히 우리 군 관리하의 방송국에 연극부원으로 활동하며
"동포에게 피의 외침"을 계속하다, 마침내 항일테러단의 마수에게 쓰러
진 수많은 중국 직원이 있는 것을 잊어서는 안된다.[*25]

이 마지막 부분에 이어 다키무라는 "우리가 『상하이의 달』를 세
상에 내보내려는 의도가 실로 이의 보도부장 말씀 속에 다 들어있다"
고 쓴다. 즉, 상하이의 문화공작 희생자를 잊지 말라는 육군의 코멘트
를 끌어내고, 류의 추도 영화 제작을 군이 보장한 것으로 한 것이다.
또한 이 영화에는 '현지군 보도부 방송반의 지도원조(指導援助)'가 있
었다고까지 분명히 말한다.

그리고 마부치가 말한 '중국 직원' 사망자 중 한 명으로 류의 이름
을 밝히고, 동시에 라디오 공작 중의 사망자 석시태(席時泰), 장령림
(張霊林) 두 명의 죽음에 대해서도 썼다. 류를 '마수에게 쓰러진 수많
은 중국 직원'에 추가함으로써 그의 존재를 군에게 공인시키고 있다.
이처럼 마부치의 라디오 공작 성과인 '중국방송협회'의 발족에 맞춰,
영화의 플롯을 영화의 문화공작에서 라디오 공작으로 시프트시켰다.

앞서 언급한 상하이에서 제작된 라디오 드라마가 '내지'에서 방송

된 것도 이런 배경이 있다고 생각하는 것이 자연스럽다.

하지만 이렇게 마부치의 생각이 실림으로써 류의 존재도 공연해진다. 마부치의 『보도전선』에는 이런 언급이 있다.

이 합병회사의 성립 발전의 주역으로서 헌신적 노력을 해 온 장찬보 (張燦波) 씨가 충칭(重慶) 측이 반감 질투하는 바가 되고, 결국 그 정치 테러의 목표가 되어 1955년 흉탄에 쓰러진 것은 매우 애석한 일로, 일지 영화사업의 어려움과 그 장래를 가로 막는 장애를 말해주는 것이다. 장 씨야말로 일지문화제휴의 희생이며 일지영화사업발전의 꽃이라 해 야 한다.[*26]

류를 장이라고 오기한 것은 라디오 공작에서 희생된 장령림과 혼 동된 것인지 단순한 오자인지는 확인할 수 없지만, 류의 공적과 존재 는 대본영 육군 보도부장의 저서에 어쨌든 기록되게 된다.

「장강 삼각주」의 아쿠타가와상 수상도 마부치가 히노 아시헤이를 보도부에 끌어들여 『보리와 병정』을 쓰게 했다는 것을 생각하면, 어 떤 관여나 적어도 심사위원 쪽의 촌탁이 있었던 것은 부정할 수 없다.

이리하여 상하이에서 「상하이의 달」은 공개된다. 그 광고에는 "동아의 문화전사는 이렇게 싸운 것이다!" "항일 스파이의 수상한 미 소!" "항일 여스파이의 암약에 맞서 감연하게 나서는 문화전사" "피투 성이의 도전" "항일 테러의 마수는 춤춘다 문화전사의 고뇌와 일·지 의 아름다운 우정을 그린다"고 스테레오 타입의 카피가 매우 많이 나열되어 있다. 이 광고 자체가 또한 트랜스미디어 스토리텔링에 다 름없다. 류는 그렇게 상하이의 언어공간 속에서 반복적으로 이야기 되며 대중들의 '속정(俗情)' 속에 기억되었다.

결론

영화 「상하이의 달」은 신문보도, 『장강 삼각주』, 그리고 공개 당시 광고 카피, 라디오 드라마, 끝내는 신파의 연극으로, 중국과 일본을, 스테레오타입적인 문화전사와 여스파이의 이야기를 겹겹이 말하는 것으로 이어 갔다. 영화에 맞춘 마부치의 『보도전선』조차도 그런 '이야기' 중 하나에 불과하다. 그리고 이 트랜스미디어 이야기의 마지막을 마쓰자키의 『상하이인문기』가 장식하며, 거기에는 마쓰자키도 류도 대지화도 마부치도, 모든 사람들이 허실이 확실하지 않은 '이야기' 속에 수렴해 갔다.

하지만 「상하이의 달」은 미디어와 미디어를 넘어, 중·일, '외지'와 '내지'를 매개하는 미디어믹스로 존재할 뿐만 아니라, 거기에 '문화공작'의 툴인 '영화'나 '대동아공영권'을 '잇는' 것을 꾀하는 라디오 공작을 사용하여 매개자로서의 '문화공작자'의 존재와 '문화공작' 자체를 메타적으로 그렸다.

혹은 「상하이의 달」이 동일 플롯, 동일 캐릭터로 '원작'이나 '영화화' 같은 식으로 태그가 붙어 있지 않기 때문에 미디어믹스라고 부르는 것에 위화감이 있는 사람이 있을지도 모른다. 그러나 전시하의 미디어믹스는 비슷한 표상이나 이미지를 연속적으로 다양한 미디어에서 이야기 하지만, 동시에 스텔스화하는 경향이 있다. 개별 콘텐츠 판매가 목적이 아니기 때문이다. 이는 『장강 삼각주』와 「상하이의 달」의 관계에서 간파할 수 있을 것이다. 이들은 어디까지나 '문화공작자'라는 표상을 둘러싼 미디어믹스인 것이다.

하지만 그렇게 해도 마쓰자키의 상하이 활동이나 류의 이름은 전후 각자 '국가'의 영화사(映画史)에서 그 거처를 찾을 수 없다. 상하이에서 '문화공작'에 임한 일본 측 영화인은 전후 영화 논단의 중심이 되지만, 상하이에서의 마쓰자키는 전쟁 협력자로 규탄될 뿐이다. 류 는 타이완에서는 신감각파의 소설가로서의 재평가가 시작되고 있지 만, '문화공작자'로서의 그의 이름은 회고되지 않는다.

그러나 이렇게 틈새에서 사라진 인물이나 작품을 파헤쳐 그 맥락 을 복원했을 때 밝혀지는 것은 '대동아공영권'을 하나하나의 국면에 서 매개해 나가려는 사람과 미디어 표현의 방식이다. 내가 '포스트콜 로니얼 연구'가 '트랜스내셔널'이 되는 유행과 선을 긋고 '식민지 대 중문화연구'를 구태여 구축해야 한다고 생각하는 것은 그 부정적인 역사를 파헤쳐 일찍이 '사이'를 매개했던 사람이나 표현 본연의 구체 상(具体相)을 확인하지 않는 한, 우리는 역사의 전체상을 살펴볼 수 없기 때문이다.

이처럼 아시아에서의 '식민지 대중문화연구'를 추진하는 것이 '일 본대중문화연구'가 되는 것을 무심코 입 밖에 낸 이상, 유일하게 책임 지는 방법이 아닐까.

원저자 주

*1 秦剛, 「上海における東宝の映画工作」, 『戦時下の大衆文化 統制·拡張·東アジア』, KADOKAWA, 2022. 본서 4장 수록.

*2 마키노 마모루가 소장한 「이치카와 문서」에 대해서는 大塚英志, 『手塚治虫と戦時下 メディア理論』(星海社新書, 2018) 및 秦剛, 「東宝の偽装中国映画製作の一次資料── ──市川綱二文書」が明かす戦時下東宝の上海裏工作」, 大塚英志 編, 『TOBIO Critiques #4』(太田出版, 2020) 참조.
　　『TOBIO Critiques #4』에서는 마키도 마모루 소장 「이치카와문서」에서 「광밍영화 회사에 대한 투자보고서(光明電影公司二対スル投資報告書)」, 「마쓰자키 게이지 상신서(松崎啓次上申書)」, 「상하이영화회사 설립에 관해 현재까지 전말보고 및 의견(上海映画会社設立二就キ現在迄ノ顚末報告及意見)」을 복각하고 있다.

*3　筈見恒夫,「支那映画印象記」,『映画評論』, 1941.8.

*4　「結びの親に軍部　東宝と光明影業協同製作か"椿姫"他まづ二作入荷」,『読売新聞』 1938.11.10.

*5　田村志津枝,『李香蘭の恋人──キネマと戦争』, 筑摩書房, 2007.

*6　佐久間晃/富山衛,『絵と文　想い出の満洲』, 恵雅堂出版, 1971.

*7　瀧村和男,「「上海の月」製作の意図に就いて」,『キネマ旬報』18[夏期特別号], 1941.

*8　전게 주 7.

*9　「中華・東宝合作　摂「上海之月」劇場係　劉吶鷗」,『新申報』, 1941.3.8.

*10　『朝日新聞』1941.6.18.

*11　志村三代子,『映画人・菊池寛』, 藤原書店, 2013.

*12　多田裕計,「嵐の運命人　劉燦波氏の追憶」(上),『大陸新報』, 1940.9.10. 同(下),『大陸新報』, 1949.9.11.

*13　多田裕計,「上海租界進駐と文化工作」,『映画評論』, 1942.2.

*14　川村蘭太,「体験的多田裕計──我が幻の師」,『ぶるうまりん』제38호, 2019.

*15　多田裕計,「長江デルタ」,『大陸往来』, 1941.3.

*16　日本文学振興会,「第十三回芥川・直木賞発表」,『文藝春秋』, 1941.9.

*17　전게 주 16.

*18　전게 주 16.

*19　大塚英志,『「暮し」のファシズム』, 筑摩書房, 2021.

*20　『朝日新聞』, 1941.9.26.

*21　『朝日新聞』, 1940.9.4.

*22　松崎啓次,「プロデユーサーの手帳」,『映画評論』, 1941.10.

*23　西岡香織,『報道戦線から見た「日中戦争」──陸軍報道部長馬淵逸雄の足跡』, 芙蓉書房出版, 1999.

*24　松崎啓次,『上海人文記』, 高山書院, 1941.

*25　전게 주 7.

*26　馬淵逸雄,『報道戦線』, 改造社, 1941.

전시기 중국 대륙 관련 가요곡

류지엔후이(劉建輝)

전시하에 국민을 고무시키고, 전선(前線)의 모습을 일본내에 전하기 위해 문학이나 회화와 함께 많은 중국대륙을 테마로 한 가요곡이 만들어 졌다. 본 리스트는 레코드로 발매된 그 주요한 가요곡을 연도순으로 제시하는데, 이는 가요곡이 얼마나 전선과 총후를 일체화해 전장인 대륙에의 국민적 관심을 높였는가 하는 측면을 여실히 말해준다.

※ 상단이 A면, 하단이 B면이다. 또 레이블의 양칭은 다음과 같다.
C=Columbia Records, K=King Records, P=Polydor Records, T=Teichiku Records, V=Victor, N=Nitto Records, M=Million

발매년	레이블	곡명	가수	작사	작곡	편곡	장르
1932	P	皇軍チチハル入城 (一)	満洲日出丸				나니와부시
		皇軍チチハル入城 (二)	満洲日出丸				나니와부시
1932	P	皇軍チチハル入城 (三)	満洲日出丸				나니와부시
		皇軍チチハル入城 (四)	満洲日出丸				나니와부시
1932	C	夜霧の港	中野忠晴	時雨音羽	古賀政男	古賀政男	유행소패 (流行小唄)[1]
		さらば上海	開種子	時雨音羽	古賀政男	古賀政男	유행소패
1932	V	満洲行進曲	徳山璉 (独唱)	大江素天	堀内敬三		유행가

		夜の酒場に	德山璉 (独唱)	西條八十	松平信博		유행가
1934	N	新国境警備の唄	美ち奴	藤原山彦		服部良一	유행후시 (流行節)[2]
		新鴨緑江節	美ち奴	藤原山彦		服部良一	유행후시
1934	C	広野を行く	豆千代松平晃	西岡水朗	江口夜詩	江口夜詩	유행가
		鴨緑江の舟唄	上野静夫	佐藤惣之助		仁木他喜雄	유행가
1934	T	守備兵の歌	浅草 吉奴	市村簡一	山口俊郎		애국유행가
		熱河行進曲	浅草 吉奴	第八師団司 令部	山口俊郎		애국유행가
1935	P	砂漠の娘	東海林太郎	大木惇夫	山田栄一	山田栄一	유행가
		月下のキャラバン	東海林太郎	西岡水朗	山田栄一	山田栄一	유행가
1936	P	満洲の月	東海林太郎	佐藤惣之助	山田栄一	山田栄一	유행가
		菊に思ひを	新橋 喜代三	池沢楽居 藤田まさと	大村能章	大村能章	유행가
1936	C	満洲想へば	音丸	高橋掬太郎	大村能章	大村能章	유행가
		月の国境	伊藤久男	佐藤惣之助	古関裕而	奥山貞吉	유행가
1936	C	満洲吹雪	音丸	高橋掬太郎	大村能章	大村能章	유행가
		戦友の唄	伊藤久男	久保田宵二	古関裕而	奥山貞吉	유행가
1936	C	君は北満	音丸	西條八十	植田国境子	大村能章	유행가
		露営の満洲	伊藤久男	高橋掬太郎	大村能章	大村能章	유행가
1936	C	印度の夜	渡辺はま子	西條八十	竹岡信幸	奥山貞吉	유행가
		蒙疆の月	伊藤久男 渡辺はま子	西條八十	竹岡信幸	奥山貞吉	유행가
1936	T	満洲ぶし	美み奴	佐藤惣之助	古賀政男	古賀政男	유행가
		護れ国境	楠木繁夫	佐藤惣之助	古賀政男	古賀政男	유행가
1936	V	守備兵ぶし	小野巡	佐伯孝夫	佐々木俊一		유행가
		満洲ぐらし	小唄勝太郎	宇津江精二	佐々木俊一		유행패 (流行唄)[3]
1936	C	興安おろし	音丸	佐藤惣之助	江口夜詩	江口夜詩	유행가
		吹雪峠	松平晃	高橋掬太郎	古関裕而	奥山貞吉	유행가
1936	C	天龍ながし	音丸	西條八十	竹岡信幸	奥山貞吉	유행가
		沙漠の旅	松平晃	久保田宵二	竹岡信幸	奥山貞吉	유행가
1937	T	興安吹雪	楠木繁夫	山岡羊村	鈴木哲夫	鈴木哲夫	유행가
		主は満洲	美み奴	島田磬也	鈴木哲夫	鈴木哲夫	유행가
1937	P	軍事郵便	東海林太郎	島田磬也	長津義司	長津義司	유행가
		黒龍めざして	東海林太郎	紫室代介	山田栄一	山田栄一	유행가

연도		곡명					장르
1937	P	南京爆撃隊	東海林太郎	藤田まさと	阿部武雄	阿部武雄	군국유행가
		空襲荒鷲艦隊	有島通男	佐藤惣之助	三界稔	三界稔	군국유행가
1937	M	北支転戦	白川五郎	夢虹二	池平皓二		유행가
		護れ日の丸	兒玉好雄	野村俊夫	松平信博		유행가
1937	K	黒き薔薇	松島詩子	熱田房夫	佐藤長助	佐藤長助	가요곡
		広東の花売娘	岡晴夫	佐藤惣之助	上原げんと		가요곡
1937	P	上海陥落万々蔵	東海林太郎	佐藤惣之助	紙恭輔	紙恭輔	유행가
		戦勝音頭	東海林太郎 喜代三	宮本吉次	鳴瀬純平	細田定雄	유행가
1938	P	上海だより	上原敏	佐藤惣之助	三界稔	三界稔	유행가
		倅でかした	上原敏 浅草 染千代	上 政治	島口駒夫	長津義司	유행가
1938	P	南京だより	上原敏	佐藤惣之助	山田栄一	山田栄一	유행가
		陣中髭くらべ	東海林太郎	徳土良介	佐藤富房	細田定雄	유행가
1938	P	上海の街角で	東海林太郎	佐藤惣之助	山田栄一	山田栄一	유행가
		波止場気質	上原敏	島田磐也	飯田景応	飯田景応	유행가
1938	P	北京だより	上原敏	佐藤惣之助	山田栄一	山田栄一	유행가
		夢の蘇州	青葉笙子	島田磐也	三界稔	三界稔	유행가
1938	P	北満だより	上原敏	佐藤惣之助	三界稔	三界稔	유행가
		麦と兵隊	東海林太郎	藤田まさと	大村能章	大村能章	유행가
1938	P	漢口だより	上原敏	上田良作	三界稔	三界稔	유행가
		武漢陥つとも	東海林太郎	柴野為亥知	杉山長谷雄	杉山長谷雄	애국가
1938	P	広東だより	上原敏	佐藤惣之助	三界稔	三界稔	유행가
		広東攻略の歌	東海林太郎	柴野為亥知	長津義司	長津義司	애국가
1938	C	支那の夜	渡辺はま子	西條八十	竹岡信幸	奥山貞吉	유행가
		上海航路	松平晃	西條八十	竹岡信幸	奥山貞吉	유행가
1938	T	霧の四馬路	美ち奴	南條歌美	山下五郎	宮脇春夫	유행가
		音信はないか	小野巡	野村俊夫	能代八郎	能代八郎	유행가
1938	T	戦線夜情	小野巡	南條歌美	能代八郎	能代八郎	유행가
		西湖の月	小野巡	鈴木淑丈	能代八郎	能代八郎	유행가
1938	T	長江船唄	櫻井健二	野村俊夫	佐渡暁夫	佐渡暁夫	유행가
		満洲娘	服部富子	石松秋二	鈴木哲夫	宮脇春夫	유행가
1938	T	南京最後の日 (首途の巻) 前篇(一)	寿々木米若				애국문예로쿄쿠 (愛国文芸浪曲)
		南京最後の日	寿々木米若				애국문예로쿄쿠

		（首途の巻）前篇（二）					
1938	T	南京最後の日（首途の巻）前篇（三）	寿々木米若				애국문예로쿄쿠
		南京最後の日（首途の巻）前篇（四）	寿々木米若				애국문예로쿄쿠
1938	T	南京最後の日（戦地の巻）後篇（一）	寿々木米若				애국문예로쿄쿠
		南京最後の日（戦地の巻）後篇（二）	寿々木米若				애국문예로쿄쿠
1938	V	つはものの歌	東京リーダー・ターフェル・フェライン	東辰三	東辰三	鈴木 静一	군가
		長城行進曲	東京リーダー・ターフェル・フェライン	伊藤松雄	飯田信夫	飯田信夫	군가
1938	V	大陸行進曲	徳山璉・久富吉晴波岡惣一郎	鳥越強	中支那派遣軍陸軍軍楽隊		국민가（国民歌）[4]
		一億の合唱	中村淑子・他	佐伯孝夫	東辰三		국민가
1939	P	花と兵隊	東海林太郎	藤田まさと	宇佐不吟	宇佐不吟	유행가
		戦場の幼な子	田端義夫	神長瞭月	神長瞭月	飯田景応	유행가
1939	T	若いチヤイナさん	杉狂兒	宮本旅人	宮脇春夫	宮脇春夫	유행가
		北京覗眼鏡	服部富子	南條歌美	鈴木哲夫	宮脇春夫	유행가
1939	T	父さん北支の雲の下	塩まさる	佐藤惣之助	能代八郎	能代八郎	유행가
		銃後の渡し守	美み奴	神長瞭月	神長瞭月	宮脇春夫	유행가
1939	K	想ひ出のパレホ	松山映子	宮本旅人	島田逸平	島田逸平	가요곡
		上海の花売り娘	岡晴夫	川俣栄一	上原げんと	上原げんと	가요곡
1939	T	守備兵日記	木村肇	山岡羊村	水原英明	水原英明	유행가
		父は満洲	美ち奴	南條歌美	佐渡暁夫	宮脇春夫	유행가
1940	T	北京娘	服部富子	石松秋二	宮脇春夫	宮脇春夫	유행가
		支那街	服部富子	門田ゆたか	大久保徳二郎	宮脇春夫	유행가

1940	V	長崎物語			佐々木俊一	櫻井潔	경음악 (軽音楽)
		上海小唄			細田義勝	櫻井潔	경음악
1940	C	北満ひとり旅	霧島昇	久保田宵二	仁木他喜雄	仁木他喜雄	유행가
		揚柳芽をふく頃	ミス· コロムビア	久保田宵二	仁木他喜雄	仁木他喜雄	유행가
1940	C	蒙古の花嫁さん	渡辺はま子	久保田宵二	古関裕而	奥山貞吉	유행가
		燃ゆる人生	松平晃	高橋掬太郎	山本芳樹	仁木他喜雄	유행가
1941	C	月下の胡弓	季香蘭	野村俊夫	加賀谷伸	仁木他喜雄	유행가
		ハルピンの夜は更 けて	伊藤久男	サトウ· ハチロー	加賀谷伸	仁木他喜雄	유행가
1941	T	上海の波止場	小笠原美都子	飛鳥井芳郎	夢かほる	菊地博	유행가
		夢の沙漠	小笠原美都子	石松秋二	岡稔		유행가

1) 소패(小唄)는 샤미센 반주의 짧은 민속 가곡을 말한다.
2) 후시(節). 일본 전통의 민요가락.
3) 패(唄). 소패, 하우타(端唄) 등 일본 속요의 총칭.
4) 국민가는 공적인 목적을 위해서 제작된, 국민을 대상으로 가창되는 것을 목적으로 하는 노래를 말한다. 정부, 군뿐만 아니라 신문사, 민간기업 등이 제작하기도 한다.

전시기 중국 대륙 관련 서적

(소설, 기행, 시가 등)

류지엔후이(劉建輝)

만주사변 이후, 정부에 의한 언론통제가 나날이 엄격해지는 가운데, 시국에 영합한 프로파간다의 일환으로서 이른바 중국 관련 책의 간행만큼은 오히려 공전의 붐이 일어났다. 이 리스트는 그 사이의 추이를 가시화하기 위해 발행연도 순으로 주요 서적을 픽업하고 전시하의 국민적 관심의 단편을 제시한다.

※ 기본적으로 만주사변 이후부터 일본 패전까지의 초판단행본으로 한정했다. (일부 중요하다고 생각되는 이 시기의 재판 서적도 포함했다) 정치, 경제, 외교를 제외한 사회, 문화 관련 책을 중심으로 한다. 또 시국 변화를 이해하기 위해 일부 남양군도 관련 책도 포함한다.

발행연도	저자명	서명	발행처
1931年 9月	評論·隨筆家協会編	支那文化を中心に	大阪屋号書店
1931年 9月	長野朗	満洲の過去と将来 (満洲問題叢書第五巻)	支那問題研究所
1931年 11月	川本末治	満蒙を如何にすべきか	明治大学出版部
1931年 12月	中里介山	日本の一平民として支那及支那 国民に與ふる書	春陽堂
1931年 12月	角猪之助	満蒙興廃の前夜 東洋争覇戦と日本	政経研究社
1931年 12月	銀閣絮子	支那縦横観	東洋書籍出版協会
1931年 12月	東京鐵道局編	鮮満の旅	東京鉄道局

1932年 1月	鳥居龍蔵・鳥居きみ子	満蒙を再び探る六文館	
1932年 1月	森本一雄	満蒙の認識 研究資料	立命館出版部
1932年 4月	岩崎栄	戦ひのあと 附事変日誌	東京日日新聞社
1932年 4月	櫻井忠温	銃剣は耕す 満洲新戦場踏破記	新潮社
1932年 4月	福永恭助	戦ひ	一元社
1932年 5月	千田萬三著 / 満鉄社員会編輯	新満洲への里標	先進社
1932年 6月	直木三十五	日本の戦慄	中央公論社
1932年 7月	田代名兵衛	満洲植民の検討	中央満蒙協会
1932年 8月	陸軍省調査班編	満洲国の容相	陸軍省調査班出版
1932年 9月	山中峯太郎	亜細亜の曙	大日本雄弁会講談社
1932年 10月	山本實彦	満鮮	改造社
1932年 11月	真鍋儀十	満洲は微笑む 漫遊奇談	中和書院
1932年 11月	久留島秀三郎・ 竹歳茂雄	馬賊を語る	相模書房
1933年 2月	駒井徳三	大満洲国建設録	中央公論社
1933年 3月	大谷光瑞	満洲国之将来	大乗社東京支部
1933年 3月	山口梧郎	新満蒙読本	荘人社
1933年 4月	高橋鏡子	女性の踏破せる満蒙	日本軍用図書
1933年 5月	林芙美子	三等旅行記	改造社
1933年 6月	太田天橋 (太田政之助)著	満洲戦線ペン畫集	省文社
1933年 6月	豊田秀造著	渡満と衛生 満洲に住む人 旅行する人の衛生	三省堂
1933年 8月	武藤夜舟画並編著	熱河絵行脚	巧藝社
1933年 8月	入沢達吉著	随筆 支那叢話	大畑書店
1933年 12月	村松梢風著	熱河風景	春秋社
1933年 12月	入沢達吉著	支那叢話(第二輯)	大畑書店
1934年 2月	中西伊之助	長編小説 満洲	近代書房
1934年 3月	中山正善	上海から北平へ	天理教道友社
1934年 7月	高石眞五郎述 / 平井三男編	満洲国の将来 訪日所感 支那及び満洲の近状	東京日日新聞社
1934年 8月	吉本米子	満洲旅行記	(非売品) 冬柏発行所
1934年 9月	林省三	安眠島 満洲楽土建設の指針	日本力行会
1934年 12月	秋守常太郎	北支を探る 鮮満支旅行(第四信)	(非売品)下市慶文堂
1934年 12月	小生夢坊	僕の見た満鮮	月旦社

1935年 1月	長谷川春子	満洲国	
1935年 4月	ジー・ビー・クレッシィ著 / 高垣勳次郎訳	支那満洲風土記	日本外事協会
1935年 9月	室伏高信	支那游記	日本評論社
1935年 10月	林安繁	満鮮遊記(私家版)	田中印刷出版
1935年 11月	今枝折夫	満洲異聞	月刊満洲社
1935年 11月	山本實彦	蒙古	改造社
1936年 3月	木村毅	旅順攻圍軍	大日本雄弁会講談社
1936年 6月	神田正雄著『満洲から北支 へ』海外社		
1936年 6月	細谷清著『満蒙伝説集』満蒙 社		
1936年 7月	石敢當(石原巌徹)	雑談支那	月刊満洲社
1936年 7月	夏目一拳	子供にきかせる支那の話	南光社
1936年 8月	長與善郎	満支このごろ	岡倉書房
1936年 9月	佐藤春夫編	支那印度短編集(世界短篇傑作全 集第六巻)	河出書房
1936年 9月	山本實彦	支那	改造社
1936年 10月	石川善助	亜寒帯 詩集	原尚進堂
1936年 11月	尾崎秀實	現代支那批判	中央公論社
1936年 11月	小林知治	北支人物群像 冀察・ 冀東両政権の正體	政道社
1936年 11月	田原豊	満蒙の民情・風俗・習慣	日本公論社
1937年 1月	佐野袈裟美	支那歴史読本	白揚社
1937年 2月	東京朝日新聞東亞問題調査 会編	移り行く支那・ 朝日時局読本第1巻	朝日新聞社
1937年 2月	平野零児著	満蒙の嵐	平原社
1937年 4月 (6訂版) (초판1927年)	東亜経済調査局編	満洲読本 昭和12年版	東亜経済調査局
1937年 5月	松岡洋右(満鉄総裁)	満鉄を語る	第一出版社
1937年 5月	神田正雄	躍進支那を診る 中支から南支へ	海外社
1937年 7月	石川敬介	満洲をのぞく	カニヤ書店
1937年 8月	国務院総務庁情報処編纂	満洲帝国概覽(康徳3年版)	国務院総務庁情報処
1937年 8月	小倉章宏	今日の支那	東興社
1937年 8月	室伏高信・清澤洌編輯	支那の知識 (時局知識シリイズ(2))	青年書房

1937年 9月	長野朗	支那読本	坂上書院
1937年 9月	ハレット・アーベント, アンソニー・ビリンガム共著 / 村田孜郎・中村常三共訳	支那は生存し得るか	教材社
1937年 9月	星野辰男編	支那事変戦線より帰りて	朝日新聞社
1937年 9月	入沢達吉	支那叢話	三笠書房
1937年 9月	後藤朝太郎	支那の男と女 現代支那の生活相	大東出版社
1937年 10月	後藤朝太郎	隣邦支那	今日の問題社
1937年 10月	松本忠雄	事変で何処まで支那の内情は変ったか	大文字書院
1937年 10月	湯浅克衛	移民(版画荘文庫18)	版画荘
1937年 11月	大谷光瑞	支那の将来と我帝国の使命	有光社
1937年 11月	村田孜郎	支那女人譚	古今荘書房
1937年 11月	信濃憂人訳編	支那人の見た日本人	青年書房
1937年 12月	川合貞吉	支那問題叢書 支那の民族性と社会	第二国民会出版部
1937年 12月	鹿子木員信	すめら あじあ	同文書院
1938年 1月	松井翠聲	松井翠聲の上海案内	横山隆
1938年 2月	櫻井忠温	新戦場	春秋社
1938年 2月	中山久四郎著 / 半澤玉城編『支那の今戦場を語る	日本外交協会	
1938年 3月	星一	支那の歴史	星同窓会
1938年 3月	佐藤弘編	北支・シベリヤ・蒙古	三省堂
1938年 4月	成瀬無極	南船北馬	白水社
1938年 4月	原口統太郎	支那人に接する心得	実業之日本社
1938年 4月	A・ホバート著 / 麻上俊夫訳	揚子江	三笠書房
1938年 4月	阿部知二	北京	第一書房
1938年 5月	内藤湖南	支那論	創元社
1938年 5月	岸田国士	北支物情	白水社
1938年 5月	杉山平助	支那と支那人と日本	改造社
1938年 6月	村上知行	支那及び支那人	中央公論社
1938年 6月	松本豐三	新生北支の瞥見(弘報叢書8)	南満洲鉄道株式会社
1938年 7月	東亜問題研究会編	蒙古要覧	三省堂
1938年 7月	内山完造	上海漫語	改造社
1938年 7月	西條八十	戦火にうたふ	日本書店

1938年 9月	後藤朝太郎	大支那の理解	高陽書院
1938年 9月	火野葦平	麦と兵隊	改造社
1938年 10月	池崎忠孝	新支那論	モダン日本社
1938年 10月 (국책판4판)	後藤朝太郎	支那の男と女 現代支那の生活相	大東出版社
1938年 10月	永持徳一	友邦支那 民情・習俗より観たる	明善社
1938年 10月	藤田元春	支那研究 北支中支の風物	博多成象堂
1938年 10月	諸橋轍次	遊支雑筆	目黒書店
1938年 11月	上田廣	黄塵	改造社
1938年 11月	七理重恵	支那民謡とその国民性	明治書院
1938年 11月	片山繁雄	支那全土	三省堂
1938年 11月	火野葦平	土と兵隊	改造社
1938年 12月 (전시판)	入沢達吉	支那叢話	三笠書房
1938年 12月	西晴雲	江南百題	富山房
1938年 12月	長江著 / 池田孝訳	蘭州・西安・寧夏 支那西北辺疆視察記	朝日新聞社
1938年 12月	斎藤茂吉・ 佐々木信綱選 / 読売新聞編	支那事変歌集	三省堂
1938年 12月	谷口勝(中野部隊上等兵)	征野千里 一兵士の手記	新潮社
1938年 12月	林芙美子	戦線	朝日新聞社
1938年 12月	小泉菊枝	満洲人の少女	月刊満洲社
1939年 1月	永見文太郎編	新京案内	新京案内社
1939年 1月	カール・クロー著 / 新保民八訳	支那四億のお客さま	教材社
1939年 1月	佐佐木信綱・伊藤嘉夫編	傷痍軍人聖戦歌集 第一輯	人文書院
1939年 1月	高垣勣次郎	叫ぶ支那の百姓	大隣社
1939年 1月	中山正男	脇坂部隊	陸軍画報社
1939年 1月	林芙美子	北岸部隊	中央公論社
1939年 2月	高橋良三	変革期支那の認識	人文書院
1939年 2月	海津一男(海津栗音)	満支を覗いて	(非売品)大日本印刷
1939年 2月	大阪毎日新聞社編	南支那	大阪毎日新聞社・ 東京日日新聞社
1939年 3月	火野葦平	廣東進軍抄 (附)煙草と兵隊	新潮社
1939年 3月	林富喜子	北京の思ひ出 古金襴	春秋社
1939年 3月	後藤朝太郎	支那へ行く知識	高陽書院

1939年 3月	後堂荘四郎記	馬と兵隊 一伍長の実戦記	テンセン社
1939年 3月	永持徳一	支那文明の基礎知識	高陽書院
1939年 4月	白柳秀湖	日支交渉史話	実業之日本社
1939年 4月	東亜問題調査会編	支那の租界	朝日新聞社
1939年 4月	和田國雄編	名作鑑賞 陣中短歌	前進社
1939年 4月	呉佩孚	支那を生す道－循分新書	第一出版社
1939年 4月	上田広	建設戦記	改造社
1939年 4月	櫻井徳太郎述	広安門	刀江書院
1939年 4月	興亜研究会編	最新満支案内 大陸の旅情	大東出版社
1939年 4月	清水安三	朝陽門外	朝日新聞社
1939年 5月	長谷川春子	北支蒙彊戦線 画と文	暁書房
1939年 5月	中谷孝雄	大別戦線従軍記 瀘杭日記	砂子屋書房
1939年 5月	宮尾しげを	支那街頭風俗集	實業之日本社
1939年 5月	山崎延吉	興亜農民読本	富民協會
1939年 5月	岸田国士	従軍五十日	創元社
1939年 5月	東文雄	大陸視察旅行案内 朝鮮·満洲·支那	東學社
1939年 6月	張恨水著 / 山縣初男訳	支那の自画像	岡倉書房
1939年 6月	吉植庄亮	大陸巡遊吟	改造社
1939年 6月	小山貞知編	満洲農村雑話	満洲評論社
1939年 6月	山口梧郎	支那常識読本	(非常時体制版) テンセン社
1939年 7月	久保佐土美	北満農業物語	満洲移住協會
1939年 7月	高井貞二	中支風土記 絵と文	大東出版社
1939年 7月	向井潤吉	北支風土記	大東出版社
1939年 7月	米内山庸夫	支那風土記	改造社
1939年 7月	日比野士朗	呉淞クリーク	中央公論社
1939年 8月	南支那研究所編	南支那年鑑 昭和十四年版	台湾実業界社
1939年 8月	原四郎	支那あちらこちら	春秋社
1939年 8月	火野葦平	花と兵隊	改造社
1939年 9月	東京日日新聞社· 大阪毎日新聞社編	支那人	東京日日新聞社
1939年 9月	米内山庸夫	日支の将来	中央公論社
1939年 9月	費孝通著 / 市木亮訳	支那の農民生活	教材社
1939年 9月	ジェイムズ·ギルモア著 / 後藤富男訳	蒙古人の友となりて	生活社

1939年 10月	斎藤茂吉·佐々木信綱· 北原白秋選 / 読売新聞社編	聖戦歌集 戦線の歌·銃後の歌	岡倉書房
1939年 10月	後藤朝太郎	支那の下層民	高山書院
1939年 10月	大陸開拓文芸懇話会編	開拓地帯(大陸開拓小説集1)	春陽堂書店
1939年 10月	高浜虚子選	支那事変句集	三省堂
1939年 10月	原口統太郎	支那人の心を掴む	実業之日本社
1939年 10月	火野葦平原作 / 櫻木康雄著	土と兵隊(少年版)	田中宋榮堂
1939年 10月	田中惣五郎	大陸の先駆者	興亜文化協会
1939年 11月	F.A.ラルソン著 / 高山洋吉 訳	蒙古風俗誌	改造社
1939年 11月	一戸務	現代支那の文化と藝術	松山房
1939年 11月	佐佐木信綱·伊藤嘉夫編	傷痍軍人聖戦歌集 第二輯	人文書院
1939年 11月	林大著	戦地より父母へ	人文書院
1939年 11月	陸軍美術協会編	聖戦美術 従軍画家の絵	陸軍美術協会
1939年 12月	岡本光三編	戦争と従軍記者	新聞之世界社
1939年 12月	金丸精哉	満洲雑暦	大連日日新聞社出版部· 満洲日日新聞社
1939年 12月	F.E.ヤングハズバンド著 / 満鉄弘報課筧太郎訳	ゴビよりヒマラヤへ (大陸叢書第1巻)	朝日新聞社
1939年 12月	ケネス·スコット· ラトウレット著 / 岡崎三郎訳	支那の歴史と文化(上巻)	生活社
1940年 1月	菅野正男	土と戦ふ	満洲移住協会
1940年 1月	林語堂作 / 鶴田知也訳	北京の日 上巻(長編小説 第一部道教の娘たち)	今日の問題社
1940年 2月	オウエン· ラテモーア著 / 満鉄広報課· 西巻周光訳	沙漠の蒙彊路 (大陸叢書第2巻)	朝日新聞社
1940年 2月	宋文炳著 / 草野文男訳	支那民族構成史 (支那文化叢書)	人文閣
1940年 2月	丸山義二	庄内平野	朝日新聞社
1940年 2月	末常卓郎	従軍記者	中央公論社
1940年 2月	白須賀六郎	上海無宿	宮越太陽堂書房
1940年 2月	後藤朝太郎	支那の土豪	高山書院
1940年 3月	水谷温	支那情調	銀座書院
1940年 3月	米田祐太郎	支那商店と商慣習	教材社
1940年 3月	西晴雲	広東百題	富山房

1940年 3月	朝原吾郎	帰還兵に聴く〈兵站戦線〉	青年書房
1940年 3月	内山完造	上海夜話	改造社
1940年 3月	A·H·スミス著 / 白神徹訳	支那的性格	中央公論社
1940年 4月	ルイーズ·クレーン著 / 満鉄広報課井上胤信訳	支那の幌子と風習（大陸叢書第3巻）	朝日新聞社
1940年 4月	島木健作	満洲紀行	創元社
1940年 4月	川島理一郎	北支と南支の貌	龍星閣
1940年 4月	ジャパン·ツーリスト·ビューロー(日本国際観光局)満洲支部編纂	満支旅行年鑑	博文館
1940年 5月	佐藤光貞	支那海	英語通信社
1940年 5月	木村毅編	支那紀行(戦時体制版)	第一書房
1940年 5月	土出忠治	大陸茶話	内山書店販売
1940年 5月	小泉苳三	従軍歌集 山西前線	立命館出版部
1940年 5月	吉田謙吉	南支風土記 絵と文	大東出版社
1940年 6月	林語堂著 / 喜入虎太郎訳	支那の知性	創元社
1940年 6月	若竹露香	北支の旅	龍星閣
1940年 6月	ノーラ·ワーン著 / 宮崎信彦訳	支那流浪記	改造社
1940年 6月	島之夫	満洲国視察記	博多成象堂
1940年 6月	橋本関雪	支那山水随縁 絵と文	文友堂書店
1940年 6月	ノーラ·ワーン著 / 宮崎信彦訳	支那流浪記	改造社
1940年 7月	林専之助	埋れた戦史	博文館
1940年年 7月	米内山庸夫	雲南四川踏査記	改造社
1940年 8月	米田祐太郎	支那の女	教材社
1940年 8月	井東憲譯	支那風俗綺談	大東出版社
1940年 8月	湯澤三千男	支那に在りて思ふ	創元社
1940年 8月	池崎忠孝	新支那論·普及版	明治書房
1940年 9月	井東憲	変り行く支那	秋豊園出版部
1940年 9月	石川達三	武漢作戦	中央公論社
1940年 9月	向尚等著 / 河上純一訳	西南支那踏査記	大東出版社
1940年 9月	尾崎士郎	洋車の大将	高山書院
1940年 9月 (13판) (초판 1924年 9月)	上田恭輔	趣味の支那叢談 普及版	大阪屋号書店

1940年 9月	田中克己	大陸遠望 詩集 (文藝文化叢書第8)	子文書房
1940年 10月	平木多嘉志	支那の生活	昭和書房
1940年 11月	後藤末雄	支那四千年史	第一書房
1940年 11月	鏞田研一	鏡泊湖(開拓文芸選書)	洛陽書院
1940年 11月	読売新聞社編纂	支那辺境物語	誠文堂新光社
1940年 11月	工藤芳之助	従軍絵日記	第一書房
1940年 11月	ポット著 / 土方定一・ 橋本八男共訳	上海史	生活社
1940年 12月	辜鴻銘著 / 魚返善雄訳	支那人の精神	目黒書店
1940年 12月	時雨音羽	御用船 附 従軍詩日記	新興出版社
1940年 12月	島木健作	或る作家の手記	創元社
1940年 12月	楊鴻烈著 / 高倉克己訳	中日文化交流の回顧と前望 (東亜聯盟叢書)	立命館出版部
1940年 12月	野依秀市	南北支那現地要人を敲く	秀文閣書房
1940年 12月	アーネスト・オー・ ハウザー著 / 佐藤弘訳	上海 大帮の都	高山書院 1940年 12月 アレコ・イー・ リリウス著 / 山本實訳
1940年 12月	長谷川春子	佛印紀行 南の處女地	興亜日本社
1940年 12月	村上知行	大陸 随筆	大阪屋号書店
1940年 12月	ウィルヘルム・ フィルヒナー著 / 満鉄弘報 課指田文三郎訳	科学者の韃靼行(大陸叢書第4巻)	朝日新聞社
1941年 1月	大川周明	亜細亜建設者	第一書房
1941年 1月	ハリー・ フランク著 / 満鉄弘報課指 田文三郎・大江専一共訳	南支遊記(大陸叢書第5巻)	朝日新聞社
1941年 2月	土出忠治	大陸漫筆	光星社印刷所
1941年 2月	佐々木元勝	野戦郵便旗	日本講演通信社
1941年 3月	ヘンリー・ チェームズ著 / 満鉄弘報課 指田文三郎・大江専一共訳	満洲踏査行(大陸叢書第6巻)	朝日新聞社
1941年 4月	J・エスカラ著 / 蛯原徳夫訳	支那・過去と現在(東亜叢書)	生活社
1941年 4月	櫻田常久	従軍タイピスト	赤門書房
1941年 4月	山下謙一	山西通信	三元社
1941年 4月	楊仲華著 / 村田孜郎訳	支那西康事情	誠文堂新光社

1941年 4月	矢野仁一·内藤雋輔共	支那の歴史と文化 (アジア歴史叢書I)	目黒書店
1941年 5月	榊原潤	南国風物	高山書院
1941年 5月	村田懋麿	僕の支那観	大日社
1941年 5月	大田平治	満ソ国境風物誌	山雅房
1941年 5月	松岡洋右	興亜の大業	第一公論社
1941年 5月	村松梢風	支那風物記(芸能叢書(2))	河原書店
1941年 5月	谷内尚文	銃眼	三省堂
1941年 5月	東恩納寛惇	泰 ビルマ 印度	大日本雄弁会講談社
1941年 6月	砥綿三郎著 / 和田政雄著編	航空将校の手記 砥綿大尉陣中記	鶴書房
1941年 6月	山本實彦	蘇聯瞥見	改造社
1941年 6月	山崎百治	これが支那だ 支那民族性の科学的解析	栗田書店 1941年 6月
1941年 7月	河口慧海	西蔵旅行記	山喜房佛書林
1941年 7月	佐藤観次郎	泥濘(帰還作家書きおろし長篇小 説純文学叢書第5回)	六芸社
1941年 7月	中野實	佛印従走記	講談社
1941年 7月	福田善念(従軍僧)編著	涙の陸戦隊	忠誠堂
1941年 7月	ケネス·スコット· ラトウレット著 / 岡崎三郎訳	支那の歴史と文化(下巻)	生活社
1941年 8月	徐松石著 / 井出季和太訳	南支那民族史	大阪屋号書店
1941年 8月	増田忠雄	満洲国境問題(東亜新書)	中央公論社
1941年 8月	内山完造	上海風語	改造社
1941年 8月	小川眞吉	隻手に生きる	六興商会出版部
1941年 8月	M·A· スタイン著 / 満鉄弘報課大 倉旭訳	中央亜細亜の古跡 (大陸叢書第7巻)	朝日新聞社
1941年 9月	堀場正夫	遠征記 富水渡河より武漢まで	文明社
1941年 9月	高津彦次	蒙疆漫筆	河出書房
1941年 9月	村上知行	北京の歴史	大阪屋号書店
1941年 9月	ジョージ· フレミング著 / 指田文三郎· 大江専一共訳	南満騎行(大陸叢書第8巻)	朝日新聞社
1941年 9月	長井壽助	淮河の四季(帰還作家書きおろし 長篇小説純文学叢書第7回)	六芸社

1941年 10月	石川正義著 / 満鐵弘報課編	支那の農業(その自然条件と地域 的類型)(東亜新書)	中央公論社
1941年 10月	石浜知行・豊島与志雄・ 加藤武雄・谷川徹三・ 室伏高信・三木清著	上海	三省堂
1941年 10月	佐藤春夫	支那雑記	大道書房
1941年 10月	實藤惠秀	近代日支文化論 (東亞文化叢書(一))	大東出版社
1941年 10相	三島助治	重慶の死相	國民政治經濟研究所
1941年 11月	大場彌平編	北支那懷古の栞 河南・安徽・ 江蘇篇	(非売品)裕光社印刷所
1941年 11月	緒方昇	支那裸像	大同出版社
1941年 11月	梶山盛夫(陸軍軍医中尉)	前線繃帯所	三省堂
1941年 11月	みづのかほる(水野薫)	北支の農村 (華北交通社員会叢書1)	華北交通社員会
1941年 11月	内藤英雄	シンガポール	愛国新聞社出版部
1941年 11月	武藤夜舟	南方の姿	高山書院
1941年 11月	山本和夫	南京城 上巻 (帰還作家書きおろし長篇小説純 文学叢書第13回)	六芸社
1941年 11月	諏訪三郎	新しき発足	大都書房
1941年 11月	台湾南方協会編	南方読本	三省堂
1941年 11月	日比野士朗等著 / 三省堂出版部編	祖国のために	三省堂
1941年 12月	北野邦雄	ハルビン点描	光画荘
1941年 12月	西嶋東洲	鮮、満、北支を語る	紙業出版社
1941年 12月	鈴木英夫	趙君瑛の日記 遠東の民・ 第一部大同印書館	
1941年 12月	長與善郎	満洲の見学(改訂新版) (少年文化叢書)	新潮社
1941年 12月	馬淵逸雄著 / 文化奉公会編	日本の方向(新文化建設叢書I)	六芸社
1941年 12月	清水安三	支那の心 続支那の人々	鄰友社
1941年 12月	大谷忠一郎	詩集 大陸の秋	ぐろりあ・そさえて
1942年 1月	一戸務	支那の発見	光風館
1942年 1月	西村誠三郎 (満洲宣伝協会長)	満洲物語	照林堂書店

1942年 1月	南進青年會編	大南洋を拓く 南進青年の手引き	拓南社
1942年 1月	陳高傭著 / 矢野安房訳	現代の支那文化	学芸社
1942年 2月	関屋牧	支那農村物語	刀江書院
1942年 2月	濱本浩	旅順	六興商會出版部
1942年 2月	長野朗	支那三十年	大和書店
1942年 2月	金久保通雄	支那の奥地	興亜書房
1942年 2月	満鉄弘報課編	東韃紀行	満洲日日新聞社東京支社出版部
1942年 2月	エリノア・ラチモア著 / 神近市子訳	新疆紀行 トルキスタンの再会	生活社
1942年 2月	齋藤瀏	わが悲懐	那珂書店
1942年 3月	エリザベス・ルウイズ著 / 小出正吾訳	揚子江の傅さん	実業之日本社
1942年 3月	大佛次郎	氷の花	六興商会出版部
1942年 3月	村上知行	北京十年	中央公論社
1942年 3月	伊藤松雄	世紀の鳥人 飯沼正明	婦女界社
1942年 3月	横島敏雅	戦塵抄	スメル書房
1942年 3月	吾孫子豊	支那鉄道史	生活社
1942年 3月	高島正雄	バルシャガル草原 ノモンハン歩兵肉弾戦記	鱒書房
1942年 3月	藤田實彦	髯はほゝ笑む 帰順工作と宣撫	鶴書房
1942年 3月	田口稔著 / 満鉄広報課編	満洲風土(東亜新書)	中央公論社
1942年 3月	カール・クロー著 / 吉田一次訳	中華外人物語	天理時報社
1942年 3月	大畑正吉	満洲開拓民の指針 開拓農場法の解説	朝日新聞社
1942年 3月	T・W・アトキンソン著 / 満鉄弘報課訳	キルギスよりアムールへ (大陸叢書第9巻)	朝日新聞社
1942年 3月	北村謙次郎	春聯	新潮社
1942年 4月	石山賢吉	満洲·台湾·海南島 紀行	ダイヤモンド社
1942年 4月	伊澤道雄	満洲交通の展望(東亜新書)	中央公論社
1942年 4月	岡村津三郎	部落民	南光社
1942年 4月	中村孝也	支那を行く	大日本雄弁会講談社
1942年 4月 (개정, 改題재판)	加藤鐐五郎	蘭印行	新愛知新聞社出版部

1942年 5月	満鉄弘報課編	亜細亜横断記	満洲日日新聞社東京支社出版部
1942年 5月	和田敏明	マニラ脱出記〈フィリッピン現地報告〉	成徳書院
1942年 5月	永田稠	満洲移民夜前物語(建国物語第2篇)	日本力行會
1942年 5月	尾崎一雄	南の旅	大観堂
1942年 5月	林房雄	青年	創元社
1942年 5月	井出淺龜	佛印ものがたり	皇国青年教育協会
1942年 6月	小泉菊枝	満洲少女	全国書房
1942年 6月	井出季和太	南洋と華僑(改訂版)	三省堂
1942年 6月	小川忠憙	いくさの山河	好文館書店
1942年 6月	実藤恵秀編	近代支那思想 近代支那文化読本	光風館
1942年 6月	中山省三郎編	国民詩 第一輯	第一書房
1942年 6月	小間芳男	南溟捕鯨記	那珂書店
1942年 6月	中山樵夫訳	苦悶する支那 現代作品と文学史	万里閣
1942年 6月	若江得行	上海生活	大日本雄弁会講談社
1942年 6月	華中鉄道股份有限公司編纂	江南の旅	華中鉄道
1942年 7月	池田源治	満ソ国境を征く 四千キロ踏破記	朝日新聞社
1942年 7月	高野正男	北支の自然科学	第一書房
1942年 7月	玉井政雄	南方畫廊	春陽堂
1942年 7月	岩倉具榮	随筆集 南国の日射し	霞ヶ関書房
1942年 7月	岡地義道	飛ばぬ荒鷲実戦手記	昭南社
1942年 7月	カール・クロー著 /新保民八訳	支那の洋鬼 米・英の支那侵略譚	畝傍書房
1942年 8月	江文也	北京銘	青梧堂
1942年 8月	井岡咀芳	満支習俗考	湯川弘文社
1942年 9月	菟田俊彦	大陸の断想	同朋舎
1942年 9月	鑪田研一	王道の門	新潮社
1942年 9月	関屋牧	続 支那農村物語	刀江書院
1942年 9月	田中久	支那古戦論	新正堂
1942年 10月	福田清人	桜樹	翼賛出版協会
1942年 10月	児玉誉士夫	随筆集 獄中獄外	アジア青年社出版局
1942年 10月	里村欣三	熱風	朝日新聞社
1942年 10月	後藤末雄	芸術の支那・科学の支那	第一書房

1942年 10月	東亜調査会編纂	支那の民族問題	東京日日新聞社· 大阪毎日新聞社
1942年 10月	研谷静	聖鍬部隊	東亜開拓社
1942年 10月	縄田正造	南方圏の展開	明治図書株式会社
1942年 10月	読売新聞社出版部編	海戦(大東亜海戦記)	読売新聞社
1942年 10月	読売新聞社出版部編	神兵 大東亜陸戦記	読売新聞社
1942年 10月	山本實彦	巨いなる歩み	改造社
1942年 11月	伊藤金次郎	暁の海南島	忠文館書店
1942年 11月	烏有山人(青木晋)	支那古今奇聞	人文閣
1942年 11月	陸軍省企画 / 読売新聞社出版部編	大東亜戦史 比島作戦	読売新聞社
1942年 11月	東京日日新聞社· 大阪毎日新聞社編纂 / 陸軍省企画	大東亜戦史 ジャワ作戦	東京日日新聞社· 大阪毎日新聞社
1942年 11月	石川順	点滴	新民印書館
1942年 11月	大隈俊雄	母と分隊長	淡海堂出版
1942年 11月	木村荘十	美しき海戦	興亜日本社
1942年 12月	木村毅	陸鷲海鷲	大元社
1942年 12月	アンダーソン著 / 松崎壽和訳	黄土地帯 北支那の自然科学とその文化	座右宝刊行会
1942年 12月	栗原信(陸軍報道班員)	六人の報道小隊	陸軍美術協会出版部
1942年 12月	大本營海軍報道部監修	海軍報道班員現地報告 珊瑚海海戰	文藝春秋社
1942年 12月	明石哲三	南方絵筆紀行	鶴書房
1942年 12月	上田広	随筆 海燕	東峰書房
1942年 12月	宮本敏行(朝日新聞社特派員)	山西学術紀行	新紀元社
1942年 12月	武富邦茂	南方の国めぐり (新日本少年少女文庫第18篇)	新潮社
1943年 1月	野間仁根·内海徹· 福田貂太郎·笹岡了一共著	銃と画筆と	有光社
1943年 1月	ハーバート·アリン· ヂャイルズ著 / 森澤三郎訳	支那文化展望	大阪宝文館
1943年 1月	宮原無花樹	牛づれ兵隊	フタバ書院成光館
1943年 1月	法本義弘	支那覚え書	蛍雪書院
1943年 1月	長谷川春子	随筆集 東亜あちらこちら	室戸書房
1943年 1月	安島譽	散りし伍長の父として	昭和書房

1943年 1月	中島幸三郎	清朝末期 夢蘭の一生	大阪屋号書店
1943年 1月	小林橘川	随筆 支那	教育思潮研究會
1943年 1月	高倉正三	蘇州日記	弘文堂書房
1943年 2月	木村秋生	句集 機銃音	大新社
1943年 2月	岩田豊雄	小説 海軍	朝日新聞社
1943年 2月	柳田新太郎編	大東亜戦争歌集 愛国篇	天理時報社
1943年 2月	宮本幹也	黄河	興亜書局
1943年 2月	富安風生(富安謙次)	句集 冬霞	龍星閣
1943年 3月	和田清編	近代支那文化	光風館
1943年 3月	粟井家男	兵隊物語	翼書房
1943年 3月	井伏鱒二	作家部隊随筆集 マライの土	新紀元社
1943年 3月	柴田賢次郎	樹海	桜井書店
1943年 3月	嘉村満雄	大陸の微苦笑	満洲有斐閣
1943年 4月	丹羽文雄	報道班員の手記	改造社
1943年 4月	金井章次	満蒙行政瑣談	創元社
1943年 4月	阿部矢二	支那の農民生活	全国書房
1943年 4月	保田与重郎	蒙疆	生活社
1943年 5月	橋本関雪	南を翔ける(橋本関雪画文集)	朝日新聞社
1943年 5月	馬場鍬太郎	支那の資源と日本	大日本雄弁会講談社
1943年 6月	劉継宣著 / 種村保三郎訳	中華民族南洋開拓史	東都書籍株式会社
1943年 6月	加藤将之	華北の風物文化	山雅房
1943年 6月	早川正雄	大陸生活四十年	博文館
1943年 6月	石井柏亭	美術の戦	寶雲舎
1943年 6月	N.バイコフ著 / 香川重信訳	我等の友達	文芸春秋新社
1943年 7月	藤本実也	満支印象記	七丈書院
1943年 7月	大江賢次	ジャワを征く旗	朝日新聞社
1943年 7月	太田恒彌	赤道従軍 ボルネオからフィリッピンへ	富士書店
1943年 7月	蔵原伸二郎	詩集 戦闘機	鮎書房
1943年 7月	藤田嗣治・ 関東軍報道部監修	北方画信 北辺鎮護現地報告	陸軍美術協會出版部
1943年 8月	リヒト・ ホーフェン著 / 能登志雄訳	支那Ⅴ 西南支那(東亜研究叢書第18巻)	岩波書店
1943年 8月	清水安三	支那人の魂を掴む	創造社
1943年 8月	豊田正子	私の支那紀行 清郷を往く	文体社
1943年 8月	鑓田研一	新京(満洲建国記第3部)	新潮社

1943年 9月	後藤末雄	日本 支那 西洋	生活社
1943年 9月	カラミシェフ著 / 緒方一夫訳	蒙古と西支那	大鵬社
1943年 9月	日野岩太郎	西北満雁信	育英書院
1943年 9月	板谷英生	満洲農村記(鮮農編)	大同印書館
1943年 9月	安藤英夫	北辺紀行	西東社
1943年 9月	後藤末雄	日本·支那·西洋(生活選書28)	生活社
1943年 10月	太田陸郎	支那習俗	三国書房
1943年 10月	寺田弘編	傷痍軍人詩集	四季書房
1943年 10月	清水登之	南方従軍画信	国際情報社出版部
1943年 11月	中谷英雄	上等兵と支那人	清水書房
1943年 12月	高井貞二	北を護る兵士達	愛之事業社
1943年 12月	高木陸郎	日華交友録	救護会出版部
1943年 12月	戸田千葉	虎渓三笑	ヘラルド社
1943年 12月	新田潤	亜細亜の子	協力出版社
1943年 12月	岡崎文勲述	南方翔破萬里	太平洋協會出版部
1943年 12月	栗本寅治	長江三十年	内山書店
1943年 12月	三好達治	詩集 寒柝	創元社
1943年 12月	多田礼吉著 / 科学動員協会編	南方科学紀行	科学主義工業社
1944年 1月	一宮操子	新版·蒙古土産	靖文社
1944年 1月	浅野晃	ジャワ截定余話	白水社
1944年 1月	田中久	支那戦争史概論−或は支那古戦論·第一部	新正堂
1944年 2月	E·H·パーカー著 / 関丙台訳	韃靼一千年史	大和書店
1944年 2月	阿部艶子	比島日記	東邦社
1944年 2月	魚返善雄	日本語と支那語	慶応出版社
1944年 2月	寒川光太郎	死の帆走兵	偕成社
1944年 2月	立野信之	北京の嵐	博文館
1944年 3月	長瀬寶	姑娘通信	大鎧閣
1944年 3月	中村地平	マライの人たち	文林堂双魚房
1944年 3月	前田鐵之助	詩集 戦ひの日とともに	明光堂書店
1944年 3月	金谷正夫	上海記	興風館
1944年 4月	山上次郎	弾雨に禊ぐ	中央公論社
1944年 4月	奥野信太郎	北京襍記	二見書房

1944年 4月	本田功	聖戦句誌 陣火	文芸春秋社
1944年 6月	小西英夫	歌集 天日鷲	鶴書房
1944年 6月	小林彰	満支草土	東京社
1944年 6月	丸山一雄(海軍大佐)	艦橋夜話	安土書房
1944年 6月	東亜研究所編	異民族の支那統治史	大日本雄弁会講談社
1944年 6月	E·R· ヒューズ著 / 魚返義雄訳補	西洋文化の支那侵略史	大阪屋号書店
1944年 6月	湊邦三	セレベス海軍戦記 (海軍報道班員選書)	興亞日本社
1944年 6月	米倉二郎	満洲·支那(世界地理政治大系)	白揚社
1944年 7月	阿部知二	ジャワ·バリ島の記 火の島	創元社
1944年 8月	ハーバート·アレン· ヂャイルズ著 / 小野久三訳	支那文明史話	日本出版社
1944年 8月	松下紀久雄 (陸軍報道班員)	南方画信 南を見てくれ	新紀元社
1944年 9月	小林宗吉	戯曲 弥栄村建設	協栄出版社
1944年 9月	稲垣史生	天山嶺を行く日本人	協栄出版社
1944年 9月	村上秀二	共栄圏の水	柏葉書院
1944年 9月	山本和夫	詩集 亜細亜の旗	みたみ出版
1940年 10月 (개정제3판) (초판1940年 11月)	庄司総一	陳夫人 全	通文閣
1944年 10月	都筑等	南方そぞろある記	(非売品)発行人都築等
1944年 12月	長生俊良	戦記 司令部南進	日本報道社
1944年 12月	村上知行	龍興記	櫻井書房
1944年 12月	武田麟太郎	ジャワ更紗	筑摩書房
1945年 1月	田中末	陣中看護記	有朋堂
1945年 1月	米内山庸夫	日本と大陸	北光書房
1945年 2月	神保光太郎	詩集 曙光の時	弘学社
1945年 3月	池田孝道	少年少女 南支那の話	金の星社
1945年 7月	半田義之	珊瑚	新太陽社

집필자 소개

류지엔후이(劉建輝)

서장 「통제와 확장」.

1961년생. 국제일본문화연구센터 교수. 전공은 중일문화 교섭사. 저서는 『증보 마도 상하이—일본지식인의 '근대'체험(增補 魔都上海—日本知識人の「近代」体験)』(ちくま学芸文庫), 『중일 200년사—서로 지지하는 근대(日中二百年—支え合う近代)』(武田ランダムハウスジャパン), 공편저로 『'중일전쟁'은 무엇이었는가—복안적 시점(〈日中戦争〉とは何だったのか—複眼的視点)』(ミネルヴァ書房) 등.

이시카와 하지메(石川肇)

제1장 「새로운 '대중문학'의 탄생—전쟁이 타파한 문학의 질서」.

1970년생. 국제일본문화연구센터 프로젝트 연구원. 전공은 일본 근대 문학. 저서 『후나바시 세이치의 대동아문학 공영권—'저항의 문학'을 다시 묻는다(舟橋聖一の大東亜文学共栄圏—「抵抗の文学」を問い直す)』(晃洋書房), 『경마로 보는 일본문화(競馬にみる日本文化)』(法藏館) 등.

호소카와 슈헤이(細川周平)

제2장 「병정가요—군복을 입은 양민(良民)을 노래하다」.

1955년생. 교토시립예술대학 일본전통음악연구센터 소장. 국제일본문화연구센터 명예교수. 전공은 근대 일본 음악사, 일본계 브라질 문화사. 저서는 『멀리서 만들어진 것—일본계 브라질인의 생각·말·예능(遠きにありてつくるもの—日系ブラジル人の思い·ことば·芸能)』(みすず書房), 『근대 일본의 음악 100년』전4권(近代日本の音楽百年)』全4巻(岩波書店), 편저는 『소리와 귀로 생각하다(音と耳から考える)』(アルテスパブリッシング) 등.

야마구치 노리히로(山口記弘)

제3장 「일본 영화계·나가타 마사이치(永田雅一)의 15년 전쟁」.

1960년생. 도에이주식회사 경영전략부 펠로우. 전 도에이우즈마사영화촌 사장. 게이후쿠전기철도주식회사 이사. 리쓰메이칸대학 영상학부 비상근강사. 전공은 일본

영화사. 연재는「우즈마사 시대극의 1세기(太秦 時代劇の1世紀)」(요미우리신문 석
간), 도에이 70주년 블로그「도에이행진곡(東映行進曲)」등.

친 강(秦剛)

제4장「상하이에서의 도호 영화공작―「동백의 여인(茶花女)」을 둘러싼 영화사 내막」.
1968년생. 베이징외국어대학 베이징일본학연구센터 교수. 전공은 일본 근대 문학.
논문「도에이 스펙터클 영화『손오공』으로 보는 전시색(東宝スペクタクル映画『孫悟
空』に見る戦時色―孫悟空がなぜ歌い踊り出したのか)」『동원의 미디어믹스(動員の
メディアミックス)』(思文閣出版),『"대동아의 가희" 리샹란의 표상성―"환상"의 영
화「나의 꾀꼬리」재검증(〝大東亜の歌姫〟李香蘭の表象性―〝幻〟の映画『私の鶯』
再検証)」『전시하의 영화(戦時下の映画)』(森話社) 등.

오쓰카 에이지(大塚英志)

제5장「만몽개척 청소년 의용군과 만화 표현의 국책 동원―다가와 스이호(田河水泡)
　　　　와 사카모토 가조(阪本牙城)의 사례에서」.
종장「식민지 대중문화 연구란 무엇인가―영화「상하이의 달」과 미디어믹스」.
1958년생. 국제일본문화연구센터 교수. 만화 원작자. 전공은 만화 표현사. 저서는
『이야기 소비론(物語消費論)』,『데즈카 오사무와 전시하의 미디어 이론(手塚治虫と
戦時下メディア理論)』(星海社新書),『다이마사익찬회의 미디어믹스(大政翼賛会の
メディアミックス)』(平凡社),『'삶'의 파시즘(「暮し」のファシズム)』(筑摩選書) 등.

마에카와 시오리(前川志織)

제6장「'외지'에서의 일본제 양과자 광고 전략―어린이상(象)을 단서로」.
1976년생. 교토예술대학 전임강사. 전공은 일본 근대 미술사, 미디어사. 편저는
『〈캐릭터〉의 대중문화―전승·예능·세계(〈キャラクター〉の大衆文化―伝承·芸能·
世界)』(KADOKAWA), 논문은「캐러멜의 비유로서의 '어린이'―전간기 일본의 양
과자 광고와 동화풍 도안(キャラメルの喩えとしての「子ども」―戦間期日本の洋菓子
広告と童画風図案)」,『운동으로서의 대중문화(運動としての大衆文化)』(水声社) 등.

이노우에 쇼이치(井上章一)

제7장「이른바 제관양식(帝冠様式)과 중국 현대 건축사―구 만주, 신징(新京)의 관
　　　　아를 단서로」.

1955년생. 국제일본문화연구센터 소장. 전공은 건축사, 의장론. 저서로『만들어진 가쓰라리큐 신화(つくられた桂離宮神話)』(講談社学術文庫),『사랑의 공간─남자와 여자는 어디서 맺어져 왔는가(愛の空間─男と女はどこで結ばれてきたのか)』(角川 ソフィア文庫),『교토가 싫다(京都ぎらい)』(朝日新書),『미인론(美人論)』(朝日文 庫) 등.

스즈키 후타(鈴木楓太)

제8장「전시하의 국민생활과 체육·스포츠」

1985년생. 교토첨단과학대학 교육개발센터 촉탁강사. 전공은 스포츠사, 스포츠 젠 더론. 논문은「전시기의 여성 스포츠의 의의에 관한 일고찰─'건전한 모체'와 '보급 성'과의 관계를 중심으로(戦時期における女性スポーツの意義に関する一考察─「健 全な母体」と「普及性」との関係を中心に)」,『신체문화론을 잇다(身体文化論を繋 ぐ)』(叢文社) 등.

가오 위엔(高媛)

제9장「전쟁과 관광─전전(戦前)일본여행회의 만주여행」.

1972년생. 고마자와대학 글로벌미디어스터디학부 교수. 전공은 역사 사회학. 논문 은「전전기 만주의 중국인 청년의 학교생활─남만중학당생의『학생일기』(1936년) 에서(戦前期満洲における中国人青年の学校生活─南満中学堂生の『学生日記』(一九 三六年)から)」,『일기문화를 통해 근대 일본을 묻는다(日記文化から近代日本を問 う)』(笠間書院),「만주의 웅악성 온천과 경편철도(満洲の熊岳城温泉と軽便鉄道)」, 『'작은 철도'의 기억(「小さな鉄道」の記憶)』(七月社) 등.

왕 즈송(王志松)

제10장「'외지'의 대중문화─잡지『여성만주(女性満洲)』에 나타난 패션」.

1962년생. 충칭대학교 외국어학원 교수. 전공은 일본 근대 문학, 중일 비교문학. 저서는『소설번역과 문화 구축─중일 비교문학 연구의 관점에서(小説翻訳與文化建 構─以中日比較文學研究為視角)』(清華大學出版社), 편저로『문화이식과 방법─동 아적 독서·번안·번역(文化移植與方法─東亜的訓讀·翻案·翻譯)』(廣西師範大學出 版社) 등.

역자 소개

유재진(兪在眞)

서장~제5장 번역.

고려대학교 일어일문학과 교수. 일본근현대문학 전공. 일본 근현대 대중소설 및 식민지기 일본어문학의 탐정소설을 주로 연구하고 있다. 주요 역서로는 『경성일보 탐정소설 누구』(역락, 2021), 『에도가와 란포의 신보물섬』(보고사, 2021) 등이 있고, 공저로는 『동아시아 지식의 교류』(역락, 2021), 『일제강점기 초기 한반도 간행 일본어 민간신문의 문예물 연구』(전8권, 보고사, 2020) 등.

남유민(南有珉)

제6장~종장 번역.

고려대학교 대학원 중일어문학과 박사. 일본근현대문학 전공. 라이트노벨 및 일본 웹소설을 정보기술을 통해 분석하고 이를 사회·문화적 시각에서 해석하는 디지털 인문학 연구를 진행하고 있다. 논문은 「텍스트마이닝을 활용한 일본의 '악역영애' 웹소설 연구(テキストマイニングを活用した日本の「悪役令嬢」ウェブ小説研究)」(『跨境 / 日本語文学研究』16, 2023), 「텍스트마이닝을 활용한 일본 웹소설 일고찰 - 팬데믹과 그 전후 비교를 중심으로」(『일본연구』40, 2023) 등.

일문연 대중문화연구 프로젝트란?

국제일본문화연구센터(国際日本文化研究センター, 일문연)가 2016년도부터 2021년
도에 걸쳐 인간문화연구기구·기관 거점형 기간 연구 프로젝트로서 착수한 프로젝트
(정식 명칭은 '대중문화의 통시적·국제적 연구에 의한 새로운 일본상 창출')이다.
이 프로젝트는 일본 문화 전체를 구조적·종합적으로 다시 파악하기 위해 대중문화의
통시적·국제적 고찰을 시작하여 새로운 일본상과 문화관 창출에 공헌하는 것을
목적으로 한다.

일본대중문화총서 09

전시하의 대중문화
통제·확장·동아시아

2024년 2월 5일 초판 1쇄 펴냄

엮은이 류지엔후이·이시카와 하지메
옮긴이 유재진·남유민
펴낸이 김흥국
펴낸곳 보고사

책임편집 이경민
표지디자인 김규범

등록 1990년 12월 13일 제6-0429호
주소 경기도 파주시 회동길 337-15 보고사
전화 031-955-9797
팩스 02-922-6990
메일 bogosabooks@naver.com
http://www.bogosabooks.co.kr

ISBN 979-11-6587-671-5 94300
       979-11-6587-555-8 94080 (set)
ⓒ유재진·남유민, 2024

정가 28,000원